臺灣歷史與文化 研究輯刊

十 二 編

第 13 冊

從傳統到現代
——新竹地區詩社研究(下)

武 麗 芳 著

花木蘭文化事業有限公司

國家圖書館出版品預行編目資料

從傳統到現代——新竹地區詩社研究（下）／武麗芳 著—初
版—新北市：花木蘭文化事業有限公司，2017〔民106〕
目 4+258 面：19×26 公分
（臺灣歷史與文化研究輯刊十二編：第 13 冊）
ISBN 978-986-485-165-2（精裝）
1. 臺灣詩 2. 機關團體
733.08   106014106

臺灣歷史與文化研究輯刊
十二編　第十三冊　　　　　　ISBN：978-986-485-165-2

從傳統到現代
——新竹地區詩社研究（下）

作　　者　武麗芳
總 編 輯　杜潔祥
副總編輯　楊嘉樂
編　　輯　許郁翎、王筑　美術編輯　陳逸婷
出　　版　花木蘭文化事業有限公司
社　　長　高小娟
聯絡地址　235 新北市中和區中安街七二號十三樓
　　　　　電話：02-2923-1455／傳眞：02-2923-1452
網　　址　http://www.huamulan.tw 信箱 hml810518@gmail.com
印　　刷　普羅文化出版廣告事業
初　　版　2017 年 9 月
全書字數　386825 字
定　　價　十二編 13 冊（精裝）台幣 26,000 元

從傳統到現代
──新竹地區詩社研究（下）

武麗芳　著

第五章　日據時期新竹地區詩社中的文教雙英

　　在日據時期始終抱持民族氣節，維護祖國文化，傳教漢文不遺餘力，卻又受盡異族壓迫而不改其志，且對鄉里的詩學影響最深的兩位名師，就是新竹北門大街的葉文樞及張純甫；他們的境遇很相似；如果他倆早些出生，他們最起碼不是進士也必會是舉人，尋得一官半職也是意料中事。又如果是晚幾年出生，起碼也可以獲得高中國文教師的證照。可惜的是他們生不逢辰，偏偏在他們學業將成之際，遇上清廷甲午戰敗乙未割臺，以致他們功名路斷前途茫然；而又在晚年生徒爭相求教，門庭若市之時，遍逢日本總督府的皇民化政策，正如火如荼展開，禁止私塾、漢文，逮捕異端，導致晚境坎坷潦倒，實在令人感嘆與同情。

　　新竹的文人在同一個時期從事教育工作者，如：曾逢辰、張麟書、黃世元，以及稍晚幾年的劉篁村、林篁堂等，受聘為日式公學校的漢文教習，設帳授徒，致力培育後代，也相當有貢獻。但這幾位先生受日本文官待遇，佩戴紳章，且晚年頗有積蓄，生活不虞匱乏；與葉文樞、張純甫兩位先生仍授舊學，靠私塾生徒的束修維生的境遇完全不同。因為日據時期公家的教師待遇，簡直可以與醫師的收入媲美，所以有不少名媛，寧願捨棄醫師而尋嫁教師的例子。鄭家珍的《雪蕉山館詩集》有一首詩，曰「戲吟」除夕日，還有部分生徒沒有送束修來的紀錄。

　　　　詩舌為耕不拓荒，硯田惡歲又何妨：築臺避債君偏巧，我愧提燈夜索償。
　　可見當時傳統私塾老師的辛苦及收入的不穩定，是難以啟齒的尷尬與委屈啊！

第一節　葉文樞與讀我書齋——讀我書吟社

一、塹城俊彥一門六秀才

　　葉文樞（1876～1944），名際唐，號文樞，以字行。祖籍福建泉州府同安縣。其先人隨父祖來臺營商，家居於新竹市區的北門大街，堂號「源遠」。後來生意興隆，業務擴大，遂有分行之設。稱內源遠與外源遠。一門三大房，堂兄際會字文授，舉貢生，欽加五品銜。堂弟文游號宮池，長於詩文，也是竹社社員之一。可見葉家並非一般市儈，而是書香門第。葉氏一門前後共出六位秀才，均為「際」字輩子弟，即葉際禧（增貢生）、葉際會（增貢生）、葉際昌（廩生）、葉際珍（生員）、葉際堯（生員）葉際唐（生員）。光緒二年（1876）葉文樞出生於新竹北門，自幼天資聰穎勤讀詩書，與秀才陳信齋、儒士高華袞等同為新竹貢生李師曾（字釣磻）的學生。乙未割臺後，舉家遷回福建同安祖籍，文樞亦隨其父內渡避亂，後遂卜居泉州；並以晉江縣案首入為庠生，成為秀才。民國成立後復進入高等師範學校肄業，學成即應集美中學〔註1〕聘為國文教師，未幾辭退，轉應鼓浪嶼南洋僑眷的家庭教師。

　　後來僑眷南遷，加以中原多故〔註2〕，戰禍延於閩南日盛，其從弟葉文游〔註3〕恐文樞避地無所，遂邀之返臺館於其家，由於此時文樞因未在臺設籍〔註4〕，便以華僑身份，回鄉設帳授徒〔註5〕再寓新竹，教育青年學子。當時慕其名求教者甚眾，且由於他工於擊缽詩，每次參加詩會，都有優異表現，為日據時期譽滿全臺的擊缽吟名師，所以其門下弟子以詩成名者頗多。就新竹市出身，於臺灣光復前後活躍於詩壇的蕭獻三、莊禮耕、鄭指薪、郭茂松、蘇鏡平、周伯達、許涵卿、蔡希顏、宜蘭的前縣長盧讚祥等皆是出自其門。

〔註1〕南洋華僑陳嘉庚先生獨資於其家鄉同安縣創辦集美學校，在當時的福建是相當有名氣的，學校分為中學、水產、商業、女中、小學、幼稚師範、農林各校。

〔註2〕大、小軍閥孫傳芳等割據自雄。

〔註3〕葉文游（1880～1926）名泮，文游其字，號渙亭，兄長二人皆為生員。文游行三，從王成三（廣文）學詩，存有宮池詩稿。文樞為其從兄。見中原多故，避地無所，乃邀文樞回台館其家，設私塾「讀我書社」。文　游為提倡詩學創設大同吟社，抉雅揚風，多所貢獻。

〔註4〕馬關條約第五款，本約批准互換之後限二年之內，日本准中國讓與地方人民願遷居讓與地方之外者，任便變賣所有產業，退去界外。但限滿之後尚未遷徙者，酌宜視為日本臣民。

〔註5〕見鄭指薪作《指薪吟草》·〈自述〉，臺北：同文印刷有限公司1990年10月，頁156。

　　文樞與從弟葉文游手足情深，在臺期間雖各有不同的發展與生活壓力，但卻興味一致，為漢文詩學的延續，相互扶持彼此激勵，獎掖後學且積極培育如，「讀我詩吟社」與「大同吟社」；葉文游四十歲時，文樞曾賦詩贈之：

文游弟四十初度贈言

人海茫茫孰賞音，晦明風雨自高吟。時衰空抱沖天志，地隔仍存愛國心。
浩劫滄桑看已慣，中年絲竹感尤深。韶華已逝名難立，家學相期繼石林。

又

愛從故紙覓生涯，久擅吟壇一作家。揮灑自如胸有竹，權衡不爽眼無花。
榕城雪印痕留爪，蔗境雲封癖嗜痂。亂世需才真孔亟，何時痼疾起煙霞。

又

四十平頭鬢末絲，半生心事託於詩。河山不絕興亡感，身世難忘老大悲。
程灝眼中空有妓，鄧攸膝下尚無兒。卻欣嬌女情先慰，何患商瞿得子遲。

　　但葉文游英年早逝（1926 年），對葉文樞而言，既是失去手足兄弟，也是失去一位知己與知音，其在傷心之餘，以至情至性之感為文賦作〈祭從弟文游文〉[註6]曰：

　　　　維丙寅年六月廿有八日，從弟文游將葬於金山面之麓，兄文樞以文告之曰：嗚呼吾自丙申別汝，迄今卅有一年矣。雖其間不無重晤，然皆為時甚暫，今竟來憑汝之棺，臨汝之穴，雖幻夢異想，亦萬萬不能到此。然竟如此，倘釋氏所謂緣者非耶？憶汝之少也，與余同受業於李釣磻師，連席而坐，往復常偕。咸謂壎篪之樂，為日方長。孰知竟有大謬不然者。

　　　　乙未滄桑變起，先君子義不苟留，挈眷內渡，余亦隨侍左右，歸籍溫陵，家焉。從此以後，音問鮮通，望風懷想而已。後聞汝稍學為詩，竊喜汝之有志；既又聞汝頗得時名，又喜汝之能自樹立，究未知汝之詩果何若也。己未夏，余以先嫡妣體魄在臺，終非久計，擬欲奉之歸葬，行抵稻江，因事勾留，汝聞之，即遣新芽往接，入門後，余竟不能認識汝。蓋別汝已歷二十四年之久，不獨余之老眼昏花，亦汝之體軀狀貌與少時迥不相侔。迨叩汝所學之詩，則唐人名作，莫不琅琅上口，唐以後各大家亦多能舉其名句，其用力可謂勤矣。出所著詩稿三卷相質，雖未能盡合準繩，然多清新可喜之作，

〔註 6〕葉文樞《葉文樞先生殘稿》門生莊禮耕手抄影本。

始嘆汝之詩名非倖獲也。余未別去，汝遂屢以詩見寄。癸亥余再回臺，而汝詩又進一境矣。余仍以奔走衣食，匆匆遽別，而汝恒以不得久聚爲憾。乙丑春，汝以中原多故，戰禍延於閩南日甚，恐余避地無所，招余來館汝家，余亦欲再與故鄉親舊一敍，欣然承諾，抵館後，每有吟詠，無不互相切磋，兩人出席詩會，如影隨形。

去秋與汝同赴中壢以文吟社者一，今春與汝同赴臺中怡園者再，其同赴邑中大同吟社者，則難以僂指計，蓋汝對於是社，格外盡力，恒謂余曰：吾竹書種將絕，若不從速提倡，數十年後，吾邑恐無識字之人矣。汝意以爲今日時勢，勸人讀書，斷乎無人肯讀，勸人作詩，或者有人肯作，然不讀書必不能作詩，直接提倡作詩，即間接提倡讀書也，余雖學淺才疏，不足與同肩此任，然不能不感汝之熱心，佩汝之高識。而與汝亦步亦趨也。余方私心自慰，謂少時之樂，不久旋失者，可以復補於今日。詎料天何奪汝之速，竟使余虛願莫償也耶。先是汝偶微恙，醫者謂爲腦病，戒用腦力，然汝吟興勃勃，殊不爲意，端午前一夕，仍與余偕赴大同吟社，夜分始歸。越晨疾作，余入視汝，汝已噤不能言，竟於辰刻辭世。痛哉！議者或以爲苦吟所致，其信然耶？抑別有原因耶？是不得而知矣。

汝之遺稿，當與國霖共謀付梓。汝之子，長者始四歲，幼者僅數月，余年衰體弱而勢又不能久留於此，恐不及見其成立，此則余之所耿耿於心而不能忘者也。余他日者，得句誰與推敲，會吟誰與爲侶？踽踽煢煢其淒愴固不待言矣。噫、嘻，不必離而竟離，不能合而轉合，乃既合矣，而又終於永離，溟漠中似有爲之主宰者。前塵種種，回想匪遙。爾之吟魂有知，其尚能記之否耶？緣有盡而感無盡，辭已窮而情不窮。嗚呼哀哉。

祭文中娓娓道來，從乙未割臺文樞隨父赴大陸，到生活際遇的困頓，與再度返臺，弟兄重逢才學互勵，知音知己如伯牙之於鍾期，實有不勝唏噓之悲；手足情深令人動容，葉文樞的萬般感嘆與無奈，是哭文游也哭自己。而當時正在新竹開館的前清舉人鄭家珍，與葉氏兄弟情誼深厚，也爲葉文游作了墓誌銘來紀念他；其文曰：

葉文游先生墓誌銘　鄭家珍

葉子渙亭既沒之一月，其姪國霖，持狀詣余寓曰：「先叔父葬有日矣，生忝從諸君子遊，沒不可不志其墓，志之莫如子宜。敢固請。」披讀之下，不禁喟然曰：「余與先生，爲文字交十餘年矣，去歲復援之入甲子會，詩酒過從，殆無虛日。先生不以老朽棄余，余以風雅士重之。初不虞其遽歸道山也。嗚呼，傷哉！爰撮其大畧志之」。

先生名泮字文游、渙亭其號也，原籍福建同安縣人，世居縣之長興湖下巷鄉。其高祖尚賢公，始渡臺，家竹南之海口尾，再傳至其厚公，移居新竹城北，以孝友稱，先生之祖也。父瑞宜公，精計然術，以貿遷起家，爲竹城巨室。先生其次子也。少穎悟，受業李釣磻明經，人咸以大器目之。臺改隸後，乃兄克家廣文，將挈眷渡閩，邀先生偕行，先生力辭，願與母氏在臺守先人廬墓。廣文嘉其志，不之強。先生時方十五，襄乃母家政條理設。廣文得以營實業於城垣，無東顧慮。地方有公益義舉先生敬承母志，視力所能逮者，無不踴躍輸將，眾謂廣文有弟矣。

後數年，先生買棹省兄，適祖國災饑，道殣相望，先生慨捐巨款，得以國學生加同知銜。人皆爲榮，先生不色喜，蓋賑災出自本心，初非望以弋虛譽也。其胸次誠有大高人者。葉姓有宗祠，在臺北寓襄莊，經營伊始，先生囑其親兄文樞爲募捐款，並撰楹聯多對，文樞爲溫陵[註7]文豪，讀其啓聯者，皆嘖嘖稱之。謂益增祠宇之色。樂襄者益眾。祠成。

於晉主例捐外復寄附多金，爲當年禋祀基金。宗人感之，爲立祿位於祠左。禮大傳曰：「親親故尊祖，尊祖故敬宗；允哉仁人孝子之用心已。

先生性恬靜，好吟詠，滄桑後，懼大雅之頹淪也，思有以扶之：乃邀諸同志創設新竹吟壇[註8]，月有例會，竹城詩學得以不絕如縷者，得先生之資爲多。丙寅夏五，端陽前一日，與諸同人城南擊鉢，夜分歸來，宿疾猝發，越明晨逝世。春秋四十有四。奉若蘭摧

〔註7〕今福建泉州古稱謂。
〔註8〕即「大同吟社」。

於壯歲，元瑜玉殞於中年，天竟何如，命竟何如，而扼我才人至是耶？原配呂氏繼配林氏俱早卒。

繼配曾氏以賢助稱。與先生伉儷綦篤。丈夫子二，國鍈、國堂俱幼。女子五，適人者四，待字者一。將以是年舊六月廿八日安葬於金山面之麓。

穴坐巽向乾，並辰戌分金丙辰丙戌。銘曰：是惟煥亭之閟宮，冷水縈紆，金山崇崒，骨肉歸于土，靈爽麗予空，魂分歸來，循茲林麓，有樂邱知己，參翱翔而往復，郭塚碑題，房墳淚掬，炷騷人之瓣香，荐寒泉與秋菊，留身後之榮名，不同腐乎草木。

從這兩篇祭文來看，文樞從弟葉文游，不止是一位孝順齊家又熱心鄉梓公益的人，也是一位民族意識強烈，推動漢文薪傳的飽學之士，卻不幸英年早逝矣！這對當時北門葉氏家族是一大損失，而對新竹漢文吟壇的傳薪，又何嘗不是一大打擊啊！

二、擊缽高吟時還讀我書

當葉文樞返臺歸竹時，鄉人早已爭相走告，仰慕其名的求教者絡繹不絕於途，文樞秀才精詩能文，尤工於擊缽吟，每次參加詩會，都有優異表現，為日據時期與鄭家珍、張純甫，同為新竹地區譽滿全島的擊缽吟名師。因此向其問學的時人頗多，老少皆有，而其人品學問更是為青年學子所崇仰，學詩學文者莫不爭相求教；當他教學時，凡遇門生有所不能解者，無不多方設譬，務使領悟而後止，新竹青年沾其春風化育者，達二百餘人之眾。然葉文樞因於乙未之際內渡祖國大陸，致未取得日本國籍，是以常遭疑忌，故其往來於臺閩兩地之間，異常低調。平居謹慎鮮談涉政治，凡觀感所及，皆寓寄於詩，臺地能詩者莫不推重。另在課餘間出入「竹社」每有雅會，輒常為同人推其為詞宗以評定甲乙，葉氏受人之重由此可見。

昭和四年（1929），文樞更應門下弟子之請，於教導詩學之餘，組成「讀我書吟社」〔註9〕，詩社之名「讀我書」，是取晉朝陶潛「時還讀我書」的詩句，意在日本統治下，我們仍然只讀我漢人之書；其愛國志節可見一斑；況且葉文樞於課徒之際，亦屢屢介紹大陸名家作品，而非故步自封敝帚自珍而

〔註 9〕 參見廖一瑾《臺灣詩史》〈臺灣詩社繫年〉，臺北：文史哲出版社 1999 年 3 月，頁 48。

已；尤以清朝及民國以後之重要作家、作品爲最，我們從《詩報》所載其編採之《百納詩話》、《續百納詩話》即可見其求新求知與輯佚之功了。

其後宜蘭頭圍（臺北州）的盧瓚祥〔註10〕自東京回臺，爲專心研習漢學，便禮聘文樞前往頭圍，擔任其家庭教師，虛心請益，並由其指導宜蘭的「登瀛吟社」〔註11〕，擴展詩文活動備受推崇，亦被其生徒與當地士人尊爲漢學泰斗。昭和八年（1933）受思鄉之故的葉文樞再應塹城之邀，回到故鄉新竹任教。昭和十二年（1937）中日戰爭正式宣戰後，日本在全臺各地亦更積極的推展皇民化運動，嚴格取締漢文私塾，禁止教讀臺人傳統詩文，而葉文樞秀才以華僑身分，竟備受囑目，經常遭受日本警務人員的無端干涉，隨時都有被捕之虞，致憂憤成疾，病重幾至於不起，其〈病中雜感〉十二首，正表現出當時讀書人（漢文塾師）的萬般無奈與悲憤！

此時此刻的葉文樞，歸國返鄉之心愈來愈強，但因戰爭日烈，受制於外僑不得任意離境之限，遂貧病愁悵的被迫羈臺兩年，後始得其學生盧瓚祥的協助，始獲准返回泉州。明明是出生且成長於臺灣斯土斯地的葉文樞，誠如其詩中所言「除卻朋儕宗戚外，多疑我是異鄉人。」這種辛酸尷尬的痛楚，伴隨著葉文樞鬱鬱的晚年，民國卅三年（1944）卒於福建泉州，享年六十九歲。

三、除卻朋儕宗戚外，多疑我是異鄉人

日據時期在新竹地區宏揚漢學，推展詩教者，以鄭家珍、張純甫，葉文樞等影響最深。「日人意圖禁絕我國舊文化傳播臺灣，而我國之詩文竟能始終粲然照耀於新竹者，文樞之存在予之大有力焉。」〔註12〕葉文樞作品收輯成集者有《精選詳註閩中擊鉢吟》，這是其用來授課生徒的教科參考書，共分兩部，選錄詩家二十二人，詩約五百首，均由其親自一一加以註解，另有《百衲詩話》〔註13〕一冊，惜未見傳本，平生擊鉢推敲之作，則因戰亂未能收輯，散見於各處。而新竹地區出身，活躍於臺灣光復前後詩壇的蕭獻三、莊禮耕、鄭指薪、郭茂松、蘇鏡平、周伯達、許涵卿、蔡希顏、宜蘭盧讚祥等皆是出自其門。

〔註10〕 盧瓚祥（1903～1957）前宜蘭縣長。1926年與吳祥輝陳子經等糾合同好組織「登瀛吟社」，並於1930年出任社長，著有《史雲吟草》一卷。詳見第四章第三節註56。
〔註11〕「登瀛吟社」1926年頭城鎮盧瓚祥、吳祥輝、陳子經等人邀集地方人士成立。
〔註12〕見黃旺成編纂《新竹縣志‧人物志》成文出版社民國七十二年刊。
〔註13〕日治時期按期刊登於《詩報》。

文樞曾有一首〈和純甫先生冬至前一日走苦楝莊毓川〔註14〕姻臺招宴韻〉詩：

> 訪逭昔冒夕陽紅，驥附張華〔註15〕喜又同。木杏粉榆徵世變。丸搓杭秫見民風。

> 故人詩記心胸好，主婦羹調指爪工。嘆我廿年來至夜，未曾一夜度家中。

此詩特別言及他將妻小留在泉州，風塵僕僕為生活奔波，而獨自在臺；廿年未曾在家度過冬至夜，以敘骨肉團圓之樂。

後來他病倒了，隻身臥病在床，時有學生探視，卻無親人照料，延醫診治，知道病情並非一時風寒，而是久年憂煩鬱積所致。年紀老了，腸胃不適，絕食治療，好似辟穀，不進人間煙火，只有藉吟詩消遣。於是他吟〈病中偶書〉及〈病中雜感〉十二首，以為心情落寞的排解；葉文樞直白的為文作詩，來訴說自己凡事但求竭心盡力，更以一飯三遺矢，來借喻自己年老體衰；詩中娓娓訴說自己內的的苦楚、無助與莫可奈何，令人讀了心中不忍，也著實為之惻然。

病中偶書

> 過問人多豈證深，非同偶爾病魔侵。廉頗一坐三遺矢，李賀連朝每嘔心。

> 不食渾疑將辟穀，廢書聊且把詩吟。腐儒微命留何補，也望良醫起死針。

昭和十二年（1937）七月，蘆溝橋事變爆發引起中國全面抗戰，日人為遂其侵華政策，在臺灣推行所謂皇民化運動；嚴格禁止漢文私塾，雷厲風行。尤其葉文樞係以華僑身分來臺，更被注目，他經常被日警干擾與監視，於是自己心中亦有警覺，亦常懷隨時被捕之懼。

病中雜感　十二首之七

> 呱呱血跡記猶真，飄泊歸來暫託身；除卻朋儕宗戚外，多疑我是異鄉人。

這是〈病中雜感〉十二首之七，葉文樞自述其矛盾尷尬境遇的詩，再次說明他自己本就是土生土長的新竹人，但是現在除了親戚朋友外，都疑他是外鄉人；受人投以異樣眼光的感受，真的是心中難以言喻的痛。後來時局逐漸惡化，私塾關閉，文樞生活不止困頓潦倒，又遭受日方壓迫日甚一日，竟憂憤成疾，險至於不起。病癒後發表「病中雜感」七絕十二首，並束裝準備內渡回國。

〔註14〕新竹樹林頭苦楝莊主人，林鍾英字毓川，歲貢林鵬霄之子。

〔註15〕張華字茂光，晉方城人，博學能文，武帝時拜中書令。此詩諭指純甫。

病中雜感　七絕十二首

去年欲返竟停蹤，回首家山路萬重。倘使者番眞不起，妻孥一見永無從。

不煩藥者與茶煎，侍疾空勞到五更。萬一宵深呼吸絕，時間詎必記分明。

年來實驗重歐西，愧我生平古枉稽。四十八時長絕粒，試將枯餓學夷齊。

一死原來萬事休，蓋棺何必更名留。叢殘舊稿刊難舊，只合從人水飛投。

賺得盈囊慰問詩，吟從病榻藉開眉。絕勝身從空哀輓，泉下茫茫未得知。

忽忽年芉六十三，異能奇技末曾諳。只餘一癖渾難矯，志向書中似蠹蟫。

呱呱血跡記猶眞，飄泊歸來暫託身。除卻朋儕宗戚外，多疑我是異鄉人。

除夕爐憐不共圍，老妻念我淚應揮。心灰轉向燈前詛，苦戀何人久末歸。

三男三女盡成丁，悔未家居教一經。卻幸毫無遺產累，免教涉訟到公庭。

報得雙孫喜不支，阿翁謀面定何時。太平歸去能言語，合問新來客是誰。

奚分螻蟻與鳥鳶，腹葬江魚也任夫。卻笑病魔纏逐去，談詩問字又紛然。

年來日夜只吟詩，外事紛紜幾不知。吟到如今應絕律，老天偏許復延期。

之前文樞內渡時，塹城詩友們在依依不捨的送別中，葉文樞回和詩友曾吉甫的送別詩有：

和吉甫先生送別原韻

故鄉竟當異鄉遊，樽酒殷勤共勸酬。吟社分題聯舊友，離停判袂記新秋。閒身我偶羈雞嶼〔註16〕，妙手君原造鳳樓。想是三年緣未了，天教將別又停舟。

時局的動盪與奔波令人難堪，吟詩之餘，倍感生於戰爭、割地、賠款的亂世，在民族氣節漢文傳薪與五斗米間倉皇北顧，作客天涯千山萬水，時代捉弄人的悲哀與無奈，人算天算實在是天可憐見，謂之奈何！而「故鄉竟當異鄉遊」竟成了塹城北門葉家六俊之一的秀才葉文樞一生來往泉、臺數十年的流離生涯寫照。

第二節　北臺大儒張純甫與柏社

一、劫火餘生巨賈子

張漢（1888～1941），名津梁，官章陳熙，字濤村，又字純甫，以字行，號筑客、興漢、又署老鈍、耕香散人、竹林樵客，寄民。清光緒十四年出生

〔註16〕就食臺北州（今基隆宜蘭）。

於新竹北門「三孝人家」〔註17〕。自幼即喜好歷史、詩文；記憶力復特強，於同門中，即以長於詩作，嫻於歷史而出名。乙未割臺後，地方動盪，隨父避居福建閩侯〔註18〕，居處與詩人張息六〔註19〕相鄰，息六雅好吟詠，享譽詩壇，純甫朝夕相處，耳濡目染，多方請益，詩文進展快速。不久，臺地局勢略為安定，父子便復回新竹故鄉。

純甫祖父輝耀及伯父英聲皆為新竹巨賈，張氏之「金德美」經營食品行，「金德隆」經營藥材行，均為北門大街著名的商號，亦為新竹資力雄厚的大行郊。明治卅四年（1901）新竹大火，燒毀北門城樓，金德美與毗連店舖及一切商品，諸多商號盡付祝融。重整之時，貨船又遇波臣，家道從此中落〔註20〕；純甫二十歲時，舉家遷往臺北，為謀生計，受雇於北臺最大的中藥商行「稻江乾元藥行」〔註21〕，擔任記帳工作。此時雖家累沈重，但好學不輟的他，閑時仍寄情詩文，其才氣文筆漸為人所推重。大正四年（1915）先生與林述三，歐劍窗，駱香林、林湘元、黃春潮、李鷺村、吳夢周等雅趣相投，共同創立「研社」，倡導詩學運動，社址即設在「礪心齋〔註22〕」書房，社員皆以「癡」為號，礪心齋主人林述三即「怪痴」。大正六年（1917），「研社」更新陣容，改稱「星社」，社員則皆以「星」字為號，純甫自署客星、寄星或漁星；星社首次雅集，即以〈雞聲〉為題，擊缽於堅白屋〔註23〕。

大正八年（1919）純甫被基隆富紳礦業鉅子顏雲年〔註24〕聘為西席，舉家移居基隆，曾有〈上巳後一日移家居基隆〉一詩紀之：

〔註17〕 張氏曾祖父首芳、祖父輝耀暨曾祖母陳順，承撫軍兼學政劉爵帥省三題奏，受旌表為孝友、孝婦令譽傳頌當時，故有三孝人家之美稱。

〔註18〕 閩侯，今福建省福州市下轄之縣。

〔註19〕 張息六，名鵬，字息六，生於清同治3年（西元1864年），卒年不詳，新竹竹社詩人，精通醫術，日據時期為塹城著名中醫師。

〔註20〕 大火後，其伯父變賣大部分田產，重整家園，僅續經營金德隆藥材業務，先生嗣父則或訓蒙、或命卜，以維家計。

〔註21〕 今臺北市迪化街上。

〔註22〕 1920年（一說1921年，待考）林述三先生創立於台北大稻埕中街『礪心齋書房』（今台北市迪化街154號）。

〔註23〕 《新竹市志》卷七〈人物志〉，新竹市政府1997年12月，頁148。《台灣省通志稿·學藝志》〈文學篇〉。

〔註24〕 顏雲年（1874年1月13日～1923年2月9日），譜名燦慶，字雲年，號吟龍，以字行，生於基隆瑞芳（今新北市瑞芳區），祖籍福建省泉州府安溪縣。是日據時期的知名礦業家，基隆顏家在他手中成為台灣五大家族之一。雲年喜附風雅，愛好吟詩，他曾任瀛桃竹聯吟會會長，也多次捐獻銀錢支持詩社。

看人修禊會蘭亭，獨我匆匆驛路經。兩度移家仍潦倒，一行作客似浮萍。風簷迫海時沾雨，電火臨流夜落星。觸景更添身世感，磋跎壯志尚零丁〔註25〕。

　　純甫課餘之時仍不斷自我研習進修，適逢張息六遷往臺北，懸壺開業，兩人再次相逢，孜孜講藝，常相偕出入詞場，而聲名大著；未幾，純甫便棄商就儒，居下奎府街〔註26〕，名其屋爲「堅白屋」，課徒授業，往返於基隆松山之間。

　　大正十三年（1924）二月四日，純甫與星社、潛社同仁共同發行創辦《臺灣詩報》〔註27〕月刊，並爲重要之主撰，與連橫之《臺灣詩薈》並駕齊驅，俱爲倡導漢學之重要刊物與指標。昭和二年（1927）「松社」成立，初期僅社員八人，純甫任教松山後，課題敲詩，獎掖後進，社員增至二十餘人，蔚爲風氣。昭和七年（1932），爲宏揚詩教，舉家遷回新竹，並陸續整理舊時詩稿。昭和八年（1933）二月五日純甫正式遷入，所購之後車路（今長安街附近）自宅，並復取名日「堅白屋」以昭節志。

　　在故里生徒們的殷殷期盼下，先生遂應門弟子的請求創立「柏社」〔註28〕。日據時期北臺地區擊缽風盛，純甫實有力與焉。純甫素好收藏、鑑賞，對古今書畫鑑衡之精微，令人嘆服，也經常往來臺灣上海之間，除與當地文人切磋外，亦與新文學健將多有來往，足跡遠至大連、天津，並刻意收購書畫器皿。昭和十一年（1936）張純甫曾至南京、汕頭各地，收集石鼓文拓片及文徵明、傅山等墨蹟、扇面，並展示於新竹城隍廟，轟動一時〔註29〕。中年時，復承接連橫之「雅堂」書局之大部份古籍典冊，在日據時期，與李逸樵並稱爲新竹兩大收藏家及鑑賞家〔註30〕。純甫爲人勤樸敏學，古今詩學皆窮究其源，尤其得自雅堂書局部份古書後，根基更爲深厚。

〔註25〕時純甫三十二歲正值壯年。

〔註26〕下奎府町爲台灣日據時期台北市之行政區，共分一～四丁目，因爲位於平埔族奎府聚社南方而得名。該町因爲位於大稻埕商區，自日治時代其商賈雲集，約就是今日萬全街，歸綏街一帶。

〔註27〕《台灣詩報》一九二四年二月發行，一九二五年四月停刊。

〔註28〕1935 年 7 月 1 日張純甫應學生成立柏社，本以白爲社號（取白描之意）適發起者十八人故於白旁加木而爲「柏社」。

〔註29〕見麥鳳秋《台灣地區三百年來書法風格之遞嬗》文化大學藝術研究所民國七十七年碩士論文第 44 頁、125 頁。

〔註30〕見麥鳳秋《台灣地區三百年來書法風格之遞嬗》文化大學藝術研究所民國七十七年碩士論文第 44 頁 125 頁。

　　昭和九年（1934），江亢虎〔註31〕以加拿大中國學院院長及美國國會圖書館顧問身分訪問臺灣，翌年（1935）於上海中華書局出版《台遊追記》，期間鼓吹東洋文化，所發表之詩文，語多親日，用典錯誤疊出，江氏八月廿二日由福建抵基隆，九月九日自臺北經基隆回中國大陸，對臺灣漢文詩社的末流曾提出針砭〔註32〕；純甫極其不然，遂作四百韻長詩以駁其論〔註33〕，而新文學一方如受日本教育的楊逵〔註34〕，同樣的也質疑他的態度。

　　對於傳統詩作，張純甫極為活耀，早期隸屬「瀛社」時，已露崢嶸。桃竹苗三社聯吟，每期課題，必有佳作。臺島聯吟大會時，每每掄元而回，與臺南洪鐵濤共被推為南北兩大名將〔註35〕，作品約有二千餘首，編為《守墨樓稿》，計分〈竹馬草〉、〈壺中草〉、〈近遊草〉、〈浮萍草〉、〈湖梅草〉、〈輪蹄草〉、〈鍛翮草〉、〈重來草〉、〈思歸草〉、〈松籟草〉、〈北遊草〉、〈燕歸草〉、〈遣憂草〉、〈鏡海草〉等十四部分，其將一生見聞盡寫於詩，涉獵範圍既廣且意境極寬，特別長於述事及感時慨世，並有擊缽吟數冊，惜未梓，此外《堅白屋謎謄》一卷，係純甫收輯主持各地燈謎大會之作。

　　張純甫除詩作之外、文筆亦佳，著有〈陳迂谷聯文序〉，〈聽濤軒序〉，〈韓信論〉等篇，晚年更耽於文史，在〈筑客四十五年前詩自敘〉中，表明：「余四十五年來學詩之功用，始略告一段落，亦足見作詩之非難，而讀書之難也」〔註36〕。黃美娥〔註37〕教授說：「先生不僅詩文兼善，其學術著作《非墨十說》、《是左十說》、《古今人物彙考》、《漢族姓氏考》更是成冊成編，不同於以往舊儒之零篇散章；在今日亟待搜尋研究早期臺灣傳統學術領域之文獻，此類

〔註31〕 江亢虎（1883 年 7 月 18 日～1954 年 12 月 7 日），原名紹銓，號洪水、亢廬，祖籍安徽省旌德縣江村，生於江西省廣信府弋陽縣陶灣。中國早期社會主義思想傳播者，中國社會黨創始人，後擔任汪精衛政權的國民政府委員，考試院副院長等職。1934 年江亢虎以即加拿大中國學院院長（他在 1930 年至 1933年擔任麥吉爾大學中文系教授，是加拿大二戰前第一位漢學家）美國國會圖書館顧問身分訪問台灣。

〔註32〕 見江亢虎《台遊追記》〈29・詩社盛況〉上海中華書局出版 1935 年。

〔註33〕 見《新竹市志》卷七〈人物志〉新竹市政府 1997 年 12 月印行，頁 149。

〔註34〕 楊逵（1905～1985），本名「楊貴」，小說家、兒童繪本作家，社會運動家。

〔註35〕 見林藜撰，《台灣名人傳》六十三・三孝人家——張純甫，台北市：新亞出版社，1976 年。

〔註36〕 黃美娥教授編《張純甫全集》四，新竹：新竹市立文化中心出版，1998.6。

〔註37〕 黃美娥教授，臺灣新竹人 1963 年生，輔仁大學文學博士，現任臺灣大學臺文所教授。

經學之著述，更屬罕見。」〔註38〕

　　張氏作品中《漢族姓氏考》，係以《元和姓纂》爲本，正其誤謬，在日人大力推行皇民化，禁止使用漢文、漢姓時，純甫之用心可謂良苦。而其〈是左十說〉，更是力主左傳爲孔子著《春秋》的作品，考據至爲精湛，頗具獨到眼光。書法方面，其行草融合二王顏魯公筆法，楷法則摻入何紹基法度〔註39〕甚爲時人所喜好。此外對燈謎、聯文之創作，不僅爲昔日文人風雅作一見證，更說明了舊文人輕鬆逸趣之生活寫照；至於詩話、隨筆則展現其雜評之功力，亦記錄保存了時人之軼聞瑣事，自有其歷史意義。

　　純甫一生喜讀經史，重考證，工詩書，琢精研，學富五車，思慮縝密，號爲「北臺大儒」，嘗與臺中「櫟社」林幼春、連雅堂打筆仗名動一時；昭和十四年（1939）林幼春、黃春潮於《詩報》打筆仗，先生作詩爲之調解曾有〈息言寄老秋〉、〈反解嘲再寄老秋〉、〈不寐吟次老秋囈夢韻卻寄並次春潮〉、〈讀老秋新樂府以不新不古樂府應之〉等詩作，此亦得見其德望與熱心。就在同年夏天，純甫因腸癌住進臺北帝大附屬醫院（即今臺大醫院），並進行手術，至中秋後二日始出院，其間作有〈述病三十韻〉、〈病床雜詠三十首〉，述其感懷。昭和十五年（1940）秋，先生宿疾復發再度入院治療，唯以先生身體虛弱僅輸血後即出院，其後乃服漢藥並定時回醫院門診注射。農曆重九之後，先生臥病其諸友、生徒探視者屢，在病榻上尚有唱和之作如〈次春潮來竹視疾韻並示痴雲夢周〉三首。從上可見純甫先生無時無地皆在創作，生活入詩，詩入生活，是他一生勤勉力學的最佳寫照。昭和十六年（1941），一月廿九日先生因腸癌去世，享年五十四歲；其〈絕筆〉詩云：

　　　　羸臥又經兩月組，一床天地小於壺。親朋看視難爲禮。妻女扶持但不孤。

　　　　每以藥丸罪爐鼎，常將味異責庖廚。舊交慰語何能和，只當杜詩瘧鬼驅。

二、文星隕落哀輓紛迭

　　昭和十六年（1941）二月四日《詩報》刊出張氏的訃訊曰：

　　　　本報顧問張純甫先生，去一月二十九日午前一時二十分溘然長逝，享壽五十有四。於二月一日午後一時，在其新竹新富町自宅舉行告別式，誌此謹表哀忱。

〔註38〕　黃美娥教授編《張純甫全集》六，新竹：新竹市立文化中心出版，1998.6。頁16。
〔註39〕　見麥鳳秋《台灣地區三百年來書法風格之遞嬗》

　　先生捐館消息一經傳出，舉臺詩友哀痛，紛紛以詩文來悼念這位一代大儒。其好友黃春潮（水沛）先生，特撰祭文哀悼，並刊於昭和十六年（1941）二月十八日《詩報》云：

　　　　維昭和十六年歲次辛巳正月初六日，故「星社」重鎮，詩人張
　　君純甫去生三日，將殯；「星社」同人總代龍峒黃水沛爲文以哭曰：

　　　　嗚呼！君之元氣尚存，而君竟亡耶！自君流寓淡北，與諸同人
　　共創「星社」。朝夕過從，相勵爲詩二十餘年，間亦多故矣。君詩由
　　清而進于宋，由浮響而變爲寫實；爲閩派；爲鄉土文學；而終爲守
　　墨樓詩。舉以似古人之詩也，亦不盡似，又何況於今人之詩乎？雖
　　其詩境日進，而環境日非，際遇日窮，初則食筋力於基津，基津不
　　可留，遂去設帳松山；松山不可館，遂去歸食新竹；新竹又不可食，
　　仍時時就食淡北。境遇如斯，亦可悲已。而君顧處之晏如，元氣愈
　　盛，而宏篇鉅構，往往驚人。環境之非，際遇之窮，固未足以死君
　　耳。嗚呼！何爲其竟亡耶？

　　　　君舊患腸癌，因手術而獲小康，同人咸慶幸之。然未幾而洩瀉
　　脫肛，容顏益衰憊。庚辰秋，因復入院醫治，醫疑舊疾復作。或謂
　　宜再手術，而君以衰弱之故，不欲更受手術，惟乞輸血數百瓦，即
　　出院服漢藥，及時時受注射而已，猶冀其浩劫之能過，而藥石之見
　　效也。在院中曾請外出，而偕夢周過予龍峒舊居，款談哀曲。及問
　　《守墨樓稿》發刊之期，則有急不及待之意。且言下嗚咽，幾不成
　　聲，似已自分其不久於人世也。予與夢周急語慰之，一時相對黯然。
　　既出院歸新竹調養，尤爲懸念弗置。又見其久不爲所耽之詩，尤疑
　　其元氣已失，復抱不安焉。重九節前一日，因邀痴雲、夢周共作新
　　竹之遊，爲視君疾也。久別相見，歡若平生。雖其雙腳水腫，步履
　　維艱，而吐談風雅，縱談天下事，尤幸元氣之尚存也。斯行也，不
　　獨夢周、痴雲與予之共得欣慰，即君自慰，亦謂病去一半矣。迨辭
　　君而返也，予輒作五古三篇寄之，寫相見之歡也。乃不旋踵而君之
　　次韻詩已到，尤有小叩大鳴之概焉。嗚呼！謂非君之元氣尚存，其
　　可得歟？而君乃竟亡耶！

　　　　嗚呼痛哉！孰知此行之相見，爲與君最後之相見乎？嗚呼哀
　　哉！又孰知廿餘年間之酬唱詩中，獨此寥寥三篇，爲最後之酬唱乎？

誠知如此，悔不留竹數日，猶得與君爲數日之談也。早知如此，恨不拚此老命，與君更爲長篇大作之唱酬，何必留此寥寥三篇，爲永遠之紀念，爲墮淚之碑歌乎？夫予豈乏工力者乎？而君亦豈莫我敵者乎？

回憶三老筆戰，君之銳氣，尤爲莫當。其獲使老秋之退避三舍者，非君誰屬？乃曾幾何時，而老秋先我而歿，今君又繼之而遽亡。三老之中，獨留此煢煢一老者。彼蒼者天，縱其有意厚我，然予剛已無意爭於人世矣！

雖然，君與老秋，實我無二之知己也。老秋之爲我到處吹噓，不啻曹邱生之爲我游揚也。老秋之去世也，予本欲爲詩若文以哭之，第以君有鼠哭猫之誚遂罷。今君仙去，予乃獨能以此禿筆，而寫我胸中之淚也。嗚呼！其文字緣之慳歟？抑別有不幸而至於斯歟？嗟乎？予之不幸也，而招老秋之誤解；誤解不已，遂至筆戰；筆戰不已，遂至兩情隔絕。嗚呼！千秋後世，其時云我何也？君知我者，九原相遇，能爲我一明心跡乎？嗚呼哀哉！尚饗。

文星隕落，草木同悲，純甫先生的去世，對日本統治下的臺灣漢文界，不啻是一大損失更是打擊，無怪乎識與不識者皆爲之所慟，全臺各地的名士、友朋與漢詩學界鷺侶，如鄭香圃、周伯達、高華袞、郭仙舟、謝森鴻、張一泓、李仕、陳泰階、張極甫、陳厚山、蕭振開、陳振基、陳振基、陳金龍、楊爾材、鄭指薪、李學樵、黃文虎、鍾明泉、駱泰沂、沈江楓、曾宗渠、陳湖古、張鶴年、許逎蘭、黃師樵……等與各地詩社紛紛親自弔唁並賦輓詩輓聯哀悼致意，今摘錄部分：

高華袞
五四齡、詩文字三絕獨工、回憶人返竹城、曾繼橫渠重講易。
廿一史、禮春秋諸書尚在、傷心駕歸蓬島、空遺絳帳孰傳經。

柏社同意吟會一同
文節道長存、社繼月泉曾創柏。
向平願未了、庭侵風雨忽摧椿。

讀我書吟社一同
學問迥深高、家莊萬卷奇書、所惜未曾經我讀。
生涯殊護落、業賸三間老屋、可憐爭不動人悲。

輓純甫吾弟　胞兄　極甫

弟也年剛五四秋，豈期宿疾未能瘳。詩書枉說聞全島，名望居然遍五洲。
知汝前身原蝙蝠〔註40〕，嗟餘後事等蜉蝣。傷心午夜翻成恨，泉路應須我
作頭。

哭張純甫夫子　郭仙舟

腸癌手術奏奇功，病抱年餘命考終。傳說生時雲集蝠，編詩時刻雪留鴻。
有兒夏屋承堅白，無主春燈冷淡紅。痛煞老成漸凋謝，伊人想像淚臨風。

哭張純甫夫子　陳金龍

詩星昨夜墜新城，訃報先生此日傾。絳帳無聞催缽韻，高門不叫讀書听。
全家禮義稱三孝，五四年華了一生。鄭老〔註41〕已休九齡逝，有誰繼起主
鷗盟。

哭純甫宗兄先生　基隆詩友十菊

交遊文字老尤虔，剛直爭推我孝先。忒煞專心注盲左，何曾飽飯過殘年。
耕香舊夢看花記〔註42〕，訪古長吟化石篇。詎料竟傳凶耗至，鬢絲禪榻倍
蕭然。

新竹旅次吊純甫宗先生　張紹良

青氈一領托身安，兩袖清風到處寬。政變詩吟曾附驥〔註43〕，宗親望重幾
瞻韓。

碩儒傲骨成仙早，令嗣輕年繼述難。守墨樓空哀塹北，我來追悼淚頻彈。

純甫先生友人臺北星社林述三復作七言古風〈哭純甫兄〉一文，刊於昭
和十六年四月十八日《詩報》云：

道義鈴錘翰墨陳，出天星社鷺鷗親。幾經倒挽文瀾苦，總會矜持筆力伸。
士業可憐愚自號，詩家未幸達為真。幻花缽底空呈彩，抱璞懷中亦愴神。
萍水海涯逢月旦，蓼風江汭問霜晨。小圃賦寫冬心共，大冶詞題夏思新。
謀面定交剛乙卯，斷腸詎料厄庚辰。如兄叵耐稱君子，似我奚堪作廢人。
煨芋手殘成懶慢，繫匏口默只吟呻。陳芳國是存知己，安樂窩非在處貧。
韓孟雲龍悲遠夢，范張車馬感前塵。難將嘆鳳追當日，儘付啼鵑慘莫春。

〔註40〕吾弟誕生前有黃蝙蝠一匹，宿於庭中至降世後始飛去故註之。
〔註41〕舉人鄭家珍一九二七年歸大陸，一九二八年春駕返道山。
〔註42〕第四句先生病骨癌故云，第五句謂先生自號耕香散人，著有基津看花記也。
〔註43〕栗社課題詩「戊戌政變」。

一死有名終不滅，乃生無命欲何因。即今激烈還罹病，嗣後蒼茫負與仁。
禾稼任評蒐草殼，秕糠休鑄繭蠶身。崚鐺傲骨留黃土，恍惚幽靈佩白蘋。
左傳註遺誰襲稿，右軍書法尚緹巾。研朱硯委承餘澤，守墨樓移悵隔津。
錯卻山膏蒙獮豸，讓教符拔罵麒麟。千秋結憤冤含石，萬難填膺誤采薪。
鬼敢揶揄甘代廡，佛能菩薩肯飄茵。象賢踵武看跨灶，芽藥強枝痛伐輪。
造物王應悛侮弄，叫閻帝必動酸辛。明冥鶴倘歸華表，趨步芳尋入泗濱。
庶矣孔門牽系脈，浩然正氣轉鴻鈞。滌清群醜牆陰穢，振起吾儒席上珍。
玉笛重聞哀過客，素琴復撫弔尊鄰。狂歌當哭窮逾阮，瘋泣沉憂等避秦。
荒徑亂螢傷皓首，破梁落月見青燐。廣陵散去情蔘切，奎府觿停失老純。
剪紙招魂吟楚些，電燈搖影現靈均。縲予索寞同銷極，志餒寒窗效旻臣。

又臺北星社的歐劍窗先生亦作〈哭張純甫社兄〉七言古風一首刊於昭和十六年（一九四一年）九月六日《詩報》云：

同社契交澹以平，學問之醇猶推兄。世風每見嗟偷薄，百善為先教後生。
士先氣節後文學，言行無虧孰與爭。恬淡寡言尤真樸，肯隨流俗作逢迎。
有時雄辯無餘子，時艱蒿目發悲鳴。有時騷壇當奪幟，必攜健筆恣縱橫。
扶持風雅將沉沒，未惜千鈞力共擎。多讀詩書原是福，管他人世有枯榮。
道義切磋相師友，廿五年來衷至誠。誰如胸中無芥蒂，骨董未妨較重輕。
遍搜大陸古書畫，一家收藏欲滿盈。繞繚茶煙堅白屋，時看撚鬚細論評。
仁者從來多壽考，忽聞靈耗幾吞聲。鄒魯豈難存禮教，胡天昊昊太無情。
從今北馬南船日，灑淚驅車過竹城。

昭和十七年（1942）先生兄長張極甫，參加臺北星社聯吟雅集，睹物思人感慨不已，遂作〈春分日星社諸君雅集李氏岱雲閣為亡弟純甫默禱冥福感賦〉刊於是年四月二十日《詩報》云：

大屯之山何青青，淡江之水何冷冷。島都文物地鍾靈，騷人為社名曰星。
亡弟班聯筆不停，攤箋擊鉢繼東寧。傷哉一夢難喚醒，諸君高誼頻涕零。
春分雅集酒芳馨，岱雲閣上忘骸形。情重故交足典型，片時默禱福幽冥。
吾心聞之深刻銘，徘徊眷念步中庭。年來枯寂照書螢，守墨尚遺有殘經。

從以上這麼多篇的哀悼或懷念的詩文來看，我們可以知道純甫先生並不是普通的舊文人，他學識淵博縱貫古今，雖無功名或紳章的加冕，卻因刻苦自勵勤勉好學，與才華的洋溢，而獲得漢文學界與眾人的欽仰推崇。他的過世對新竹地區而言少了一位了不起的漢文塾師，但對日據時期的整個臺灣漢學界來說，卻是失去了一位北臺大儒啊！

三、純甫先生的作品

張純甫治學嚴謹追根究底的執著精神，一向令人讚佩，我們可從其復連雅堂書〈儒墨相非始於墨翟父子兄弟說〉一文中得見其端倪。此文源起於《非墨十說》之內容，其中有〈墨子非墨家之祖說〉、〈墨子殺其兄說〉結果引來連雅堂的討論，而張純甫則條理分明從容答之，消除了一場可能的大規模的南北筆仗，更贏得了友情與尊敬。以下爲其說摘錄：

墨子非墨家之祖說　張純甫

《漢書》〈藝文志〉「墨六家」，首《尹佚》二篇。注曰：「周臣，在成康時。」則墨家出於「尹佚」明矣。而「佚」與「墨」音近，疑「墨」爲「佚」之轉聲，則墨子其傳佚之學乎？。

《呂氏春秋》〈當染〉篇：「魯惠公使宰讓請郊廟之禮於天子，桓王使史角往。惠公止之，其後在魯，墨子學焉。」則墨子傳史角之學也。

《莊子》〈列禦寇〉篇：「鄭人緩爲儒，使其弟墨」弟名翟，說見下篇〈墨子殺其兄說〉。梁啓超述孫詒讓，疑史角即尹佚之後。余更疑尹佚其成王時之史佚乎？

考以上所云，則墨子實師史角之後，而史角即尹佚之後。然《墨子》全書，曾無一語及史角、尹佚者，蓋已攘其師之學爲己有矣。

墨子殺其兄說　張純甫

《莊子》〈列禦寇〉篇：「鄭人緩也，呻吟裘氏之地。祇三年，而緩爲儒，河潤九里，澤及三族，使其弟墨。使其弟墨。儒墨相與辯，其父助翟，十年而緩自殺。其父夢之曰：『使而子爲墨者予也，闔胡嘗視其良，既爲秋柏之實矣？』」

注：「司馬曰『緩，名也。』」陸氏《釋文》云：「裘氏，地名也。」

又「呻吟，吟誦也。」注又曰：「翟，緩弟名也。」「使弟墨，謂使弟翟成墨也。」又「緩怨其父之助弟，故感激自殺，死而見夢，謂己既能自化爲儒，又化弟令墨。弟由己化而不能順己，己以良師而便怨死。精誠之至，故爲秘柏之實。」蓋「闔，語助也。胡，何也。良者，良人，謂緩也。」

案以上所云，則儒墨之相攻相辯，蓋自墨子父子兄弟始，且墨子竟以此殺其兄矣。連日各報載黃、顏、連諸氏，以儒墨相攻不止，與墨子兄弟相攻何異？故余艸此二説以解之，非好爲考據，或拾人牙慧而出風頭也。

墨子非鄭人説——與張純甫氏書　連雅堂

前閲〈臺日報〉載大作〈墨子害死親兄説〉，係引《莊子》〈列禦冦〉篇鄭人緩也」一節，竊以爲誤矣。墨子爲魯人而非鄭人，固學者所公認。何以言之？

〈公輸〉篇曰：「公輸般爲楚造雲梯之械成，將以攻宋。墨子聞之，自魯往。行十日十夜，而至於郢。」〈貴義〉篇曰：「墨子自魯即齊，遇故人。」〈魯問〉篇曰：「越王爲公尚過，束車五十乘，以迎子墨子於魯。」此其見於本書者，則墨子爲魯人也明矣。今足下乃以鄭人緩之弟翟，指爲兼愛非攻之聖者，是無異曾參殺人而移罪於孔門大孝之子輿氏，何其僨耶！

足下聰明人，善讀書，胡以忽忘史實，豈故意而言耶？若然，則襲孟子之口氣，斥以無父，又誣以無兄，而墨子不受也。竊以我輩知人論世，當用理智而不用感情。是故理之所在，雖父子亦當辯論，何況兄弟。柏拉圖曰：「吾愛吾師，吾尤愛眞理。」此誠學者之態度矣。

儒墨相非果始於墨翟父子兄弟説（復連雅堂氏書）　張純甫

頃於《臺日報》、《昭和報》承示墨子爲魯人，僕非不知。足下所引本書「自魯即齊」、「以迎子墨子於魯」、「自魯往」等句，此似出孫詒讓（墨子傳略）。然詒讓猶謂墨子「似當以魯人爲是」，不如足下確指其爲魯人也。況「自魯往」原文，乃「起於齊」，豈又齊人乎？細玩諸句語氣，出於本書自道，吾固疑其非魯人也。

然則是魯非魯，莫衷一是。本書有止魯陽文君攻鄭，又墨子曾爲宋大夫，見於諸説，皆謂爲宋人。畢沅、武億謂爲魯陽人。魯陽楚邑，是爲楚人矣。今以《莊子》〈列禦冦〉篇：「鄭人緩也，呻吟裘氏之地。」攷之，蓋初爲鄭人，後移居於魯，或於宋。亦如足下臺南人，現移居臺北；僕新竹人，現亦居北也。裘氏《釋文》云：「地

名」。《水經注》有「裘氏亭」名。魯有「菟裘」，後有「菟裘氏」。見《通志》〈氏族略〉又云「裘氏邑名，因食采爲氏。」或云「本求氏改，望出渤海。」渤海近齊魯也。又曰「宋有裘氏、爲避讎改爲仇氏。」亦《廣韻》。據此則裘氏地名，或魯或宋也。

墨子之在魯，或以緩爲儒，必是學於魯，魯乃儒家發祥地。緩後於儒，以墨子生孔子後，或云後七十子，而莊子又後於墨子，時代亦合。墨子名翟，則本書每自言之。墨子與其兄辯儒墨，本書有〈非儒〉二篇。本書不足信，則史實又安在？墨既非姓，乃學派名，則足下所主張者。《莊子》注：「緩使其弟成墨」，成者，承先啓後之文也。然則棄姓之緩弟翟，其墨子無疑，此非僕故誣之也。

僕以西學東漸之今日，孔子之書已少人過問，安可復以墨子之說，推波助瀾。蓋墨子實尚利任力之說也，與西學同旨歸。倡之者，謂欲救中夏末俗之弊，而不知適足以生弊。兼愛雖美名，一經計較利害者爲之，則惟利是視。不但人群國家無可愛，雖父子、兄弟、夫婦亦何能愛者？黃純青氏之辯儒墨，本不足輕重，而足下乃吾臺文學界巨擘，亦從而附和之。有說盛稱墨學之美，則其影響於人心，誠非淺鮮，故僕不能自已耳！

去日於〈臺日報〉發表二說，其意謂儒墨之相辯，始於墨翟父子兄弟。翟且因此四其兄矣，豈容再步其後塵耶！既必欲僕盡言，近已草成〈非墨十說〉，行將質諸知我愛我諸子焉。

《莊子》〈徐无鬼〉篇：「莊子曰：『儒墨楊秉四，與夫子爲五，果孰是耶？』」成注云：「儒，姓鄭名緩；墨名翟；楊名朱；秉者，公孫龍字；增惠施爲五。各相是非，用誰爲是？若天下皆堯，何爲五復相非乎？」

案：成引墨名翟與鄭緩、楊朱並列，則墨子眞是鄭人緩之弟翟矣。

丙子再識

不溫不火，條理分明，引經據典，立論有據，是張純甫一向爲人所敬重欽仰的地方；這當然要拜他深厚的國學造詣，與平素超乎常人的用功程度，才能夠信手拈來令人折服啊！

　　張純甫一生勞苦，不論少年、中年乃至於晚年，幾乎都是在「江闊雲低斷雁叫西風」之下，為生活四處奔波，從他所作的〈村夫子移居〉與葉文樞秀才〈贈純甫先生〉的詩中即可證知，其詩如下：

村夫子移居　　張純甫

似鼠搬遷廿載交，孔趨孔步不曾淆。他時禮失如求野，幾卷殘書幸未拋。

贈純甫先生　　葉文樞

移硯頻年類轉蓬，松山臺北又基隆。三間老屋歸堅白，萬里常途踏軟紅。
書巨療饑藏枉富，詩能作祟詠偏工。十年十不存深意，曲諒二臣經略洪。

然而生活的壓力並未壓垮他作學問的意志；相反的更激勵了他著作等身的豪情壯志，以下所錄即為純甫先生一生中作品的大犖〔註44〕：

（一）《數年詩簿》：此詩稿收錄張純甫十二歲至二十二歲期間之詩作，前後詩篇相較，可窺其少時習作之門徑，並見其詩藝之日益成熟。

（二）《守墨樓吟稿》：手稿共有五冊，皆係整理謄寫工整之清樣稿，足見張純甫曾有付梓之念頭。作品內容分為〈竹馬草〉、〈壺中草〉、〈近游草〉、〈浮萍草〉、〈湖海草〉、〈輪蹄草〉、〈鍛翮草〉、〈重來草〉、〈遣憂草〉、〈鏡海草〉、〈思歸草〉、〈松籟草〉、〈北游草〉、〈燕歸草〉等十四部分，計有詩題千餘，作品一千八百餘首。

（三）《詠史雜詩》：此詩稿中存有〈詠史雜詩〉二十首及其他詩作若干，惟作品已經重新抄錄於《守墨樓吟稿》第一、二冊中。

（四）《守墨樓課題詩稿》：稿中所載乃張純甫課題之作，多屬七律、五律之擊缽作品。

（五）《堅白屋課題詩稿》：稿中所載係張純甫課題之作，多屬七絕之擊缽作品。

（六）《七星吟稿》：稿中所載乃張純甫與「星社」同人黃春潮、吳夢周、陳覺齋、駱香林……等人詩會活動時之課題詩；而稿本末所存之《六合吟稿》，亦為他與星社朋儕之同類型作品。

〔註44〕詳見黃美娥教授編《張純甫全集‧文集》新竹：新竹市立文化中心出版，1998.6。頁9～14。

（七）《守墨樓文稿》：共有兩冊，一爲毛筆書寫之清樣稿，一屬鋼
　　　筆稿本，前者包括張純甫論辯、史論、序跋、哀弔……等類
　　　之古文，後者多爲他與友人來往之書信。

（八）《先人傳狀》：此爲家乘，記載張氏家族事蹟。

（九）《是左十說》：張純甫對於《左傳》一書，鑽研甚久，提出「《左
　　　傳》成於《春秋》之前」的看法，並撰寫十篇相關文字以證
　　　其說。

（十）《庚午文存非墨十說》：張純甫作有「是非雙十說」，爲當時名
　　　著，「是之說」即〈是左十說〉，「非之說」爲〈非墨十說〉。

（十一）《古今人物彙考》：張純甫撰寫本篇時，取材於陶淵明《聖賢
　　　　群輔錄》，又博稽載籍，多所增補，可謂極盡考究之能事，惜
　　　　未終全業，屬一未完稿。

（十二）《守墨樓聯稿》：稿中收錄張純甫各類聯文作品。

（十三）《陶邨燈謎》：張純甫本身即謎學大師，稿中雜錄張氏早期燈
　　　　謎之作。

（十四）《春燈謎》：此爲張純甫有系統整理自己之謎作，並依謎底出
　　　　處分類謄寫，條理分明。

（十五）《堅白屋乙亥秋燈瘦詞》：稿中收錄張純甫乙亥年應「柏社」
　　　　學生之請而製之燈謎作品。

（十六）《古陶漁邨四時閒話》：本稿收錄張純甫〈春燈謎話〉、〈夏蟲
　　　　語冰〉、〈冬烘對談〉等文。唯原稿內容不全，只見於張純甫
　　　　編輯之《臺灣詩報》刊載之《古陶漁邨四時閒話》，可知尚有
　　　　〈秋毫評〉之作，方能成其「四時閒話」之名。至於此作之
　　　　內容，乃有關燈謎、史事、書畫、詩鐘……等之評述。

（十七）《陶邨詩話》：係張純甫詩評之作，所錄包括臺地及大陸古今
　　　　名人，記述作者生平或詩風，並引詩篇爲例，可見其保存文
　　　　獻之功。

（十八）《詩話小史》：此係張純甫詩評之作，惟所評之人或依時序次
　　　　第論之，或雜述其相關生平史事，故名曰「小史」。

（十九）《陶邨隨筆》：此爲張純甫雜記之作，所錄包括詩、書、聯文、
　　　　史事、軼聞……等，範疇極廣。

（二十）《守墨樓書畫錄》：張純甫精於書畫品鑑，此內容前半多在記
　　　　錄明、清書畫名家之生平小傳，殆係參酌相關資料整理而得；
　　　　而後半則記載張氏個人收藏之書畫名稱、款式、價錢及買主
　　　　名單。

（廿一）《守墨樓藏書目錄》：張純甫乃當時島內有名之藏書家，此目
　　　　錄係記載他珍藏之書目，計分群經、史鑑、小學及諸子、雜
　　　　說、碑法帖等部，分門別類登錄各書籍名稱、冊數、出版者、
　　　　版本、價格，可以略窺當時書籍出版之情形。

（廿二）《守墨樓書目——叢書部》：此係專載張純甫本人叢書收藏書
　　　　目，內容依經、史、子、集四類登錄，記有書名及作者名稱。

（廿三）《守墨樓書目——卷密書室之部》：此係專載張純甫卷密書室
　　　　藏書之部，分由總彙、群經、歷史、諸子、總集、全集、別
　　　　集、詞曲、元人雜劇全集、圖譜、方言、辭曲、雜說、語記、
　　　　雜著、雜誌、佛學、雜刊、小說、演義、稿本、帖本、影帖、
　　　　書畫帖、醫數各類登錄，除記有書名、冊數、出版者、版本
　　　　之外，間亦錄存各式書籍之價格，可以略見當時物價情形。

（廿四）《臺海擊缽吟詩鈔》：此乃張純甫抄錄《臺海擊缽吟詩鈔》而
　　　　得，且未全本抄錄，而僅摘錄部分詩作。蓋斯時臺島人士多
　　　　趨風雅而致力擊缽之作，張氏錄此佳作以為同好之南針，冀
　　　　取乎上而免模擬剽竊之跡。

（廿五）《臺灣俗語漫錄》：內容中所記乃臺灣俗語，錄自《新聲律啟
　　　　蒙》、鷺江林景松所編之《彰泉土語巧對》光緒六年輔仁堂新
　　　　鎸之《昔時賢文全註》……等文，乃一隨得隨記之作。

（廿六）《唐人白描絕句選》：此係張純甫為「柏社」生徒而編之教材，
　　　　藉教導門生習得作詩之門徑。

我們從以上黃美娥博士所主編的《張純甫全集·文集》中，所列的內
容來看，純甫先生其學術根柢之深厚，實為日據以來的臺灣漢文學界所少
見，無怪乎有「北臺大儒」之美譽。而其〈漢族姓氏考〉一文，並未見於
原手稿〔註45〕，係載於先生編輯之《臺灣詩報》內；此篇仿鄭樵《通志·
氏族略》而成之作，乃發表於日本大正年間，蓋因歐風東漸，漢族精神日

〔註45〕詳見黃美娥教授編《張純甫全集·文集》新竹：新竹市立文化中心出版，1998.6。

益沉淪，而姓氏本係家族之根本，家族穩固則種族固，種族固則國治天下太平，而不爲世界所淘汰。故先生特藉此文闡明溯源姓氏之重要，將使漢族精神固而不失，著重捍衛漢文化不墜之用心。茲摘錄其《漢族姓氏考》（未完稿）自敘一文如下：

「嗚呼！漢族以無形之精神，融化五族，混一九州久矣。夫豈無故哉？家族立，婚姻正，而種族之精神乃固耳。然欲立家族，正婚姻，必自明姓氏始。三代以前，姓氏本爲二。男子稱氏，婦人稱姓，故性可呼爲氏，氏不可呼爲姓。姓所以別婚姻，故有同姓、異姓、庶姓之別。氏同姓不同，婚姻可通；姓同氏不同，婚姻不可通。其後姓氏雖合爲一，而所以別婚姻，固猶明也。於文，女生爲姓，故姓之字多從女，如姬、姜、嬴、姒、嫣、姞、妘、姻、姶、妖、嫪之類是也。所以婦人之稱，如伯姬、孟姜、叔姜之類，並稱姓也。司馬子長、劉知幾或有謂：「周公爲姬旦，文王爲姬伯者。」良由姓氏合一故也。若三代之時，自無欺語矣。姓氏之學，至唐大興，及宋夾漈鄭樵氏著〈氏族志〉、〈氏族源〉、〈氏族韻〉、〈氏族略〉等書，其說大備。使數千年湮源斷緒之典，燦然在目，如雲歸於山，水歸於淵，日月星辰麗乎天，百穀草木麗乎土者，夾漈之言蓋大而非誇矣。

余以近今學子，喜崇新而絀舊，以漢族無形之精神謂迂闊，以歐美有形之物質謂適宜，將並采同姓結婚與夫自由平等之說仿效之。揣其意，非盡破滅家族制度不止。夫使人而無家族，而果可以救目前之急，絕背後之患，尚常非所恐，惟恐目前之急弗能救，而背後之患且無窮。何則？固家族，即所以固種族也；種族固則民不生外心。一齊家而治國平天下，莫不由茲而起，而修身正心誠意，莫不由斯而從。不然，家不必齊，且不必有國與天下，乃國天下則何治平望，而身心亦何足修正耶？蓋無家則無顧忌，無顧忌則無所不至，無所不治則亂。曾聞不齊其家而能治其國乎？而能修其身，正其心乎？

今人動稱愛國，試問所愛之國何國乎？英歟？美歟？將德、法歟？不有所本是爲盲從，不有所始是爲終棄，不愛其親而能愛他人者，未之有也。況愛新尤爲人情所同具乎？今羨自由平等同

婚諸新諸新説而從之，設適乎？吾知其必適彼也。新説日多，精
神有限，顧此失彼，常若步人後塵？胡能一朝及耶，周之末，秦
漢之際，豈無諸子百家各挺其説於其間哉？今皆淘汰不存，視今
之學説，何一非諸子百家已先發於二千年以前耶？效人曷若自效
之爲愈焉！

　　嗚呼！我漢族所以屢仆屢起者，非無形精神之團結乎？不然，
何五胡之亂晉，金、元之滅宋，清之代明，今皆爲漢族之支庶，而
冒漢人姓氏乎？故性氏不明，則種族精神不固，後此而欲與世界爭
大種族勢力難矣。然則姓氏之考，烏可忽乎哉？

　　大抵說來，張純甫先生畢生創作，內容十分豐富，能充分呈現日據時代
舊文人之學養和創作形態及題材。他所作的詩，黃春潮〈哭詩人張君純甫文〉
以爲「君詩由清而進於宋，由浮響而變爲寫實；爲閩派；爲鄉土文學；而終
爲守墨樓詩。」〔註46〕顯能自成一格；而王國璠《臺灣先賢著作提要》亦許
其取法多人，北臺與之抗衡無幾。其文，則雄議磅礡，縱論古今，在異族統
治下，充滿鬱憤悲慨，多有深沈之痛，而面臨新舊文化之衝激，尤具維護漢
文化之卓見與器識〔註47〕。

　　張純甫先生本身不僅詩、書、文兼善，且學術著作《非墨十說》、《是左
十說》、《古今人物彙考》、《漢族姓氏考》更是成冊成編，尤不同於以往舊儒
之零篇散章，在今日亟待搜尋研究之早期臺灣傳統學術領域之文獻，此類經
學、子學之著述更屬罕見。此外，他個人的燈謎、聯文之創作，不僅爲昔日
文人風雅作一見證，更說明了舊文人輕鬆逸趣之生活寫照。至於詩話、隨筆，
則更是展現了純甫先生雜評的功力，同時亦記錄保存了時人之軼聞瑣事，自
有其史料上的意義。我們綜觀張氏一生閱歷豐富，交遊廣闊，又曾數次出入
大陸，與其來往之文人網路、地方人脈極爲可觀，自有其研究之價值；而作
品內容繁複多元，較之吳濁流、連雅堂、洪棄生、林獻堂等文人，豪不遜色；
故而前人〔註48〕許其爲北臺大儒實至名歸，當之無愧也。

〔註46〕黃美娥教授編《張純甫全集》六，附錄三：黃水沛（春潮）〈哭詩人張君純甫
　　　　文〉，新竹：新竹市立文化中心出版，1998.6。頁242。
〔註47〕黃美娥教授編《張純甫全集》新竹：新竹市立文化中心出版，1998.6。
〔註48〕王國璠《台灣先賢著作提要》臺灣省立社會教育館 民國六十三年。另見黃美
　　　　娥博士編《張純甫全集》，新竹：新竹市立文化中心 1988年6月。

第三節　詩人唱酬與行吟

一、翰墨因緣文字交

　　葉文樞秀才本為新竹北門街的書香世家子弟家境優渥，一門三大房所經營的內、外源遠號門庭若市；詎意乙未之變後舉家遷居大陸，以致家道中落。又遇民國初年，中原多故，戰禍蔓延禍及閩南，遂輾轉奔波，一家四散，足跡遠及南洋群島。文樞秀才為生計與避兵禍，於是回鄉設帳，宜蘭、新竹兩地奔波，備嘗辛苦。因此其所賦之詩文作品，幾隨地棄置，並未曾抄錄保存下來，除《詩報》上所刊載之部份作品外，至今我們並無法覽其全貌。加上他的學生們與讀我書吟社諸君子，因年代已久，均已作古，期望先生之吟集問世，已難上加難矣！但這樣一位於日據時期，對我們新竹地區漢文教育推廣，著有貢獻的一代塾師，豈能讓他湮沒在歷史的洪流當中呢？因此我們從相關的資料，如詩會活動或與他往來的友朋詩作中，找出了葉文樞的部分詩文作品謹抄錄於下：

和施雪濤先生見贈原韻

太息塵寰百事飛，茫茫前路欲何歸。升沉世運驚俄頃，
冷暖人晴洞隱微。文思艱因常擱筆，詩功淺敢妄傳衣，
硯田食力差無愧，窮餓何須泥采薇。

北關海潮〔註49〕

龜山烏石望非遙，一線奔騰破寂寥。蠚爾堞寧過百雉，
軒然沫欲滅三貂。位疑辰極星皆拱，勢控瀛壖水盡朝。
可是大鏞遺跡在，聲聲嗚咽為魂招。

祝五社聯吟

會開八塊萃群英，燦爛雲箋照眼明。奪錦如賡洪範福，
揮毫直抵尚書兵。吟諧宮羽音優雅，雜具酸鹹味至精。
歲運從茲周復始，長催詩鉢一聲聲。

輓鄭十洲先生

久隱園中鬢任皤，滔滔日下感江河。賦成難問長沙鵩，
字換堪籠逸少鵝。淡到名心吟轉苦，精來醫術病偏多，
詩人那管人忘却，香雪遺編自不磨。

〔註49〕　本詩刊於 1932 年 7 月 1 日《詩報》。

又

　　未曾謀面早相知，願見空驚半世遲。題畫勞揮珊架筆，

　　寵行蒙贈錦囊詩。會慳梓里嗟前月，主速蓉城惜此時，

　　地下秋園如問及，爲言癡叔近仍癡。

　　鄭十洲（1873～1932）高門三傑〔註50〕之一，名登瀛，先生係鄉賢祉亭先
生（鄭用錫進士）之曾孫。其詩學在新竹地區亦特樹一幟。何漢津先生〔註51〕
曾爲其遺稿作序曰：「十洲爲詩，寫性情時，纏綿悱惻，百讀不厭，然其憤時感
奮之作，則慷慨激昂，可以廉頑立儒。……」日人據臺後，深居簡出，日夕
與好友羅炯南吟詩論文。故「鄭毓臣〔註52〕編《師友風義錄》，惟選其叔擎甫
〔註53〕、幼佩〔註54〕而忘卻竹林中尚有阮咸。」王友竹在其作《臺陽詩話》提
起此事，爲其抱不平〔註55〕。十洲著有《香雪齋詩稿》數卷，因恐詩詞遺禍子
孫，將存稿全數焚燬。其中不少佳作，今已蕩然無存。如輓劉梅溪七絕詩應有
廿八首，卻只存十四首。女婿羅啓源不忍詩稿全數煙沒，偷抄錄其中少部份集
成今本；其中有〈送文樞先生回國〉詩與葉文樞〈敬和原玉〉詩兩首如下：

　　送文樞先生回國　　鄭十洲

　　滄海橫流到處狂，栽培桃李自春風。還鄉不化身爲鶴，踏雪難尋爪印鴻。

　　浮世人原多聚散，文筵吟罷候溪東。呈詩敢比河梁別，惆悵苔岑有異同。

　　敬和原玉　　葉文樞

　　年衰才盡那能狂，故里重歸借好風。因久幾疑成涸鮒，飛高敢信擬冥鴻。

　　功名念早飛燕北，文字緣還結海東。回憶吟筵深惜別，依依總覺兩情同。

鄭十洲與葉文樞的文字緣並不僅於此，兩人彼此欽仰，看淡世局，但延一脈
斯文於不墜，惜詩稿多自毀矣。張純甫與十洲交情亦厚，兩人每每詩文討論
徹夜未已，在得聞十洲先生去世消息，倍感哀痛並爲其作墓表以誌之，此文

〔註50〕　即新竹名儒高靜修三大弟子鄭十洲、劉梅溪、羅炯南。

〔註51〕　竹塹南門人，先世自泉州惠安渡臺經商，爲仁心濟世之醫師雅好詩文，1952
　　　　年獲新竹縣文獻會聘爲委員襄助《新竹縣志》及史料彙集；1976年去世，享
　　　　年八十二歲。

〔註52〕　鄭鵬雲（1862年生），字毓臣，號北園後，人竹塹北門外南雅人；雅好詩文有
　　　　才學，光緒廿九年收錄清際臺籍人士或台灣有關者的作品編成《師友風義
　　　　錄》，1915年坎坷中客死異鄉福州。

〔註53〕　即鄭樹南（拱辰）。

〔註54〕　即鄭神寶。

〔註55〕　蘇子建《塹城詩薈詩話篇‧高門三傑》新竹：新竹市立文化中心 1994.6 頁98。

雖短，但紙短意長，卻也見證了十洲先生寡欲淡薄的心性，故有期勉其子孫
「遺詩若干卷未刊，是其嗣人與後死者之責也」之句云，其文如下：

鄭君十洲墓表　張純甫

君諱登瀛，字十洲，鄉賢祉亭鄭公用錫曾孫，北郭園主人稼田觀察冢孫也。父少希，國學生，早卒。以母高太宜人教督嚴，遂工詩善書。新竹古為淡防分府治，文物甲北臺。海桑後，南北通軌，勢漸不振。鄉人壯者多外出，君獨斂跡家園，嬾與世接。

壬申春，余倦遊歸里，每袖詩造君討論，不意君竟以急疾卒於六月十二日，相聚纔半載耳！君生以癸酉十一月廿日年正六十：原配曾氏生子二：開源、清源；繼室連氏子四：慶源、濬源、演源，而鴻源出嗣族人，階由中學入大學。女五：淑、湛、溫、潋、清，淑字羅啟源，溫字萬金榮，餘未字。孫：武成、武安。以七月十八日葬君十八尖山之麓，坐辛兼戌向乙辰。

君平生於詩，雖宗隨園，而典贍乃類商隱。書則學魯公，而古拙時駕石庵。遺詩若干卷未刊，是其嗣人與後死者之責也。

昭和三年（1928）葉文樞在臺，聞知與其亦師亦友的鄭家珍舉人捐館去世，哀痛異常，他與鄭舉人相差八歲，他們既是同鄉（臺灣新竹），又逢乙未割臺，皆赴大陸返回原籍福建，不事異姓。之後又因軍閥戰亂內陸不靜，遭遇困頓，客觀的形勢，再度使他們離陸渡臺，因緣際會於塹城開館授徒；復同為島內漢詩界的詞宗大師，文字往來更是彼此惺惺相惜，同是天涯淪落人，鄭舉人家珍的逝去，對葉文樞來說無異是其生命中的一大打擊。

輓鄭雪汀孝廉　葉文樞

老向鄉關作寓公，歸舟三度許相同。新詩論辯毫芒析，舊學商量蘊奧窮。
破碎山河悲剖豆，飄零身世感飛蓬。從今永絕印須望，浮海何人話寸衷。

又　葉文樞

平生抱負鬱難伸，多藝多材莫療貧。占巧傳疑歸日者，算精名合附疇人。
吟懷高淡宗元亮，葬法身微悟景淳。至竟蓋棺公論定，千秋絕學仰精神。

由於軍閥割據國內動盪世局不穩，生活益形困頓，再加上對原生故鄉的思念；文樞秀才終在其從弟葉文游的力邀之下，離開大陸回到故鄉新竹，兄弟歷經浩劫，久別重逢自有一番感慨：

和文游弟重陽見寄　葉文樞

兄弟頻年悵別離，蕭蕭兩鬢各成絲。身經浩劫傷心易〔註56〕，路隔重洋得信遲。

棠棣高歌空有感，茱萸同插恐無期。人生到處都如寄，萬里何容作客悲。

歸新竹感賦　葉文樞

久客歸來日，依依戀故鄉。虎頭籠薄霧，鳳鼻帶斜陽。

城屹東門壯，園留北郭香。遙憐峰五指，飽閱幾滄桑。

重歸故鄉後的葉文樞心情雖說是五味雜陳〔註57〕，但遊歷北臺時依舊是沿途賦詩：

謁臺北文廟感賦　葉文樞

欞星門聳稻江隈，文運疑然死後灰。人格尤高夷惠尹，宗風迥異釋也回。

世訾流弊君權重，我愛功收民智開。只惜遺經傳不易，宮牆空自仰崔巍。

吳沙──開拓頭圍城　葉文樞

大俠居然起布衣，憑將赤手拓番畿。流民合力羅三籍，賢姪收功抵四圍。

壯志擬追班定遠，雛形略具克雷飛。如今烏石遺城圯，還有游人弔落暉。

公輸子──魯班　葉文樞

魯昭乃父溯從頭，製造真推第一流。敵手同時逢墨翟，齊名終古與離婁。

弄嗤采石門前斧，刻膌潯陽水上舟。試看木鳶窺宋巧，機心早已啓歐洲。

費宮人──費宮娥刺虎　葉文樞

留得朱家塊肉存，於菟手刺且休論。泰山一死非徒死，恥作河中烈女魂。

當時在新竹地區的眾多書房私塾中文樞秀才與曾吉甫〔註58〕、孝子李錫金後人李仕〔註59〕（子瑜）相善，同為開館授徒，葉文樞雖小李仕三歲，卻仍尊其為前輩師長，他們彼此間時有詩作往來。

〔註56〕 指乙未割臺事。
〔註57〕 明明是土生土長的臺灣新竹人，卻是須以華僑身分才能入臺。
〔註58〕 曾逢辰（1858～1929），又名逢臣，字吉甫，號鏡湖，又號南豐逸老。清淡水廳溪埔仔莊人。光緒五年（1879）取中新竹縣學附生，平生以教書為業 日治後為「竹社」社員，大正五年（1916）起，擔任「竹社」副社長。晚年擔任「亂彈會」詞宗，指導新竹公學校與女子公學校教師研習漢詩文。
〔註59〕 李仕，字若曾，號子瑜，又號古奇山人，時人尊稱「三老爹」，1873年出生於竹塹北門，設館授徒桃李眾多，為葉秀才前輩，1944年去世。

贈子瑜世叔　葉文樞

眼尚無花耳尚聰，舌耕原是舊家風。義疑不憚毫芒剖，典僻偏思底蘊窮。
詩說廣搜傳婦女，字言精審矯童蒙。闔城酬酢需文藻，幾出先生一手中。

又贈子瑜世叔　葉文樞

古文六卷勤箋注，時藝三篇妥保存。千里駒亡空灑淚，一行雁斷遠招魂。
募修家廟游菲島，留守先塋返竹垣。難得課餘時聚首，重提往事細同論。

送李子瑜世叔回臺　葉文樞

客中還送客，未語淚先零。憶別憐鶺鴒，傷亡感鶺鴒。
風雲常有變，文字無久靈。珍重分携去，相看兩鬢星。

和吉甫先生送別原韻　葉文樞

故鄉竟當異鄉遊，樽酒殷勤共勸酬。吟社分題聯舊友，離亭判袂記新秋。
閒身我偶羈雞嶼，妙手君原造鳳樓。想是三年緣未了，天教將別又停舟。

　　文樞秀才與夫人伉儷情深，但因受時勢與環境生計之所迫，不得不妻兒子女，各在天涯一方，想來令人鼻酸；而其內心的感慨自是萬般的無奈與不捨。在其夫人六十歲時曾賦詩寄壽曰：

寄壽內人王女士潔秋六十初度　葉文樞

長隨寒士欲誰尤，甲子匆匆枉一周。兒女提携忙日夜，祖宗禋祀謹春秋。
呻吟疾病成黃婆，忍耐貧窮到白頭。莫怪汝功吾未報，從來富貴等雲浮。

又

悅辰誰為敞瓊筵，骨肉流離各一天。恰與長男成百歲，偶從少女住三年。
蒲園未進長生果，菲島難呈不老泉。擬待金婚齡假六，舉家同醉慶團圓。

　　而葉文樞的三子葉國炘，於昭和十七年（1942）六月一日在南洋岷里拉與張麗璧小姐結婚，葉文樞身為父親自然想去，但卻因事無法前往主持，對國人來講，不能參加兒女的婚禮是何等的遺憾，所以他特別賦詩寄示他們（七律四首錄三）：

寄示國炘新婚

久完婚事兩哥哥，爾到如今似擇奇。浪跡偶游千里遠，驚心暫別七年多。
赤繩遙繫因緣巧，粉筆同拈伉儷和。小說鏡前三續議，休將蜜月枉蹉跎。

又

匆匆帖料不書庚，眷屬天南頓告成。異地婚能聯兩姓，前緣注似定三生。
拜茶未覿尊嫜面，晉酒先敦伯仲情。嘗食小姑山海隔，何妨洗手自調羹。

　　又

漫誇召鵑與周鳩，貧士惟宜健婦述。文字艱深原互問，米塩瑣屑亦同謀。
倡隨博得親心慰，定省何殊子職修。願了向平烽未息，迢迢五嶽幾時遊。

二、同是天涯忘年友惺惺相惜在竹城

　　葉文樞秀才與張純甫先生是忘年之交的好友（葉長張十二歲）翰墨因緣
文字交，兩人彼此相知相惜，詩文來往頻繁，也由於他們的境遇頗爲類似，
文樞秀才曾有〈寄純甫先生〉詩云：

寄純甫先生　葉文樞

我居竹邑子松山，我到頭圍子始還。絕似尹邢互相避，良宵風月一談慳。

而張純甫亦次其韻賦詩回復，可見他們兩人之交情

次文樞見寄韻　張純甫

旅人孰不念家山，美若宜蘭亦要還。明歲絳帷如得近，師資益我且休慳。

感懷　葉文樞

馬宏持漢節，忠豈蘇武異。生還賞未聞，竟難比常惠。
牛牢亦故人，光武徵不至。今日稱嚴光，幾忘其名字。
世事多如此，此特舉其例。然而磊落士，終不易其志。
立節非爲名，立功非爲利。獨行己所安，那恤人憒憒。
毋乃徒自苦，爲之一灑淚。

次文樞感懷韻　張純甫

讀史首馬班，渾健辭各異。論世貴知人，同恩不同惠。
馬宏與牛牢，或者誠未至。漢書匈奴傳，馬洪有姓字。
牛牢比同學，本非可一例。人生浮世中，所尚在樂志。
一瞑遺其身，何論名及利。愚樂智多憂，豈盡天憒憒。
賞析隔山川，只下相思淚。

贈張純甫先生　葉文樞

移硯頻年類轉蓬，松山臺北又基隆。三間老屋歸堅白，萬里長途踏軟紅。
書巨療飢藏枉富，詩能作祟詠偏工。十從十不存深意，曲諒貳臣經略洪。

文樞兄以詩見贈，次韻奉和　張純甫

每見麻中有直蓬，何曾道必計汙隆。柏松寒歲青還綠，桃李公門白與紅。
獺祭先生書不釋，蟲雕吾輩句難工。他年爐火純青候，九轉丹成遜葛洪。

再次文樞丈韻　張純甫

海天洲島本瀛蓬，樓閣金銀運正隆。雪下樹宵全體白，爐中碳已十分紅。

飢蛇象肉言將實，猛虎猴拳語倘工。我等如為僧一日，只能鐘叩幾聲洪。

在這三首詩之前，他們已有詩的往來，所以純甫才題又「以詩見贈」等句。由此唱和詩的詩意推論，純甫傳經他鄉，前後遷移館址於松山、臺北、基隆等地，萬里長途奔波各地。同樣的葉文樞也是新竹、頭圍、泉州等轉換了好幾個地方，難得安定，真是同病相憐。書籍不能療饑，卻枉藏了那麼多。他們兩位都有好讀書、好藏書之癖，所以常把餘蓄都充為購書之資。尤其是純甫藏書萬卷卻身後蕭條，死後藏書也流散各地，真的是可惜。新竹出身，旅居花蓮的名儒駱香林〔註60〕，在純甫去世時送他一對輓聯說：

讀完一書，乃買一書，十年間已通萬卷；

少離故里，老還故里，百歲後宜祀于鄉。

並註說：「純甫蜚聲吟社，讀書之多，吾堂無人出其右」。可見香林也相當的佩服他的好學。

葉文樞的「書巨療饑藏枉富，詩能作祟詠偏工」句，真的是說到純甫心坎裡去。「十從十不」是什麼?身邊資料不多，無法進一步瞭解。不過張純甫確實是有寫〈非墨十說〉〈是左十說〉的文章，是否與此句有關?尚待研究。但由其平素為人的骨氣，以及詩中「曲諒貳臣」句，不難猜出一二。

純甫的和詩中，「每見麻中有直蓬，何曾道必計污隆。」說出自己對處世態度的看法。「蓬生麻中不扶而直。」是荀子的環境重要論，他的書塾社名「柏社」，表白他在寒冬，松柏之節操猶青還綠，絲毫未變。並讚揚葉文樞手不釋卷。詩藝將達到爐火純青，鍊成金丹了，於是文樞秀才再次和韻純甫：

純甫先生見和再次韻贈之　葉文樞

壯志長存矢射蓬，騷壇聲譽日增隆。松曾舊種猶餘綠，杏是新移未再紅。

古義旁搜希補闕，時趨迎合恥求工。奈何到處逢吟宴，春酒如予卻射洪。

從這一首詩的後半段「古義旁搜」句，可以瞭解純甫對古文的用功之深。而對正在流行的擊缽詩，有些應付時趨的心態；偏偏他們兩人都文學根柢深

〔註60〕 駱香林，名榮基，以字行；1895 年出生於新竹，為張麟書高足，詩文詞賦書畫專精，與張純甫為至交迭有詩文往來。1933 年移居花蓮開館授徒；1951 年受聘花蓮文獻會除主編《花蓮文獻》，主修《花蓮縣志》，編輯《臺灣省名勝古蹟集》外，又采五言新樂譜作俚歌《俚歌百首初輯》《俚歌百首初二輯》尚有《聯語》、《題詠花蓮風物》；後人將之編《駱香林全集》行世，1977 年返道山，享年八十三歲，足為當代台灣詩文大家。

厚，經常在詩會倫元，算是「無心插柳柳成蔭」了。

文樞秀才有一首〈和純甫先生冬至前一日赴苦楝莊毓川姻臺招宴韻〉〔註61〕
如下：

> 訪遺昔冒夕陽紅，驥附張華〔註62〕喜又同。杏粉渝徵世變，丸搓粳秫見民風。

> 故人詩記心胸好，主婦羹調指爪工。嘆我廿年來至夜，未曾一夜度家中。

業師蘇子建先生的《塹城詩薈》·〈詩話篇〉〔註63〕曾言及葉文樞他將妻
小留在泉州，風塵僕僕爲生活奔波，獨自在臺。廿年未曾在家度過冬至夜，
以敍骨肉團圓之樂。後來他病倒了，隻身臥病在床，時有學生探視，卻無親
人照料。延醫診治，知道病情並非一時風寒，而是久年憂煩鬱積所致。年紀
老了，腸胃不適，絕食治療，好似辟穀，不進人間煙火，只有藉吟詩消遣。
這段時間他吟有〈病中偶書〉一首及〈病中雜感〉十二首〔註64〕，其內容娓
娓訴說著心中的苦楚與無助，令人讀了不免鼻酸，心中爲之惻然。

病中偶書 葉文樞

> 過門人多豈證深，非同偶爾病魔侵。廉頗一坐三遺矢，李賀連朝每嘔心。

> 不食渾疑將辟穀，廢書聊且把詩吟。腐儒微命留何補，也望良醫起死針。

昭和二年臘月（1927）葉文樞要返家過年，作有〈回家留別讀我書社〉
〔註65〕，與諸生徒：

> 竟煩樽酒勸離筵，終歲勞勞暫息肩。鷺島偶家充梓里，
> 鯤洋頻渡感桑田。規殊鹿洞慙無補，談共雞窗幸有緣。
> 莫怪今宵各惆悵，一堂聚首是明年。

文樞秀才平日生活、感懷或與詩壇師友、生徒往來應酬，常以詩文記之；茲
摘錄部分如下：

弔曾逢辰〔註66〕詞長 葉文樞

> 詩心人品擅雙清，七十年來享盛名。社鼠猝殲因毅力，
> 原鴒終返感真誠。久於黌舍推前輩，雅向騷壇拔後生。
> 魯殿靈光今忽圮，摩挲遺墨不勝情。

〔註61〕 新竹樹林頭苦楝莊主人，林鍾英字毓川，歲貢林鵬霄之子，「竹社」詩人。
〔註62〕 張華字茂光，晉方城人，博學能文，武帝時拜中書令。此詩喻指純甫。
〔註63〕 蘇子建《塹城詩薈》新竹：新竹市立文化中心 1994 年 6 月。
〔註64〕 〈病中雜感十二首〉見本章第一節
〔註65〕 此時「讀我書社」尚是一般私塾書齋，1929 年才正式爲「讀我書吟社」。
〔註66〕 即曾吉甫。

賀濟臣世叔適園落成　葉文樞

半村半郭稱幽棲，五柳新移葉未齊。千疊屏開青染嶂，
一條帶綰墨浮溪。淵深此日龍將蟄，門大何人鳳敢題。
持較故園名更適，城南那得及城西。

國珍妹夫避兵鼓浪嶼建新居賦贈　葉文樞

家鄉回首悵難言，另闢幽居當故園。樓外旗飄山有影，
窗前輪破〔註67〕海無痕。花因舊種經舒蕊，樹是新移漸展根。
滿地兵戈容嘯傲，更須何處覓桃源。

題香圃梅蘭畫冊　葉文樞

影疏吟就林和靖，根露圖成鄭所南〔註68〕。高士幽情遺老恨，
雙雙繪出好同參。

自贈　葉文樞

寓形偶爾在塵寰，鏡裏奚愁兩鬢斑。避地迥殊朱舜水〔註69〕，
生辰空合白香山。書因讀少玄難悟，詩為存多累未刪。
心力頻年抛不惜，可曾涓滴報時艱。

全島聯吟大會開於臺北，第二日適逢寒食，書此以祝　葉文樞

風雅振全臺，吟壇冷節開。門誰插楊柳，閣又宴蓬萊。
舞女驚鴻態，騷人倚馬才。倘教煙果禁，詩興也難灰。

甲戌仲春全島聯吟大會開於嘉義賦此以祝　葉文樞

諸羅縣裏萃衣冠，往事重稽簡未殘。績著嬰城柴大紀〔註70〕，
威雄專閫福康安〔註71〕。覆盆誰雪千秋枉，擊鉢姑聯一日歡。
最愛遙山撐阿里，櫻花隱約映吟壇。

壽華袞〔註72〕芸兄六十　葉文樞

回首芸窗歲月徂，忽周花甲慶懸弧。藝精佛像追安道，
詩擅天才繼達夫。肯構佳兒崔屏中，作羹新婦鯉庭趨。
兕觥稱罷徵熊夢，佇看孫枝晚境娛。

〔註67〕破同輾字
〔註68〕宋鄭思肖字所南，巧於墨蘭，宋亡後隱居吳下，終身不娶著有心史。
〔註69〕明末遺臣，名之瑜，號舜水，明亡逃至日本講程朱學。
〔註70〕清諸羅縣總兵守城有功。
〔註71〕清乾隆51年林爽文之亂平定有功。
〔註72〕高華袞先生，為舉人鄭家珍的高足，「耕心吟社」的健將，業佛像雕刻。

祝毓川姻臺五十初度　葉文樞

閱盡滄桑鬢未華，一枝詩筆擅生花。逢人佳句吟無倦，
隔歲長篇背不差。知命世推先覺者，卜居名稱古賢家。
羨君食古偏能化，咀嚼年來謝齒牙。

祝濟臣世叔六十雙壽　葉文樞

孝友傳家法謹嚴，一門濟濟盡知謙。滄桑劫火思招隱，
風木悲深榜陟瞻。哲嗣希為医國手，傍人祇羨逸群髯。
平生不識分攜苦，白首還如比翼鶼。

步炯南先生六十見贈原韻　葉文樞

其一

微名何敢望千秋，倖儻能僥附驥留。詩愛杜陵遲入室，
賦慚王粲竟登樓。玉沽有待疑藏匱，劍墜難求笑刻舟。
我欲天刑〔註73〕塵世遁，半生頑拙不知愁。

其二

露垂健筆本非秋，況有新詩一卷留。遁跡觀疑提玉局〔註74〕，
軼聞子並采金樓〔註75〕。治家無意防肱篋，游世何心怒觸舟。
悟徹南華齊物後，人間底事足關愁。

誌別文樞詞兄由粵旋梓　羅炯南〔註76〕

大家惜別老春秋，每為思群強挽留。是我常聽高詠處，
因卿將作遠望樓。賦吟平子思京日，棹擬陶公入粵舟。
且待邵窩〔註77〕並棲隱，舉杯快洗萬千愁。

送文樞詞兄渡廈　羅炯南

零落空山掃葉秋，故鄉無計慰遲留。雪泥又見添香路，春雨還來聽小樓。
照漾水中閒數影，思清天外快移舟。廈詩話當頌年別，祇為念劉不寫愁。

〔註73〕　自然法則天降的刑罰。
〔註74〕　宋代掌祭祀之官名，蘇軾曾任玉局提舉。
〔註75〕　書名，六卷。梁孝元帝撰，就古今事跡記治亂興廢無忠奸貞邪之別錄其見聞
　　　　附議論致勸戒之意。
〔註76〕　羅百祿字子壽號炯南，別署江東後人書法石菴。「露垂健華」讚其書法。著有
　　　　《四維堂詩鈔》已散失。哲嗣啟源抄錄七十餘首傳世。
〔註77〕　宋儒邵雍理學家其居稱安樂窩。

輓周士衡先生　葉文樞

角逐騷壇負盛名，不因飄泊減閒情。蔡邕黃絹工廋語，

柳永紅牙擅倚聲。家本南山承射虎，客偏滄海署騎鯨。

可憐失足長遺恨，三十三年了一生。

　　周士衡先生，號閒雲野鶴，臺北人，為《詩報》編輯員，；自幼好學熱心詩詞，雖所經營之炭礦失敗，卻不氣餒，為人磊落奮發，不幸溺斃於自宅門前水池中，時文樞為《詩報》顧問兼《百納詩話》主筆。

祝鄭幼香先生令次郎宏成君吉席　葉文樞

爭傳通德舊門楣，采筆重箋窈窕詩。百輛縱橫盈北郭，六珈端重勝西施。
迎從打狗還非遠，夢叶占熊定不遲，料得橫青煙雨裡，朝朝山色上雙眉。

鷺江雜詠十一首　葉文樞

近水樓臺聳碧霄，江聲時雜市聲囂。離江漸漸人煙少，斗大城中半寂寥。

　　又　葉文樞

上下床分價自殊，青燈有味客爭趨。絕佳庥境憑誰護，門首高懸一道符。

　　又　葉文樞

笙歌夜夜夕陽寮，變相誰憐吳市蕭。如訴落花飛絮恨，天涯有客為魂銷。

　　又　葉文樞

一握香鈎瘦可憐，高談解放已多年，如何新到山場女，弓樣猶矜步步蓮。

　　又　葉文樞

饑驅就食等奔逃，作隊南來覓業操。何必益州王刺史，居然好夢應三刀〔註78〕。

　　又　葉文樞

彩輿未許近妝臺，青鳥殷勤探幾回，至竟金錢魔力大，雙扉三闔又三開〔註79〕。

　　又　葉文樞

魚龍曼衍〔註80〕競登臺，遙擬誰家壽宇開，看到滿堂都縞素，始知風木正銜哀。

　　又　葉文樞

制服新鮮步調和，莘莘學子應酬多。靈輀〔註81〕過處人爭羨，絕好專門執紼科。

〔註78〕謀生技能：剪刀、菜刀剃、頭刀。

〔註79〕嫁女之家彩輿到門時將門緊閉，男家以予金錢（紅包），門始開，如是者三，然後轎得入。

〔註80〕變化又連續不斷。

〔註81〕輿棺車。

又　葉文樞

如飛雙槳截江過，定例人容六個多。每卸輪船常溢限，未聞關吏一譏訶。

又　葉文樞

髮紅眼碧語鉤輈，夫婦相携馬路遊。畢世不知離別苦，何妨異域永勾留。

又　葉文樞

耶穌天主說高標，另有真人起白礁。信仰自由誰管得，故應分道各揚鑣。

〈濟臣世叔以江杏邨先生所著令堂李節母鄭儒人傳見示敬題〉四絕錄二：

葉文樞

空牀明月耐天寒，十載孤孀淚暗彈。不爲夫家存塊肉，轟轟一死有何難。

又　葉文樞

篝燈督課到宵深，欲慰先夫地下心。母自殷勤兒自奮，傍人偏爲淚涔涔。

輓高懋卿先生世仁（癸亥）　葉文樞

末俗誰廻既倒瀾，何堪遺老竟凋殘。道宗白鹿〔註82〕心能淡，劫歷紅羊〔註83〕境轉安。撒手永辭新社會，附身終保古衣冠。長卿生計淵明節，公論從茲定蓋棺。

又　葉文樞

遠大深慚負所期，空從弱冠託相知。逢人說項勞青眼，爲我擔心痛赤眉。歸復五年傷別久，亡先廿日悔來遲，緣慳只向靈前慟，越宿孤舟又海湄。

清秋先生〔註84〕七秩隻雙壽誌慶　葉文樞

華堂拂曉耀金缸，春酒香濃滿玉缸，學士家中經有四，秀才市內更無雙。指揮健筆如錐畫，手挽強弓勝鼎扛，願供鶴南飛一曲，自腰長笛譜新腔。

文雅村即景　葉文樞

華堂高映夕陽明，一片田疇似掌平。遠水墨從郊外護，近山青對郭外橫。家推唐宋魁鸞躍，風繼曹齔〔註85〕始鹿鳴〔註86〕，儒學實興期地主，扶輪原不在虛名。

〔註82〕宋白鹿洞書院朱熹講學處。
〔註83〕紅羊劫，丙午至丁未歲屢有國難謂紅羊劫歲；宋理宗淳祐中，柴望上丙丁龜鑑十卷，以戒後人。
〔註84〕本詩見於 1935 年 6 月 15 日五詩報。
〔註85〕宋人字西士嘉泰進士有廉直名。
〔註86〕唐代州縣舉子貢於京師有鹿鳴宴。

上詩見於溫金潭氏徵詩集錦，茲另附是題掄元之詩作：

　　蔡錦鎔

　半村半郭適幽棲，出水秧針綠萬畦。芳草徧郊人叱犢，好花當路客聽鸝。
　銷沉土堡荒煙上，起伏沙崙夕照低。野硴聲聲北門外，微風吹過小橋西。

以下為文樞秀才擊缽聯吟之作：

　　廉泉　葉文樞

　不管梁州與贛州，出山無異在山流。聞名我愛清高甚，洗耳須防有許由。

　　題糕　葉文樞

　富有千篇一字貧，毛錐欲下又巡逡。六經畢竟遵何典，杜撰甘心讓古人。

　　上帝　葉文樞

　寰中品類幾京垓，造物爭誇上帝才。上帝本身何物造，難將原質溯由來。

　　鑄范蠡（瑞裕行徵詩）　葉文樞

　一舸飄然杳莫尋，空將丰采託黃金，倘教躍冶〔註87〕能言語，合問何因殺子禽。

　　仝題　曾笑雲

　竟蒙金鑄恩何重，其奈吳亡氣已降。長惜先機文種昧，不教遺像配成雙。
　（前題由張純甫先生選）

　　薩嶺夕煙宜蘭登瀛吟社徵詩　葉文樞

　踏盡斜陽路幾層，空濛如霧散還凝。遠迷龜嶼雲同合，近接貂川月未升。
　地僻漫疑傳臘燭，年深尚說誤明燈。疏林蔓草人家少，史蹟惟將片石徵。

　　仝題（見1932迴年10月15日《詩報》）　葉文樞

　如梯石磴級難分，滿目蒼然送暮曛。我怪貂山嵐共鎖，人疑鼠穴火齊熏。
　林中足跡籠游子，碑上頭銜繞使君。南去大溪回首望，月光初照尚氤氳。

　　閨怨　葉文樞

　彩鳳隨鴉不倫，躬操井臼歷酸辛。豈惟天壤王郎憾，
　賦罷終風淚滿巾。

　　又　葉文樞

　珠圍翠繞綺羅身，被繡鴛鴦簇簇新。玉鏡臺前偏嘆息，遠遊長憶畫眉人。

〔註87〕劉基（1311～1375）《郁離子》，比喻不安分好自炫者；或戒人勿為躍冶之金。

爆竹　葉文樞

發明火藥且休矜，畢剝惟將熱鬧增。輸與列強槍礮遠，虛聲未足禦侵凌。

春花　葉文樞

嫣紅姹紫逞新粧，留得園林幾日芳。至竟自開還自落，難將功罪定東皇。

舌戰　葉文樞

折衝樽俎掉無停，雄辯滔滔聚使星。後盾還須憑武力，空談公理有誰聽。

寄題品三假鍾馗圖　葉文樞

侍兒相對鬢髶疏，進士終南變相初。想是色中逢餓鬼，同憑假面一驅除。

愛蘭　葉文樞

平生熱烈注精神，九畹滋培灌溉頻。處士梅花徵士菊〔註88〕，何如爲佩一秋紉。

春睡　葉文樞

託身久在黑甜鄉，天氣寧眞負艷陽。本擅生花一枝筆，還思青草夢池塘。

鐵甲車　葉文樞

數輪輾轆利兵爭，敵國難將礮火轟。我笑列強眞鑄錯，無從同軌見和平。

又　葉文樞

製造還如戰艦精，偏於陸地敢橫行。輿人兼擅函人技，那怕漫天礮雨轟。

社酒　葉文樞

滿貯何嫌老瓦盆，祭餘群飲佐鷄豚。交觴賦自傳王屬，買醉錢疑斂邴原。
香烈椒蘭神飽德，影斜桑柘客銷魂。作翁我愛聾偏好，不向人間乞一樽。

壺公　葉文樞

壺中日月自奔馳，塵世光陰恐未知。春夢應煩婆戒旦，免教漏盡起猶遲。

飴珍梅（保安堂徵詩）　葉文樞

實三實七詠詩家，再和甘香味倍加。笑我齒牙搖落盡，不愁輕齒與膠牙。

又　葉文樞

名產眞堪健胃腸，發行爭詡保安堂。全消酸味曾甜味，飽啖何難學范汪。

諸葛廬　葉文樞

停休比子雲，龍臥獨超群。入座來徐庶，臨門顧使君。
家非徒四壁，業早定三分。抱膝吟梁父，聲聲隔舍聞。

〔註88〕陶潛隱居有詔，禮徵爲著作郎，不就故謂徵士。

仝題　劉春亭

結屋南陽裡，紫門夕照曛。往來無俗客，枉顧有賢君。
隴上栽桑久，堂中定鼎分。臥龍今已去，猶見鎖殘雲。

雨漏　葉文樞

几席淋漓感不安，料因屋頂隙堪攢。如何滴止天開霽，
瓦縫陽光欲透難。

石灰　葉文樞

一窨煆就白於綿，建築無君總不堅。轉世劫經炎帝火，前身功補女媧天。
和紗應變生為熟，得水原知死復燃。最是多情承福輩，手鐶長與結因緣。

酒旗（全島擊缽會）　葉文樞

痛飲差欣願未違，前村高掛是耶非。不辭樓外沽春雨，慣向江邊送夕暉。
影傍杏花飄宛轉，色爭楊柳認依稀。迷途最是提壺客，一片遙觀興欲飛。

赤壁火（天籟今社課題）　葉文樞

連艦光騰映水紅，焚如魄早褫奸雄。垂恩漢德延餘燼，全賴周郎一炬功。

醜婦對鏡（彰化漢文讀書會課題）　葉文樞

歷齒蓬頭疥痔身，理粧還自趁清晨。奩前倘被登徒見，愛慕依然似美人。

又　葉文樞

攣耳蓬頭又齞脣，分明認得鏡中身。思量難免翁姑見，獨血菱花暗愴神。

漁燈　葉文樞

幾盞光明伴釣綸，趨炎空為笑游鱗。楓橋對與瓜州認，照否江邊獨醒人。

讀書燈　葉文樞

一盞輝煌耀典墳，咿唔坐對到宵分。偷光壁異匡衡鑿，繼晷膏師韓愈焚。
味蠹照時編是簡，飛蛾赴處閣名芸。紅裳幻女應相笑，何苦徒為白首勤。

電扇　葉文樞

邠暑原知勝雪香，機輪一轉自生涼。仁風惜不窮閭慰，只向豪門日夜揚。

春帆　葉文樞

桃浪三篙漲，蒲帆八字開。斜時侵岸柳，卸後傍江梅。
揚愛東風飽，懸宜細雨來，年年芳草綠，無恙故鄉回。

村夫子　葉文樞

詩云子曰託生涯，供膳休將淡泊嗟。社宴年年推首席，老農強半是東家。

桃葉渡　葉文樞

榮華可似洛神無，迎接歌殘艷跡蕪。兒女何關軍國事，偏成詩讖應蠻奴。

漁舍〔註89〕　葉文樞

斜風細雨耐艱辛，聊築蝸廬寄此身。籬畔老妻閒補網，庭前驕子戲垂綸。
柴門不正臨湘水，竹牖常虛對富春。最愛摸魚兒一曲，良宵唱和集芳鄰。

仝題（同榜詩）　蔡清揚

猶似當年欲避秦，數間錯落傍溪濱。窗前雨漲三篙水，岸畔桃夭萬樹春。
蕩槳已忘風浪險，垂綸卻與鷺鷗親。蓬門為愛留高士，忙煞磯頭結網人。

秋晴　葉文樞

雲收雨霽雁飛時，對景休興宋玉悲。一抹斜陽光返射，半江紅樹勝胭脂。

聽泉　葉文樞

淙淙日夜似琴聲，石上何人耳獨傾。不必知音還可辨，出山獨遜在山清。

又　葉文樞

携筇岩下耳頻傾，日夜潺潺總此聲。莫怪前灘鳴咽甚，源頭便作不平鳴。

晚粧〔註90〕　葉文樞

乍回午夢已斜陽，重向窗前理鬢忙。為自元宵燈市鬧，一頭簪徧夜來香。

又　葉文樞

渾身本是綺羅香，朱粉重施趁夕陽。還有雙眉慵不畫，偏留燈下待檀郎。

秋味〔註91〕　葉文樞

菊圃梧庭到處含，香山未老已深諳。獨超辛苦酸鹹外，試向新涼靜夜參。

仝題　芸窗

籬外西風淡處探，黃花醞釀氣微酣。不知白帝知羹手，可作鹽梅一例談。

〔註89〕 本詩一九三二年十月一日台北州大會掄元。
〔註90〕 見 1932.12.15 登瀛擊缽。
〔註91〕 見 1933.1.1 岡山詩學研究會。

新年四詠

年賀狀　葉文樞

飛將片紙賀三元，吉語爭題往復還。幾輩未曾謀一面，還通姓字到豪門。

門松　葉文樞

兩行戶外列森森，皮似龍鱗葉似針。晚節高於籬下菊，依人還抱歲寒心。

鏡餅〔註92〕　葉文樞

蒸糯擣就趁新春，髮髻菱花案上陳，好與年糕同一視，團圓說待補吳均。

締繩〔註93〕（註：日本人新年裝飾似春聯意）　葉文樞

縱橫絢就掛門前，荊楚遺風海外傳。疑未制成文字日，古人結此紀新年。

古硯　葉文樞

片石媧皇剩，流傳到腐儒，以肝應訝馬，有眼尚留鴝，
筆蘸鋒多禿，銘鑴字半無，祖孫耕累代，渾不怕催租。

老樵　葉文樞

白首深林裏，朝朝自采薪，山名知已徧，木性辨愈眞，
坐折呼兒荷，行歌任婦嗔，斧柯揮半世，渾未減精神。

又　葉文樞

畢世空山裏，丁丁歷苦辛，斧斤銷歲月，林木費精神，
步謝扶鳩助，心疑得鹿眞，觀棋柯久爛，莫怪髮如銀。

客舍　葉文樞

迎來送往不勝忙，等第區分上下牀，幾輩團圓携眷屬，
暫時辛苦息津梁，王維別曲傳三疊，賈島歸心感十霜，
我笑塵寰皆逆旅，更從何處覓家鄉。

睡蓮　葉文樞

黑甜酣午後，紅膩逞宵分，合照東坡燭，誰翻茂叔文，
看宜當皓月，坐訝傍慈雲，似有佳人採，歌聲夢裡聞。

又　葉文樞

仍不污泥染，亭亭自出群，幽姿迎滿月，嫩蕊怯斜曛，
夢亦鴛鴦護，香難蛺蝶聞，廉溪如見愛，燒燭照宵分。

村夫子移居　葉文樞

禿筆殘書荷一包，無殊語燕定新巢，東家農隙如相訪，舊日柴門莫誤敲。

又　葉文樞

館地難求到處跑，東郊暫住忽西郊，鄉人受業還無幾。游學休將竹槓敲。

張留侯椎　葉文樞

散盡千金購鐵椎，英雄心事此君知。鑄從天下銷鋒後，擊伺山巔刻石時。
故國情深仇賴報，副車中誤數難移。荊軻匕首漸離筑，一樣無成萬古悲。

新嫁娘　葉文樞

銀燭光中賦定情，妾身誰謂未分明。畫眉不復勞看鏡，洗手偏須試作羹。
姊妹乍離思培切，翁姑纔見面猶生。枕邊細與檀郎議，蜜月相携底處行。

韓信　葉文樞

兩受王封惜不終，多多善將亦英雄。龍且早中囊沙計，張耳難分背水功。
卻怪千金酬漂母，未聞一芥報滕公。殺身禍伏亡齊日，臨死還思聽蒯通。

望遠鏡　葉文樞

玻璃凹凸初製成，一管堪窺萬里程。近日太陽多黑點，無君那得辨分明。

沈文開　葉文樞

國亡家破恨綿綿，一舸飄來海外天。託諷辭工曾作賦，避讒情苦竟逃禪。
誓師氣擬文山壯，卻聘心同枋得堅。合冠瀛東諸老傳，徐王辜許漫爭先。

又　葉文樞

八百餘人佚失傳，斯庵名字尚依然。偶來絕島同逃世，克享遐齡獨得天。
肇慶行迂朝嗣主，福臺吟好隻遺賢。海東文獻推初祖，賴保叢殘稿一篇。

白桃花　葉文樞

潟山髮鬖幻孤山，萬樹天天艷不頑。劉阮神仙成皓首，葉根姊妹失紅顏。
掃憐虢國眉痕淡，染謝香君血色殷。漫向東風嗟薄命，好標高潔勵塵寰。

曉雞　葉文樞

晦明風雨總相同，誰錄微禽報曉功。莫怪啼聲多雌牝，女權今日正爭雄。

蚊煙香　葉文樞

荷花艾葉製翻新，免使飛蟲恣嚙人。不捲重簾留更久，如雷勢大地亡身。

弔鄭延平故壘　葉文樞

依稀遺跡未全迷，訪古人來首盡低。臣節能完猶易事，父書欲報最難題。
版圖磊落移荷鬼，讖緯荒唐應草雞。忠孝千秋開變局，卻將貌似笑平西。

又　葉文樞

青衣脫却縉軍符，陸擁貔貅水舳艫。五馬江奔鍾間氣，
八旗師抗繡雄圖。兵交歐亞人驅白，血混中東姓賜朱。
漢族他年修戰史，論功第一古來無。

岳墳弔古　葉文樞

心兵運用妙如神，未抵黃龍已喪身。生與蠻夷為勁敵，死同兒女結芳鄰。
精魂無恙留千古，遺嗣受封剩六人。莫怨書生能禍宋，趙家天子信讒臣

杜甫　葉文樞

萬有牢籠筆一枝，偏教遭際盡艱危。妻孥顛沛還憂國，盜賊縱橫不廢詩。
匹敵生前惟白也，尊崇死後首微之。可憐膏馥多沾丐，稷契經綸竟莫知。

又　葉文樞

千秋詩史首相推，早擅聲名貫耳雷。嚴武久依因念舊，李邕先見為憐才。
閭閻困苦吟三別・親友凋零賦八哀。憂國感時兒女淚，篇篇都自至情來。

又　葉文樞

許身稷契願徒殷，工部官卑未策勳。廈擬萬間堪庇士，飯寧一頓偶忘君。
妻孥凍餒詩難療，姊妹飄零耗罕聞。留得千秋名底用，耒陽誰為弔荒墳。

花神　葉文樞

管領群芳重職膺，誰將酒醴荐兢兢。不知廿四番風了，靈爽還將底處憑。

玉　葉文樞

為璧為圭信可觀，祇憐原質半摧殘。卞和底事遭三刖，不解空山太璞完。

新穀　葉文樞

佃漁無復古風存，粒粒登場俗已翻。我笑神農真杜撰，敢將糜飯作饔飧。

又　葉文樞

頻年疲歲感農村，空為登場喜一番。五月未來先耀去，瀛壖〔註94〕氣候早中原。

　　文樞與純甫在新竹詩壇，堪稱雙璧。文樞生於一八七六年，臺灣光復前一年，人在福建去世，純甫生於一八八八年，一九四一年病逝於新竹。兩人

〔註94〕海岸、海濱，此指台灣

相差十二歲，算是忘年之交。兩人的才氣與志節相同。民國廿五年春，竹社主辦五州〔註95〕（全島）聯吟大會，在新竹連開兩日，盛況空前。大會的兩對聯文就是他們兩人的傑作：

> 張純甫
> 用六家古賢，香山白描寫歸焉，
> 有五指尖筆，隙溪墨水以書之。

> 葉文樞
> 花月賸今宵，擊缽豪吟壓卷，誰追明月盡，
> 竹風著平日，舉杯暢飲析酲，應有好風來。

　　純甫的檻聯，用新竹的地名六家、古賢、香山和新竹八景的五指山、尖筆山、隙溪堆疊成對，一語雙關，尤見其巧。他們惺惺相惜，迭有唱酬，宛如鍾期伯牙之高山流水，令人稱羨與拜服。

小結

　　從一門六俊的葉文樞秀才與「讀我書吟社」，及北臺大儒張純甫先生與十八學士的「柏社」，他們師生間詩友間的詩文往來中，即可得知他們的才學與胸懷氣度，更甚的是對當時社會的一種人文紀實與關懷；可惜的是文樞秀才並無專輯傳世〔註96〕，我們只能從片段的舊《詩報》或他人作品專輯中尋得一鱗半爪；而較幸運的鄭家珍舉人，尚留有其學生鄭藥珠、林麗生等抄錄或編纂的《耕心吟集》與《雪山蕉館詩集》；最為幸運的要算是張純甫先生，因他的後代生長於臺灣並保留了他的各類作品，且經由黃美娥教授彙集成編，新竹市政府更於民國八十七年（1998）六月將之出版問世，名曰《張純甫全集》合計六大冊。泉下有知的葉文樞一定欽羨不已。日據時期從「竹社」開始「耕心吟社」、「讀我書吟社」、「柏社」……這些塾師詩人們，為了保持民族氣節延續一脈斯文於不墜，也為了卑微的生計，縱然是滿腹委曲與辛酸，但他們依然是無怨無悔默默的付出，為漢文傳薪而耕耘；特別是鄭家珍舉人與塹城文教雙英的葉文樞秀才與張純甫先生，更是付出了其生命時光，著實令人感佩呀！

〔註95〕即台北州、新竹州、台中州、台南州、高雄州。
〔註96〕葉文樞於 1938 年得其學生盧瓚祥協助返回大陸；1944 年去世後即無相關消息。

第六章　現代竹社

　　日據大正年代（1912～1926）中期至昭和（1926 [註1] ～1945）初年，爲臺灣傳統詩社最爲蓬勃發展的時期，新竹地區一下子新增了十數所傳統詩社。然而自臺灣光復以後，卻因著時勢與客觀環境的轉變，全臺各地詩社遂逐漸沉寂下來；新竹州（新竹地區）原由「竹社」社員與社友出面主持或創立的塹城詩社們，也逐漸被時間所遺忘；雖然各詩社仍會依固定時間自行聚會聯吟外，也會跨社交誼，當然這其中也有些人也同時參加了好幾個詩社；但隨著時間的流逝，或一年或數年，許多詩社漸漸消失或合併於無形，最後新竹地區只餘新竹縣「陶社」與新竹市「竹社」之名仍存在於傳統詩壇上。雖是「老兵不死」但卻也「只是凋零」了。然而在逐漸轉型的傳統詩人們，並未因此而間斷「溫柔敦厚」的詩教，與文人之間的情誼，「擊缽敲詩」、「聯吟交誼」、「課題酬作」、「閒詠抒懷」依舊不斷，只是規模、型式的改變而已。無論潮流時勢如何改變，「竹社」同人並未忘記「溫柔敦厚詩之教」的社訓與前輩詩人們，爲延一脈斯文於斯土斯地的宏志，在鄉土意識抬頭的社會氛圍下，我們也如同前輩們，因勢利導爲漢文薪傳而繼續努力。

第一節　臺灣光復後的塹城詩社詩人與竹社

一、傳統詩社詩人的流金歲月

　　臺灣光復後，曾經於日據時期蓬勃發展的傳統詩社，卻因著當時的社會氛圍，或說是當時的潮流而未回復昔日風采；甚而是逐漸消沉與無聲；但在此同時的「竹社」同人們，依舊秉持著「用之則行，舍之則藏」的方式，努力於各

〔註1〕1926 年 12 月 25 大正天皇晏駕，皇太子即位爲昭和天皇至 1989 年去世止，凡在位 64 年。

行各業以求發展，而對「竹社」過往的活動「擊缽敲詩」、「聯吟交誼」、「課題酬作」、「閒詠抒懷」仍是以因時因地制宜的方式，繼續推展與維持。只要每有活動，就連已遷居他鄉的「竹社」詩人，也幾幾乎都會回到新竹來參加……，這種念鄉戀土的詩人情懷，也直到他們年華老去，走不動了才消歇，「竹社」大老陳竹峰到了九十幾歲，仍是風塵僕僕的大老遠從花蓮回到新竹，來參與詩社吟會著實令人感動。自民國卅四年至民國八十九年（1945～2000）新竹地區的傳統詩社與竹社的概況，經筆者整理〔註2〕後，從以下表列我們可以得知：

表廿一：民國卅四年至民國八十九年（1945～2000）新竹地區傳統詩社與竹社

公元年	民國	詩社名	主持人	成（社）員
1945	34 年	新竹市聯吟會〔註3〕	郭江波（仙舟）	臺灣光復後各詩社聯合（新竹縣誌）
1970	59 年	詩經研究會	張錫祺	臺灣光復後各詩社聯合（新竹縣誌）
1974 至今	63 年	新竹縣關西陶社〔註4〕	羅享彩、劉錦傳、魏欽雲	魏欽雲、羅享彩、劉錦傳、林礽湖、徐慶松、陳關開、杜錦如、邱雙土……
1982	71 年	新竹縣詩人聯吟會	黃金福（衹齋）	臺灣光復後各詩社聯合（新竹縣誌）
1945 〜 2000 迄今	34 年 〜 89 年	竹社	謝景雲（大目） 郭茂松（子雲） 黃金福（衹齋） 張文燦（奎五） 劉進（彥甫） 范根燦（元暉） 蘇子建（鶴亭）	朱杏邨、王秋蟾、王緘三、謝景雲、謝麟驤、曾秋濤、黃嘯秋、張文燦、劉進、范根燦、范天送、李春生、杜文鷥、胡介眉、許烱軒、范根燦、郭添益、曾克家、戴維南、黃景星、林則誠、陳心蔣、陳俊儒、莊鑑標、戴碩甫、陳丁鳳、蘇子建、武麗芳……等。 旅居外地但仍時返竹社參與活動之社員：郭茂松、陳竹峰、蕭獻三、蘇鏡平、鄭指薪、陳礎材、莊禮耕、蕭振開……等。

〔註2〕參見范根燦《元暉詩草·竹社沿革志》（政文公司 1993 年 12 月）、《新竹市志》（新竹市政府 1997 年 12 月）、廖一瑾《臺灣詩史》、蘇子建《塹誠詩薈》。

〔註3〕每月集會兩次：二次世界大戰起，葉文樞茂才，於昭和十四年（1939）返回中國，社友分散南北各地，詩社遂解散。郭茂松獲社友徐錫玄、黃嘯秋等人的協助，師承衣鉢，在有斐樓設帳授徒，因得重興旗鼓。待戰後社友漸次星散，原讀我書社社友，留在新竹者，合併加入新竹聯吟會，此後不久，新竹聯吟會也併入竹社。

〔註4〕詳見《大新吟社詩集》·林伯燕「關西陶社」新竹縣文化局 2000.12 出版。

　　上表中的新竹縣關西鎮「陶社」原名關西陶社，成立於日據時期的大正十三年（1924），係由當時龍潭大儒邱筱園〔註5〕先生創立命名陶社（取其詩可以陶冶性情之意），他是結合了當時關西的文人宿儒志趣相投者，如沈梅岩局長、關西煤業耆宿陳旺回、徐開祿秀才、耆宿黃德洋、葉步楫先生……等人；其後為延續民族精神根基的漢學命脈，更於日據昭和五年（1930）將社址遷至關西，每週六偷偷舉行一次「客語漢詩」擊缽吟會，稱之為『土曜吟』〔註6〕。關西文風自來鼎盛，在宿儒名士領導下造就了許多文人士子，筱園先生實功不可沒。

　　「陶社」歷任社長為邱筱園、沈梅岩、羅享彩、劉錦傳、魏雲欽。而陶社歷屆社員每每參加各地詩社擊缽亦屢獲佳績，此亦為新竹縣關西添增了許多光彩。民國九十六年陶社依法令向新竹縣政府立案登記成文化性社團，並出版《陶社詩集》。關西陶社是新竹縣少數創立於日本時代的漢詩社團，走過80年歲月，曾經光彩耀目，文人雅士齊聚。陶社初創於龍潭，後移關西；與大新吟社創立於新埔，皆為日據時期的傳統本土詩社。事實上，除了關西的陶社、新埔的大新吟社之外，還有湖口的同光吟社。早期，這三社經常聯吟，並與新竹市的四大詩社〔註7〕往來密切相互輝映。但大新、同光早已收缽息吟，逐漸式微；只有新竹市「竹社」與新竹縣「陶社」，並步詩壇，迄今吟唱不輟。可謂傳統漢詩的捍衛戰士，詩社的長青樹。

　　塹城詩社在歷經清領（1683～1895）、日據時期（1895～1945），走過輝煌燦爛的風光歲月，也歷經長時間韜光隱晦，播育詩種詩苗鄉土深耕的日子，逐漸合流於「竹社」；詩人們為了傳薪為了理想，同時也為了生計而奔波，紛紛在社會的各階層努力發展，無論士農工商；而旅居外地的塹城詩人們，依舊是魂縈舊夢總鄉關，仍經常返回「竹社」參與活動如郭茂松、陳竹峰、蕭獻三、蘇鏡平、鄭指薪、陳礎材、莊禮耕、蕭振開……等。

　　民國卅四年（1945）八月，日本投降臺灣光復，二次世界戰也宣告結束，新竹地區的詩人們，見於鄭養齋、鄭家珍、葉文樞、張純甫等前輩詩人、塾師先後去世群龍無首；遂由他們的高徒們號召全市詩人們參加合組

〔註5〕邱世澄（1878～1942）字筱園，祖籍福建詔安，其先祖渡臺後，原居新竹，後遷八德，他的父親因生活之故，又徙居龍潭高平村。筱園先生為臺灣日據時期著名的漢詩詩人、中醫師、實業家、民意代表。

〔註6〕日文的「土曜日」是「星期六」（禮拜六）的意思。

〔註7〕即竹社、耕心吟社、讀我書吟社、與柏社。

的「新竹市聯吟會」，繼續揚風扢雅，諸如：張奎五、曾秋濤、洪曉峰、謝森鴻、謝景雲、鄭蕊珠、陳竹峰、許炯軒、鄭郁仙、王火土、郭仙舟……便是繼承乃師衣鉢設館授徒，延續詩壇香火傳薪者。一時間，四處詩聲朗朗詩幟吟旗高舉，也促成了「臺灣心聲」籌辦，並於民國卅五年（1936）七月卅一日正式出刊；眾人推「竹社」謝森鴻任董事長，許炯軒擔任主編，黃瀛豹任總經理。旋因翌年二月，發生二二八事件，「臺灣心聲」也就在出刊到第七號後停刊了。

臺灣光復後政府當局極力推行國語教育，提倡白話文學，以鄉音與文言文為主流的傳統詩壇，也就隨著老成凋謝後繼乏人的狀況下，便逐漸或合併或萎縮了。雖然當時大陸來臺的知名詩人如：于右任、梁寒操〔註8〕、成惕軒〔註9〕、李漁叔〔註10〕……等大老與在臺耆宿陳南都〔註11〕、林熊祥〔註12〕、魏清德〔註13〕等人合流支撐詩壇欲頹之勢，並以詩人愛國與文化復興的口號推動，在一九七○年代響徹全臺各地。可惜的是時不我與……。而在一九七○年代的新竹詩壇，也是老成凋謝或移居或遷徙他鄉，人才呈現窘境，於是有

〔註 8〕 梁寒操（1899年7月19日～1975年2月26日）號君猷、均默，原籍廣東省肇慶府高要縣，生於廣東省廣州府三水縣，歷任中美文化經濟協會理事長、革命實踐研究院國父遺教講師、東吳大學教授……中華民國政治家、教育家、實業家。

〔註 9〕 成惕軒（1911～1989），湖北人，字康廬，號楚望，幼年聰穎，勤讀四書咸能通其大義。曾任正陽法學院、政治大學、臺灣師範大學、中國文化大學、中央大學教授，從游學者極眾，亦曆總統俯參事、考試院考試委員（歷時二十四年）。生平著作甚多，計有《汲古新議》、《考銓叢論》、《駢文選注》、《楚望樓詩》、《藏山閣詩》、《楚望樓聯語》、《楚望樓駢體文內篇、外篇、續編》等行於世。

〔註10〕 李漁叔（1905～1972），湖南湘潭人，畢業於日本明治大學。曾任總統府秘書、台灣師範大學國文研究所教授，著有《花延年室詩》、《墨子今註今譯》、《魚千里齋隨筆》、《三臺詩傳》、《風簾客話》等書。今台灣詩壇大家羅尚、張夢機為其高足。

〔註11〕 陳逢源（1893年1月3日～1982年8月10日），字南都，台南市人，台灣企業家、詩人。曾任《自立晚報》常務董事，台北市中小企業銀行，台灣煉鐵公司董事長，台灣省合會儲蓄事業協會理事長。

〔註12〕 林熊祥（1896年8月18日～1973年3月28日），字文訪，號宜齋，別號大屯山民，生於福建廈門，板橋林家成員之一，為台灣著名士紳。其長子林衡道，為著名歷史家。

〔註13〕 魏清德（1887年～1964年）臺灣新竹市人，字潤庵，號佁儗子、尺寸園，出身文人家族，為傳統詩人、記者、作家、翻譯家、收藏家。

識之士遂推舉張錫祺〔註14〕出任中華民國詩經研究會新竹分會理事長，另起爐灶。聘請鄭蕊珠〔註15〕、許涵卿〔註16〕為指導老師；招募青年學子及後起之秀，充實詩壇的新血輪，並舉辦數次揚風挖雅轟轟烈烈詩人聯吟大會。首先於民國五十九年（1970）四月廿六日舉辦竹桃苗三縣春季詩人聯吟大會徵詩，以〈竹〉為題，限七律一東韻，計收二百餘首。並聘「竹社」詩家蕭獻三、張奎五，分別擔任左、右詞宗，選出左右各五十名佳作，發表於該會擊缽吟集中，此時的新竹詩壇如久旱逢甘霖頓時振奮起來。這次的徵詩活動「竹社」社員蘇鏡平獲評為左右雙元（狀元），而竹社同人亦成績亮眼。

竹　左元右元　蘇鏡平

多情誰與此君同，煩報平安到寓公。勁節先成纏出土，虛心早報竟凌空。
笛吹回憶柯亭下，拔取曾從嶰谷中。莫怪葛陂龍化去，孟宗孝已達蒼穹。

竹　左眼右十二　陳昌宏

三兩箕簹畫閣中，精神既見欲凌空。雖無冶豔爭春色，自有清陰陰夏烘。
志氣不為霜雪改，心情卻許松菊同。以獻去後誰知己，抱節修長感慨中。

竹　右眼左避　蕭獻三

嶰谷春來綠樹叢，清高誰與此君同。心虛已得人爭羨，節勁由來世所崇。
茅舍疏籬幽徑外，霜筠露籜夕陽中。化龍他日凌霄去，合使菖蒲拜下風。

竹　左十一　蘇子建

琅玕玉質態玲瓏，翠綠成叢奧雪中。風疾凌霄知勁節，歲寒挺秀見高風。
虛懷若谷真君子，強項如鋼不屈翁。芍藥牡丹安足論，此君颯爽志無窮。

「詩經研究會」在民國民國五十九、六十年代（1970～1971）連續舉辦詩會以新竹市的孔子廟、社教館、紫霞堂、城隍廟、新竹縣北埔濟化宮等地，舉辦擊缽聯吟，並集結成冊，直到理事長張錫祺仙逝止。翻開「詩經研究會」

〔註14〕張錫祺（1920～1979）臺灣新竹人。出身於名門望族。幼習四書五經及佛典，及長，對佛法解悟甚深，民國四十三年（1954）皈依印順導師，遂誓願終身弘揚佛法。對慈濟工作，不遺餘力。五十六年起連任多屆中國佛教會新竹支會理事長，並任中國佛教會臺灣省分會常務理事、新竹救濟院常務董事等職。六十二年於新竹東門街創建「中央佛教道場」，供眾修持、誦經，並經常舉辦佛經講座等弘法活動。

〔註15〕耕心吟社鄭家珍舉人的表姪女與高足。亦為「竹社」才女。

〔註16〕許涵卿（？～1990），名水金，塹城湳雅人。少時從葉文樞茂才遊，為「竹社」健將；為人重義，樂於助人，晚年為誘掖後進不遺餘力。

新竹縣分會的擊缽詩選集共兩冊，記錄了那個年代新竹地區詩人活動的歷史，它對鼓吹文風團結詩人情誼有很大的貢獻。

二、佛道共襄的塹城詩會

臺灣的寺廟很特別，對傳統文化活動的支持，總是走在公部門的前面；身兼新竹「佛教會」及「詩經研究會」理事長的張錫祺，憑著他在民間的聲望與人脈，號召各寺廟住持協同竹塹詩人扢雅揚風，真的貢獻良多。在庚戌年（1970）春，首由「紫霞堂鄭蕊珠師姑」〔註17〕響應舉辦擊缽聯吟大會。首唱以〈紫霞堂禮佛〉為題，次唱以〈文光〉為題，競賽作詩；並聘竹社大老蕭獻三與鄭指新擔任左、右詞宗，

紫霞堂禮佛　左元　張國裕

曲徑廻登証凤因，紫霞堂外草如茵。肯辜駘蕩詩中境，乍醒繁華夢裡身。
妙法無邊開覺路，慈航有渡指迷津。山門日月春風遍，十八尖峰共拜頻。

紫霞堂禮佛　右元　黃德棋

紫霞韶景正宜人，策杖山中鷗鷺親。環境清幽堪入畫，庭園雅緻好延賓。
鐘聲斷續催殘月，鉢韻鏗鏘詠早晨。三叩殿前求默佑，莊嚴色相拜凝神。

而其中的 2～10 名則分別由洪曉峯、林文彬、蕭獻三、陳如璧、林福堂、曾石閣、蕭振開、許焖軒、鄞強、蘇鏡平、陳礎材、黃守漢榮獲。

同年二月（1970.2），新竹城隍廟，接著主辦竹桃苗三縣市春季詩人擊缽聯吟大會（地點：新竹城隍廟）；大會首唱以〈春日謁新竹城隍〉為題，左、右詞宗分別由蕭文樵、李傳亮擔任，而次唱則以〈街花〉為題，左、右詞宗分別由施少峰、吳建田〔註18〕擔任；競賽作詩。成績發表：

首唱　左元　王少君

嫋嫋東風妙化奇，客來頂禮憶當時。敢云驅敵歸員嶠，盡道降魔壯海湄。
護國無私期顯赫，安民有賴濟艱危。塹城廟貌雲間聳，人獻心香我獻詩。

首唱　右元　徐錫玄

范謝將軍左右隨，城隍竹塹萬民知。皇恩錫區彰靈感，黎庶傾心仗福綏。
雕像似生多顯赫，廟容美奐倍威儀。格思敬仰如神在，好趁東風拜古祠。

〔註17〕 鄭蕊珠係「齋教」先天教派的傳人。
〔註18〕 即「鐵血詩人」吳濁流，本地新竹縣人。

首唱其中的 2～10 名則分別由江紫元、楊君潛、鄭啓賢、彭賢甫、吳濁流、賴綠水、張錫祺、李傳亮、楊權熾、黃守漢、徐金福、廖心育、邱子敬、呂介夫、黃祉齋、許光輝榮獲。

次唱　左元　楊圖南

剪桃續李不辭難，錦上添花世所歡。我愛灌園追石叟，故教木筆托鷄冠。

次唱　右元　林承郁

滿園剪接告功完，李白桃紅聚幾團。異卉能教歸一體。憐他黃種自摧殘。

次唱其中的 2～10 名則分別由楊子淵、張雲程、蕭獻三、江紫元、吳鏡村、張淵量、王鏡塘、劉淦琳、蔡慶雲、林則誠、蔡鴻基、黃坤楨、范烱亭、陳水發、楊君潛、蘇鏡平、邱子敬、徐金福獲得。

是年（1970.4）佛誕節以「竹社」同人爲班底的「新竹縣詩人聯誼會」亦舉辦擊缽聯吟，首唱以〈福田獨鍾〉爲題，左、右詞宗分別由何南史、施瘦鶴擔任。次唱以〈佛誕〉爲題，左、右詞宗分別由古少泉、黃守漢擔任。競賽作詩。成績發表：

首唱　左元　朱杏邨

元首榮襃日，親仁亦快哉。福田長灌漑，善果力栽培。

墨客登蘭室，詩星耀柏臺。清和佳子弟，德佈遍蓬萊。

首唱　右元　許遐年

耕種憑方寸，收成福果來。善根依佛性，好事植人才。

心地多修竹，體天每救災。願君施雨露，恩澤遍三臺。

首唱其中的 2～10 名則分別由林文彬、曾石閣、范根燦、林福堂、徐錫玄、鄞強、蕭文賢、范烱亭、鄭鴻音、蘇鏡平、許烱軒、林則誠、陳如璧、廖文居、陳培焜、余冠英、蕭振開。

次唱　左元　徐金福

七寶三乘玩貝花，大千世界會龍華。欣逢誕降昇平象，默佑扶持積善家。

次唱　右元　謝麟驥

聖誕恭逢興益加，慈航普渡遍天涯。天心亦解哀鴻意，故降如來惠萬家。

次唱其中的 2～10 名則分別由范根燦、何南史、邱伯村、徐錫玄、陳鏡波、李春生、古少泉、陳綽然、范烱亭、謝勝長、林靄亭、余冠英、林文彬。

三、古奇峰外紫霞堂

民國五十九年（1970），這一年對新竹詩壇來說，是豐碩的一年，也是風光的一年；就在這年端午節前，「竹社」與「耕心」的嫡傳女史「紫霞堂」主人鄭蕊珠，再次主辦了「庚戌年詩人節北部七縣市詩人聯吟大會」於新竹市寶山路紫霞堂中。首唱以〈端節前二日紫霞堂雅集〉為題左、右詞宗分別由賴綠水、陳根泉擔任。次唱以〈扇市〉為題左、右詞宗分別由林萬榮、余冠英擔任。競賽作詩。成績發表：

首唱　左元　吳鏡村

紫霞宮裡竟探驪，鷗鷺成群盡故知。盛會騷壇懷楚畹，傷時墨客弔湘纍。
愧無警世詩千首，幸有驚人筆一枝。未到天中先聚合，聯歡把臂展雙眉。

首唱　右元　吳鏡村

東市佳辰會故知，汨羅江急意先馳。紫霞寺裡鐘聲喨，翠壁岩〔註19〕前韻事宜。
醉飲攤箋登北閣，豪吟鬪句繼南皮。詩魂喚醒三閭志，共策中興起義師。

首唱其中的 2〜5 名則分別由傅秋鏞、朱杏邨、李宗波、劉淦琳、張奎五、張國裕、梁李雲榮獲。

次唱　左元　黃祉齋

節屆端陽暑氣烘，素紈爭購熱街東。持歸未敢桃花畫，怕見香君血淚紅。

次首唱　右元　曾石閣

端陽節近弔孤忠，蒲月初三瑞氣融。交易齊紈車馬鬧，一揮涼快自生風。

次唱其中的 2〜10 名則分別由黃祉齋、曾石閣、邱錦福、陳培焜、黃坤楨、陳根根、張雲程、劉淦琳、劉文徵。

耕心女弟子鄭却（1910〜1997）女史，道號藥珠，號鏗鏘，又號堅鏘、恬澹子。新竹二十張犁林闊嘴、洪氏銀三女，出生後第二年過繼水田鄭程材貢生之後人鄭江泉（蟳）為養女。大正六年（1917）就讀新竹第二公學校，課餘先後追隨鄭彥舍、鄭家珍、李錫如等學習漢文。大正十二年（1923）公學校畢業後，聽從鄭家珍舉人建議，放棄報考高等科，而隨其專研漢學、天文、曆算。大正十四年（1925），鄭舉人寄居紫霞堂，並於其間設塾課徒，此後女史便得以晨夕問候，建立深厚之師徒情誼。鄭家珍舉人過世（1928）後，昭和四年（1929）

〔註19〕 翠碧岩，位紫霞堂附近。兩處皆在新竹市古奇峰山脈間。

女史承其衣缽於水田「同利」鄭家講學，教授四書、五經、尺牘、詩文等。昭和十四年（1939）承接養母鄭葉瑞蓮創設之紫霞堂（齋教先天派），擔任住持。民國 47 年 1 月（1958），紫霞堂自水田街三號遷至寶山路（現由鄭埱精女史繼承管理）。

鄭却女史自幼聰慧敏捷，秉性沈靜，對於漢文音韻及天文曆算，頗有所得；曾參加鄭家珍舉人在竹時所設之耕心吟社，亦經常參與外地詩社活動及全島聯吟，與澎湖蔡旨襌來往密切，同屬齋門中之女詩人。戰後，曾膺新竹縣詩經研究會之聘講授詩學，其詩作用詞遣句相當洗鍊，有大家之風，弔詞、聯文亦其所擅，遺稿未刊行，今存紫霞堂。在以男性爲主體的傳統詩壇裡，紫霞堂鄭却女史以其深厚的漢文學養與熱忱，對竹塹城的詩運推廣卓有助益。

四、青草湖畔靈隱寺

位在青草湖畔的新竹靈隱寺〈孔明廟〉，從日據時代開始就與詩人佛緣深厚，推動詩壇盛事也從不落人後；民國六十三年（1974），春（甲寅），靈隱寺爲慶祝開山五十周年，協同新竹詩社「竹社」柬邀北、桃、竹、苗四縣市各社詩人聯吟祝賀。當天特別推舉「蓮社」吳保琛、「澹社」蘇鏡平〔註20〕爲首唱詞宗，詩題爲〈慶祝靈隱寺開山五十週年紀盛〉；次唱以〈春日遊青草湖〉爲題，分聘「栗社」賴綠水、「陶社」陳昌宏爲左右詞宗。入選佳作則登載於一九七四年七月一日「詩文之友」第四十卷第三期（民國六十三年四月，竹社春季詩人大會於孔明講經堂——竹社靈隱寺合辦）

> ### 首唱　左元　劉彥甫
> 靈隱鐘聲啓贖聲，開山五秩肇崇宮。遊人下拜蹄停馬，勝會聯吟爪印鴻。
> 水庫依然儲漢水，風城定可借東風。于今丞相歸三寶，遺恨神州劫火烘。
>
> ### 首唱　右元　蕭獻三
> 慘淡開山眾所崇，插天塔聳奪天工。稱心蘆島秋聲外，極目鐘峰夕照中。
> 燕賀五旬聯藝苑，鷗盟三月萃琳宮。一湖芳草青如舊，禮佛人來萬念空。

首唱其中的 2～10 名則分別由楊子淵、黃嘯秋、謝麟驥、范根燦、曾耀南、謝涵卿、陳礎材、黃祉齋、胡介眉、蘇子建、鄭鷹秋、張錫祺。

〔註20〕原爲「竹社」社員，後移居臺北，創「澹社」。

次唱　左元　許烱軒

柴橋春色久名揚，約伴來遊感化堂。禮罷金身承相問，有無風景似南陽。

次唱　右元　羅綠洲

草湖鼓柁韻悠揚，春到柴橋逸興長。裙屐聯翩彌勒境，歸來詩料滿奚囊。
次唱其中的 2～10 名則分別由劉彥甫、許涵卿、范煥昌、范根燦、楊子淵、鄭啓賢、張正體、吳保琛、賴綠水、黃嘯秋、張奎五、林福堂。

　　民國六十五年（1976.4.11），竹桃苗三縣市詩人丙辰春季聯吟大會又在「靈隱寺」舉行；首唱以〈春日謁武侯祠〉爲題爲，並分聘陳竹峰、陳輝玉爲左、右詞宗；次唱以〈柴橋〉爲題爲，另聘李可讀、林義德爲左、右詞宗。

首唱　左元　張奎五

頂禮欣然一駐車，晴光淑氣遍天涯。屋甍青映湖邊草，爐篆香連廟外花。
正統深期恢兩漢，偏安豈可老三巴。鞠躬盡瘁憐師表，後主無能讀史嗟。

首唱　右元　施少峰

青草湖邊客駐車，觚棱一角聳雲霞。祠瞻蜀相春三月，會萃騷人手八叉。
謀國有心興漢室，回天無力輔劉家。綸巾羽扇威儀在，荐罷蘋蘩更獻花。
首唱其中的 2～10 名則分別由蔡秋金、羅樹生、鄭指薪、邱攸同、劉彥甫、曾石閣、范文欽、謝麟驥、陳增祥、陳竹峰、謝偉民、周希珍、李可讀、吳鏡村、鄞強獲得。

次唱　左元　施少峰

板橋利涉古風城，一抹長虹夕照明。司馬題詩張進履，誰忘木架濟川情。

次唱　右元　戴星橋

題柱寧無雅興生，木欄隱隱動吟情。揚州廿四詩千首，韻事湖山續載賡。
首唱其中的 2～10 名則分別由黃祉齋、傅秋鏞、游象新、謝麟驥、蘇忠仁、劉彥甫、范根燦、劉淦琳、許涵卿、曾克家獲得。

　　青草湖的「靈隱寺」自大正十四年（1925）竣工，至民國七十三年三月（1984.3）竹社一百二十周年社慶止，約有一個甲子的歲月，與新竹地區的文人墨客交往頻繁；期間的主持寺廟負責人如：無上法詩、保眞法師、與竹社詩人范炯亭詞長，莫不是德高望重，且能詩文的高僧大德；因此也

致使新竹名勝「青湖棹月」、「靈寺鐘聲」名揚海內，而唱酬佳作也連篇載於詩刊報端雅韻流傳；當時的「靈隱寺」是提供丕振騷風的場所，就如同現在的「新竹關帝廟」一樣，長期提供場地予「竹社」辦理鄉詩俚諺的薪傳研習。

五、移居外地的竹社詩人

由「竹社」開枝散葉的詩人們，雖是身在異地他鄉各自發展，也持續推廣詩運，但他們仍不時的返回新竹參與詩人們的聯吟活動。

（一）陳堅志（1900～1998）

陳堅志，字竹峰，號寄園，竹社詩人。另與謝景雲、謝森鴻等創竹林吟社，爲竹林七癡之一〔註21〕。移居花蓮後，曾任蓮社社長，著有《寄園吟草》三集問世。

夏日雜詩　六首

酒樏詩囊破寂寥，濃陰連接路迢迢，年來消息如相問，管領溪山過野橋。
晝永門閒意不紛，漫懷興廢起風雲，鳥啼自叶宮商韻，有幾知音倚檻聞。
如秋雨過不勝情，涼氣侵襟快莫名，萬事頓忘酣午夢，不知退遍鬧蟬聲。
笑談世事一樽中，可貴身閒興不窮，莫道難尋消暑地，樹搖頻送半窗風。
彭澤歸來事可提，堂深未覺夕陽低，自安筆硯幽窗下，長夏風光入小題。
掃徑鋤雲豈憚煩，芳蘭飄馥出庭垣，何愁車馬偏嫌僻，早澹名心拓寄園。

春日登淡江紅毛城　二首

紅毛遺蹟聳山巔，結構於今尚井然，獨倚東風高處望，淡江依舊蔚雲煙。
當年建設憶英邦，臨海凌虛氣勢厖，領事空留開篆處，一塊長固水淙淙。

遊林家花園　四首

月波水榭擅無儔，花木長春曲徑幽，一閣一亭饒匠意，觀瞻觀稼有高樓。
山川孕育斯園美，彫刻精華萬古留，勝概眞堪金谷比，林家聲譽享千秋。
文字交遊盛昔時，堂名定靜最堪思，來青極目煙霞外，汲古藏書結構奇。
山現庭除推傑作，天留榕樹蔭清池，匠心建設無雙妙，攬勝登臨合有詩。

〔註21〕「竹林吟社」鄭家珍舉人去世後三年，謝森鴻邀集志同道合的同學謝景雲、陳竹峰、許炯軒、鄭郁仙、王火土、郭仙舟等人組成；成員多由「耕心吟社」分出，爲鄭家珍舉人的嫡傳弟子。因雅好詩文，爲效法東晉「竹林七賢」此七人又號「竹林七癡」。

八八書懷　四首

名園訪遍興悠悠，米壽欣登五世修，莫問桃花紅幾度，且看山色翠長留。
頻添吟稿堆囊滿，仍健頑軀作勝遊，菊酒重斟松永茂，團圓共喜近中秋。
怡情花木手親栽，仲子生涯志豈灰，陋室有書消晝永，虛心念念上心來。
欣酬偕隱林泉願，深愧空懷李杜才，停看騷風傳後起，長廬韻事樂傾杯。

車中感吟

教育徒勞倡革新，爲何不振漢精神，可憐學子忘詩禮，座位焉甘讓老人。

弔屈原

行吟潭畔溯從頭，謀國忠誠史永留，絕世離騷餘血淚，傷心宦海歷沉浮。
懷王未覺權臣誤，湘水難消楚客愁，好繼賈生重作賦，三閭浩氣頌千秋。

過怕雨室懷香老〔註22〕

結交回首卅餘年，一集洄瀾剩雅篇，滿架經書人已老，花崗依舊蔚雲煙。
傷心藝苑失芝顏，八斗高才豈等閒，彩律蒙塵留著作，流芳佇看遍人間。
促膝談詩漏不催，渾忘秋去又春回，勝遊連袂成追憶，往事如煙剩酒杯。
何幸忘機契鷺鷗，風騷觴詠話楊州，人生聚散原難定，且把閒悉付水流。
未聽愁言兩鬢皤，酒豪飲譽興應多，友情長在蓬萊遠，怕雨何堪室再過。

題獻三詞兄扶桑鴻爪集

春風杖履遍東陲，大阪城高過客知，勝地勝遊饒夙意，一山一水惹尋思。
凌雲才氣篇篇妙，出類靈機句句奇，好景扶桑憑藻繪，如臨其境共題詩。

（二）鄭指薪（1905～2002）

　　鄭指薪，名火傳，以字行，竹社詩人，祖居福建同安，自祖父始行遷臺，初寓新竹以釀酒爲業，後營商家境由是漸裕。曾居留於宜蘭、臺北，戰後定居桃園。日據時期曾師事葉文樞秀才，並加入「讀我書吟社」。昭和十四年（1939），加入頭城「登瀛吟社」。臺灣光復後經商於桃園，於民國卅七年秋入桃園農田水利會任職，直至人事事主任退休。晚年輯其詩稿作成《指薪吟草》。

讀漢高本紀

　　三老遮途爲畫謀，項王放弒告諸侯，問君一統河山後，大度能容義帝不。

〔註22〕即由新竹移居花蓮的詩人駱香林。

淡水雜咏　1940 年

石室摧殘塹壘存，留供樵牧弔黃昏，霸圖已逐江山改，鎖鑰空鑴鎮北門。
（登舊炮臺）

沙逐回潮港漸填，怪他跡盡去來船，篙師不解興衰意，苦把繁華說往年。
（泛淡水江）

數間茅屋隱蓬蒿，當乍遙峰綠染螺，最是夜深音樂好，山鳴蛙鼓海鳴濤。
（宿阿里磅）

亂山門閱青三面，野水侵階碧一圍，幽絕浪恬風定夜，滿江漁火作螢飛。
（憩跳石漁家）

和文樞夫子病中韻

不合時宜感慨深，況堪貧病遞相侵。竹風蘭雨頻年路，粵海閩山半夜心。
偕隱有鄉勞設想，獨醒無地可行吟。秋來漫動蓴鱸思，桃李盈門待指針。

赴內柵途中所見

凌曉炊煙幾縷斜，短籬窄徑野人家。預知今歲颱風少，龍眼春深未作花。

登竹塹城樓懷古

少時釣戈記曾登，劫歷三朝剩此城。清社已墟倭虜去，鳳崎仍帶晚霞明。

桃園竹枝詞

灌溉流豐開大圳，纖耕端的合兼籌。廠興紗布農田闢，衣食從慈免外求。
不成都邑不村莊，偏有聲歌鬧夜長。何物疇今贏獨著，食糧而外數平康。
卅年前已寓仙鄉，闤闠曾無半里長。近逐住多房屋少，地皮價出首都昂。

步獻三芸兄病起韻

階登松嶺出城西，緩踏蟾光路不迷。記得里居同結社，哦詩每到唱晨雞。
年來體力覺偏差，從古浮生本有涯。垂老自知無所用，背腰酸楚眼昏花。
難移習性原疏懶，欲擺煩囂得未仍。思謝腥臊辰茹素，不須受戒即如僧。
頭城同各幾經年，從此分攜各一天。回憶玉川人已杳，竹風蘭雨舊因緣。

和連捷詞兄古稀書懷

詩思何曾有際邊，優遊忽屆古稀年。早裁雁序聯床幄，更買躬耕負郭田。
望洽閭閻陳仲舉，才稱壇坫李青蓮。南山頌歗佳兒在，喜氣門庭溢瑞煙。

張品三芸兄輓詞（七言絕句四首）

遺矢兼旬漸不支，中醫延遍又西醫。每逢問疾來親舊，老淚縱橫滿面垂。
莫逆交深已卅年，紅塵遽撒隔人天。畫名直把醫名掩，妙筆丹青世早傳。
時宜不合愧頑痴，過籤偏邀青眼垂。窗雪案螢曾共勵，一無成就負深期。
碩德雖孤必有鄰，何妨率性本純真。蓋棺論已從茲定，肝膽平生可照人。

次竹峰詞兄見懷瑤韻

輪鐵銷殘道路多，卅年全在客中過。人生歡樂原無幾，世事羈囚喚奈何。
老去身屨思小隱，興來時亦效高歌。翩然倘獲邀遙莊，擬辦螺杯泛酒波。

偕楊金成兄遊桃山

桃山聞說足遊觀，瀑布幽尋路幾盤。千尺白虹垂飲澗，聲疑雷動水生寒。
松林茂密鬱青蔥，四面環山小徑通。雲宿翠微溪繞嶂，天然一幅畫屏風。

梅胎

數點春光漏短籬，月明疏影照參差。也知粉蝶魂消處，全在含苞待放時。

梅湖秋色

楓林如醉麗秋光，形鑿梅開十畝塘。擬乞一泓同賀監，花栽丹桂自飄香。

謁塹城武聖廟（壬戌）

竹塹恭參武聖居，崇階緩拾步徐徐。鄂王關帝忠貞蹟，青史於今不絕書。

龍潭鄉展望（癸亥）

南天廟謁荐香醪，雅應聯吟愧濫叨。茶荈有名能廣植，田疇無地不如膏。
資源善用民年富，庶政寬平譽日高。放眼龍潭潛力厚，雄圖推展仗賢勞。

題扶桑鴻爪集

將渡扶桑賦遠行，待揮椽筆卓吟旌，遙臨三島尋遊子，正及殘春醉賞櫻。
去國定懷朱舜水，投詩應弔鄭延平，吾妻橋上斜陽望，無限鄉情自頓生。

輓張純甫先生（純甫先生著有左傳補註稿未刊）。

早博詩人海外譽，寧知駔驥困鹽車。春風桃李三間屋，夜雨燈窗萬卷書。
日下江河增感慨，時非文字守殘餘。丹鉛未就名山業，心血愁看飽蠹魚。

（三）蕭振開（1907～1993）

蕭振開字春石，稱春石山人，平居雅好詩書畫；尤擅畫鯉風格獨特，又

其行草筆墨壯健，轉折萬千，工寫花鳥草蟲，設色雅淡。係新竹書畫同好會發起人之一，亦曾爲新竹書畫同好會會長，後遷居臺北。

古鏡

七出菱花寶色新，香奩日日伴佳人，我心亦有千秋鑑，一片清光不讓秦。

海水浴

到海時纔十許鐘，相邀朋輩沐從容，日新卻笑湯盤小，未若煙波起萬重。

造橋

浮河將架議朝朝，砥柱無人志欲焦，我自胸中懷壯氣，仰天吐出作虹腰。

山軌

觀光遠岫眼眉舒，男女齊登莫笑余，汽笛聲傳千谷外，急行小驛不停車。

家書

速達航空勝鳥銜，葉書不寄寄封函，內情恐被他人見，親展題兼一字緘。

書窗（柏社三周年紀念作）

新栽柏樹也三年，葉影森森滿硯田。晝有清風宵有月，雖談不倦興無邊。

（四）郭茂松（1909～1992）

郭茂松，字子雲，號鶴庭，竹社詩人，生於臺北新莊，幼年隨其尊翁移居新竹。日據時其尊義不帝泰，拒學日語；從師專攻漢文，寢饋經書，尤嗜韻律，稍長遊學於宿儒葉文樞秀才之門，盡得其傳。曾任議會秘書，報社主任。後移居臺中，終老斯地。著「有斐樓偶存稿」兩集。其詩作不論是在擊缽或是閒詠部份，都有相當的數量傳世，堪稱臺灣戰後詩壇大家。林荊南〔註23〕稱郭茂松爲「五字長城之新主」，對其五言詩作稱讚有加。

暮春

斷雲漠漠晝漫漫，春色淒迷獨倚欄，怪底夜來風雨妒，落花如夢轉添寒。

王昭君

漢廷天子策懷柔，遣嫁呼韓暗自羞，青海月明開夜宴，琵琶彈徹四絃秋。

〔註23〕林荊南，號望佛樓主，（1915～2003），彰化竹塘鄉人。畢業於東京海外高等實務學校，年少時受過私塾教育。曾任報社記者編輯主筆、縣農會專員、陸友食用菌公司監察人、〈中國詩文之友〉及〈茶藝〉總編輯、金生文教基金會董事、中華詩學研究所研究委員……。

花木

橫戈百戰靖胡塵。撲朔迷離塞外春。鞍馬十年圖報國。英雄心志女兒身。

＊梅格有序：中州例會，高春山先生擬此題，余以體裁屬閒咏之題，惟擊缽各限一首，意興未盡迺仍題四首爲寄。

灞岸奚辭踏雪寒，蕭疎有致耐人看。俗塵不染瘟仙態，栩栩神情著筆難。

淡著輕煙冷抹檀，換將傲骨藉金丹。斷橋明月孤山雪，遺世孤芳浩氣蟠。

蒼松偃寒竹琅玕，癖並清高耐歲寒。地老天荒渾不管，雪中抗節一枝攢。

瑤臺仙品玉珊珊，倔彊天生入世難。一點鐵心緘自得，不教凡卉共盤桓。

臺灣光復二十周年誌盛

收復河山感莊公，半周甲鑠氣如虹。回天補寫仙根句，驅日堪齊大木功。

萬戶旌旗懸海表，八方冠蓋會墩東。騷壇健將經綸手，鳴盛詩歌繼大風。

秋日吳家花園雅集

高會東墩桂月中，涼飈吹鬢鉢聲洪。後時菊賞留陶令，別墅橫圍憶謝公。

重對綠樽人漸少，低吟白社我來同。左芬詩筆清虛宴，槃敦花前繼國風。

蕭辰鷗鷺萃墦東，涼透輕衫爽挹衷。句藻楓亭秋寫韻，徽承檪社座生風。

林泉清福懷吳綺，尊俎豪情匹孔融。最是會闌人未散，遙山已見夕陽紅。

菊影

夕照疏籬替寫神，迷離霜徑幾枝新。天生種一娟娟態，臨水還如對鏡人。

傲霜枝秀籬繞斜，粉本新傳處士家。明明一庭秋寫照，捲簾人更瘦于花。

草湖秋望

極目湖前後，憑高一展眉。庭園風落果，山室曉迎曦。

花白迷蘆島，楓丹露大崎。試看城外路，雲淡古峯奇。

（五）蘇清池（1914～1994）

蘇清池字鏡平，竹社詩人。師事葉文樞秀才爲其高足，並加入「讀我書吟社」。日據時爲法警後退休從商，遷往臺北定居，與蕭獻三等詩人共組瀛社。

謹和文樞夫子病中偶書瑤韻

西風瑟瑟又秋深，老境何堪驟冷侵。人眾仍懷孤客感，路難頻抱故鄉心。

書樓百尺聊休課，病榻三更未輟吟。願祝先生松比壽，歲寒依舊葉如針。

送指薪芸兄就職蘇澳

此去眞堪羨道東，祇憐握別太匆匆。絕裾切勿師溫嶠，攜屨徒勞備馬融。

吟苦原如僧入定，行遙幾訝鶴摩空：洗塵回首無多日，又向蘭陽作寓公。

秋月

當空高掛十分明，露滴殘荷葉上輕。皎潔一輪光正滿，蕭條萬籟氣尤清。
樓頭雁度銀蟾影，窗外颸和鐵馬聲。絕好黃花開爛熳，東籬相照到三更。

竹橋

倒影行魚聚亦奇，菖蒲下拜憶當時，擬排烏鵲填河漢，曾化青龍在葛陂。
當作玉欄金柱好，造成翠幹秀篁宜，不愁圯上仙翁杳，自本虛心是我師。

蓄音器

巧作機關蓄雅音，隨風嘹喨到更深。從茲顧曲周郎輩，不重珠喉重鐵針。

春妝

踏青兒女鬥嬌鬟，陌上何堪柳色新。梅蕊清宜凝皓齒，桃花紅愛染朱唇。
輕柔骨格疑飛燕，妖艷姿容似太真。只恨雲鬟梳未就，畫眉鳥故屢催人。

馬上聽鶯

出自深幽谷，笙簧任吞端。交交勾執巒，嚦嚦惹停鞍。
冀北情猶壯，遼西夢未安。楊鞭花徑好，百囀值春殘。

送別文樞夫子

買棹歸來意轉長，故鄉風景勝他鄉。料知師母歡迎入，離恨羈悉訴一場。

鳴蟬

螳螂背後奈愁何，枝上居然斷續歌。濁世伊誰信高潔，不平莫怪咽聲多。

冰鈴

聽時非渴不須煩，初夏街頭處處喧，比似風前淋雨曲，詩情來對玉壺魂。

醉墨

酒氣多於墨氣濃，非蛇卻笑又非龍。謫仙曾獨杯邀月，與可尋常竹在胸。
毫末點成揮一幅，甕頭浮蟻酒千鍾。換鵝自笑經難寫，酩酊徒聞遠寺鐘。

荷風

剪刀花信恰相同，仙子凌波夕照中。香粉飄休池上墜，葉錢拂異穴來空。
若耶溪口懷吳女，太華峰頭憶鄭公。最愛夏初羊角到，淤泥不染影搖紅。

菊酒

採自柴桑味不凡，延年對酌夕陽街。劉伶癖與陶潛興，共向東籬飽口饞。

眉筆（祝奎五詞長令郎吉席）

管城粉黛證良緣，合奏周南第一篇。窗畔輕描新月好，鏡前淡掃遠山妍。
孟光舉案情何逸，張敞揮毫受益堅。深淺入時龍燭下，生花在握樂綿綿。

（六）陳礎材（？～？）

新竹人，竹社社員，遷居臺北，亦為臺北瀛社社員熱心詩社活動。

竹風

自喜蕭齋夜夜清，如何鳳尾向人鳴，封夷我願休相弄，為報平安字要明。

賞雪

紛紜且莫羨瑤臺，呈瑞瓊花入眼來，飛絮因風懷謝句，僵身臥榻仰袁才；
遙看西嶺千秋白，冷迫南枝一夜開，所喜詩成人不俗，管他騷客灞橋回。

靈隱寺開山五十周年誌慶

梵宇風光昔不同，瓣香慶祝出由衷，塵心何若禪心靜，世路應知覺路通；
托筆靈山思誌盛，放舟湖水興無窮，兒時記得參開眼，五十年間一夢中。

（七）蕭文賢（？～？）

蕭文賢字獻三，日據時期北門大街秀才葉文樞之高足，「讀我書吟社」與
「竹社」健將，後遷居臺北，與蘇鏡平、陳礎材等遷居臺北的新竹人組瀛社，
活躍於詩壇。

大湖道上口占

樹自陰森水自流，蠶叢路鑿幾千秋，猿啼兩岸如巫峽，恨少穿雲一葉舟。

臺南詣延平郡王祠

天生一代草雞雄，百戰歸來指海東。自可滅親全大義，寧甘背主失孤忠。
師興虎旅青衣棄，地割牛皮白種空。抗掣八旗雖不克，毅然未遜岳家風。

鳳臺蕭

朱陳緣結瑞來儀，吹徹秦樓玉一枝。繞屋歌成聲引鳳，催粧咏就句探驪。
煙波赤壁蘇髥賦，花草吳宮李白詩。迴異月明橋廿四，洞房春暖夜遲遲。

竹

嶰谷春來綠數叢，清高誰與此君同。心虛已得人爭羨，節勁由來世所崇。
茅屋疏籬幽徑外，霜筠露籜夕陽中。化龍他日凌霄去，合使菖蒲拜下風。

紫霞堂禮佛

紫霞宮殿娓纖塵，裊裊香煙薦藻頻。詞客心虔恭叩首，空王鉢咒靜修真。
金繩覺路知前果，玉帶山門證夙因。日念菩提宵講易，傳燈原是女詩人。

文光

絕妙文章擅色絲，燃藜太乙共爭奇。輝煌韓海蘇潮外，倒峽詞源筆一枝。

接花

偷天換日事非難，園藝高明到極端。能把夭桃變穠李，合將羅隱化潘安。

融生商號開幕誌盛

海味山珍美，搜羅列一櫥。高風追猗頓，宏業繼陶朱。
互市分南北，相通濟有無。多君才思捷，大可展鴻圖。

箋天

文開彩耀炫穹廬，橐筆宵深入斗虛。寫恨薛濤心枉壯，焚香趙抃願非虛。
函三雲外留蝸篆，尺五城南認雁書。搔首彼蒼何處問，卅年辜負蛙蟲魚。

癸未重陽後一日於靈隱寺似無上上人，仙舟詞友

南國秋深尚未寒，野寺尋詩興漫漫。片時能得舒中意，來日愆期計大難。
薦有心香虔即佛，縱無菊釀敬循官。放懷自補登高賦，莫埒黃花十日看。

種蔗曲

插秧古自勸農耕，種蔗今來亦盛行。濕恐傷根旱枯葉，一冬愁雨復愁晴。

其二

佳境期同倒啖成，颱風大厄繫心驚。能過白露前無恙，抽幹莎莎急有聲。

蘇澳港秋思

浮雲往事付悠悠，又報天涯萬里秋。蠹簡書聲虛好古，鳶肩火色負封侯。
繞門謬憶陶潛柳，去國慚登王粲樓。始省哀江南一賦，江關庾信惹鄉愁。

二

夢裏慈堂兩鬢絲，津梁遊子返何遲。盛衰浪證三生果，攻守新翻一局棋。
什夜聞雞心枉壯，丁年捫蝨願成痴。拈毫欲寫胸中恨，盡在空山夜雨時。

贈盧品小姐

知書識禮又聰明，學博中西一女英。自笑此行真不負，遙傳詩教到東瀛。

會三男於中野南臺

十年去國會三男，笑我熊魚念太貪。樂敘天倫情未了，家書猶自望天南。

東渡偶成　七絕二首

凌虛銀翼向東開，三島風光入眼來。償卻十年詩酒夢，櫻花時節渡蓬來。
街衢整潔絕殲塵，櫛比樓臺聳似鱗。踏盡都城新綠地，年年春到綠翻新。

東都訪舊　七絕二首

訪舊東都願不違，稱心萬里遂雄飛。丁香萎後櫻花綻，緩帶奚囊未必非。
人生何處覓知音，流水高山一片心。差幸相逢身共健，鬢邊那管雪霜侵。

扶桑替曉

高樓大廈奪天工，出海雲霞淑氣融。破夢幾疑深夜雨，侵肌尚怯五更風。
棕櫚綠外株株綠，罌粟窗前朵朵紅。雨即談詩晴覽勝，不知身置在瀛東。

鹿港懷古

煙火當年夜萬家，鹿津古鎮海之涯。楊橋無復帆歸渚，蠔圃依然浪捲沙。
工藝宏開新貿易，樓臺未泯舊繁華。我來聽唄龍山寺，一杵疏鐘帶晚霞。

（八）莊田（？～？）

　　莊田字禮耕，新竹大街人。日據時期師事葉文樞秀才為其高足，並加入「讀我書吟社」，曾任記者，後遷居臺北。

費宮人

無端闖賊射宮門。一死甘心報至尊。遮莫王公難再世。也應地下驗吾言。

謹步少奇前輩底事瑤韻

同是乘風載筆行，輸君鄉里早成名。即今羽檄飛馳日，八表豺貔正遠征。
傷春未已忽秋深，南國風光緩步尋。為勸哥哥行不得，鷓鴣聲裏酒同斟。

冬蔬吟

南方蔬圃冬常青，罕見水芽與霜葉。頭芥心姑置之，綠垂架上隱元荄。
茸茸毛簇貓頭筍，豌豆花開飛蛺蝶。昆布懸門畫意多，椰菜纍纍似山疊。
籠中土酥玉雪容，蘿蔔輕紅勝桃頰。海藻采來捲薄餅，與客同餐勞遠涉。
貧交如淡菘有味，膏梁子弟疑難接：顧我頻年蔬食歡，無肉不須砍長鋏。

復靜閣前輩並希轉達親友

來書容易寄書難，莫與尋常一例看，親友故園如問訊，憑君傳語報平安。

日月潭櫂歌

紅樓隱隱水茫茫，無數秋山帶夕陽。手把釣竿人不見，蘆花深處一漁郎。

其二

樓外珠潭潭內山，荷花深處一船還。蠻娃搗杵歌涼月，夜靜風清釣渚閑。

其三

獨木舟搖入約磯，鴛鴦潭上喜雙飛。蠻歌唱出山頭月，沽酒漁人尚未歸。

其四

濃雲擁樹暮山遙，月印珠潭畫樂搖。腸斷採菱歌唱罷，木蘭舟上又吹蕭。

讀罷珠崖對有感

珠崖無故棄蠻夷，博引繁徵盡飾辭。近代壺盧依樣畫，瓣香合拜貫捐之。

竹社移居他縣市的這些前輩詩人，雖在各行各業各有所長，但他們對漢文詩學的執著，與對故鄉新竹的鍾情，從以上節錄他們的詩中不難看出，作為一個傳統詩人經過大時代的起落與磨練，他們所表現出來的，正是「竹社」社訓中的「溫柔敦厚煉達」；如今雖然都已仙去，但他們的風範依舊長留在「竹社」後輩同人的心裡。

第二節　聯吟擊缽一脈斯文與竹社

一、為延一脈斯文「臺灣心聲報社」於新竹創刊

民國卅四年（1945）年臺灣結束了日本長達半世紀的殖民統治，然而在第二次世界大戰結束前，臺灣正處於皇民化運動的高峰，因此戰爭結束後，臺灣在政治上雖回歸祖國的懷抱，但在文化、語言甚至是民族認同等方面，卻是得從「皇民化」要驟轉為「中國化」，這其間的落差，是可想而知的。此時，士農工商各行各業，都是充滿著期待；對舊藝文界而言，戰後初期的許多綜合性刊物、或藝文刊物皆有古典詩歌的刊載欄位，如從一九四五年的《大同》〔註24〕雜誌、《新風》月刊〔註25〕到一九四六年臺灣文

〔註24〕　《大同》創刊號發行於 1945 年 11 月 12 日，發行單位是「大同股份有限公司文化部」，發行人 鍾龍雲、主編劉文碩，兩人生平不詳，由於未見後續，推測應該僅發行這一期。選擇在「國父誕辰紀念日」發行，是否有特殊意涵，無法得知。但這一期的內容來看，除了一篇白話文之外，都是文言文與古典詩，充分突顯當時台灣白話文人才之缺乏。

〔註25〕　《新風》月刊是戰後台灣出現的第一本文學雜誌，見證了戰後台灣文學傳播的

化協進會〔註26〕出版的機關刊物《臺灣文化》〔註27〕等，在甫「光復」的辦報熱潮中，臺灣本土詩人雖未曾缺席，但卻也苦無一完整之空間，以接續日據時期《詩報》以來古典文學命脈之傳承。

　　民國卅五年六月，在經過多次討論與擬具共識的竹社同人主導下，新竹北門大街上「鴻安堂」的中醫師即「竹社」詩人謝森鴻（1896～1961）邀集「新竹聯吟社」成員洪曉峰、許烱軒（光輝）、蘇鏡平等人籌組「臺灣心聲報社」，次月即有《心聲》〔註28〕月刊於新竹創刊；這是戰後在新竹地區首度由本地文人發行的刊物；《心聲》月刊創刊號中，「竹社」詩人郭茂松（1909～1992）以〈心聲報創刊詞〉一文，說明漢詩創作在臺灣的興衰以及《心聲》創辦之由來：

　　　詩本心聲。而怡性情。意主敦厚。詞貴風雅。莫徒講宗唐祧宋。
　　竊取皮毛以為能事。顧吾臺文獻。自明以來。則以沈光文為初祖。
　　而清則有唐景崧。暨省中名士。丘逢甲。林小眉。施耐公。標榜騷
　　壇。猶為傑出。迨日本領臺後。均為內渡。文風日靡。所幸者。只
　　有詩學一線綿綿不絕。每逢芳辰月夕。吟風弄月。搦管孤吟。茶餘
　　酒後。按席聯詠。況兼南北各日報及專刊之詩報風月報諸紙。力為
　　鼓吹。藝苑詞林。揚風扢雅。文字之歡。無異疇昔。空炸〔註29〕當
　　時。因紙統治。兼日人之禁。各報均為停頓。自光復以來。諸報既
　　乏鼓吹。詩報風月報。皆未發刊。其間雖有抱膝高吟之士。拓開心
　　境。擷藻清聲。祇有付之闕如。吾竹聯吟會有志洪曉峰。謝森鴻。
　　許烱軒。蘇鏡平鳩諸同志。出為提倡設立心聲報。期得拋磚引玉。
　　金鍼度人。然詩雖小道。以維持漢學計。裨益於世。當或不尠，願
　　諸公振扶輪之手。拓開錦繡之胸。為聯聲氣。共慶夫治世昇平〔註30〕。

新（文學）舊（文學）交替現象現存創刊號到第 3 號，共 3 冊。創刊號出版日期（民國 34 年 11 月 15 日）距台灣光復節（10 月 25 日）不到一個月，顯見當時台灣文藝界對於「台灣光復」的喜悅之情，民國 35 年 1 月 15 日停刊。

〔註26〕台灣文化協進會，1946 年 11 月 18 日成立。發起人有：游彌堅、許乃昌、陳紹馨、林呈祿、啓瑞、林獻堂、林茂生、楊雲萍、陳逸松、蘇新、李萬居等人。機關雜誌《台灣文化》月刊雜誌，是戰後初期台灣相當重要的文藝團體。

〔註27〕「台灣文化」月刊係民國 35 年 9 月 15 日在台北市創刊，迄 39 年 12 月 1 日停刊，前後四年間共出 6 卷 27 期。這是戰後初期創刊的期刊中，刊期最久，水準最高，影響最大的一份雜誌。

〔註28〕《心聲》月刊自 1946 年 7 月至 1947 年 1 月一共發行六號；詳見新北市：龍文出版社《臺灣先賢詩文集彙刊・第八輯》。

〔註29〕第二次世界大戰末期，美軍經常空襲臺灣，特別是新竹機場。

〔註30〕見《心聲》創刊號（1946.07.31），頁 3。

　　由於此一文中，郭茂松詞長，生動的描繪了日據以後詩歌創作活動揚風扢雅、生生不息的景象，那時臺灣南、北諸日報乃至於日據時期的專刊《詩報》（1930.10～1944.09）、《風月報》〔註31〕系列刊物（1935.05～1944.03）等，皆為古典詩人發表詩作的主要公共場域，逮經戰爭、光復，詩人們對外聯絡聲息的空間則大為縮減，由此可見，《心聲》之創刊對當時的詩人們而言，實頗有負延續《詩報》聯絡全臺詩壇之重任。事實上我們從《心聲》月刊內所載「騷壇消息」、「節錄詩話」、「詩社擊缽」、「課題作品」等專欄來看，確實可以看見《心聲》為延續《詩報》所作的努力；除了在編輯版面上有所因襲之外，在《心聲》出刊的六期中，其所刊登的古典詩歌活動團體至少包括的「寶桑吟社」（臺東）、「大成吟社」、「新竹市聯吟會」、「鯤南國學研究會」、「南州吟社」、「南陔吟社」、「苗栗栗社」、「朔望吟會」、「東明吟社」……等，所載數量之多除應證了《心聲》聯絡全島詩壇的企圖外，亦再次說明了臺灣在二二八事件〔註32〕之前的「詩社」、「吟會」活動仍是蓬勃的。

　　而這樣熱鬧的景象，不僅只是因著「光復」的感動，更重要的是傳統詩人感受到日據至光復以來新文學、日文學的挑戰，進而以振興漢學為己任，來投身辦報。實際負責《心聲》編輯的也是「竹社」名詩人中醫師許烱軒〔註33〕，他於創刊號封面所錄之「創刊辭」中便展現了傳統文人，有感傳統漢文在戰爭期間終至「聲銷跡滅、蓬斷草枯」，因而在光復之初即奔相走告的積極身影，其言：

> 　　臺灣光復伊始，百廢待興，一縷斯文，尚餘殘喘，向在呻吟壓迫之下，猶不憚提倡，今乃漢族重圓，尤加切要。且曩時之白髮鴻儒，已寥若晨星，今日青衿年少，多慣於日文，輕視漢學者，高深而生厭。苟非有鼓舞機關，恐若為山九仞，終虧一簣，多負前人功也。本報為鑒及此，謀諸同道，合刊語文詩體，暨時文歷史，顏曰

〔註31〕　《風月》隸屬日據時期漢文通俗文藝雜誌《風月》、《風月報》、《南方》、《南方詩集》系列之一。自 1935 年 5 月 9 日至 1936 年 2 月 8 日止，共刊行 44 期，由台北大稻埕地區的傳統文人組織「風月俱樂部」發行，逢每月三、六、九日發刊，為 1937 年報刊漢文欄廢禁後重要的漢文刊物。

〔註32〕　是臺灣於 1947 年 2 月 27 日至 5 月 16 日發生的事件。

〔註33〕　許光輝（1901～1978）字烱軒，鄭舉人家珍之高足，為人儒雅敦厚，懸壺濟世，雅集詩作，每有出奇佳句；竹林七癡一。

心聲，其目的固不待言，惟望同聲相應，協倡文風，誠能多助見功，
如百足之共扶一身，則不至洪鐘毀棄，瓦釜雷鳴，神而明之，擴而
充之，則不啻爲吾美麗臺灣，歌詠昇平，天籟同賡，彌放六合，則
不以吾輩爲無病呻吟也。幸甚〔註34〕。

　　這段引文除了揭示了詩人們對「漢族重圓」後的諸多期待之外，也指出
《心聲》爲了在百廢待舉的光復初期佔一席之地所作的適時之舉，即「合刊
語文詩體，暨時文歷史」的規劃，除了選錄古典詩作外，《心聲》亦有如善化
詩人蘇東岳〔註35〕的《小菜根詩集》、清初閩南人士夏琳（元斌）之《閩海紀
要》〔註36〕、安徽胡奇塵〔註37〕（1886～1938）小說選〈東南刮灰錄〉等；
自創刊號起開始連載，其他零星出現的小說、笑話、燈謎、現代詩等亦不在
少數，內容蒐羅之廣可見一斑〔註38〕。

　　民國卅五年（1946）底，《心聲》首次有脫稿的情形發生，《心聲》第六
號拖延近一個月才終於問世，此期內容除詩社唱和、課題作品的刊登之外，
其餘連載作品亦延續前面諸期，特別的是此期始創設「白話詩選」專欄，並
且選錄了中央大學教授羅家倫早年所寫〈獻給前線抗日戰士〉一詩，此詩之
刊印不可不謂有建構民族思想之深意。事實上，此號即爲《心聲》最後一次
出刊，在此號的「新年辭」中，編輯便道出了行政長官公署對臺灣出版業檢
查制度過於嚴苛的情形，其言道：

　　　　日政苛烈壓迫的時代，也容許我們騷人，隨口吟出幾句，來宣
　　　洩胸中的蘊蓄，既不受人的限制，也不受格律的拘束，完全是自然

〔註34〕見《心聲》創刊號（1946.07.31），頁封面。
〔註35〕蘇東岳（1901～1957）蘇東岳，號太虛，善化鎮人，善詩文，其師爲善化武
　　　舉人蘇建邦，大正12年參加文化協會，爲會員，昭和6年（1931）組織「淡
　　　如吟社」，昭和20年（1945）創立「光文吟社」，爲社長。蘇氏平時熱心研究
　　　沈光文之詩文。編有沈光文傳。著有《小菜根詩集》
〔註36〕《閩海紀要》是史家夏琳所撰的史書，記載台灣明鄭時期與延平王二十餘年
　　　的興衰史事。本書以漢文書寫，分上下二卷，體例爲編年紀實。
〔註37〕胡奇塵（1886～1938）字懷琛，別署季仁、季塵、有懷、秋山。安徽涇縣溪
　　　頭都人，民國廿一　八一三事變後，淞滬淪陷，因久病兼憂國而壯年去世。
　　　著作有數十種，如《小說革命軍》、《胡寄塵小說集》、《中國詩學通評》、《中
　　　國文學通評》、《修辭學要略》等。還曾任南方大學、上海學、滬江大學、愛
　　　國女學等詩學教授多年。
〔註38〕詳見《竹塹文獻雜誌》2013.55期‧溫席昕的〈臺灣心聲——戰後初期（1945
　　　～1949）臺灣古典詩壇的變遷〉。

的天機流露吧！臺灣既經光復了一週年，我們詩人，也應光復。自
從心聲報發刊，到今日既經六號了，中間受著種種的事情以及物資
騰貴，致使不能如期刊出，甚是遺憾〔註39〕……。

　　相較於殖民時期的壓迫，光復後《心聲》編輯卻未有「光復」之感，
好不容易通過了南京內政部的批准，卻在次月（1947）爆發的二二八事件
後，在全臺風聲鶴唳之下，《心聲》遂不得不的驟然停刊了。事件前臺灣唯
一的公共古典詩作專刊至此功敗垂成。這不啻是對傳統詩壇的一個重大打
擊，對新竹地區的詩人們而言，特別是「竹社」同人，必須是得從新思考，
傳統詩社與漢文的出路……。所幸的是一直以來，即使是日據後期的戰事
或皇民化運動的箝制，扢雅揚風蘊藏民族意識的擊缽聯吟並未消失，各地
詩聲依舊琅琅，只是大與小的差別而已。而這「一脈斯文」就在詩人們的
堅持與努力之下，透過各種方式的文人雅集、或擊缽或聯吟或課題或私淑
傳教，薪火相傳迄今。

二、從一九四五年到二○○○年間新竹地區詩社詩人聯吟活動
　　作品紀實

　　下表（表廿二）所列為民國卅四年至八十九年間（1945～2000）塹城
詩人們與「竹社」詩人們的詩社聯吟活動作品。這些資料全來自於「竹社」
社長蘇子建〔註40〕老師的典藏資料，與古典詩文月刊《詩文之友》當時的
刊錄，方能保留至今，真的是誠屬不亦啊！特別是對一個民間縣市級的人
民團體而言，如果不是出自於對鄉土的關愛，對漢文的執著，又何能堅持
到如今呢？

表廿二：一九四五年到二○○○年間新竹地區詩社詩人聯吟活動作品
〔註41〕

本表參照竹社第三屆理事長蔡瑤瓊女史節錄自「詩文之友」與「竹社」存
檔

〔註39〕《心聲》第六號。
〔註40〕蘇子建字鶴亭，一九二九年生，臺灣新竹人，「竹社」周伯達與張奎五之高足，
　　　　塹城文史專家，時人稱詩書畫三絕，現今為「竹社」導師。
〔註41〕詳見古典詩文月刊《詩文之友》，1953年11月在彰化創刊，發行人洪寶昆，
　　　　社長王友芬，並由林荊南擔任主編。1993年間停刊，發刊期長達40年。

時　間	詩　題	左詞宗	右詞宗	左　元	右　元	備　註
民國 35 年 1946/8	風聲	許炯軒	洪曉峯	郭仙舟 一春花信報和平 解籜猶聞剪剪輕 鼓吹力憑新竹動 飄揚吟韻出東瀛	郭茂松 偃草曾矜君子德 吹花易動美人情 大王襟度歐陽賦 讀向秋宵月正明	新竹市聯吟會 2～4 名： 王鏡塘 陳鉄鏦 張國珍
民國 35 年 1946/8/25	雨金	楊如昔	張奎五	秋濤 醫貧濟旱快咸雙 渴望堪移慰萬邦 感孝催詩皆可擬 漫天鋪地滿春江	王鏡塘 甘霖如注漲春江 有屋藏嬌興未降 多謝東皇千鎰賜 知時一滴價無雙	新竹市聯吟會擊鉢 2～5 名： 郭仙舟 謝景雲 張奎五 張國珍 蕭振開
民國 42 年 1953/4/20 詩文之友 第一卷 第一期	鵲橋會	如璧	旭仙	兆文 料得双星瘦玉容 一年一度一相逢 最憐別後南飛去 鞭石何能倩祖龍	同左	新竹市聯吟會擊鉢 2～10 名： 香圃 景雲 子俊 烱軒 國材 茂松 如璧 奎五 遐年 國珍 少漁 杏邨 石閣 曉峰
民國 43 年 1954/5/15 詩文之友 第二卷 第六期	青草湖即景	釋無上	謝景雲	一 謝景雲 擎天寶塔鎮幽魂 偶一登臨淨六根 萬頃湖山皆畫本 紅塵飛不到禪門	二 張奎五 一湖青草遠城垣 梵唄鐘聲隔岸喧 春暖柴橋桃漲浪 幽深花木擁禪門	靈隱寺擊鉢吟 3～10 名： 鄭旭仙 郭茂松 范烱亭 曾錦鏞 曾石閣 徐錫玄 曾啓澄 謝麟驥
民國 45 年 1956/8/1 詩文之友 第六卷 第一期	青草感化堂雅集	康壽曼	吳左炎	國材 掃盡浮華眼界揚 天然佳景繞禪堂 翩翩墨客欣留上 濟濟騷人樂未央 寺隔五重雲四合 溪流九曲帶双行 憂時我亦吟梁父 絕却紅塵興轉長	曉峰 幾疑三顧臥龍崗 佳客聯翩萃一堂 約伴探驪誇妙手 尋僧選勝滌愁腸 詩成俊逸留餘韻 鉢擊清新禮上方 觴詠無忘人在莒 中興鼓吹此宣揚	竹社擊鉢 陳祥麟主辦 2～10 名： 杏邨 麟驥 奎五 旭仙 元居 旨禪 祥麟 根燦 遐年 秋蟾 子俊 丁鳳 烱亭 祉齋
民國 45 年 1956/5/1 詩文之友 第五卷 第四期	壽星	黃祉齋	洪曉峯	載道 堂堂聯璧月 耿耿映銀河 灼爍輝南極 光芒燦北坡 祥開徵五福 瑞應叶三多 共仰天樞護 千秋永不磨	如璧 元象徵祥瑞 懸空永不磨 光搖牛斗近 彩映竹城阿 海屋籌添算 天街歲閱多 昭昭輝玉宇 長照髩双皤	謝森鴻先生六秩壽慶擊鉢吟 參加者： 景雲 祉齋 奎五 遐年 曉峰 旭仙 茂松 咏秋 國材 森鴻 厚山 子俊 錫玄
民國 45 年 1956/7/1 詩文之友 第五卷 第六期	花市	謝景雲	郭茂松	張奎五 牡丹沽後又玫瑰 香滿街頭幾朵開 聲價轉愁譴儈賤 奇葩辜負十年培	謝森鴻 街頭巷尾聚花堆 販賣嫣紅日幾回 香繞軟紅聲鼎沸 春光不負數枝梅	竹社 2～10 名： 朱杏邨 洪曉峰 郭茂松 謝載道 李春生 黃祉齋 范烱亭 許烱軒 陳礎材 陳祥麟 謝景雲

民國 45 年 1956/11/1 詩文之友 第六卷 第三期	村姑晒谷	洪寶昆	洪曉峯	曾禮亭 呼來姊妹簇如雲 香稻新登穡事紛 赤足尚看敷白粉 豐腰還愛束紅裙 玉杭每恐遭霪雨 金粟頻翻到夕曛 他日鳳占鄉下卜 耦耕自可助夫君	鄭旭仙 如花女着柳絲裙 箬笠芒鞋却累君 好藉稻庭窺翠黛 忙持竹帚掃黃雲 辛勞不遜鬚眉力 操作應誇姊妹群 窈窕年華剛二八 整天晒谷最殷勤	竹社例會 鄭旭仙、曾禮亭主辦 2～10 名： 謝景雲　許遐年　陳兆文 陳如璧　謝載道　范根燦 許焗軒　范焗亭
民國 46 年 1957/7/1 詩文之友 第七卷 第四期	催詩雨	沈梅岩	倪登玉	王秋蟾 丁多疑似催花鼓 淅瀝猶疑助戰場 不有沛然如擊缽 幾回累我索枯腸	李春生 淅瀝聲同缽韻揚 低吟覓句索枯腸 瀟瀟促我詩千首 滋潤筆花怒放光	桃竹苗三縣丁酉春季聯 吟會 竹社主辦（於青草湖水 庫） 2～10 名： 陳梅園　謝麟驥　郭茂松 黃祉齋　錦　練　朱杏邨 鄭子倜　謝鐸庵　吳增輝 張作梅　王鏡塘　范焗亭 洪清俊　張奎五　陳其昌 顏其昌
民國 47 年 1958/7/1 詩文之友 第九卷 第四期	雨意	謝景雲	洪曉峰	郭茂松 蕭疎未聽滴梧桐 詩思仍從醞釀中 雲自有情山變態 欲來先送滿樓風	張奎五 旱象將成問老穹 霏微徒在蓄含中 密雲自我西郊感 點滴難沾鑑苦衷	竹社擊缽吟錄 2～10 名： 黃祉齋　朱杏邨　謝森鴻 曾石閣　謝少漁　許焗軒 洪曉峰　陳登鳳　陳如璧 謝麟驥　徐錫玄　許遐年 黃嘯秋　謝景雲　范焗亭
民國 47 年 1958/9/1 詩文之友 第九卷 第六期	竹屋	郭茂松	洪曉峰	謝森鴻 虛心築處興偏饒 一座琅玕巧樣雕 配與紙牕吟玉局 蒼龍作閣自高超	黃祉齋 築向臨川傍小橋 西江截取匠心超 此中棲有人間鳳 志在凌雲上碧霄	竹社擊缽吟錄 2～10 名： 徐錫玄　范根燦　謝麟驥 陳如璧　謝景雲　許焗軒 鄭炳煌　范焗亭　許遐年 朱杏邨　郭茂松　呂天送 李春生　李子俊
民國 48 年 1959/5/1 詩文之友 第十一卷 第一期	青草湖水庫	洪寶崑	謝景雲	鄭炳煌 一湖貯滿韻泠泠 春到柴橋草木馨 鷁泛滄波人皷棹 鳴飛碧落樹圍屏 山泉沫噴穿巖出 野寺鐘敲隔岸聽 恰比曹公塘九曲 風光灌溉兩堪銘	洪曉峰 石門媲美建郊坰 竹邑人來擬洞庭 五指峰高天際碧 一湖草嫩雨餘青 花浮水面添文趣 月印波心幻渺冥 利濟農田歌擊壤 重遊約不負山靈	竹社擊缽吟錄 2～10 名： 陳如璧　謝麟驥　謝景雲 朱杏邨　洪寶昆　張奎五 陳兆文　郭茂松　李春生 李子俊　黃祉齋　范根燦 黃嘯秋　許焗軒
民國 51 年 1962/1/1 詩文之友 第十五卷 第四期	村居	劉嘯廬	郭茂松	謝載道 市外浮嚻總不聞 華堂地僻絕塵氛 一鳩樹上時呼婦 双燕梁間日喚君 屋後幾枝梅似雪	范根燦 幽齋環繞稻梁芬 市遠無譁脫俗紛 黃菊清樽陶靖節 水村山郭杜司勳 鳴鷄婦起炊殘月	竹社擊缽錄 （開於胡介眉新宅） 2～10 名： 許焗軒　李子俊　王秋蟾 洪曉峰　謝景雲　許涵卿 胡介眉　郭茂松　曾禮亭

				門前千頃稼如雲 雖無美酒名花伴 每與鄉親共論文	叱犢農婦帶夕曛 蔬菜兩畦篁半畝 遷喬投老息塵氛	林港岸　朱杏邨　胡海濱 黃嘯秋
民國 52 年 1963/8/1 詩文之友 第十八卷 第五期	歸客	陳竹峰	鄭郁仙	謝景雲 廿載相思付一談 天風吹客返吟驂 他鄉徧閱佳山水 料得新詩壓劍南	范根燦 故友聯歡一夕談 竹城話舊駐吟驂 旗亭對把家鄉酒 儘得思源飲水甘	竹社擊鉢錄 （歡迎曾文新陳竹峰歸里 偕曹漢英先生來遊） 2～10 名： 曾文新　郭茂松　黃祉齋 曾錦鏞　許遐年　許涵卿 陳如璧　許烱軒　朱杏邨 洪曉峰　謝麟驤　鄭郁仙 曹漢英　陳竹峰
民國 52 年 1963/11/1 詩文之友 第十九卷 第一期	夏日田園 遣興	周定山	莊幼岳	白正忠 麥浪如雲遠接天 溝渠阡陌自相連 棲身場圃三間屋 放眼乾坤萬頃田 雞犬疏籬流水外 牛羊落照小橋邊 躬耕從古多名士 諸葛淵明孰比肩	朱杏邨 六月西疇雨後妍 牧童叱犢過前川 於陵種菜偕佳偶 栗里栽花樂晚年 竹繞茅廬忘溽暑 茶烹林壑汲清泉 不求聞達饒幽趣 小倚風頭聽暮蟬	竹社蓮社聯合課題 2～10 名： 謝麟驤　陳竹峯　曾文新 吳保琛　郭茂松　魏清壬 謝景雲　黃祉齋　楊伯西 曹漢英　高惠然　郭子銘 范根燦　許遐年
民國 53 年 1964/1/1 詩文之友 第十九卷 第三期	楓橋	洪曉峰	范根燦	范根燦 灼燦吳江兩岸叢 臥波千尺遠橫空 玉虹腰卷團團錦 紅勝春花二月中	洪曉峰 色染秋林兩岸紅 灞陵流水錦帆風 一鞭霜葉詩人影 虹背江頭細雨中	竹社擊鉢錄 2～10 名： 鄭炳煌　朱杏邨　黃祉齋 許遐年　謝麟驤　許烱軒 謝瀰六　陳如璧　郭茂松 謝景雲　胡介眉　黃嘯秋
民國 53 年 1964/2/1 詩文之友 第十九卷 第四期	秋日懷人	吳夢周	曹昇之	楊伯西 玉山遙隔碧雲霄 小別無端鬢欲凋 夜雨秋池燈外漲 西風落葉酒邊飄 不孤氣類詩頻寄 想見安閒圃自澆 轉眼重陽佳節至 糕題蓮社合相招	郭茂松 何日江頭共聽潮 故人消息夢迢迢 昏鴉疏柳漁家棹 紫蟹香蒓酒客瓢 遲我一筇探菊圃 思君双屐過楓橋 屋梁落月西風院 回首前塵歡寂寥	竹社蓮社聯吟課題 2～10 名： 林維周　蔡燦煌　范根燦 郭子銘　黃祉齋　朱杏邨 吳保琛　白正忠　沈江楓
民國 53 年 1964/3/1 詩文之友 第十九卷 第五期	水村	楊嘯天	周植夫	曾文新 臨江隔浦盡誅茅 岸簇蘆花路半凹 我却功名竿外寄 浮家早把俗塵拋	范根燦 古渡灘頭共結茅 桑園麥隴接晴郊 午眠枕納湍流韻 儘把浮名世外拋	竹社蓮社聯合課題 2～10 名： 謝桂森　郭茂松　郭子銘 謝景雲　蕭笑萍　王秋蟾 應俠民　林維周　李春生 謝麟驤　蕭振開　朱杏邨 楊伯西
民國 53 年 1964/3/1 詩文之友 第十九卷 第五期	詩將	朱杏邨	謝麟驤	許遐年 風雲叱吒上詞場 筆掃千軍露劍鋩 百戰指揮經百勝 騷壇不愧一元良	徐錫玄 鉢聲幟影豈尋常 得句功成喜欲狂 風雅壇高歸統帥 敢誇猛勇匹關張	竹社擊鉢吟錄（祝社友 楊江波朱杏邨謝麟驤詩 鐘高中元眼花紀念） 黃祉齋　謝景雲　杜文鷺 洪曉峰　黃嘯秋　許烱軒 郭茂松　朱杏邨

民國 53 年 1964/4/1 詩文之友 第十九卷 第六期	醉歌	何武公	張達修	楊伯西 獨倚樽邊意氣豪 引吭彌覺調能高 一聲唱落關山月 黃葉蕭蕭下碧皐	范根燦 縱聲浩唱飲酕醄 混沌壺中歲月慆 一曲大風人酩酊 還鄉劉季是英豪	竹社、蓮社第四期聯吟課題 2～10 名： 郭煥奎 郭子銘 黃祉齋 許榮川 郭茂松 朱村炉 魏清壬 陳　香 洪煙汀 翁宇光 謝麟驥
民國 53 年 1964/5/1 詩文之友 第廿卷 第一期	筆花	謝景雲	郭茂松	一 黃祉齋 夢入江淹五色開 風流文采騁雄才 一枝獨秀騷壇上 不藉唐皇羯鼓催	二 謝麟驥 長伴江淹得意開 兔毫落處見仙才 管城別有奇香在 不染人間半點埃	竹社擊鉢錄 3～10 名： 郭茂松 洪曉峯 許遐年 謝景雲 杜文鸞 朱杏邨 陳如璧 范根燦
民國 53 年 1964/8/1 詩文之友 第廿卷 第四期	移花	杜仰山	白劍瀾	郭茂松（新竹） 群卉生機暢 名園細雨過 叢分驚蝶去 瓣落任蜂馱 吐艷期他日 吹香憶故柯 比將新嫁婦 羞態問誰多	黃祉齋（新竹） 移栽機莫失 紅紫徧搜羅 菊乞柴桑少 桃分露井多 韓墻書暗記 漢苑雨初過 爛熳期他日 窓前對酒歌	竹社蓮社第五期聯合課題 2～10 名： 謝麟驥 朱杏村 洪煙汀 謝添印 白正忠 曾文新 謝景雲 沈江楓 吳英林 翁宇光 范根燦
民國 53 年 1964/9/1 詩文之友 第廿卷 第五期	野望	吳夢周	張鶴年	郭茂松 指點橋西路 通幽石徑斜 夕陽沽酒店 春水釣魚槎 綠映黏天樹 紅欹墮石花 溪山收眼底 隨處有人家	白正忠 放眼青郊外 垂楊遠不遮 牛羊深草徑 鷄鶩野人家 嵐抹煙千縷 江流水一涯 神州何處是 世亂久如麻	竹社蓮社第六期聯合課題 2～10 名： 郭煥奎 陳如璧 郭子銘 鄭炳煌 曾文新 黃祉齋 吳保琛 范文欽 范根燦 林維周
民國 53 年 1964/10/1 詩文之友 第廿卷 第六期	落花風	陳曉齋	曾笑雲	陳竹峰（花蓮） 無端吹散滿庭芳 夢覺繁華又一場 生滅由來原有定 漫空何用怨飃飇	林維周（花蓮） 嫋嫋催生艷眾芳 無端一夜轉猖狂 吹開何忍還吹落 枉向通明奏綠章	竹社蓮社第七期聯合課題 2～10 名： 許榮川 郭茂松 謝麟驥 陳如璧 蘇宜秋 吳保琛 黃祉齋 翁宇光 林嘯鯤 謝景雲 五六居士 朱杏邨
民國 53 年 1964/10/1 詩文之友 第廿卷 第六期	風絲	陳如璧	范根燦	不詳 談笑纔生得意看 未能補袞附春官 兒家敢把繅蠶比 一段柔情解更難	謝景雲 微度牕櫺又亞欄 吹花織柳豈無端 女紅却羨封姨手 穿徧秧針竟不難	竹社擊鉢錄 2～10 名： 黃祉齋 郭茂松 杜文鸞 謝瀾六 許涵卿 郭煥奎 范根燦 李春生 朱杏邨 謝麟驥 曾禮亭 洪曉峯 胡介眉 黃嘯秋 陳如璧
民國 53 年 1964/12/1 詩文之友 第廿一卷 第二期	曉行	汪洋	許藜堂	高文淵 晨星殘月曉風清 曳杖人如畫裡行 十里煙痕凝野岸 半溪曙色接柴荊	蔡鰲峰 晨星寥落月西傾 箬笠芒鞋趁北行 溷世縱宜長守晦 往心竟與夜爭明	竹社、蓮社第八期聯合課題 2～10 名： 林維周 陳竹峰 黃　祉 謝麟驥 謝桂森 曾文新

				左	右	
				短長亭外絲絲柳 去住寰中渺渺情 寄語祖生鞭早着 渡江擊楫復神京	人言履薄多遷客 誰謂趨炎得盛名 寄語投荒須及早 漫耽綺夢阻離情	范文欽 蘇宜秋 郭煥奎 范根燦 朱杏邨
民國54年 1965/3/1 詩文之友 第廿一卷 第五期	漁港歸舟	陳昌	陳季碩	曾文新 浦口鯭揚潮已落 江頭帆卸月初升 何當吏治烝烝上 網漏吞舟繼漢興	林維周 波濤萬里好風乘 返棹灣頭月乍昇 生計休言舟一葉 屠鯨有手濟中興	竹社、蓮社第八期聯合 課題 2~10名： 高文淵 陳水木 翁宇光 陳竹峰 應俠民 謝桂森 吳英林 王秋蟾 白正忠 吳保琛 許榮川 陳如璧
民國54年 1965/3/1 詩文之友 第廿一卷 第五期	養鳥	謝景雲	洪曉峰	郭茂松 金籠深鎖任幽棲 玉黍清泉飲啄齊 我自育才參鶴 前程各上判雲泥	同左	竹社擊鉢錄 2~10名： 朱杏邨 范根燦 謝彌六 黃嘯秋 李春生 徐錫玄 陳如璧 范炯亭 謝景雲 謝麟驥 黃祉齋 張正體
民國54年 1965/4/1 詩文之友 第廿一卷 第六期	秋郊晚步	朱啓南	黃湘屏	郭茂松 滿山夕照樹亭亭 水石玲瓏悅性靈 爲有吟朋同載酒 更尋遺老共談經 徜徉籬下持螯卓 汗漫林間荷鍤伶 觸我詩情搖曳處 蘆花如雪一燈青	曾文新 隨風曳杖到郊坰 暮色蒼茫野色暝 屐齒且留秋草地 詩心爭寄夕陽亭 霜凌芦荻添新白 霧罩峰巒失舊青 乘興擬尋田父去 挑燈對酒共忘形	竹社、蓮社第九期聯合 課題 2~10名： 陳玉枝 謝景雲 郭煥奎 林維周 高文淵 范根燦 郭子銘 謝麟驥 陳竹峰 吳英林 潘紹輝 白正忠 黃祉齋 潘進洋
民國54年 1965/5/1 詩文之友 第廿二卷 第一期	新柳(每人 限一卷)	謝景雲	郭茂松	郭茂松 白門春淺翠痕輕 枝乍籠煙葉乍萌 恍惚垂鬟嬌女態 顰眉猶未解風情	謝景雲 穿梭待織集群鶯 拂水隄邊夕照明 宛似小蠻年稚日 春風搖曳舞腰輕	竹社擊鉢錄 2~10名： 朱杏邨 謝麟驥 許涵卿 陳如璧 黃祉齋 洪曉峰 范根燦 黃嘯秋 徐錫玄 胡介眉 杜文鑾
民國54年 1965/8/1 詩文之友 第廿二卷 第四期	花朝雅集	鄭郁仙	許遒年	郭茂松 紫姹紅嫣一逕陰 會開二月契知音 步趨撲蝶人如玉 珠競探驪客盍簪 香塢風微詩思澀 名園春煖酒杯深 爲花獻壽酬佳節 不負吾儕刻苦吟	謝景雲 珍重良辰一寸陰 聯翩裙屐逸情深 鷺鷗盟締偕佳侶 錦繡花開滿上林 白酒傳尊消磊塊 華牋索句契苦芩 群芳遙想遭風劫 回首中原感不禁	竹社例會（謝麟驥主 辦，開於百花園） 2~10名： 范根燦 謝麟驥 謝彌六 朱杏邨 范炯亭 胡介眉 黃祉齋 徐錫玄 張正體 陳如璧 許涵卿
民國54年 1965/9/1 詩文之友 第廿二卷 第五期	榴火	洪曉峰	郭茂松	謝麟驥 如燃不與眾芳爭 五月花開倍有情 笑日渾疑裙一色 燒空好照眼雙明 薰風鼓蕩丹葩結 深樹頻看烈燄生 百子千房嬌倚態 枝枝穠艷炙新晴	胡介眉 煙籠霞蔚燦朱英 幾樹風翻向晚晴 照日花疑珠吐艷 烘雲枝爛灼敷榮 錦裁絳帳燃千炬 香惹紅裙妒一生 惆悵玉釵吟小杜 螺鬟燒却太關情	竹社乙巳詩人節雅集 2~10名： 范根燦 洪曉峰 郭茂松 陳如璧 謝景雲 黃嘯秋 許涵卿 朱杏邨 黃祉齋 許遒年

民國54年 1965/12/1 詩文之友 第廿三卷 第二期	秋老虎	洪曉峰	鄭郁仙	徐錫玄 庭前葉已落梧桐 畏日情同畏大蟲 難下猛懷騎背客 尋涼何處賣西風	洪曉峰 流金難滌火雲烘 遍地商音嘯谷同 出桴漫誇當益壯 炎威終自遜西風	竹社擊鉢錄 2～10名： 郭茂松　謝景雲　范根燦 黃祉齋　朱杏邨　謝麟驥 許涵卿　黃嘯秋　胡介眉 李春生
民國55年 1966/1/1 詩文之友 第廿三卷 第三期	魚池	謝景雲	鄭郁仙	胡介眉 方塘十畝引泉流 噉藻銀鱗意自優 更在波間添水閣 怡情養性日垂鈎	黃嘯秋 碧凝半畝注清流 結隊銀鱗恣意游 花噉塘中欣得水 焉知涸鮒籲莊周	竹社擊鉢吟錄 2～10名： 郭茂松　許涵卿　范根燦 徐錫玄　朱杏邨　謝景雲 李春生　黃祉齋　陳如璧 謝麟驥　杜文鸞
民國55年 1966/6/1 詩文之友 第廿四卷 第二期	醉花	洪曉峰	黃祉齋	郭茂松 群芳園對甕頭春 沉湎東風臥綠茵 紅杏一天頻中酒 如泥笑煞玉樓人	李春生 安排美酒趁佳辰 萬朵飄香絕點塵 沉湎如泥心蕩漾 芳菲不負老吟身	竹社擊鉢吟錄 2～10名： 黃嘯秋　范根燦　謝麟驥 朱杏邨　陳如璧　許涵卿 洪曉峰　謝景雲
民國55年 1966/9/1 詩文之友 第廿四卷 第五期	月宮夜宴	謝景雲	洪曉峰	謝麟驥 高樓觴詠集群賢 美女如雲興欲仙 疑是羿妻身隱地 不妨醉到五更天	范根燦 疑是蟾宮謫降仙 釵光鬢影映華筵 青樓直與瓊樓似 碧落紅塵咫尺天	竹社例會（杜文鸞主辦，開於月宮酒家） 2～10名： 郭茂松　方朗白　許烱軒 杜文鸞　朱杏邨　胡介眉 黃祉齋　許涵卿　謝景雲 李春生　黃嘯秋　陳如璧 王秋蟾　曾禮亭　蘇秋江
民國55年 1966/10/1 詩文之友 第廿四卷 第六期	舊港漁舟	顏其昌	謝景雲	謝景雲 地與南寮接 危檣入望微 雲迷鷗夢穩 浪蹴鴨頭飛 積網乘風出 盈艙帶月歸 篷燈明靜夜 登市錦鱗肥	范根燦 海鮮推竹塹 市肆錦鱗肥 岸曲牙檣立 汀遙畫鷁飛 魚寮春浪暖 蟹浦夕陽微 薄暮腥風起 高歌水調歸	竹社擊鉢吟錄 2～10名： 洪曉峰　許涵卿　郭茂松 顏其昌　朱杏邨　黃祉齋 謝麟驥　陳如璧　徐錫玄 方明白
民國55年 1966/12/1 詩文之友 第廿五卷 第二期	紀念國父百年誕辰	賴子清	郭茂松	郭茂松 英豪蓋世自天生 踉祝期頤晉玉觥 革命基丕民主建 興中會固帝權傾 威揚虎旅懷黃埔 香薦龍涎拜翠亨 甘雨及辰兵洗甲 預將開歲報昇平	呂介夫 天降奇人紀翠亨 先知先覺結同盟 期將仁政追周武 直把犁庭覆滿清 平等自由多博愛 主權國族定民生 經天日月山河水 合向中山壽一觥	桃、竹、苗縣詩人擊鉢聯吟大會（民國五十四年乙巳於中壢鎮公所） 2～10名： 賴綠水　林福堂　許光輝 林則誠　李逢初　邱迪人 步　青　朱杏邨　古少泉 吳子建　簡應中　王秋蟾 許　賢　陳連報　何隱居 呂傳命
	次唱：義士機	謝鐸庵	沈梅岩	黃嘯秋 鐵翼衝開鐵幕堅 飛來故國碧雲天 丹心喚起人心固 恢復河山在眼前	邱子敬 心隨銀翼死相捐 正義來歸薄海天 前轍有劉今有李 後先同著祖生鞭	2～10名： 范根燦　吳子建　謝麟驥 朱以晃　呂澤民　甘　霖 鄭啓賢　鄭子侃　邱垂周 鄭　睿　劉錦章　黃茂炎

						臧小橋　賴綠水　賴子清 馬玉泉
民國 56 年 1967/1/1 詩文之友 第廿五卷 第三期	首唱：瑞竹	楊嘯天	王隆遜	張達修（南投） 卿雲甘露蔭龍枝 棲鳳祥開百世基 凌雪不凋勁勁柏 昌年有兆媲靈芝 千竿蓊鬱連瀛島 五夜琤瑽拂漢暉 遙祝蔣山長聳翠 清陰留待憩王師	吳東源（鹿港） 喜傳嶰谷鳳來儀 靄靄祥和遍四陲 挺節凌雲培禹水 成陰匝地映堯曦 得天氣足春無數 承露恩深翠不衰 我獻元戎申祝嘏 丹青敬繪化龍姿	蔣公總統八秩華誕大慶 丙午全國詩人祝壽聯吟 大會（竹社主辦） 2～10 名： 卓夢庵　張白翎　郭茂松 楊嘯天　陳基侯　劉嘯廬 周植夫　吳子健　高泰山 賴子清　方朗江　蘇周江 施學樵　王清斌　林金標 陳蒼髯
	次唱：枕戈	卓夢庵	林義德	李可讀（嘉義） 聞雞劍下懷劉舞 返日戈頭效魯揮 復旦中興欣在望 三軍齊唱凱歌歸	羅南溪（關西） 廿年軍馬研精銳 半壁河山久蓄威 佇望反攻傳捷日 神州飄遍漢旌旂	2～10 名： 邱攸同　陳基侯　許遐年 陳連捷　蔡鳳歧　楊乃胡 徐錫玄　江紫元　楊嘯天 郭茂松　王隆遜　詹吉辰 張達修　洪寶昆　蕭振開 施學樵　賴綠水
民國 56 年 1967/2/1 詩文之友 第廿五卷 第四期	凌雲竹	朱杏邨	郭茂松	郭茂松 幾竿矗立自亭亭 瘦葉高枝拂月星 豈獨出塵違勁節 化龍直上九霄青	黃祉齋 龍孫異種出柯亭 雨露滋培歲幾經 勁節干霄枝映日 此君端合入丹青	竹社擊鉢吟錄 2～10 名： 許涵卿　胡介眉　許烱軒 謝景雲　王秋蟾　陳如璧 徐錫玄　洪曉峰　許遐年 范根燦　黃嘯秋　謝麟驤 朱杏邨
民國 56 年 1967/3/1 詩文之友 第廿五卷 第五期	詩潮	劉嘯廬	謝景雲	郭茂松 風雅波興翰墨場 別裁偽體迷分張 縱令滄海橫流急 爭及韓蘇兩派長	范根燦 騷壇派別起囂張 前浪纔平後浪揚 誰願狂瀾成砥柱 詞源墨海架長梁	竹社擊鉢吟錄 2～10 名： 許涵卿　陳如璧　朱杏邨 方朗白　謝麟驤　黃祉齋 謝景雲　徐錫玄　黃嘯秋 胡介眉　曾禮亭　洪曉峰
民國 56 年 1967/5/1 詩文之友 第廿六卷 第一期	首唱：嬉春	賴子清	劉翠岩	郭茂松（新竹） 白仕衣冠盛 同停柳外輢 聽鶯登北郭 泛鷁度南寮 詩句江山助 吟觴疊塊澆 風騷期繼起 高會待花朝	朱杏邨（新竹） 大塊文章麗 東山景色饒 泥深鴻爪遍 草軟馬蹄驕 詩酒聯三縣 風騷繼六朝 陽和宜盡醉 射虎約元宵	竹桃苗三縣丁未春季聯 吟大會（竹社主辦） 2～10 名： 謝麟驤　賴子清　林阿有 曾錦墉　陳連捷　張雲程 陳昌宏　賴綠水　蘇周江 吳子健　許涵卿　方朗白 范根燦　鄭鷹陽　林則誠
	次唱：待 元宵	呂傳命	賴綠水	林青山（大溪） 明宵弛禁金吾夜 累我終朝盼望之 佇看萬家燈燦爛 軍民同樂太平時	林則誠（竹北） 猶記金吾不禁時 於今擬放此燈儀 好將火炬銷紅劫 拯救中原累卵危	2～10 名： 黃祉齋　賴綠水　陳昌宏 王秋蟾　謝景雲　范根燦 朱杏邨　李逐初　吳劍亭 曾錦鏞　劉邦慶　杜文鷥 郭茂松　洪清俊　余子華 賴子清

民國56年 1967/6/1 詩文之友 第廿六卷 第二期	新春雅集	謝景雲	許遐年	郭茂松 騷壇白戰締鷗盟 韶景初開映酒舷 摘藻江山豪傑盛 梅花風裡寄吟情	同左	竹社擊鉢錄 〔范根燦主辦〕 2～10名： 朱杏邨　謝麟驥　黃祉齋 方朗白　洪曉峰　黃嘯秋 徐錫玄　范根燦　謝景雲 李春生　范烱亭　王秋蟾
民國56年 1967/7/1 詩文之友 第廿六卷 第三期	驪珠	謝景雲	許烱軒	胡介眉 取應不逆到龍鱗 魚目難渾世上珍 掌上漫誇希代價 採來領下有詩人	范根燦 光明照乘出龍身 誰敢重淵觸逆鱗 一顆千金珍掌上 探來領下屬詩人	竹社擊鉢錄 〔為杏邨、麟驥二社友掄 元祝會〕 2～10名： 許烱軒　郭茂松　黃祉齋 謝景雲　徐錫玄　曾禮亭 范烱亭　陳如璧　謝麟驥 黃嘯秋　方朗白　朱杏邨 許遐年　許涵卿
民國56年 1967/11/1 詩文之友 第廿七卷 第一期	首唱：有 教無類	李步雲	曾文新	蔡中村 夫子宮牆萬仞窺 春風化雨共追隨 綱常維繫書千卷 褒貶嚴明筆一枝 麟史逃餘秦劫火 鯉庭趨立魯威儀 參天聖德尊師表 桃李欣欣繞泮池	郭茂松 憑將六藝振綱維 萬國人尊萬世師 鯤海餘風周禮樂 杏壇化雨漢邦基 情同馬帳傳經日 力繼尼山振鐸時 鄒魯遺徽今尚在 薰陶偏愛二南詩	慶祝丁未孔子誕辰暨詩 文之友創刊十五週年全 國詩人聯吟大會 2～10名： 洪雅璧　余垂宗　李登源 范根燦　林靜遠　蔡元亨 謝碩輝　陳祖舜　周希珍 李步雲　黃祉齋　陳阿榮 劉萬侍　朱杏邨　周俊卿 陳輝玉　王友芬　高宗驥
	次唱：詩 報	陳月樵	張晴川	張達修 八卦城中樹一軍 千篇月出挹清芬 東寧他日編詞史 麟閣雞林共紀勳	楊圖南 一卷珠璣力萬斤 驚神泣鬼振斯文 鷗朋墨友通聲氣 樹立騷壇不世勳	2～10名： 吳東源　張正體　陳基侯 施少峰　陳子波　簡川塘 黃庚申　余述堯　顏其昌 謝麟驥　賴綠水　黃和甫 蕭乾源　傅秋鏽　楊乃胡 王啓明　吳松柏
民國56年 1967/12/1 詩文之友 第廿七卷 第二期	秋容	許烱軒	洪曉峰	一　許烱軒 羞與紅顏鬥艷粧 荻花瑟瑟菊花香 西風不遜東風面 晚節清標獨擅場	二　郭茂松 鳳仙無語桂枝香 擢秀呈妍各擅場 風露一籬花自淡 美人含笑倚新粧	竹社吟錄 3～10名： 洪曉峰　謝景雲　范根燦 范烱亭　黃祉齋　朱杏邨 徐錫玄　謝麟驥
民國57年 1968/1/1 詩文之友 第廿七卷 第三期	搶手	徐錫玄	黃嘯秋	一　黃嘯秋 秋闈嚴密隔墻高 考試難防李代桃 一舉遮天偏有術 居然鼎甲獨登鰲	二　郭茂松 敢向文場代捉刀 儒生心膽自豪 縱令妙筆同崔琰 頂讓千秋恥魏曹	竹社例會吟錄 （謝麟驥主辦） 3～10名： 范根燦　朱杏邨　黃祉齋 洪曉峰　謝麟驥　方朗白 許烱軒　謝景雲
民國58年 1969/2/1 詩文之友 第廿九卷 第四期	首唱：山 城冬曉	何南史	黃嘯秋	汪　洋 昧爽朝暾最可親 氤氳瑞氣接幽人 山城萬戶民風樸 海嶠初冬物候新	林則誠 迷茫城郭認難眞 千仞多山斗轉寅 插漢雙峰沉夜月 凌霄五指數星辰	桃竹桃三縣市戊申秋季 聯吟大會 栗社主辦 2～10名： 羅樹生　范根燦　劉翠岩

				三縣聯吟諸老健 九州待濟眾生貧 挖雅大雅吾儕事 在莒毋忘翦暴秦	光騰灼爍知時曉 彩煥文明應運新 此地迎暄歌盛世 我來獻曝作堯民	張淵量 李傳亮 賴綠水 邱錦福 楊子淵 鄭子偉 黃嘯秋 謝麟驥 陳連捷 彭賢甫 黃連玉 范烱亭 黃祉齋
	次唱：餞秋	劉翠岩	李傳亮	簡應中 匆匆白帝駕歸車 祖餞長亭感有餘 我自天涯成久客 望鄉空羨季鷹魚	呂希閔 餞行白帝駕輕車 欲挽難留恨有餘 滿酌一杯臨別酒 秋風來歲早迎渠	2～10 名： 黃祉齋 賴綠水 陳連捷 馬亦飛 顏鴻儒 張雲程 何隱居 鄭啟賢 李傳芳 杜文鸞 徐錫美 賴松峰 余述堯 翁百年 陳如璧 黃守漢
民國 58 年 1969/5/1 詩文之友 第卅卷 第一期	晨鷄	朱杏邨	o	一 黃祉齋 祖逖劉琨劍舞工 聲傳茅店曉霜中 休教天地長昏暗 唱出祥雲瑞氣融	二 杜文鸞 茅店聲催曉夢中 靈禽戒旦起英雄 星稀月沒天將白 文帝清新譜曲工	竹社擊鉢吟 3～10 名： 徐錫玄 胡介眉 許烱軒 洪曉峰 陳如璧 謝麟驥 曾石閣 范根燦
民國 58 年 1969/7/1 詩文之友 第卅卷 第三期	芭蕉	范根燦	謝麟驥	朱杏邨 翠旗搖曳遍山隅 覆鹿何關入夢無 不羨南陽桑八百 綠天庵裡與君俱	陳如璧 園中鳳尾植千株 長葉成陰暑氣無 聊作青箋書寄意 赤心我愛日相俱	竹社擊鉢吟 2～10 名： 洪曉峰 謝麟驥 黃祉齋 范根燦 曾石閣 徐錫玄
	次唱：紅白 五唱	洪曉峰	徐錫玄	范根燦 笙歌柳巷紅牙板 風憲蘭臺白簡章	洪曉峰 于祐詩題紅葉句 陳平計解白登圍	2～10 名： 朱杏邨 謝麟驥 范根燦 黃祉齋 曾石閣 陳如璧 徐錫玄
民國 58 年 1969/12/1 詩文之友 第卅一卷 第二期	首唱：風雨困三重	王省三	陳竹峰	洪寶昆 疑是天河落太空 狂飆怒吼襲瀛東 濤翻淡水長江急 浪捲三重大海同 十日絕糧憐杜老 一亭記雨兵蘇公 潮回困解人心定 破碎家園再造中	蕭獻三 傾盆豪雨醞颱風 坐困三重任洩洪 巨浸稽天天莫問 狂流滿路路難通 家歸河伯侵淹裏 人在封姨肆虐中 蒿目淡江西岸畔 瘡痍遍地盡哀鴻	澹社國慶後一日歡迎各地詞友擊鉢會 2～10 名： 洪唐端 潘進洋 王省三 胡順卿 蘇鏡平 蕭振開 傅秋鏞 劉劍秋 謝桂森 陳竹峰 張國裕 胡順隆 吳寶琛
	次唱：鷗盟	蔡鰲峰	洪寶昆	蕭獻三 題襟壇坫氣難降 恍惚鴛鴦戲水双 不共葵丘人歃血 相親相近狎秋江	黃雪岩 錦纜牙檣映碧江 騷人結契坐寒窗 以文會友如鴛鷺 擊鉢敲詩話舊邦	2～10 名： 潘進洋 蕭文樵 洪寶昆 洪雅璧 張國裕 陳玉枝 高宗驤 吳寶琛 蘇鏡平 洪正雄 蔡鳳岐 林文彬 蔡鰲峰 陳槐庭 葉世榮
民國 59 年 1970/2/1 詩文之友 第卅一卷 第四期	老竹	蕭獻三	許烱軒	蘇鏡平 琅玕似我鬢成斑 變幻滄桑付等閑 莫怪一枝多勁節 此君長壽比南山	張國裕 節幹痕留古色斑 數竿寒碧映潺湲 柯亭昔日龍孫輩 早覆清陰出宇寰	新竹竹社擊鉢吟會 2～10 名： 范敬亭 洪曉峰 朱杏邨 范根燦 謝麟驥 陳如璧 黃祉齋 曾石閣
民國 60 年 1971/1/1 詩文之友	首唱：鳳崎晚霞（新竹八	黃祉齋	朱杏邨	謝麟驥 塹城北望日將晡 雨霽山腰瑞彩鋪	郭湯盛 鳳崎高據竹城隅 薄暮登臨興不孤	竹社擊鉢錄 2～10 名： 朱杏邨 黃祉齋 許涵卿

第卅三卷 第三期	景之一）			照水却宜紛散綺 麗天最愛染成朱 詩懷謝眺千秋句 景憶王維一幅圖 眞個來儀欣有兆 紅光燦爛似蓬壺	面海背山稱勝地 鍾靈毓秀識名區 天連遠水塋如玉 日映殘霞燦若珠 安得丹青施妙手 盡將此景繪成圖	徐錫玄　曾石閣　吳君德 范煥昌
民國61年 1972/1/1 詩文之友 第卅五卷 第三期	首唱：秋 夢	許涵卿	黃祉齋	黃祉齋 作客天涯月滿樓 黑甜鄉裡覓風流 寒砧一夜親香澤 醒後鴛衾馥氣留	鄭鴻音 溫柔鄉裡樂悠悠 暮色瀟條自隱憂 漫道人生蝴蝶幻 班姬棄扇恨難休	竹社擊鉢錄 2～10名： 曾克家　朱杏邨　許涵卿 謝麟驥　劉彥甫　黃景星 吳君德　林穎文
民國62年 1973/1/1 詩文之友 第卅七卷 第三期	首唱：虎 頭蜂	許涵卿	曾石閣	劉彥甫 腰細風流任所歡 採花隨蝶舞凭欄 作倀笑面殊堪畏 釀蜜雖甘見膽寒	傅秋鏞 猛若山君蚴蛻盤 刺人容易拹鬚難 生來燕頷將君相 螫毒芒針胆爲寒	竹社擊鉢錄 2～10名： 蘇鏡秋　謝麟驥　陳礎材 許涵卿　朱杏邨　張寶猜 黃祉齋　曾石閣　鄭鴻音
	次唱：風 雨　二唱	劉彥甫	黃祉齋	黃祉齋 喜雨亭懷蘇子記 大風臺聽沛公歡	曾耀輝 祭風赤壁燒舟艇 禱雨桑林澤庶民	2～10名： 曾克家　朱杏邨　謝麟驥 鄭鴻音　范煥昌　劉彥甫
民國63年 1974/1/1 詩文之友 第卅九卷 第三期	首唱：秋 波	黃祉齋	許涵卿	傅秋鏞 一泓澄澈影依稀 剪水雙瞳眩四圍 眞個聰明憑耳目 恐興酤海浪橫飛	劉彥甫 眼角傳來媚有威 丰神派轉韻依依 六朝煙水蒼茫渺 回顧秦淮艷事非	竹社課題 2～10名： 曾克家　陳礎材　許涵卿 曾耀南　蘇鏡秋　戴維南 蘇子建　黃祉齋
民國63年 1974/1/1 詩文之友 第卅九卷 第三期	次唱：作 新民碎錦 格	傅秋鏞	劉彥甫	許涵卿 潘岳新猷花作縣 曾參增訓典昌民	曾耀南 作客樓中思故國 逃民路上泣新亭	竹社課題 2～10名： 曾克家　王鏡塘　黃祉齋 謝麟驥　劉彥甫　鄭鴻音 陳根泉　范煥昌　陳礎材
民國63年 1974/2/1 詩文之友 第卅九卷 第四期	九降風	許涵卿	曾耀南	曾耀南 石燕頻飛菊放初 如颮勢欲覆舟車 怒號從虎吹來猛 恰似天兵下太虛	黃祉齋 季節商颼撼草廬 穿林摧木展威初 登高不怕封姨猛 落帽何妨短髮梳	竹社課題 2～10名： 鄭鴻音　劉彥甫　許涵卿 蘇鏡平　謝麟驥　蘇鏡秋 王鏡塘　曾克家
民國63年 1974/4/1 詩文之友 第卅九卷 第五、六 期	金桃	郭湯盛	蕭振開	黃祉齋 康居種勝武陵溪 實大金照眼迷 燦爛一盤呈祝嘏 元戎高壽與天齊	黃祉齋 纍纍金色燦園西 露井仙源莫並提 漢土長留桑種在 猩紅碧玉盡頭低	竹社課題 2～10名： 杜文鸞　鄭鴻音　曾耀南 廖文居　傅秋鏞　戴維南 蘇鏡秋　劉彥甫　曾克家 許涵卿　黃景星
民國64年 1975/1/1 詩文之友 第四一卷 第二期	首唱：砧 聲	廖文居	黃祉齋	戴維南 浣紗濯錦感如何 杵响悠揚雜棹歌 敲碎深閨征戍夢 寒衣未寄惹愁多	蘇鏡平 閨人搗處水羅羅 斷續溪邊入夜多 响在杵頭心塞外 寒衣未到雁先過	竹社課題（民國63年 1974/1.1) 2～10名： 傅秋鏞　謝麟驥　陳連捷 蘇子建　鄭指薪　陳鏡波 黃祉齋　曾克家　鄭鴻音 陳槐庭

民國 64 年 1975/1/1 詩文之友 第四一卷 第二期	次唱：籬菊　二唱	許涵卿	胡介眉	傅秋鏞 觸籬礪角嬉初犢 藝菊分心授後人	陳心蒋 東籬陶醉淵明酒 秋菊高吟子美詩	竹社課題（民國 63 年 1974/1.1） 2～10 名： 莊鑑標 謝麟驥 曾克家 曾耀南 劉彥甫 戴維南 陳槐庭 游象新 莊一善 范煥昌 陳連捷 鄭鴻音
民國 65 年 1976/1/1 詩文之友 第四三卷 第二期	菊酒	劉彥甫	謝清音	廖文居 採向東籬與翠邑 釀成綠螘自超凡 清香獨具醺人意 一飲延年信不讒	傅秋鏞 屈原何事只憂讒 醉入遊仙借枕函 願築糟邱高十丈 餐英盡棄獨醒銜	竹社第一二九期課題 2～10 名： 陳連捷 鄭建章 謝麟驥 鄭鴻音 黃祉齋 羅綠洲 陳礎材 許涵卿 蘇鏡平 林錫牙
民國 65 年 1976/1/1 詩文之友 第四三卷 第二期	詩鐘：秋月　一唱	曾石閣	羅綠洲	黃祉齋 秋興杜陵詩八首 月圓李白酒千杯	陳連捷 秋聲筆擅歐陽賦 月夜僧敲賈島門	竹社第 ·二九期課題 2～10 名： 郭添益 劉顯榮 劉淦琳 謝麟驥 鄭指薪 鄭鷹秋 郭湯盛 蘇忠仁 許涵卿
民國 66 年 1977/7	看天田	陳連捷	廖文居	黃祉齋 山腰重疊闢田園 增產辛勤敢怨言 隴畝地高難灌漑 溝渠水涸不潺湲 待蘇農父雲霓望 還乞天公雨露恩 安得平原作御史 已霑己定下傾盆	范根燦 丘陵百畝闢田園 作稼艱辛穀物蕃 河道遠離無水利 地形高亢缺泉源 擔憂苦旱勤耕種 寄望甘霖敢憚煩 好比仰人恩惠似 雲霓日日盼農村	竹社一四二期課題 2～10 名： 鄭指薪 游象新 杜文鸞 蘇忠仁 劉彥甫 戴維南 鄭啓賢 鄭鴻音 莊鑑標
民國 67 年 1978/6	流觴	陳竹峰	張奎五	蔡秋金 蘭亭韻事舊詩盟 餘興欣從曲水庚 水乳交融天下士 樽罍大好注鯤瀛	陳修身 何妨相聚飲如鯨 節屆重三韻事庚 竹葉香浮波不起 千杯盡醉破愁城	澹竹蓮三社聯吟會竹社主辦〔謝麟驥宅〕 2～10 名： 蘇鏡平 蘇子建 陳礎材 李傳芳 戴維南 劉彥甫 黃祉齋 陳俊儒 鄭指薪 游象新 林宗冷 陳連捷 陳連報
民國 68 年 1979/5	首唱：塹城聽雨	周植夫	陳進雄	林欽貴 竹城春暮黑雲蒸 風雨瀟瀟入耳仍 洗出塵埃清六合 霑來禾黍卜三登 晨昏靁霦催題句 賓主推敲共剪燈 滴碎鄉心孤客夢 何時復國濟中興	王少君 連宵淅瀝感頻仍 短枕欹聞睡未曾 五指尖沉涵霧氣 三農望慰浥煙塍 催詩有興吟蘇軾 潤物無聲賦杜陵 最喜一犂春雨足 塹城今歲定豐登	己未年傳統詩全國詩人聯吟大會〔民富國小禮堂〕 竹社主辦 2～10 名： 葉桐封 楊圖南 黃連發 李步雲 張其彬 劉得安 王少芬 呂輝鳳 鄭指薪 楊君潛 張正體 高文淵 郭茂松 施少峰 周精金 陳鏡勳 張達修 陳竹峰
	次唱：詩筒	丁鏡湖	呢醉如	陳輝玉 區區竹器萃瑯琳 屹立騷壇歲月深 腹笥奚囊三鼎足 驚人佳句箇中尋	張清輝 韞櫝藏珠自古今 騷壇賴爾作中心 漫嗤侷促乾坤小 榜首憑從箇裡尋	己未年傳統詩全國詩人聯吟大會〔民富國小禮堂〕 竹社主辦

						2～10 名： 蘇忠仁　劉彥甫　蘇子建 陳連捷　呂　筆　陳木川 范炯亭　王少君　周植夫 呂輝鳳　黃鼎元　邱雅琴 曾人口　謝桂森　林則誠
民國 69 年 1980/3	寄內	陳竹峰	鄭指薪	黃祉齋 欲訴離懷感不禁 家書一紙值千金 萍踪靡定夔州遠 無限思鄉老杜心	范炯亭 逆旅關山歲月深 五更客舍獨沈吟 一書千里相思慰 無限恩情夜夜心	竹澹蓮三社聯吟〔竹社 黃祉齋宅〕 2～10 名： 莊鑑標　游象新　陳竹峰 范根燦　蘇大興　劉彥甫 張奎五　鄭指薪　許涵卿 陳俊儒
民國 70 年 1981/10	老人會	陳竹峰	蘇鏡平	劉彥甫 促膝成群話昔年 無憂恰似地行仙 壯懷尚抱三高志 隱逸常談四皓賢 節比伏波忠節勁 心同萊子孝心堅 童顏鶴髮耽詩酒 鎮日逍遙俗慮蠲	同左	竹澹蓮三社聯吟 2～10 名： 林則誠　莊鑑標　胡介眉 范根燦　李春生　蘇鏡平 黃祉齋　謝麟驥　黃嘯秋 黃景星
民國 71 年 1982/7	慶祝新竹 市昇格	莊禮耕	陳心蔣	黃祉齋 祥雲滿佈隙溪湄 升格風城盛典儀 卅萬市民齊慶祝 尖山作筆賦新詩	陳丁鳳 省轄升高竹市時 人民卅萬喜揚眉 張燈結綵齊申賀 滿插青天白日旗	竹澹蓮三社聯吟〔竹市 東門市場三樓〕 2～10 名： 李傳芳　陳竹峰　蘇子建 黃景星　許涵卿　李春生 張奎五　范根燦　莊鑑標 陳瑞鳳　林則誠　羅培松 鄭指薪
民國 72 年 1983/2	首唱：春 寒	傅秋鏞	張國裕	謝麟驥 東風料峭柳含煙 縮坐連宵未忍眠 喜有梅花堪耐冷 枝枝艷放倚窗前	劉彥甫 頻呵凍筆寫新年 墨瀋成冰盡力研 餘釀屠蘇拚一醉 霜威難壓酒中仙	澹竹蓮三社聯吟〔竹社 社員李春生宅〕 2～10 名： 蘇子建　傅秋鏞　陳連捷 郭添益　莊禮耕　黃祉齋 李傳芳　李春生　范根燦 陳礎材
民國 72 年 1983/2	消寒會	陳竹峰	鄭指薪	張奎五 朔風臘臘好題襟 酒氣爭攻冷氣侵 似立春風程帳暖 不知門外雪多深	李傳芳 不管風霜一道侵 履盟竹塹喜登臨 禦寒三社聯吟咏 圖書枝梅九九心	澹竹蓮三社擊鉢錄〔竹 社社員李春生宅〕 2～10 名： 鄭指薪　范根燦　張奎五 謝麟驥　劉彥甫　蘇子建 陳竹峰　李春生　黃景星 陳丁鳳　范炯亭
民國 73 年 1984/1	嶺梅	劉彥甫	范根燦	胡介眉 疏影橫斜傍古原 春魁獨占且休論 書生骨相清高甚 靜寂山頭避世喧	劉彥甫 玉骨懸崖敢托根 無人眷顧自生存 古裝點額眉峰秀 喜與孤山處士婚	竹澹蓮三社聯吟〔竹市 東門市場三樓〕 2～10 名： 黃嘯秋　黃祉齋　鄭指薪 謝麟驥　范根燦　莊鑑標 黃德順　張奎五　蘇子建

						許涵卿 蔡圭山 黃景星 陳心蔣
民國74年 1985/5	熱水器	鄭指薪	莊禮耕	范根燦 浴缸壁上配安裝 巧製精挑不銹鋼 使我潔身新日日 盤銘寶鑑記成湯	同左	竹澄蓮三社聯吟〔莊鑑標宅〕 2～10名： 劉彥甫 蘇忠仁 黃祉齋 蘇鏡平 陳俊儒 謝麟驥 蘇子建
民國75年 1986/4	塹城春集	黃祉齋	蘇鏡平	陳竹峰 開春雲獻瑞 墨水羨長流 麗日南寮浪 和風北郭幽 詩同花競艷 人共草忘憂 重得聯吟趣 豪情邁陸游	范根燦 東風吹嫩綠 芳野騁驊騮 竹塹同歡醉 蘭亭效唱酬 江山煙景麗 花柳鳥聲柔 翰墨新年會 爭魁拔一籌	竹澄蓮三社聯吟〔新陶芳餐廳〕 2～9名： 謝麟驥 劉彥甫 陳穎璋 張國裕 許涵卿 郭添益 黃祉齋 陳礎材 蘇子建 曾石閣
民國76年 1987/7	首唱：菓園消夏	陳竹峯	黃祉齋	陳俊儒 踐約詩尋益壽山 景幽地勝喜登攀 荔香倍引蘇髯興 溽暑全消見笑顏	張國裕 逭暑人來益壽山 果園綠繞屋三間 任他宴席涼陰下 笑我風騷尚汗顏	竹澄蓮三社聯吟 2～10名： 林則誠 李春生 陳漢津 范根燦 黃祉齋 李傳芳 陳裕隆 林再發 郭添益 李春生 陳竹峰 蘇鏡平
民國76年 1987/10	題扇	陳竹峰	張國裕	莊鑑標 右軍六角最堪誇 一柄題詩賴大家 我愛氷紈明月似 揚仁播德感無涯	陳俊儒 紙竹編成人握月 文章賦就筆生花 可憐辜負名家手 羞掩紅顏半臉霞	竹澄蓮三社例會 2～10名： 林則誠 郭添益 李春生 劉彥甫 范根燦 陳穎全 陳竹峰 黃祉齋 許涵卿 曾石閣
民國83年 1994/10/9	待醉重陽	鄭指薪	張國裕	蘇子建 屈指期逢筵上客 勞心早備甕頭香 預知舊友同康健 醉作龍山落帽人	鄭指薪 紅友奉爲席上珍 重陽送待白衣人 盈樽酒釀黃花美 俟飲龍山落帽辰	澄竹蘆三社擊鉢錄 竹社主辦 2～10名： 鍾常逑 林鎮岦 劉彥甫 莫月娥 李春生 羅培松 張國裕 邱顯通 彭仁本
民國84年 1995/12/17	待冬至	張國裕	梁秋東	莫月娥 蒹葭六管俟飛灰 客思迢迢久未摧 比似倚門慈母急 搓圓情景上心來	劉彥甫 臨冬轉眼小陽催 依例搓圓備酒杯 慶祝家人增一歲 團圓拜祖禱生財	澄竹蘆三社擊鉢錄 竹社主辦 2～10名： 黃冠人 陳俊儒 鄭指薪 李傳芳 曾克家 蘇子建 康坤旺 范根燦 李清愷 范烱亭 劉守夫
民國85年 1996/4/28	留春	張國裕	陳俊儒	莫月娥 景借韶華九十除 東皇且挽未躊躇 詩人費盡回天力 投轄攀轅嘆不如	張國裕 籌延帝駕萃吟車 欲挽東皇覺拙予 子夜明知花事老 攀轅繼上綠章書	澄竹蘆三社擊鉢錄 竹社主辦 2～10名： 邱顯通 李傳芳 范根燦 鍾常逑 劉彥甫 梁秋東 李春生 林永義 黃冠人 劉秀夫 黃周天 康坤旺

時間	題目	左詞宗	右詞宗	左元	右元	備註
民國86年 1997/5	梅雨	莫月娥	梁秋東	張國裕 連綿煙樹繞芳洲 灑到梅黃我亦愁 入眼淋漓添翠綠 漫教霉氣襲衣篝	李傳芳 熟梅天氣塹城遊 冒雨攤箋樂未休 滴滴催詩增客興 含些酸味潤咽喉	澹竹蘆苗四社擊鉢例會 竹社主辦 2～10名： 蘇逢時　劉彥甫　彭仁本 邱顯通　林鎮岱　黃增忠 陳俊儒　范根燦　劉秀夫 康坤旺　張欽木
民國87年 1998/5	宣導交通 安全	張國裕	陳玉得	梁秋東 安全第一小心開 遵守交通利往來 公德灌輸諸駕駛 人人有責弭車災	同左	澹竹蘆社擊鉢錄 竹社主辦 2～10名： 莫月娥　陳俊儒　劉彥甫 林榮吉　李麗惠　邱創祿 李傳芳　陳玉得　范焜亭 李春生
民國87年 1998/10	補冬	范根燦	楊振福	梁秋東 橘綠橙紅晚稻收 參茸浸酒禦寒流 逢冬進補毋超量 營養均衡體自優	蘇子建 枸杞參茸效力遒 補冬藥物免搜求 身虧奢望填媧石 莫若餐糜清靜修	澹竹蘆三社擊鉢錄 2～10名： 張國裕　劉彥甫　鄭指薪 李春生　邱顯通　武麗芳 范焜亭　康坤旺　莫月娥
民國88年 1999/1	新年展望	梁秋東	蘇子建	李宗波 戊寅亞訊報凋零 股市金融不忍聽 新歲陰霾期掃盡 昭蘇景象裕財經	彭仁本 迎新瑞氣起鯤溟 到治繁榮國運寧 穩定財經宏駿業 祥徵今歲有餘馨	澹竹蘆三社擊鉢錄 澹社主辦〔吉祥樓〕 2～10名： 范根燦　莫月娥　林榮吉 鄭指薪　劉秀夫　楊維仁 邱顯通　梁秋東　鍾常逐 蘇逢時
民國88年 1999/4	塹城初夏	劉彥甫	陳玉得	范根燦 初熟黃梅四月天 鶯聲漸老隙山巔 迎曦濠畔絲絲柳 氣候清和氣靄然	劉秀夫 梅熟蘭芳著典篇 塹城擊鉢萃群賢 詩追白也琴書潤 浩氣沖霄勝月泉	澹竹蘆三社擊鉢錄 竹社舉辦 2～10名： 鄭指薪　林榮吉　范焜亭 李傳芳　邱顯通　鍾常逐 林鎮岱　武麗芳　曾克家 張國裕　莫月娥　康坤旺 蘇子建　李春生
民國88年 1999/7/11	荷風送爽 〔避題字〕	范根燦	陳俊儒	蘇子建 馥氣微飄菡萏花 凌波楫盪樂吳娃 幽香拂拭人如醉 恍似濂溪夢未賒	鄭指薪 一池植滿玉無瑕 拂面輕柔記浣紗 欣過露筋祠正曙 迎涼香挹竹蓮花	澹竹蘆三社擊鉢錄 澹社主辦〔北市吉祥樓〕 2～10名： 鍾常逐　李宗波　張國裕 張緯能　劉彥甫　范根燦 邱顯通　林鎮岱　李傳芳 彭仁本　楊振福
民國88年 1999/11/12	冬霽	張國裕	蘇子建	曾克家 小陽春至樹吟旗 竹塹騷朋共賦詩 雨後新鮮昭四海 晴光黑帝掌權時	陳俊儒 小陽春暖沁詩脾 踐約奇峰句鬥奇 雨後梅花嬌欲滴 逋仙莫怪愛如癡	澹竹蘆三社擊鉢錄 竹社舉辦 2～10名： 莫月娥　林鎮岱　林榮吉 范根燦　劉彥甫　蘇逢時 李春生　彭仁本　張國裕 梁秋東　武麗芳

民國 88 年 1999/12/26	迎接千禧年	劉彥甫	陳俊儒	鍾常逐 二千步履迫眉前 繼往開來責在肩 志業完成迎世紀 普行民主慶堯天	梁秋東 世紀行將跨二千 衍生歷史史臣編 鑒詩迎接新禧莅 摯祝人人福壽延	澹竹蘆三社擊鉢例會 澹社主辦〔吉祥樓〕 2～10 名： 范根燦 蘇子建 莫月娥 武麗芳 康坤旺 林鎮愁 陳玉得 林玉妹 楊振福

三、社際間的聯吟與竹社

　　臺灣光復八年後，一九五三年十一月《詩文之友月刊》於彰化成立，發行人為洪寶昆，社長為詩家王友芬，主編由詩界青年才子林荊南〔註42〕擔任，該月刊係繼《「詩報」》……等刊物，登載詩文活動，其間長達有四十年之久，對臺灣詩壇貢獻良多。「竹社」與詩人們除自我記錄外，也透過「詩文之友」，一次次的保存下了新竹詩社的文檔與成果；可稽者有：

　　（一）竹、澹二社聯吟：民國 59 年～65 年

　　（二）澹、竹、栗三社聯吟：民國 61 年

　　（三）竹、澹、蓮三社聯吟：民國 63 年 ～ 81 年

　　（四）澹、竹、蘆三社聯吟：民國 83 年迄今

　　此乃因「竹社」社員客居外地而時常參加雅集聯吟的詩人頗多，也就漸漸形成竹、澹、桃、蓮四社聯吟之慣例，至今未斷，但因交通關係且諸詞長年事漸高，遂逐漸的變更為竹、澹、蘆（桃）、三社聯吟。而全國詩會也曾新竹舉辦過數次，然皆因經費因素而受侷限：

　　（一）59 年新竹詩經研究會舉辦詩人大會，會場在社教館。

　　（二）68 年由竹社舉辦全國詩人聯吟大會，會場設於民富國小禮堂。

　　（三）71 年竹社與詩人聯吟會合辦全國詩會，會場在新竹國小禮堂。

　　（四）72 年竹社一百二十週年社慶舉辦全國詩人大會，活動場地設在青草湖靈隱寺。

　　（五）83 年新竹詩人節吟唱發表會，地點在市立文化活動中心。

〔註42〕林荊南，號望佛樓主，（1915～2003），彰化竹塘鄉人。畢業於東京海外高等實務 學校，年少時受過私塾教育。曾任報社記者編輯主筆、縣農會專員、陸友食用菌公司監察人、「中國詩文之友」及「茶藝」總編輯、金生文教基金會董事、中華詩學研究所研究委員。是台灣新舊文學的創作者，曾因白色恐怖而入獄，出獄後不畏現實壓力，歷任報界、雜誌界主筆多年，並為台灣各詩社、茶道間的雅聞人士。

　　臺灣光復後，由於交通逐漸發達，往來方便，跨縣市的聯吟經常舉行。北、桃、竹、苗〔註43〕四縣市從民國四十年代一直到現今仍定期舉辦聯吟活動——「三社聯吟」〔註44〕。一般詩社聯吟，通常是以2～3人爲一組輪值，由值東社員主持當日雅集會務，未曾仰賴地方政府補助或財團贊助，也沒正式向政府申請登記。民國五十九年（1970）端午節，佛教會理事長張錫祺先生組織「新竹縣詩經研究會」，並由「竹社」成員協助活動事務。兩年後張老因病去世而告中止。其後「竹社」耆老黃金福（祉齋）先生曾廣邀大新吟社、栗社、陶社等詩人組織「新竹縣詩人聯吟協會」，也因新竹升格爲省轄市而告分家〔註45〕。兩位詩界前輩擴大詩社聯吟之圖，均譜下戛然而止的休止符。

　　「竹社」一直到民國六十二年還有自己的擊鉢吟會。民國六十三年（1974）以後，因詩人們的搬遷他縣市，再加上老成凋謝，逐漸呈後繼乏人之態，於是便改以課題通訊方式以接續辦理，遇重大慶典或社員家有喜事，才會特別辦理大型詩會詩人聯吟來共襄盛舉。民國八十一年（1992）中華民國傳統詩學會印發的名冊，共有會員652名，其中竹社僅存黃炎煙（嘯秋）、范根燦（元暉）、范天送（炯亭）、李春生（東明）及蘇子建（鶴亭）等五人。而新竹縣僅劉進（彥甫）、曾煥灶（克家）、陳心蔣三人，而苗栗縣則餘陳俊儒一人參加而已。詩盟漸漸沈寂，令人感慨！其後「竹社」在蘇子建老師與武麗芳女史及多位熱心前輩的奔走下，依照政府「人民團體法」的規定，於民國八十八年十一月正式向新竹市政府提出籌組立案申請；並於核准後歷經召開一次的發起人會議與三次的籌備會議後，終於得以在八十九年五月十三日舉行成立暨第一屆第一次社員大會。直至今日亦已十七年餘，這期間「竹社」始終秉執著「溫柔敦厚詩之教」的社訓，一直持續辦理古典詩學、鄉土語文與雅韻薪傳等教學研習，學員多來自各階層，大家一起鑽研討論與推廣，傳統詩脈才得以延續至今。誠如前人所言「我將再起我會回來」，我想這是基於對鄉土的愛，對傳統文化的熱與執吧！

〔註43〕臺北——瀛社，桃園——桃社今蘆社，新竹竹社，苗栗栗社今苗栗國學會。

〔註44〕即現今的臺北——瀛社、桃園——蘆社、新竹竹社。

〔註45〕民國71年6月奉總統71年6月10日（七一）臺統（一）義字第三四四一號代電，准予自71年7月1日起將原屬新竹縣之香山鄉併入縣轄新竹市改制升格爲省轄市，省轄市新竹市政府於71年7月1日正式成立。

第三節　傳統式微「竹社」重新立案與傳薪

　　大正十三年（1914 年）張我軍〔註46〕在北京連續發表〈糟糕的臺灣文學界〉、〈請合力拆下這座敗草叢中的破舊殿堂〉，把傳統漢文詩社，批評的一無是處；接著隔年（1925）一月，張我軍復於《臺灣民報》發表一篇〈絕無僅有的擊缽吟的意義〉，提出擊缽吟的缺點。他借德國詩人哥德的話說：「詩不是故意勉強找來做的。而是情不自禁，有感而發的。」正如《詩大序》上所說的話：「情動於中，而形於言，言之不足，故嗟嘆之，嗟嘆之不足，故永歌之，永歌之不足，不知手之舞之，足之蹈之也。」他認為擊缽吟正違背了做詩的原義，是故意去找詩來做的。況且它還有許多限制：一、限題；二、限韻；三、限體；四、限時間；因為文學的境地是不受任何束縛的，是要自由奔放的……。所以他反對擊缽吟。所謂絕無僅有的意義，就是擊缽吟僅係能夠養成文學的趣味，與磨練表現的功夫，只此而已。舊詩人自然也不干示弱，予以反擊，此時連雅堂為文壇泰斗，執舊文學牛耳，亦極力排斥新文學，曾多次為文據理反駁……，這樣的筆墨論戰，如野火燎原般的好幾年，直到真理愈辨愈明，雙方才逐漸歇手，其實新與舊各有利弊，經過文人們感性的筆戰，與理性的思考後，兩方面也皆有所獲，新舊文學得以重生。

　　由於臺民受日本統治長達五十年之久，所以一九四五年臺灣光復之後，當時臺地各族群間通用語仍為日語；為了消除日語在日常生活中的影響力，國民政府於戰後大力推行「說國語運動」。並於民國卅五年（1946）四月二日設立「臺灣省國語推行委員會」，在歷經二二八事件後，更是大力推行「說國語運動」。隨之而起的則是一面倒的國語文學，便如雨後春筍般的蓬勃發展起來；相對於漢文傳統詩學界而言，於日據時期近三百餘詩社來說，實直有天壤之別，情何以堪？

　　時代的巨輪不斷的向前轉進，傳統與現代之間亦不斷的碰撞……，曾經於日據時期為保存民族文化與氣節，而撐起漢文一片天的舊詩社老詩人們，從今而後當何去何從？當如何再為家鄉傳統漢文傳奇的增生效力？當如何繼續創造固有文化的生命價值？這正是今天我們心中所想，也是我們這輩傳統讀書人應有的責任。

〔註46〕張我軍（1902 年 10 月 7 日～1955 年 11 月 3 日），作家，臺灣臺北板橋人，祖籍福建省漳州南靖縣，原名張清榮。筆名一郎、劍華、以齋、四光、大勝、廢兵、野馬、M.S.、老童生等。是台灣日據時期新舊文學論戰的導火線引燃者。

　　從一九七〇年代末期，到解嚴以來的一連串的鄉土文化論戰發展，特別是在文壇新與舊之間尤為明顯，直到今日仍在進行中。而這影響層面早已擴及到臺灣的文化發展、政治、經濟、社會、教育等多方面的變遷；當鄉土文化再度抬頭的時候，全臺各地傳統詩社塵封的歷史重新再被開啓，「竹社」的徒子徒孫們，從光復以來，在新竹地區各詩社相繼消失之際，依舊是默默耕耘，進而撐起漢文教育傳承的使命，對鄉土文化的紮根與傳承，不止是見證了新竹傳統詩社與詩壇的變遷，到今天更實質性的有著不可磨滅的影響與貢獻。

　　為了讓這一脈斯文能夠薪火相傳，不致斷絕的繼續傳承下去，也為了讓後輩子孫能夠承先啓後；在「竹社」只剩「七老一小」〔註47〕的時候，由蘇子建老師與武麗芳女史，積極奔走與說項，邀請學者、中小學國文教師與有識之士六十餘人共同參與〔註48〕；並配合政府「人民團體法」〔註49〕的規定，終於得以在八十九年五月十三日，正式舉行成立暨第一屆第一次社員大會。並選出蘇子建（鶴亭.原竹社）、范根燦（元暉原竹社）、董忠司（新竹教育大學教授）、劉進（彥甫.原竹社）、黃煥南（景星.原竹社）、李春生（原竹社）、陳秀景（校長）、劉秀美（校長）、馬錦鸞（校長）、陳秋月（校長）、林麗春（國中國文教師）、林鳳玉、林鴻生（高職國文教師）等十三位理事；城淑賢（臺灣語言研究中心研究員）、林志芬（高中國文教師）、林益申（消防小隊長）三位監事。大家一致公推蘇子建老師當選理事長，並聘社員武麗芳（原竹社）女史擔任總幹事；完成立案法定程序後，「竹社」重生，隨即依照新竹市『竹社』八十九年工作計畫三，展開推廣鄉土語文教育的道路：

一、閩南語漢詩、讀經研習班：

　　新竹市『竹社』鄉土語文推廣計畫──八十九年閩南語漢詩、讀經研習班

〔註47〕 「七老」即曾克家、劉進、范根燦、李春生、范炯亭、黃煥南、蘇子建七詩家；「一小」即武麗芳女史。

〔註48〕 詳見竹社第一屆成立大會社員手冊。

〔註49〕 依《人民團體法》的規定，社會團體屬於人民團體三種類型之一，以推展文化、學術、醫療、衛生、宗教、慈善、體育、聯誼、社會服務或其他以公益為目的，由個人或團體組成之團體。同時依據該法之規定，人民團體的成立必須有年滿二十歲且具權利能力的發起人、制定章程及登記。社會團體（簡稱社團）多指以文化、學術或公益性為主的非政府組織。人民組織社會團體與社會團體進行活動之自由權利，在現代法治國家，已被視為基本人權。

招生簡章

一、依據：本社八十九年年度工作計畫

二、目地：爲保存中原河洛古韻，推廣漢詩吟唱、賦作與傳統經書文讀能力，並增加教師在職學習機會，暨提供有興趣之社會人士進修途徑，特舉辦暑期閩南語漢詩、讀經研習班；以促進文化紮根之目地。

三、辦理單位：新竹市政府、新竹市竹社、昭文社、仁美獅子會

四、承辦單位：新竹市竹社

五、說明：

（一）河洛話是十大漢語系統中，保存最多中原古音的語言，文讀部分，至今仍有九成以上是唐、宋古音。李、杜、歐、蘇，他們用中原古韻寫詩，用河洛話吟唱唐宋詩詞能平仄而押韻，就是這個原因。所以經由河洛臺語詩詞平仄訓練，是學習作詩與推廣鄉土語文的最佳途徑。

（二）中原河洛聲韻是中華文化的經華，主辦單位爲保存古漢文文化而推廣閩南語漢詩吟唱與賦作、讀經能力研習班希望藉此項活動之舉辦以達拋磚引玉的效果。

六、舉辦（上課）時間：

月	日	星期	時間	月	日	星期	時間
7	27	四	19：00～21：00	8	10	四	19：00～21：00
7	30	日	09：00～12：00	8	13	日	14：00～17：00
8	1	二	19：00～21：00	8	15	二	19：00～21：00
8	3	四	19：00～21：00	8	17	四	19：00～21：00
8	6	日	09：00～12：00				

七、課程內容：中原河洛沿流、臺灣（閩南）語發展略貌、八音介紹、反切方法、詩詞吟唱、賞析、詩法賦作、羅馬音使用、經書漢文文讀等。

八、上課地點：新竹市西門街185號三樓（興南里集會所）

九、研習人數：五十名

十、講師：竹社理事長蘇子建先生、新竹師院教授董忠司先生、礪心齋張國裕老師、捲籟軒莫月娥老師、竹社武麗芳老師等。

十一、研習對象：(一) 新竹地區各公私立高中、國中、小學教師。

　　　　　　　　(二) 有興趣之社會人士。

十二、報名地點：即日起至七月廿二日止，以通信報名方式逕寄新竹市

　　　　　　　　竹社（新竹市西大路 736 巷 27 號）或電話：03-……

十三、費用：酌收講義費三百元於上課時繳納.（本社社員完全免費）

十四、全程參與（21 節課）發予證書

✂- -

新竹市『竹社』鄉土語文八十九年閩南語漢詩、讀經研習班報名表			
姓　　名	出生年月日	身分證字號	學　　歷
服務單位			
聯絡地址與電話			
備註欄			

　　一時之選的講師群，再加上一群熱愛鄉土文化的學員們，這個研習計畫的研習班真的也為日後「竹社」培育了許多骨幹社員〔註50〕，同時更為「竹社」注入了大量的新血。直至今日亦已十餘年，這期間「竹社」始終秉執著「溫柔敦厚詩之教」的社訓，再接再厲一直持續著辦理古典詩學、鄉土語文與雅韻薪傳等教學研習。從民國八十九年七月在興南里集會所開辦的「八十九年閩南語漢詩、讀經研習班」開始，到民國九十年（2001）七月十一日再成立「竹社鄉音讀書班」迄今已十七個年頭了，這當中除寒暑假外，每周五晚上七時至九時固定上課從無間斷，「竹社」復於民國九十一年起，受邀至新竹關帝廟中巷學園另行開設「閩南語漢文鄉音班」教授詩學薪傳與鄉音，至今也已十五個年頭，這當中也是如同前面所述，除寒暑假外，每周三晚上七時至九時均固定上課；而這兩班別的學員們，有白領、有藍領、有學生、有廟祝、有教師、有家庭主婦、有科技人、亦有退休長輩、士農工商各階層都有。我們最大的目的就是希望能開枝散葉，廣培人才，為時人留下學習紀錄，同時推廣鄉音及傳統詩學文化，讓這一脈斯文能夠繼續傳承下去；以下為課表〔註51〕範例：

〔註50〕 蔡瑤瓊（竹社第三屆理事長）、李秉昇（竹社第四屆理事長）、許錦雲（竹社第五屆理事長）、林素娥、柯銀雪、黃瓊、陳千金……等。

〔註51〕 課表為「竹社」內部理監事會議通過製訂的。

（一）新竹關帝廟中巷學園鄉音班民國九十八年度下學期課表

任課老師及教學內容：（每星期三晚上上課）

武麗芳：閩南語古典詩、文賞析與吟唱

蔡瑤瓊：認識鄉音、典故、詩及詩鐘的作法

林素娥：幼學瓊林釋義與朗讀

許錦雲：華語、閩南語精諺對譯、臺灣國風──七字仔吟唱

曾炳炎：塹城的故事

日期 時間 授課老師	98 年 9 月				
	2 日	9 日	16 日	23 日	30 日
7：00～8：00	蔡瑤瓊	林素娥	蔡瑤瓊	林素娥	蔡瑤瓊
8：00～9：00	武麗芳	許錦雲	武麗芳	許錦雲	武麗芳

日期 時間 授課老師	98 年 10 月				
	7 日	14 日	21 日	28 日	
7：00～8：00	林素娥	蔡瑤瓊	林素娥	蔡瑤瓊	
8：00～9：00	許錦雲	武麗芳	許錦雲	武麗芳	

日期 時間 授課老師	98 年 11 月				
	4 日	11 日	18 日	25 日	
7：00～8：00	林素娥	蔡瑤瓊	林素娥	蔡瑤瓊	
8：00～9：00	許錦雲	武麗芳	許錦雲	武麗芳	

日期 時間 授課老師	98 年 12 月				
	2 日	9 日	16 日	23 日	30 日
7：00～8：00	林素娥	蔡瑤瓊	林素娥	蔡瑤瓊	曾炳炎
8：00～9：00	許錦雲	武麗芳	許錦雲	武麗芳	曾炳炎

日期 時間 授課老師	99 年 1 月				
	6 日	13 日	20 日	27 日	
7：00～8：00	林素娥	蔡瑤瓊	林素娥	蔡瑤瓊	
8：00～9：00	許錦雲	武麗芳	許錦雲	武麗芳	

（二）新竹市竹社鄉音班民國 105 年度上期課表

任課老師及教學內容：（每星期五晚上上課）

蘇子建：自編教材　　　　　蔡瑤瓊：臺語七百字

林素娥：笠翁對韻　　　　　許錦雲：千字文

曾炳炎：分享教、讀臺語　　柯銀雪：三字經

李秉昇：人生必讀　　　　　李旭昇：伸展運動

古自立：潛園琴餘草釋義　　蔡佳玲：潛園琴餘草釋義

日 期　時 間 授課老師	105 年 3 月				
	4 日	11 日	18 日	25 日	
7：00〜8：00	蘇子建	蘇子建	蘇子建	蘇子建	
8：00〜9：00	林素娥	蔡瑤瓊	古自立	蔡佳玲	

日 期　時 間 授課老師	105 年 4 月				
	1 日	8 日	15 日	22 日	29 日
7：00〜8：00	蘇子建	蘇子建	蘇子建	蘇子建	蘇子建
8：00〜9：00	曾炳炎	蔡瑤瓊	許錦雲	林素娥	柯銀雪

日 期　時 間 授課老師	105 年 5 月				
	6 日	13 日	20 日	27 日	
7：00〜8：00	蘇子建	蘇子建	蘇子建	蘇子建	
8：00〜9：00	古自立	蔡佳玲	林素娥	許錦雲	

日 期　時 間 授課老師	105 年 6 月				
	3 日	10 日	17 日	24 日	
7：00〜8：00	蘇子建	端午節彈性 放假	蘇子建	蘇子建	
8：00〜9：00	蔡瑤瓊		曾炳炎	許錦雲	

　　民國九十年（2001）四月間的某日，熱愛藝文與鄉土文化的新竹市長蔡仁堅先生，輕車簡從單身揹著一只書包，親自到恩師蘇子建理事長家拜訪，他本重視鄉土文化支持藝文活動，復因景仰學養具豐的蘇老師，希望年度詩人節的活動能有「竹社」的參與……，於是就在「竹社」重新立案後的次年，

「辛巳年塹城詩會〔註 52〕」即以不同於往昔詩人大會的方式，新舊並陳呈現在人們的面前，睽違廿年〔註 53〕之久的「竹社」風華再現。

二、辛巳年塹城詩會慶端陽

辛巳年塹城詩會慶端陽活動計畫與執行：

一、依據：本活動係依據辛巳年塹城詩會慶端陽計畫訂定。

二、目的：為慶祝詩人節緬懷先賢；發揚傳統優良文化，保存中原漢唐古韻，推廣古今詩歌之吟唱、朗頌與賦作，以促進社區總體營造與文化紮根之目的。

三、主辦單位：新竹市政府

四、承辦單位：辛巳年塹城詩會慶端陽籌備會、光田社區發展協會、新竹市『竹社』、新竹市立新竹國民小學

五、協辦單位：新竹市各級學校

六、舉辦時間：民國九十年六月廿三日（星期六上午 08：30～14：30）

七、舉辦地點：新竹市孔子廟

八、舉辦內容：1. 傳統詩之創作與吟唱。2. 現代詩之創作與朗頌。
　　　　　　　3. 名師示範傳統詩吟唱。4. 八音齊揚慶端午。

九、辦理方式：

（一）比賽辦法：由辛巳年塹城詩會慶端陽籌備會組織評判委員會，負責評判事宜。

（二）競賽組別與對象：

1. 國小學生組：包括公私立國小學生。

2. 中學學生組：包括公私立國中、高中學生。

3. 大專院校學生組：包括公私立大專以上學校學生。

4. 社會組：包括公私立學校教師、社區、有興趣之各界人士。

（三）競賽項目與內容：

1. 傳統詩吟唱：吟調、語別不限；題目自定，時間三至五分鐘。

2. 現代詩朗誦：語別不限；題目自定，時間三至五分鐘。

〔註 52〕即民國九十年（2001）六月於古蹟新竹孔廟舉辦。

〔註 53〕民國六十八年（1979）三月竹社舉辦全國詩人聯吟大會於新竹市民富國小禮堂。民國七十一年（1982）五月竹社與新竹詩人聯吟會合開全國詩會於新竹國小禮堂。

　　　3. 傳統詩創作：詩題：端陽記事（七言絕句不限韻），每人兩
　　　　　首以內，分組別，並請用竹社制式詩稿，一式
　　　　　三份（須複寫）
　　　4. 現代詩創作：詩題：端陽記事。限二百字以內（請用一般五
　　　　　百字稿紙）
十、競賽評判標準：
　　（一）傳統詩吟唱：
　　　1. 聲情（思想、感情與語言之配合）：佔百分之五十。
　　　2. 語音：佔百分之三十。
　　　3. 儀態：佔百分之十。
　　　4. 音樂：佔百分之十。
　　（二）現代詩朗誦：
　　　1. 語音（發音與語調）：佔百分之五十。
　　　2. 氣勢（句讀、節奏、語氣）：佔百分之四十。
　　　3. 儀態（儀容、眼神、表情）：佔百分之十。
　　（三）傳統詩創作：內容、修辭、格律（天、地、人詞宗合點）。
　　（四）現代詩創作：內容、修辭、結構、表達。
十一、優勝錄取名額：視實際與賽人數酌予錄取各類組前五名（惟參加
　　　　　人數須滿十人以上，八至九人取五名、六至七人
　　　　　取四名、五人取三名、四人取二名、三人取一名）
　　　　　※ 傳統詩創作採天、地、人詞宗合點錄取五十名）。
十二、報名資格：
　　　1. 新竹地區各公私立學校教師、學生
　　　2. 有興趣之社會人士。
　　　3. 本市各社區發展協會。
十三、報名方式：
　　　1. 通信報名：請將創作作品與吟唱、朗誦之文字內容逕寄新竹
　　　　　市竹社（新竹市西大路 736 巷 27 號）
　　　2. 傳真報名：請將創作作品與吟唱、朗誦之文字內容逕傳
　　　　　03-5218224。
十四、報名時間：即日起至九十年六月十日止（以郵戳為憑）

十五、各項評比與示範觀摩將由學者及專業人士擔任（含天、地、人詞宗）

十六、各項成績將擇優頒發獎狀獎品以資鼓勵；另各參與者將致贈紀念獎。

十七、各組得獎與入選作品，將印製專集對外發表。

十八、所有參加示範表演之團體與競賽人員，請於當日【九十年六月廿三日】上午八時卅分前至舉辦地點新竹市孔子廟報到，並領取相關資料。傳統詩與現代詩入選得獎人員（本籌備會將預先通知），亦請於當日（九十年六月廿三日）上午八時卅分親至舉辦地點新竹市孔子廟報到，以便頒（領）獎。

十九、獎勵

（一）學生組：由新竹市政府頒發獎狀，並通知其就讀學校依學校敘獎辦法給予鼓勵。

（二）社會組：除由新竹市政府頒發獎狀表揚外，屬公教人員者，列第一名嘉獎兩次，第二名至第五名嘉獎一次。

（三）指導獎：凡公教人員指導本校學生或社會組代表榮獲第一名者嘉獎兩次，第二名至第五名嘉獎一次。

（四）辦理本次活動有關人員依本市教育專業人員獎勵標準補充規定予以獎勵。

二十、本辦法未盡事宜得隨時修正。

辛巳年塹城詩會慶端陽，一時之選的評審老師們：

詞宗：范根燦（竹社社長）

　　　劉彥甫（竹社前社長）

　　　張國裕（中華民國傳統詩學會前理事長、天籟吟社、勵心齋教授）

傳統詩（吟唱）：

　　　張國裕　中華民國傳統詩學會前理事長、天籟吟社、勵心齋教授

　　　莫月娥　中華民國傳統詩學會常務理事、瀛社社長、勵心齋教授

　　　陳俊儒　苗栗國學會理事長

　　　鄒春定　新竹國小、教師

　　　蘇子建　竹社理事長、教師

　　　林鴻生　新竹高工教師、竹社理事

　　　武麗芳　竹社總幹事、北區區公所秘書

現代詩：董忠司教授（新竹師範大學）、劉秀美校長（新竹市龍山國小）

　　　　楊家倫校長（新竹市北門國小）、武麗華老師（國立竹東高中）

　　　　楊錫臻主任（新竹市西門國小）、曾文樑教授（輔仁大學）

辛巳年塹城詩會慶端陽活動工作人員 組織表：

會長：蔡市長仁堅

副會長：璩局長美鳳、郭理事長超瑩、詹校長紀香

總幹事：蘇理事長子建（竹社理事長）

副總幹事：陳秋月（新竹國小竹任）

執行秘書：武麗芳（竹社總幹事）

行政組/林鳳玉、李秋瑤、洪麗華、周嫻、李宗晏、饒雲奇

　　　　　江裕民（傳統詩社會組錄音）

　　　　　莊月惠（傳統詩國小組錄音）

　　　　　李文惠（傳統詩中學組錄音）

　　　　　姜若燕（現代詩朗誦錄音）

攝影組/何宗育、楊長川、黃仁德

競賽組/

　　　組長：陳秋月

　　1. 傳統詩國小組：林秋麗、王雅湄、倪玟慧

　　2. 傳統詩中學組：葉秀燕、戴瑞錦、陳憬慧

　　3. 傳統詩社會組：彭美賢、鄧如惠、林美容

　　4. 現代詩組：蘇國安、曾美仁、葉永菁

　　5. 成績統計與獎狀製作組：劉守喬、林淑娟、陳寶玉

頒獎組/

　　　組長：王秀梅

　　　組員：李建中、范碧玉、邱美莉

節目組/

　　　組長：林鳳玉

　　　組員：張佳惠、洪麗華

　　　司儀：李香蘭

　　報到組/
　　　　組長：陳欣怡
　　　　組員：柯錦祥、黃錦源、莊月惠、陳淑賢
　　　　　　　徐素瑛、范碧玉、邱美莉、王秀梅（競賽、創作）
　　　　　　　白淑櫻、陳春美、李文惠、洪麗華（表演團體）
　　服務組/
　　　　組長：林鴻生
　　　　組員：林志芬、劉蘭惠、黃惠珠、林麗春
　　　　　　　城淑賢、吳昌光、張進發、曾淑玲
　　　　　　　林益申、謝宜桂、姜若燕、謝欣怡
　　　　　　　楊慧齡
　　場地組/
　　　　組長：莊火炎
　　　　副組長：羅碧蓮
　　　　組員：吳秀燕、郭木甲、蘇陳桂月、許邱祝齡、蘇月笑、黃白秀根、
　　　　　　　高寶珠、彭郭素、彭小微、李寶玉、張秀菊、謝春梅、吳月珠、
　　　　　　　蘇練、吳建塗、蔡瑞振、朱坤財、楊火生、楊桂發、陳萬吉、
　　　　　　　莊漢貴、呂秀英、楊林喜雀
　　文宣組/黃湉芬、馬梅玲

　　　一個活動的舉辦，成功與否是要靠團隊的通力合作，此次「辛巳年塹城
詩會慶端陽活動」光是行政工作人員部分，就動用了新竹國小與新竹市北區
區公所幾乎是一半以上的同仁，這是政府公部門的支援，此外民間社團如「光
田社區發展協會」的外場協助……等，再加上各中小學的熱情參與，才得使
整個活動辦得有聲有色，圓滿閉幕。而由上列「辛巳年塹城詩會慶端陽活動
工作人員 組織表」即可知曉團隊是何等的重要。而「辛巳年塹城詩會慶端陽
活動」中的項目如：傳統詩創作、吟唱，現代詩創作、朗誦等，古調今彈時
光交錯，使得這場文化饗宴，激起了廣大的迴響，深深的擄獲新竹市民的心，
也引起教育單位的重視，特別是學生們的家長……。

　　　這些年來「竹社」在『永遠社長』蘇子建老師的精神感召，與歷屆的理
事長及眾位詞長不分彼此馬不停蹄的共同努力下，並持續承辦多年不輟的北
臺社際聯吟（二社、三社、四社），從民國八十三年起改為的「澹竹蘆三社聯

吟」迄今，也多次「舉辦暨參與全國詩人聯吟、學術等活動在新竹」〔註54〕，並出版「竹社課題、閒詠詩集」、記錄「詩人萍蹤」……等，也算是有了一些值得安慰的成果了。

三、澹竹蘆三社聯吟

　　自多年不輟的北臺社際聯吟（二社、三社、四社），從民國八十三年起改為「澹竹蘆三社聯吟」後，自此固定每兩個月舉辦一次，一年六次，澹社值東為六月與十二月，竹社值東為二月與八月，蘆社值東為四月月與十月。是日一到，這三社詩友便會聚集於值東社舉辦地點〔註55〕；上午拈題、抽詩韻，現場敦聘上次成績奪「元〔註56〕」的詞長為詞宗，然後開始擊缽敲詩，每人限兩首，多已七言絕句為主，時間約兩小時交卷，中午吟宴，餐罷左右詞宗圈禁於別室〔註57〕評詩，大約下午兩點半至三點，即可臚唱成績發表。入選者都有一份獎品予以肯定，至於未入詞宗眼的，有些時候也會有「遺珠獎」以資鼓勵。遇有節慶或重大議題，則會擴及邀請三社以外的友社詩人來參加。如過年新春團拜，又如本年（2016）四月的三社聯吟，蘆社值東，特邀集中華民國傳統詩學會理事長李丁紅與前理事長簡華祥、貂山吟社總幹事連嚴素月及 北、中、南詩社大老陳俊儒、黃祈全等代表，齊聚「德林寺」，共同研商有關詩作中拗體、拗救、孤平、孤仄、破題、蓋題……等近體詩老議題，與南北詞宗評詩標準的差異點……協商共識……。而本次詩題為「心花」竹社參與的社員們在初夏的社際聯吟中，也獲取不錯的成績：

左眼　蔡佳玲

妙筆開懷灼豔華　靈臺未擾喜相加　江湖秉性塵囂遠　泯潤詩腸一椀茶

左花右十三　李光聲

乾坤一攝念無邪　坐看花開傍晚霞　四季風光觀不盡　心源自在綻蓮華

右花左十二　許錦雲

極目芳菲遍邐迤　騷朋雅會展才華　明心怒放增吟興　唱和清流自一家

〔註54〕詳見存於「竹社」之檔案資料。
〔註55〕澹社多於臺北市「吉祥樓」舉辦，竹社則於「新竹關帝廟圖書館」舉辦，蘆社則於桃園蘆竹的「德林寺」舉辦。
〔註56〕即狀元，第一名者。
〔註57〕以示公允。

左六右廿一　李光聲

萬法由來起自家　詩源出處壁無暇　紅塵滾滾興衰事　冶煉澄清放彩華

左四右十二　李秉昇

甲子人生似朵花　因緣感觸筆生涯　滄桑世事難如意　惜福怡心快樂家

左七右廿五　黃瓊

丹誠一片思無邪　得地玲瓏品獨誇　不怕狂蜂兼浪蝶　肉屏風裡四時嘉

右十四左十八　蔡松根

翠嶺晨曦景色華　熙和初夏道心花　金孫龍鳳平安到　喜上眉梢樂無涯

右九　武麗芳

種豆南山對暮霞　巡他日日樂吟車　手耘良莠心隨轉　崧嶺聽濤是我家

右十九左廿八　林明珠

眾芳齊放媲心花　綻蕊爭妍筆展華　日暖枝頭嬌奪錦　騷壇鬥韻鉢聲譁

　　而每年竹社值東兩次的三社聯吟亦從未間斷，對一個全臺唯一超過一百五十四年的老詩社而言，是榮耀也是責任。

四、舉辦暨參與全國詩人聯吟、徵詩、學術等活動在新竹

（一）民國九十四年十二月四日「中華詩學會」與「創價學會」舉辦兩岸詩人聯吟，其中新竹聯吟部分，由竹社同人擔綱。

（二）民國九十五年十二月辦理全國詩人大會復以〈塹城采風〉為次唱詩題，全臺五百位詩友唱和，並獲時任新竹市長的林政則先生大力支持，此次詩會相當成功，亦受到騷壇人士的讚譽與肯定。

（三）民國九十九年七月竹社卅五位詩人參與並協辦「竹塹林占梅 190周年──潛園琴餘寄詩情」演藝活動於新竹市立演藝廳。

（四）民國一百零一年十一月舉辦「新竹火車站一百週年慶」全國徵詩，詩題為〈新竹車頭慶百年〉活動。

（五）民國一百零一年十二月十六日舉辦「世博風華在新竹」全國詩人聯吟大會。

（六）民國一百零二年十一月舉辦〈國慶焰火綻風城〉與〈竹社一百五十周年慶〉全國徵詩活動。

（七）民國一百零二年十一月參與並協辦國立新竹教育大學舉辦之傳統

與現代第一屆臺灣「竹塹學」國際學術研討會。

（八）民國一百零三年九月舉辦秋采綻風城全國徵詩活動，詩題為〈詠
　　　十八尖山九十歲〉與〈竹塹迎曦門一八五周年〉。

（九）民國一百零四年十一月參與並協辦國立新竹教育大學舉辦之傳統
　　　與現代第二屆臺灣「竹塹學」國際學術研討會。

五、出版「竹社課題、閒詠詩集」

　　近年來「竹社」課題多以時事紀實來關心身處的社會現況，如：消費券、
八八水災、進口美國牛肉、琉璃燈會……等

（一）消費券（七言絕句不限韻）

蔡瑤瓊
新年政府發紅包　消費人人有現鈔　經濟振興功尚待　最憂舉債誤同胞。

林素娥
牛轉乾坤景氣更　振興經濟促繁榮　供民票券昌消費　創造商機國運亨

林明珠
蜩螗政局罩陰霾　志效陶朱巧計排　持券全民消費去　振興經濟助蓬萊

陳千金
貧家富户不偏頗　雖然舉債嘆他何　短暫全民抒窘因年關好過眾謳歌

林哲生
券在囊中滿腹傷　萬千百姓斷愁腸　今天欣發人民票　來日債添誰得償

李秉昇
百業蕭條振内需　全民領券至歡愉　子孫扛債眞沈重　常採此方贏變輸

柯銀雪
消費提昇此券供　節臨購物暫撐冬　嘉民務實謀長策　治痼神醫府院共

莊肇嘉
凋枯景氣冷氛圍　遍地哀鴻嘆式微　如降甘霖消費券　振興經濟救商機

黃瓊
施行費券眾歡欣　帶動工商感萬分　解困回春增買氣　精神物質兩豊芬

許錦雲

心悲失業數頻增　經濟何時吉兆徵　期盼復甦憑此券　打開僵局起飛騰

徐瑗嫣

政府德施消費券　全民抒困過新年　蕭條景氣無盈利　國庫預支何者還

李旭昇

停職停薪景氣寒　養家活口實艱難　振興經濟催消費　發券全民暫得安

曾炳炎

景氣長寒嘆奈何　提升經濟祕方羅　三千六百紅包禮　賣場開張受益多

　　民國九十八年（2009）在泡沫經濟〔註58〕大環境不太好的時候，這是政府的一個救急政策，左右都有人罵，橫豎也都有人鼓掌；時事記錄各自表述，就留待後評吧！

（二）八八水災（七言絕句不限韻）

黃瓊

自然反撲禍難休　濫墾形成土石流　八八玄冥何不悅　南臺肆虐可知秋

曾炳炎

無情八八莫拉颱　豪雨傾盆肇禍災　重建南臺需援手　全民獻愛共輸財

王盛臣

莫颱重創南臺日　雨逾全年浩劫隨　生態毀時人塗炭　防災環保禍遠離

林哲生

過度開荒造禍因　土流滾滾沒鄉民　山崩橋斷瞬間變　雨毀南臺百姓貧

柯銀雪

水患高南土石埋　救災怠慢眾悲懷　無能政府應明識　過境颱風似惡豺

〔註58〕泡沫經濟，是指資產價值超越實體經濟可承受的程度，使其極易喪失持續發展能力的宏觀經濟狀態。泡沫經濟經常由大量的投機活動所支撐。由於缺乏實體經濟的支撐，因此其資產猶如泡沫一般容易破裂，因此經濟學上稱之為「泡沫經濟」。2007 年～2008 年全球金融危機又稱 2008 年世界金融危機、次貸危機、信用危機、2008 年華爾街金融危機、2008 年金融崩潰，在 2008 年又出現了金融海嘯及華爾街海嘯等名稱，是一場在 2007 年 8 月 9 日開始浮現的金融危機，影響之大連臺灣都受到波及。

林明珠

莫颱肆虐慘空前　　土石傾隤惡水連　　賑濟同心齊送暖　　南臺重建野朝聯

陳千金

山洪土石毀家鄉　　一夕南臺慘死傷　　浩劫官民齊共濟　　遷村救急避災殃

林素娥

百年罕見大災情　　泛濫石流誰不驚　　滿目瘡痍心震撼　　南臺一夕半荒城

李旭昇

全年雨量一朝來　　許是老天悲吐哀　　屋倒人埋何慘烈　　妥置災民第一該

洪玉良

丑年八八最悲哀　　莫拉克颱挾雨來　　惡水毀村橋路斷　　生離死別絕情摧

蔡瑤瓊

水創南臺世紀悲　　淒清每睹淚双垂　　無分國界均來助　　冀望災民苦迅離

李秉昇

八八水災如怒潮　　南臺村毀筆難描　　山林禁墾須推動　　天佑蓬萊永富饒

莊肇嘉

滅村惡水漫南臺　　土石泥流釀巨災　　綢繆風前應戒慎　　安身立命免疑猜

連玩珠

強烈颱風禍害遺　　巨橋吞蝕路橋移　　熱誠挽袖軍民助　　協建家園切莫遲

許錦雲

怪颱肆虐夜三更　　走石山崩雨勢驚　　摧毀南臺瘡百孔　　無常變化即人生

陳建興

八八颱風雨勢狂　　南臺禍害破天荒　　瞬間屋倒人沖走　　世外桃源變戮場

　　八八水災，又稱莫拉克風災、八八風災，這是民國九十八年（2009）八月六日至八月八日間發生於臺灣中南部及東南部的一起嚴重水災，起因為颱風莫拉克侵襲臺灣所帶來創紀錄的雨勢（許多地方兩日的降雨量，相當於一整年份的量）。是臺灣自民國四十八年「八七水災」以來最嚴重的水患，期間臺灣多處淹水、山崩與土石流。其中以位於高雄縣甲仙鄉小林村小林部落滅村事件最為嚴重，造成 474 人活埋。據政府官方統計，此次

水災共造成 681 人死亡、18 人失蹤。當時的行政院宣布 8 月 22 日至 24 日全國為死難者降半旗致哀。臺灣各界紛紛指責政府防災救援不力，引發廣泛民怨，政府聲望大幅滑落；最後更因追究政治責任的呼聲，直接導致行政院長劉兆玄內閣於同年九月初宣布總辭。過度開發的山林，水土保持的問題，直直落的暴雨，大自然的反撲……民意如水，載舟覆舟，能不戒慎嗎？

（三）進口美國牛肉（七言絕句八庚韻）

柯銀雪

衛檢難防狂病行　美牛進口耳聞驚　健康維護嚴關把　莫讓污源四處傾

曾炳炎

美國當朝勢強橫　不該牛肉我臺傾　素食清心才環保　怪病何憂染體生

郭淑珠

疫區牛肉怵心驚　口腹引來人喪生　內臟骨頭尤可怕　把關切記策嚴明

林哲生

進口美牛病菌生　荒唐政策引紛爭　全民性命需維護　食得安心百姓聲

李秉昇

開放美牛百姓驚　安心食肉眾心聲　人人拒買先推動　官署嚴關顧景成

林明珠

美國橫蠻定契生　狂牛肉品眾心驚　深知危害醫無藥　拒食全民起抗衡

林素娥

疫區牛肉有紛爭　進口饗民何可行　吃得安心無恐懼　把關嚴謹順輿情

王盛臣

美臺貿易有司盲　國際約簽無力爭　管五卡三虛實幌　人民牛肉創雙贏

莊肇嘉

百毒輪攻豈可行　不知力拒卻開城　請纓殉國凡夫去　優渥撫金須現清

黃瓊

漢他毒素世皆驚　暗隱美牛傳病情　細數全球同抵制　何堪我國策輕行

黃瓊

美牛進口惹紛爭　事究當權執意行　未向蒼黎多解釋　黑箱作業受批評

陳千金

牛肉輸臺利益爭　嚴防病毒散瘟情　全民恐懼期停止　健康為重不可行

蔡瑤瓊

決策黑箱民眾驚　美牛欲進受批評　健康維護民為大　專斷循私莫放行

　　臺灣進口美國牛肉問題（通稱為美牛問題）始於民國九十六年（2007），進口美國產牛肉被政府認為是與美國重啟貿易暨投資架構協定（TIFA）與簽訂自由貿易協定、赴美免簽證、對臺軍售等加強臺美關係的重要關鍵措施（倡導團體利益交換）。但另一方面美國牛肉確曾出現狂牛症、殘留瘦肉精等問題。因此是否該比照美國國內、日本、韓國等國家標準，容許進口或國內生產牛肉中殘留瘦肉精萊克多巴胺，以至該不該開放進口便成了爭議性議題。這不單純僅與食品安全領域相關，也涉及臺美雙方的貿易、政治與戰略關係，更是所謂民主臺灣各政黨的政策角力戰。只是一個民生基本小小訴求，卻弄得社會沸沸揚揚，詩人文筆記下當時小老百姓心聲。

　　此外「竹社」也將師生的作品編輯陸續出版：

1、《松筠集第一集》2003.12 出版　竹社鄉音班出版

　　主編：蔡瑤瓊、柯銀雪。

2、《桃李春風——賀蘇子建老師八十初度》2008.11 竹社鄉音班出版。

3、《松筠集第二集》2013.4　竹社，萬卷樓圖書股份有限公司出版。

4、《古雅寄鄉詩——松筠集第三集》2014.9 竹社出版。

5.《鶴亭全集——教育園丁》2016.11 竹社出版，主編：蔡瑤瓊等。

六、詩人萍蹤

（一）、竹社精神導師——蘇子建先生

　　蘇子建老師字樹德，號鶴亭。1929 年 11 月 24 日生於臺灣新竹，原本是新竹縣二重埔傅姓客家人的子弟，因養父沒有子嗣，出生時便被抱來市區河洛人蘇家做養子；溫文儒雅的蘇老師，集「詩、書、畫」三絕於一身，他自幼生長在文風鼎盛的竹塹城殷實之家；由於養父母對老師非常疼愛，很重視子女教育，是以蘇老師五歲時，就跟著長輩背誦三字經，六歲進入私塾，並

拜周德三〔註59〕先生爲啓蒙師，學習漢文，「千家詩」「孝經」「昔時賢文」等；七歲時進入第一公學校（新竹國小前身）接受正統小學教育，漢文課程遂告終止。民國三十四年臺灣光復後，老師再拜新竹宿儒張奎五〔註60〕先生爲師，學習「古文觀止」「唐詩」「秋水軒尺牘」等，偶爾也練習塡寫詩鐘，並欣賞奎五先生參加詩會的作品。在就讀新竹師範學校期間，有關詩詞欣賞書籍一直是老師最喜愛的課外讀物之一。民國五十八年，在一個偶然機會中認識了許涵卿〔註61〕先生，他是一位熱心提攜後輩的長者。於是蘇老師開始跟隨許先生學習詩作，也研讀了很多與詩學有關的書籍，增加對詩的認識；另外不斷的向詩社前輩請益。民國五十九年經由許先生引薦進入詩社，之後參加徵詩及詩社聯吟即屢次獲獎。

　　少年時期的「公學」日文教育，爲蘇老師奠下深厚的語文基礎；及長畢業於新竹師範，任職市立新竹國民小學，由教師而主任一步一腳印，服務杏壇作育英才凡四十餘年。「鄉土文化的傳承與研究」是老師畢生的最愛，從學校退休後，更是積極投入。民國八十九「竹社」重新立案登記老師擔任第一屆理事長，卸任後再受聘爲有一百四十餘年歷史之久的「竹社」社長，除長期義務性的指導學生外，亦義務擔任「新竹關帝廟鄉音班」、「昭文社」、「竹社漢文研習班」講座，對提攜後學更是不遺餘力。老師亦常受邀於各公私立學術單位與新竹市政府（文化局）撰寫地方文史及研究。其學生各行各業皆有，實可謂「桃李春風天下聞」。民國九十八年蘇老師榮登新竹市名人錄〔註62〕。老師爲竹塹鄉土文化紮根，不遺餘力。近年，更全心致力於鄉賢林占梅先生遺作《潛園琴餘草》二千多首詩的校勘與補述工作，期爲日後有志鑽研前輩鄉土文學者，提供了正確的指引與參考。

　　老師曾多次獲獎接受表揚，這其中也包含了「師鐸獎」、「師範傑出校友獎」、「詩教獎」⋯⋯等；但老師卻從不炫耀，而他一心所掛念在意的就是「鄉

〔註59〕　周伯達（1914～1946）字德三，武探花周士超裔孫，茂才葉文樞門下，爲讀我書社之一員。後組竹風吟社。台灣光復，受聘東臺日報（花蓮市）當勤務內勤記者，後因白喉發病客死異鄉，得年33歲。1950年10月其弟周伯陽將德三的白話詩整理成詩集名《白雲詩集》並出版做爲紀念。

〔註60〕　張文燦（1907～1987）字奎五，「竹社」年青時即設館授徒。精通經書子集。以郵局秘書退休，執耳竹社多年，頗受敬重。

〔註61〕　許水金（？！一九九〇）字涵卿，塹城滿雅人。少時從葉文樞茂才遊，爲人重義，樂於助人，晚年爲「竹社」誘掖後進不遺餘力。

〔註62〕　林松/總編輯《2009新竹市名人錄》新竹：新竹市文化局出版，2009年10月。

土文化的傳承與鄉音的保存」；古人云：「物有本末，事有始終，知所先後，則近道矣！」這也是老師立身處世爲學奉道與教導學生所堅持的。老師是個默默耕耘的文史工作者，他的著作很多如：《雅懷詩興》、《鶴亭吟草》……，更有多項著作爲政府機構所出版：《塹城詩薈上冊詩話篇》、《塹城詩薈下冊詩掇篇》、《鄉詩俚諺采風情——歲時篇》、《鄉詩俚諺采風情——鄉音篇》、《鄉詩俚諺采風情——漫筆篇》、《鄉詩俚諺采風情——餘談篇》《潛園琴餘草校勘紀》等。

鄉賢入祠感賦〔註63〕　蘇子建

紓難傾家護北臺　先生詩草冠蓬萊　入祠梅鶴齊含笑　史論水清魚現來

潛園琴餘草〔2009 新版〕**讀後有感**

潛園梅鶴璨詩範　白璧無端玷染瑕　是倩伊誰謀修復　留存佳句好籠紗
　　其二
魯魚亥豕細評章　莫把馮京作馬涼　輾轉傳抄貽版誤　徒勞歲月困鉛黃
　　其三
名山事業本多磨　付梓無辜患字訛　硬筆柔毫加電腦　補苴猶待一蹉跎
　　其四
年華倏忽事因仍　十載推敲似賈僧　九仞山猶虧一簣　心餘力絀老難勝

作者註：《潛園琴餘草》於百年來，除鄉人各自傳抄收藏外，臺灣改隸後，前
　　　　後三次出版問世。（1964 年 11 月）（1994 年 6 月）（2008 年 9 月）唯
　　　　因此三集，無論詩文內容、題、首數目均有出入，莫衷一是。於是
　　　　對照各版本，又針對《新版》補述校記與探討，印成一冊，提供日
　　　　後志者研讀之參考。題曰：《潛園琴餘草新版讀後記》。

塹城仲春攬勝

東山日暖桃唇展　北郭風清柳眼舒　雨霽扶筇南畝外　風城如月剪春蔬

塹城初夏

序入清和氣爽然　塹城覽勝漾清漣　尋詩最是青湖楫　共飲筒杯樂眾賢

待中元

普渡將臨備水燈　蘭盂忙煞道尼僧　孤魂睜盼門開早　薄命雞豚戰且兢

〔註63〕新竹市政府核定林占梅先生等六位鄉賢入祠奉祀裔孫——林事樵先生出版
　　　　《潛園琴餘草》紀念作者蘇子見老師得此訊息賦此述感。

其二

百尺魂旛颭欲昇　　家家普渡習相仍　　施貧慳吝奢盆祭　　浪費金錢樂鬼僧

丹心貫日月

忠肝義膽濟時艱　　輔漢英雄帝姓關　　面是丹紅心是赤　　乾坤正氣壯江山

其二

義膽忠肝豈等閒　　安危不計赴時艱　　精忠武穆關公義　　史冊千秋貫宇寰

古蹟迎曦門

古蹟重修細慮周　　景觀建設創新猷　　露臺更築城門外　　晨賞曦光夜唱遊

其二

勝跡迎曦景已殊　　滄桑雉堞閱榮枯　　殘甍破瓦開新貌　　璀璨城心一顆珠

湯圓味

茼蒿蝦米勝珍饈　　丸糝胡椒撲鼻留　　遙念兒時慈母味　　啖餘溫暖上心頭

寒衣

雪嚴雪凍客蹤留　　遊子身披感未休　　遙念孤燈慈母線　　穿來暖氣上心頭

伏日感懷

薰風拂拂火雲開　　卻暑調冰消伏來　　借問弄潮紈袴子　　誰憐農稼汗盈腮

其二

溽暑蒸人夏伏來　　薰風滾滾炙雲開　　夏蟲難語冰壺志　　汲汲趨炎實可哀

醉菊

未荒三徑蕊鋪金　　籬畔持螯酒獨斟　　屈子餐英吾飲蠟　　花前酩酊發狂吟

其二

結伴尋秋訪德林　　菊觴馥郁蕊浮金　　黃花也解耽紅友　　起舞婆娑對月陰

重陽會詩騷

金風颯爽伴登高　　陟彼尖峰逸氣豪　　北鷺南鷗欣載筆　　新知舊雨樂題糕

消寒會

驅寒就暖眾朋臨　　爐酒聯歡助嘯吟　　乘興輕描梅一幅　　畫來瓣瓣感春深

初夏

花殘鶯老麥秋深　　序入清和景乍臨　　午夢羲皇酣靖節　　北窗高臥爽難禁

溪聲
橫溪澄澈罩輕煙　　清響超然悅耳邊　　彷似高山流水調　　湯湯韻譜伯牙絃

流觴
韶光旖旎締鷗盟　　曾繼蘭亭雅興生　　不盡詩情杯逐水　　同傾北海醉千觥

新蟬
薄翅初生展再三　　纔聞學噪興先酣　　慎防得意忘形態　　後有螳螂伺正眈

客至
高軒枉駕到詩家　　啤酒敲冰代款茶　　促膝談心何處去　　稻江舟上可浮瓜

秋訊
昨夜金風到舍南　　井梧凋落感何堪　　蟾輝欲報秋消息　　卻把冥鴻影印潭

瑞雪
策蹇尋詩步履遲　　皚皚玉屑染霜髭　　祥占來歲三陽泰　　景氣飛騰復舊姿

溫泉鄉
翠嶂丹楓綴小春　　清流噴碧滌煩塵　　礦池氣暖煙籠處　　勝似桃源好問津

春雨
濛纖雨喜懷蘇軾　　淅瀝詩催憶杜陵　　欣盼商羊頻作舞　　春郊遍洒卜豐登

寒梅
傲雪瓊枝添逸興　　衝寒玉蕊入詩題　　孤芳我愛延平種　　毅魄冰魂史可稽
其二
不辭踏雪錦囊携　　策蹇尋花霸岸西　　冒冷衝開香更艷　　逋仙情倒直呼妻

土石流
天公懲罰威難測　　人命遭殃淚已含　　土石奔流如有眼　　無辜免禍吏殲貪
其二
颱風肆虐北而南　　土石成流禍再三　　不臧人謀天莫測　　哀鴻遍野痛何堪

冬霽
日出荷收遮雨傘　　雲開菊綻耐霜枝　　携筇北郭尋詩去　　酷愛趙衰曝背時
其二
小陽春暖堪曝背　　微雨冬晴合開眉　　鄉味蚵　燒炸餜　聞香下馬正當時

嶺梅

絕巘盤根品格存　　冰肌鐵幹傲龍孫　　孤山雪重香猶遠　　毅魄冰魂壯國魂

新竹肉圓

圓包豬肉粉漿皮　　蒜末蔥珠栗子脾　　味巧麴糟調入餡　　火微油鼎浴凝脂
餚淋甜辣紅椒醬　　饌綴芫荽綠菜絲　　城北城南爭首選　　眾人膾炙口爲碑

豐年矮人祭

鼕鼓嗔然夜到晨　　豐年舞祭矮人神　　蓬婆老嫗紋鯨面　　穠李天桃點絳唇
鹿脯羌鞭皆野味　　金針銀耳盡山珍　　咿啞不解巫歌語　　酩酊呼朋勸酒頻

啖荔

坡翁口福果非虛　　液沁詩脾渴盡除　　瀲齒瓊漿容細品　　朵頤晶玉博歡譽
長安望騎千山外　　南國登盤六月初　　漫負虬珠天上味　　解饞百顆又何如

秋雁

白露涼飆韻起商　　遙看陽鳥又回翔　　啣蘆乘月衝千里　　振翮箋天字一行
塞外寄書臣返漢　　塔中題榜客承唐　　淒風朔漠憐荒戍　　傳訊憑君到故鄉

養菊

勤鋤老圃露猶稠　　瀟灑西風早報秋　　固本培根添沃土　　滋花潤葉灌清流
編籬細護黃花艷　　移鉢多貪紫氣浮　　不讓柴桑憐愛意　　高風亮節慕同儔

早步

晨曦欣飽浴　　曳杖效登高　　渡鵲星光淡　　聞雞劍氣豪
隙溪鴉點墨　　尖嶺雁揮毫　　絕頂金風爽　　練拳又練操

秋詣木柵指南宮

木柵秋深別有天　　純陽殿裡契詩緣　　巍峨鶴觀香煙裊　　迤邐猴山爽氣綿
得悟眞如人幾許　　留題佳句客盈千　　禪房一枕塵煩解　　託庇仙公指津玄

塹城話舊

踐約風城會鷺群　　傾樽回首說榆枌　　摃丸細嚼童年味　　筆墨重敲老後文
梅探潛園人已杳　　筇携靈寺客方醺　　光陰不再情難減　　暢敘猶酣訐夕曛

塹城春集

東郊鶯織柳　　北郭鷺盟鷗　　拾翠携輕屐　　迎春倒酒甌
貪杯舒醉眼　　擊鉢展吟喉　　促膝談前事　　風城爪跡留

竹

琅玕玉質態玲瓏	翠竹成叢傲雪中	風疾凌霄知勁節	歲寒挺秀見高風
虛懷若谷眞君子	強項如剛不倒翁	芍藥牡丹安足論	此君颯爽志無窮

勉竹溪翰墨會諸同好（爲竹溪翰墨會《墨游集》作序　并賦此共勉）

墨游何幸手同攜	懸壁留香共品題	交契忘年無老少	談書莫憚論東西
筆尚剛柔禪易悟	碑尋篆隸古堪稽	有緣共硯情何似	鴻爪歡欣印雪泥

翰墨緣

平生勞碌慣	無意賦閒眠	素愛芝蘭氣	猶賡翰墨緣
鷗盟梅竹侶	筆學晉唐賢	世代頻交替	青黃亦接聯
藜羹甘自勵	詩疊構彌堅	稽古心交契	謳歌調協絃
青藍譽乍播	幸寵愧無邊	諤諤冬烘老	栖栖里塾先
繙書矇霧似	握筆態頹然	兔穎難揮灑	羊毫拙轉旋
顏筋儔柳骨	素醉侶張顛	且解臨池興	相邀墾硯田

蘇老師自謙，並註曰：年過八十，諸病交加，皤鬢早摧，楚腰愈細，閉門養病，意堵二豎相侵。雅友見狀，頻邀藉曼髯太極拳〈詩書畫〉三論以養精氣神。旋覺塗鴉無句不成，爰作數句心聲舒散鬱氣。

新竹摃丸

風城產摃丸	味美超鱸鱠	肉選黑毛豬	屠求溫體脢
瞬時刀俎忙	取骰除皮骨	搗臼萬千槌	成泥膏臊滑
摶丸掌上珠	落釜湯中月	顆顆玉玲瓏	盤盤腴飫酹
初嚐齒煩香	大啖津涎發	開胃哺噭噭	稱奇呼咄咄
攜歸遺細君	等路好禮物	蕞爾小丸餚	萬家維養活
招徠賴巧廚	業者毋疏忽		

樂餘年

老來陪雅友	同覽管城天	讀曼髯書論	于翁草字篇
揮毫堪養氣	運腕似操拳	道勁丹田出	內氣繞體旋
龍蛇騰筆勢	畫意領其先	渾樸天然美	悠閒靜定禪
澄心消俗慮	頓悟在機緣	成竹憑胸臆	忘機藉楮箋
塗鴉濡醉墨	浮蟻憩吟鞭	廟口評鄉味	城頭感景遷
回甘嘗蔗境	那惜杖頭錢	萬事毋牽掛	歡愉度晚年

有感

靈籤點醒悟南華　何有何無盡幻花　難療詩情痾嗜癖　拋書掩卷對殘霞

作者蘇子建老師自註：病癒後某日，偶詣關帝廟文昌殿叩拜，見殿前新設籤筒，抽取一籤求帝君啓示，得乙癸 20 首「嚴子陵登釣臺」如籤文，「一生心事向誰論，十八灘頭說與君。世事盡從流水去，功名富貴等浮雲」，因賦「有感」一絕。

（二）吟風弄月的竹社老詩人

1. 李春生　臺灣新竹人 1924 年 1 月 31 日生。

一筆走天下——春生大師是竹社目前最高齡的社員，是新竹市苦苓腳人，七歲喪父，與寡母、長兄相依爲命。春生伯是北門國小光復前第卅三屆畢業生。十三歲那年開始在叔叔的醬油工廠當童工，後來叔叔把整個工廠託付給他。三年後轉職「海軍工具」。民國廿七年，背著日本人，與蔡希顏〔註 64〕老師在烏瓦窯〔註 65〕設處供密讀〈人之初〉等漢文；也曾在「早稻田函授學校」接受講義錄學習日文一年。三十歲結婚，卅三歲長兄過世，留下嫂、侄與老母親即由春生伯夫妻一肩扛起家計；春生伯曾說〔註 66〕：

> 我是爲土地公廟寫平安戲的門聯被林逢年先生發現的。林逢年是
> 苦苓腳有名的士紳詩人林鍾英〔註67〕前輩的長子。他賞識我的書法，
> 22 歲那年介紹我進糧食局當行政人員，一路由一般職員升任到股長、
> 主任等職位。我 66 歲那年以祕書職務退休。並在民國四十幾年由范
> 天送〔註68〕介紹加入竹社當社員，我這一生全靠一支筆走天下。

待人誠懇，樂觀豁達，談話非常幽默風趣，是春生伯的特質；一手好字更是他年青時賺錢養家的本領，書法造詣極高，蒼勁中帶細膩筆法的「蘭亭集序」是其代表作，是親朋的最愛。年輕時，每逢春節，春生伯總和竹社前

〔註64〕 蔡錦鏞字希顏，日據時期葉文樞秀才「讀我輸吟社」之高足也是「竹社社員」。

〔註65〕 新竹南寮地區出海的河川有客雅溪、烏瓦窯圳（港北溝）、海口溝等三條，烏瓦窯圳與雷公圳皆是新竹平原開發初期開鑿著名的灌溉圳道。位置約在今新竹市古賢、康樂、港北一帶。

〔註66〕 詳見竹社《崧筠集》第二集（臺北：萬卷樓圖書股份有限公司 2013 年月）頁40～41。

〔註67〕 林鍾英字毓川號香雪居士，新竹苦苓腳人（今新竹市古賢康樂一帶），歲貢林鵬霄之子；「竹社」社員。

〔註68〕 即「竹社」社員范烱亭。

社長范根燦搭檔，一個做聯對，一個來書寫，賺些外快補貼家用，他說這樣，年也過得比較愉快。

　　春生伯有兩女一男，皆受高等教育，在商界及教育界各自領導風騷，是社會的菁英份子。子孫賢孝是他健康樂活的源泉，雖年屆九十三歲，猶每日勤寫書法及運動，積極進取的人生足為晚輩來學習。

催詩雨
浙瀝聲同鉢韻揚　低吟覓句索枯腸　瀟瀟促我詩千首　滋潤筆花怒放光

新燕
其羽差池路幾程　南來逐景趁春晴　可憐故國興亡恨　盡在呢喃碎語聲

燕剪
裁出春園朵朵嬌　穿花栽柳舞芳朝　誰憐故國興亡恨　盡在呢喃訴寂寥

其二
對語呢喃破寂寥　雙雙玉剪舞芳朝　春園裁出烏衣巷　畫棟堂前百囀嬌

春風
香飄柳媚鬥清芬　駘蕩吹噓日未曛　淑景更逢槐老壽　風翻書味氣氳氳

挽春
榆錢難買動歸心　遍地飛紅感不禁　駕挽東皇情繾綣　陽關把盞酒盈斟

其二
花事闌珊感不禁　鶯愁燕怨苦離吟　不知青帝何歸急　忍唱驪歌淚滿襟

梅雨
霏霏膏澤散平疇　洗淨南枝好解憂　乍熟梅紅沾潤盡　甘霖濕遍慶豐收

其二
瀟瀟簾外雨初收　潤澤嘉禾遍綠疇　好是三農欣有賴　荷風相送樂悠悠

文風化俗
高飄一幟莫能京　典雅文章七字城　道德宏揚憑鼓吹　騷風蔚起遍東瀛

久旱祈雨
泉源枯竭苦蒼生　默禱上天表寸誠　早降甘霖蘇萬物　及時救旱起歡聲

奸商禍國

持籌握算實良箴　利慾薰心錯愈深　寄語商場須謹慎　陷入不淬冷刀侵

　　其二

利慾籌謀蓄意深　謾誇握算順人心　管他事業奸商巧　家國興衰自古今

秋興

涼風颯颯拂東隅　一望平原寄奐娛　畫意詩情吟八首　司勳才調奪驪珠

　　其二

東籬滿徑故園蕪　颯颯金風拂井梧　杜老詩情同一醉　夕陽影裏樂吟軀

鷺鷗盟

成群鷗鷺逐煙波　盡日忘機泛渚多　緣結蓬山翰墨契　相親相近共謳歌

公德心

人心變幻異尋常　公眾為懷賴發揚　禮法遵循堪作範　修身律己德彌彰

補冬

昨夜霜風嘯滿樓　疎林紅葉夕陽柔　珍饈盤上津津味　進補初冬令節酬

丹心貫日月

忠臣視死耀人寰　慷慨吞胡豈等閒　仰此丹心昭日月　千秋正氣壯河山

端節後謁慈濟宮

端陽節後召詩魂　慈濟宮前車馬喧　共向瑤池虔禱告　神威顯赫鎮乾坤

冬望

寒冷書齋凍筆呵　迎眸雪景喜吟哦　遙看隔岸家鄉遠　腸斷天涯嘆奈何

尋梅

雪消梅嶺日初高　覓遍崎嶇冷幾遭　疎影橫斜春信到　隴頭幾樹屬吾曹

待中元

中元慶讚逸興增　預祝團圓萃友朋　設醮迎神遵世俗　聯歡祭典古風乘

　　其二

令節中元七月登　蘭盂盛會古風乘　待期祭典招魂　頌三五良辰萃友朋

待醉重陽

鵠首題糕賦性真　黃花酒釀約嘉賓　登高他日期同醉　備插茱萸俟故人

待梅雨
旱雲酷烈苦難言　大地如焚欲斷魂　但願甘霖蘇萬物　欣期梅雨潤田園

清明雨
一犁叱犢喜春耕　令節欣看草木榮　祭掃淋漓魂欲斷　追思猶聽子規聲

其二
踏青正值屆清明　令節霏霏降雨傾　掃墓渾忘衣盡濕　淋漓爭得賦歸程

詩酒侶
狂吟雅契引杯長　鬥句騷壇翰墨香　酩酊提壺懷友夜　神交李杜見詞章

滅火消防隊
烈焰焚天力抗爭　消除回祿膽心驚　碳酸液體空中擲　一樣功能滅火成

其二
消防隊伍結同盟　回祿滅除力抗爭　救火艱難身敢碎　佛心濟急不邀名

新年展望
放眼新春歲月經　迎人桃李滿芳庭　吉祥樓聳江頭望　一片陽和柳色青

其二
陽和歲首出郊坰　放眼江邊兩岸青　經濟復甦民渴望　期能脫困世安寧

宣導交通安全
限速行車勸導來　違規受罰苦應該　安全駕駛人人責　遵守交通亦快哉

其二
飆車兒戲勢如雷　不顧安全事可哀　違犯交通輕壽命　終教興盡變成灰

土石流
砂石飛空暴雨參　怒號狂拂未先諳　五峰沈陸哀鴻慘　滿目瘡痍最不堪

其二
砂石騰空屋豈堪　興波千尺痛成潭　可憐地陷窮黎苦　協力消災掃毒嵐

春寒
花信風吹廿四傳　低簾凍雨濕窗前　春陰漠漠寒雲鎖　擁被深宵不入眠

熱浪
望似翻波捲去來　火雲鎮日儘徘徊　蒼生端賴仁風惠　一滴甘霖亦快哉

書畫展
畫壇傑作逞才能　展出珍藏喜不勝　滿目琳瑯誇妙筆　永留藝苑姓名登

消寒會
冷鋒刺骨苦寒侵　雪壓梅花感不禁　詩酒聯歡朋滿座　煖爐解凍愜吟心

餞春
東皇欲去客心驚　繾綣多因送別情　綠暗紅稀增感慨　教人忍聽杜鵑聲

荔香
東山別墅荔千章　珠顆纍纍滿樹香　撲鼻芬芳佳果熟　玉脂甘美勝瓊漿

秋訊
梧桐葉落西風動　律轉商聲玉露涵　故國家書無處送　他鄉世味實難諳

其二
橫空雁字向江南　瑟瑟西風玉露涵　故國蓴鱸鄉思切　涼生暑退夢中酣

古蹟迎曦門
古蹟迎曦氣勢龐　城樓雄偉壯無雙　安民保障風霜固　版籍欣看復舊鄉

其二
嘉年盛會萃群倫　粉堞風城氣象新　古蹟迎曦門外望　江山藻繪壯吟身

塹城初夏
麥熟薰風四月天　留春無計意纏綿　年來每憶潛園景　北郭同遊興欲仙

其二
四月清和麥浪大　潛園雨霽柳含煙　迎曦城外東皇渺　一片花殘感萬千

菓園消夏
三伏炎威迫九霄　果園避暑訪溪山　薰風解慍吟情爽　啖荔嘗梨半日閒

其二
火雲如傘覓溪灣　避暑人來遠市闤　好是果園能解慍　冰盤荐客享人間

冬霽
塹城日暖鷺鷗隨　十月陽春開霽時　斜日煙消無限感　癡心觴詠喜探驪

其二
小春日暖喜賡詩　雨後雲開景物奇　簾外山光新氣象　塹城開霽詠迎曦

醉菊

黃花三徑沁詩襟　醉眼朦朧喜獨吟　我愛淵明同癖好　東籬盡日任沈浮

其二

佳釀紫桑傳好音　黃花曲檻潤身心　年來不負淵明癖　杯酒聯歡發醉吟

女縣長（呂秀蓮縣長）

投身選舉戰阿儂　得盡民心粉黛容　欣看娥眉登寶座　安民展驥勢如龍

其二

爭雄粉黛競堪宗　聲望娥眉意獨鍾　德政預期桃縣長　女權民意作先鋒

塹城武廟雅集

舳艫一角且停車　武廟風城瑞靄舒　顯赫靈光留史蹟　精忠大義氣凌虛

其二

塹城勝跡久馳譽　廟貌崔巍聳太空　扶漢吞胡雙武聖　千秋顯赫佑閭閻

淡江秋色

磯畔天高夕照遲　屯山黃菊傲東籬　波心棹影霞光映　蘆白楓丹淡水湄

母愛

舐犢情深笑語　頻劬勞恩澤感慈親　忍饑哺乳無辭苦　教誨唯求有用人
勤儉傳家昭懿　德斷機訓子歷艱辛　人間母愛春暉照　世道宣揚義與仁

秋雁

群飛整陣叫聲揚　瑟瑟西風欲斷腸　萬里渡雲辭紫塞　數行排宇過衡陽
南來歷歷傳秋信　北望茫茫滿地霜　托跡天涯增感慨　平沙蓼岸認三湘

老人會

風城創會聚高年　洛邑耆英共比肩　倚杖人來詩遣興　稱觴客至酒當筵
龜齡相對精神爽　鶴髮論交意志堅　世局看成棋局變　閒談對奕快如仙

養菊

老圃鋤翻趁九秋　辛勞灌溉不停留　栽培好待添逸興　品藝頻勞解客愁
晚節孤芳情更艷　寒英獨秀態優柔　東籬有約開三徑　共賞黃花汗漫遊

春日謁武侯祠

恭參聖蹟仰無邪　駘蕩春風此駐車　耿耿忠心明漢賊　昭昭史話復邦家
鞠躬盡瘁功何烈　上表臨行氣自華　薦罷蘋蘩香一炷　武侯祠畔夕陽斜

冬晴

朝來霽色興偏長　簾外雲高乍放光　經雨山容疑畫譜　臨郊野景入詩囊
臘梅嶺上開晴艷　冬菊籬邊吐晚香　悵觸故園春不遠　負暄策杖立斜陽

2. 范根燦（1917.11.15～2005）

范根燦字元暉　臺灣新竹人「竹社」前社長，2005 年赴召修文，享年八十八歲。根燦老為新竹詩壇有名的詩文才子，下筆成章，才思敏捷，本人氣度恢宏溫文儒雅，平素熱心公益，又樂於助人；亦為竹塹城的「謎學大師」，做有許多膾炙人口的絕妙燈謎；其本身擅長各類「聯對」，尤善寺廟楹聯、如寫在有兩百多年歷史的新竹天公壇山門聯：

金闕曉鐘鳴　五色雲霞扶玉坐
隙溪煙墨湧　千秋文物盛風城

威靈宮（四府王爺廟聯）：

一

威攝群魔　浩蕩神恩安社稷
靈昭眾庶　輝煌廟貌壯舺棱

二

威震三臺　護國安民宣教化
靈明四府　懲奸除惡顯神功

三

冠劍仰威儀　勒命封王開四府
節旄施法令　代天行道護群黎

根燦老詩作多面向關懷社會敦厚為尚，著有《元暉詩草》行世。

六十書懷　七律五首

光陰瞬作杖鄉人，彈雨槍林劫後身。忙裡操勞筋骨健，閒餘溫故史經新。
尚奢世已花翻樣，流俗詩如酒失陳。幸得糟糠甘苦共，兒曹可教不憂貧。
鷗鷺盟心迭唱酬，嘯吟猶覺氣橫秋。稱觴花甲欣初度，扶雅騷壇附末流。
歲月徒嘆增馬齒，錙銖豈較幾蠅頭。向平待了生平願，泉水雲山汗漫遊。
逝水年華莫與爭，其如百事愧無成。懸孤已覺三秋晚，倚老還嫌六秩輕。
傲氣比身餘熱血，幽香小院滿寒英。閒來遲睡何消夜，吟稿刪修對短檠。
乾坤板蕩亂頻仍，世事滄桑感慨增。敢慕長生千歲鶴，猶懷壯志九霄鵬。
櫛風沐雨緣兒女，瀝膽披肝對友朋。眼未昏花頭未白，壽詩喜免倩人謄。

縈思往昔若雲煙，醉夢營騰六十年。事理貫通胸豁達，文明進化世推遷。
山開砂礫移填海，地貴樓房架接天。名利難縻心自樂，欣逢耳順處超然。

鳳臺蕭（祝令郎吉席擊鉢吟作）

九層莫作避風思，嫋嫋音清月下吹。曲異春錫謳過市，聲如秋籟引來儀。
黃金燕國招賢事，白琯秦樓得壻時。願了向平完娶日，瑞呈彩羽韻參差。

獅山雅集戲作

卅載南洲慶，吟朋共駐車。詩題三唱美，獎品半名虛。
鄭榮唯難容，盧丘亦笑余。中餐兩包子，莫怪嘆無魚。

吟秋

金風送爽過山溪，拾句奚囊竟自攜。落葉疏林涼暗渡，平沙遠浦望低迷。
夕陽郊外蟬聲老，暮靄江頭笛聲淒。冷艷幽情行處得，剪蘆裁菊入詩題。

醉墨

渾沌壺中意不慵，題箋不覺筆悍松。命奚預置端溪硯，待我先傾琥珀鍾。
染翰陸機偏放逸，灞頭張旭更愚蠢。漫嗤酩酊顛狂態，一管臨池看露鋒。

七十書懷　三首

酬唱騷壇附驥隨，古稀自壽敢無詩。羊頭壓棄人偷巧，馬齒徒增世換移。
飲茗坊間評月旦，常花籬下感霜髭。早年未竟圖南夢，安得流光倒轉時。
稱觴喜滿草堂春，況值先嚴百歲辰。歷劫江山猶水火，投閒朝夕息風塵。
荒垣北郭懷追古，鮮介南寮餞入新。幸得荊妻相慰藉，愛憐垂老見情真。
塹城涼氣漸深秋，知孝兒添海屋籌。昏眼模糊懶書讀，吟腸枯索句搜求。
騁懷山野尋行樂，爭戰乾坤待化雛。耽詠不因才駑鈍，攀援附雅學風流。

大陸紀遊

廣州中山公園謁國父銅像

敲響中華革命鐘，羊城臥虎與藏龍。威儀巨像扶筇立，拜謁人來盡肅恭。

西湖花港為避雨脫隊數小時有感

花港空濛望欲迷，滂沱忽作落湯雞。誰憐失侶離群翮，寺詣雲林問準提。

黃昏遊蘇堤

夕照西湖水映藍，蘇堤風曳柳毶毶。孤山咫尺逋仙憶，梅鶴妻孥享美談。

重遊上海灘

舊地申江再度臨，洋場十里景消沉。無言似有難言隱，噤若寒蟬有苦吟。

上海豫園

皇宮氣派極豪奢，池閣亭臺巨宦家。壓搾民脂供揮霍，為官不負戴烏紗。

蘇州寒山寺

張繼楓橋夜泊舟，寒山寺共姓名留。巨鐘劫後無尋處，瀏覽松陰作紀遊。

登長城

防胡萬里築牢堅，企望朝堂保永年。累死民夫無所計，古來修治為當先。

秦陵（現只挖出兵馬俑三坑）

死後秦嬴尚獨尊，方圓卅里踞陵園。千秋帝業長生夢，都付山丘土一墩。

桂林蘆笛巖洞窟

巖窟名蘆笛，晶瑩一洞天。瓊英疑月殿，鐘乳若星躔。
耿耿多奇石，涓涓盡冷泉。何人開此境，太古住神仙。

漓江泛艇

靈秀山川譽桂林，插雲如筍聳遙岑。潺湲水若青羅布，峭拔峰成碧玉簪。
鮮美魚蝦供盛饌，欣然趣興發高吟。得天獨厚漓江景，不覺留連落日沉。

3. 劉進（1917.11.13～2006）

劉進字彥甫。新竹縣鳳岡曾秋濤氏之高足。曾任第二、三、四、六屆的竹北鄉鄉民代表，奉職於竹北農會。退休後專事吟詠，彥甫先〔註69〕，才思敏捷，詩學造詣深厚；平素幽默風趣，往來全臺詩壇競賽屢獲金牌，為擊缽吟之翹楚。嘗言「戶裡金牌已數斤〔註70〕，將貽後輩記詩文」曾任竹社社長。詩老鄭指薪悼黃祉齋輓聯首句云：「范（根燦）劉（彥甫）並秀筆超群，才望足資扶社運。」可見頗受老前輩推重。2006年赴召修文，享壽八十九歲。

彥甫先詩作雖多也為傳統詩壇的常勝軍，可惜並未集結成冊刊行，今其作品，僅存見於《塹城詩薈》中：

〔註69〕漢文詩學界常會尊稱老師為○○先。

〔註70〕傳統擊缽詩會，名列前茅者多以金牌獎勵，每面金牌重量，或二分、或三分、或五分不等。

敬步竹峰詞長夏日雜詩瑤韻　七絕六首

竹林痴老已寥寥，憶否風城別思迢。盛夏青湖波激灩，待公共玩到柴橋。
公本騷人脫俗紛，滯居花市待風雲。未秋倘動蓴鱸感。舊港魚鮮世所聞。
扶輪大雅建交情，久仰峰翁享盛名。暑氣薰人如入夢，思鄉定憶竹風聲。
寄園吟草捧吟中，茅塞頓開感不窮。佳句沉迷忘是暑，先生惠我好薰風。
鄉情話舊事頻提，愛我未嫌品生低。避暑如歸新竹市，潛園北郭任留題。
提唱騷風不厭煩，結成蓮社樹東垣。應邀初夏參高會，詩作荷香篆寄園。

歸耕（紀念退休擊鉢）

解組惟應梓里回，宋荒三徑日追陪。歸如元亮應思菊，隱似逋仙為愛梅。
在野仍懷鴻鵠志，伴樵定識棟樑材。山居敢望同諸葛，老圃寧無將相才。

新瓜

初熟金瓤遍地金，孫園邵圃日追尋。掛冠乍食東陵種，先沁詩脾繼沁心。

待考生心聲

子女成龍鳳，深懸父母心。精神擔力大，功課用工深。
廢寢熬長夜，忘餐補寸陰。如能膺鶚荐，報國獻忠忱。

斌峰吾兄千古

丁卯春分返玉京，大觀痛失主詩盟。交遊翰墨芳型仰，管領騷壇美譽宏。
術擅三奇揚國粹，才高八斗振家聲。校書無復登天錄，薪火吾宗永耀明。

敬步峰老八十書懷原玉並請郢政　七律二首

懸弧令旦滿堂紅，壽宇宏開愜素衷，步韻敲詩於竹北，稱觴祝嘏向瀛東，
杖朝身健精神爽，釣渭人侔歲月同，松嶺長青峰不老，吹噓本藉塹城風。

誰無歲月鬢毛催，大耋欣然祝嘏來，好客公承湖海志，和詩我愧斗筲才，
理宜道賀洄瀾去，情摯歡迎塹邑回，但願春秋添廿載，期頤再獻菊花杯。

敬步文淵詞兄七十自述原玉　七律四首

期頤再待答天恩，先祝稀齡叩德門。矍鑠精神增逸興，研磨翰墨著箴言：
騷人詩頌南山壽，潭府筵開北海樽。今屆扶鳩應一醉，冬晴華誕律吹暄。

騷壇吒咤慕先生，壯志隨同健筆橫。壽宇鴻禧天錫福，稀年燕賀客輸情。
詞章俊逸籠紗仰，文字交遊倒屣迎。所欲籲心吟抱膝，滄桑那管幾回更。

懸弧令旦近春回，海屋籌添歲月催。憂世耽詩同子美，匡時脫俗繼文開。
羨公擁有探驪手，愧我偏無倚馬才。為頌岡陵尋好句，九如章合並抄來。

與談勝讀十年書，豪爽胸懷孰比如。志節清高崇令望，才名洋溢博嘉譽。
稱觴酒勸騷壇客，祝嘏詩賡處士廬。家傍壽峯人亦壽，好栽五柳伴安居。

敬和陳輝玉詞長六十感賦瑤韻

豪氣元龍湖海深，杖鄉杖履樂行吟。添籌雅士欣週甲，製藥醫人好用心。
創業羨公才可仰，和詩愧我句難尋。交遊志繼遵投轄，直讓精神值萬金。

仝

懸弧令旦值良辰，頌獻南山慶六旬。閱歷春秋人不老，週回甲子壽重新。
騷壇吒咤昌詩盛，藥廠經營救世真。戲綵兒孫欣滿眼，穎川門第樂天倫。

吟秋

蛩鳴窗外韻清淒，抱膝蕭蕭誦白圭。叉手呵成三伏盡，撚鬚咏就百篇齊。
黃花老圃添騷興，紅葉新詩作品題。嘯傲煙霞堪養晦，何須歸去賦來兮。

偕老

華燭搖紅五彩光，龍山佳偶匹鴛鴦。唱隨願到頭盈雪，歡洽仍基髮滿霜。
在御瑟琴同靜好，和鳴鸞鳳共翔翔。百年伉儷成人瑞，鑽石金婚再整觴。

長青公園春禊

長青松柏蔭名園，攜屐來遊雅誼敦。詩興勃邀蓮社侶，酒酣笑問杏花村。
江山錦繡鴻留爪，風雨交加客斷魂。勝會蘭亭欣有繼，南州旗鼓震乾坤。

春宵

金爐香燼已深更，剪燭西窗未了情。月有光時花有影，燈無暗處火無聲。
晚風吹並鞦韆動，夜雨敲同鼓樂鳴。法善虹橋無幻景，霓裳一曲聽分明。

4. 范天送（1922.11.14～2005）

范天送字炯亭，號賢竹，為指墨畫家范耀庚〔註71〕之子，竹社社員。前
美術協會理事長；擅詩、書、畫。姊侃卿、女素鑾均以畫出名。2005 年赴召
修文，享壽約八十三歲。炯亭先生溫文儒雅秉性敦厚，惜其作品未集結成冊
刊行，僅存見於《塹城詩薈》中：

〔註71〕 日據時期竹市南門街「六也書房」塾師。

荷風

解慍陂塘興不窮，清香時送一池中。亭亭飄處玲瓏巧，習習吹來造化功。
恰似美人留艷影，亦如仙子遞薰風。愛渠豈讓濂溪說，附世趨炎笑夏蟲。

倚欄望海

波光潋灩接天涯，獨倚欄杆興益賒。大廈落成輝白地，高堂美奐燦莊家。
遙看舊港濤翻石，俯眺溪州水洗沙。極目潮流青一色，漁歌聲裡夕陽斜。

華夏（祝李春生詞兄大廈落成）

爲賀喬遷燕子飛，豪華巧構綠庭圍。洋樓瑞氣輝金碧，莫笑青蓮醉筆揮。

接花

分株異種轉何難，揀選新枝續雅觀。花國太醫桃改李，居然生意滿欄干。

戒殺生

佛教慈悲感萬分，不因食宰獸魚群。婆心我亦屠門勸，好誦金經貝葉文。

關壯繆

浩然正氣振綱常，道德威儀萬世揚。亦兔追風心自壯，青龍破敵志猶昂。
扶劉勇結君臣義，興漢功同日月光。士宇三分期統一，風雲猶自急荊襄。

5. 曾煥灶（？）

曾煥灶字克家，竹北新社人。精勘輿之術亦耽吟詠，文采風流爲曾秋濤
[註72] 之門生，後入「竹社」。先生雖溫文儒雅克己復禮，具客家子弟硬頸
精神，惜其作品未集結成冊刊行，僅存見於《塹城詩薈》中：

慶祝新竹開拓二百八十年

世傑來臺得地新，墾成竹塹大功臣，除荊斬棘同嘗苦，戴月披星共忍辛；
圳鑿通流兼佈政，田耕播種且移民，於今二八零年慶，一代勳勞啓後人。

迎曦門懷古

曙景晨光氣象和，城圍堅戶避干戈，回思世傑風城在，雉堞全非跡可歌。

忠孝節義

人生守五常，莫逆結劉張，碧血丹心壯，貞忠勁節揚，
讓梨欽孔裔，扇枕感黃郎，扶漢崇關羽，千秋正氣剛。

〔註72〕 曾秋濤（約爲 1890～1957），字壽三，日治末期曾依堂號改名三省，新竹郡舊
港庄貓兒錠字拔子窟人，祖籍泉州同安。少時師事曾逢辰，後參加竹社耕心
吟社，受教於舉人鄭家珍。

華夏

構造朱欄百尺巍，堪誇烏革盡鞏飛，竹苞松茂騷人賀，也效青蓮健筆揮。

書巢

詩文萬卷陸游儲，大腹便便滿腹舒，烏宿林泉經貯閣，斗牛學貫有誰如。

6. 黃煥南（1922.12.20～2003）

黃煥南字景星，新竹北門人氏，少有才名，漢文師承竹北曾秋濤，後經劉彥甫推薦加入「竹社」。日據時期曾任新竹州圖書館管理員，臺灣光復初期任北門國小教師，後因積勞成疾去職調養。景星先生事親至孝，未婚娶，終生陪伴父母；嘗言：「事親，當存誠敬之心，養生送死乃人子之責。」其詩作雖多，惜隨寫隨棄，並未集結成冊刊行，《塹城詩薈》中亦僅見存三首：

接花

新枝纏續舊枝端，抄手移春儘改觀。魏紫姚黃彈指現，洛陽煙景賞何難。

慶祝新竹開拓二八○年

披荊斬棘憶先人，二八○年感慨頻。赤手開荒憑奮發，丹心墾殖耐艱辛。
移屯拓地先前史，鋤土芟蕪步後塵。慶祝追懷王世傑，至今德被萬家春。

扇市

馬龍車水盡趨東，蓬羽蒲葵叫賣空，爭購素紈緣底事，頻揮淡掭為生風。

7.「竹社」中生代的詩人，詳見「附錄四」。

（三）民國八十九年（2000）重新立案後的竹社同人

從大正十二年（1923）至昭和十七年（1942），算是全臺詩風最盛的時期。而那時的新竹地區在短短廿年間，新增了十數所詩社〔註73〕。如：耕心吟社（1923）、青蓮吟社（1925）、大同吟社（1926）、讀我書社（1929）切磋吟社（1930）、竹林吟社（1931）、漁寮吟社（1932）、來儀吟社（1932）、南瀛吟社（1933）、大新吟社（1934）、柏社（1935）、聚星詩學研究會（1937）、鋤社（1937）、柏社同意吟會（1940）、竹風吟會（1942）竹市朔望吟會（1942）、敦風吟會……等。民國廿八年（1939），竹社老社長鄭養齋先生去世後，竹社遂不置長，改由總幹事綜理社務。至民國八十八年（1999）約六十年之

〔註73〕 詳見《詩報》

間，先後歷經羅百祿、鄭蘊石、陳竹峰、李子俊、謝森鴻、許炯軒、謝景雲、郭茂松、黃祉齋、張奎五、劉彥甫、范根燦、蘇子建等諸位先生掌理社務。民國八十九年（2000）重新立案後的「竹社」同人們詳見以下（表廿三）：

表廿三：民國八十九年（2000）重新立案後的竹社成同人們

公元年	民　國	詩社名	主持人	成（社）員
2000	89 年 5 月 13 日至 93 年 8 月 20 日	重新立案後的第一屆竹社	理事長：蘇子建（鶴亭）總幹事：武麗芳	劉　進、范根燦、范天送、黃煥南、李春生、蘇子建、林炳南、武麗芳、董忠司、劉秀美、陳秋月、陳秀景、馬錦鷺、林麗春、林鳳玉、林鴻生、姜若燕、馬梅玲、城淑賢、林益申、鄭乃蓉、李秉昇、許錦雲、徐素英、呂淑蓮、蔡婉綏、張震天、林哲生、張萬福、林嘉湧、林蔡振、林志芬……等 55 人〔註 74〕
2004	93 年 8 月 20 日至 98 年 1 月 7 日	重新立案後的第二屆竹社	理事長：林鴻生總幹事：李秉昇	蘇子建、李春生、林炳南、武麗芳、蔡瑤瓊、林鴻生、許錦雲、林素娥、黃國津、李旭昇、黃　瓊、王盛臣、林哲生、柯銀雪、洪玉良、陳千金、李枝樺、林明珠、陳獻章、張秋男、呂淑蓮、李秉昇、姜若燕、張萬福、林嘉湧、林蔡振、馬梅玲、林鳳玉、林志芬……等 65 人〔註 75〕。
2009 ～ 2013	98 年 1 月 7 日至 102 年 1 月 16 日	重新立案後的第三屆竹社	理事長：蔡瑤瓊總幹事：李秉昇	蘇子建、李春生、蔡瑤瓊、武麗芳、許錦雲、林素娥、李旭昇、黃　瓊、王盛臣、柯銀雪、洪玉良、李秉昇、陳千金、林哲生、李枝樺、林明珠、吳身權、吳湘汝、曾炳炎、黃郭錠、廖淑眞、連玩珠、侯斐媛、李光聲、呂淑蓮、鍾奇昇、林益申、莊肇嘉、吳身權、鄭月中、應正雄……等 60 人〔註 76〕。
2013 ～ 2017	102 年 1 月 16 日至 106 年 1 月 18 日	重新立案後的第四屆竹社	理事長：李秉昇總幹事：武麗芳	蘇子建、李春生、蔡瑤瓊、武麗芳、李秉昇、王盛臣、洪玉良、許錦雲、曾炳炎、柯銀雪、黃　瓊、林明珠、陳千金、李旭昇、林哲生、楊文欽、吳身權、蔡松根、李枝樺、林素娥、廖淑眞、連玩珠、莊肇嘉、林益申、林秀華、黃郭錠、蔡佳玲、侯斐媛、李光聲、林淑芳、古自立、曾文欽、姚美玉、范德意、郭淑珠、謝杰儒、謝杰龍、鄭月中、戴錫銘、張癸鑾、吳湘汝、林柏丞、吳春梅、蔡塡玉、蔡有義、陳建興、陳獻章、周雪玉、周有敏、江林玉英、鍾奇昇、彭桂連、張秋男、蘇有田、鄭欽銘、應正雄、姚文卿、彭文杏、柯意如、許偉隆、王麗娟、呂淑蓮、林志芬……等 68 人〔註 77〕。

〔註 74〕詳見竹社 89.5.13 第一屆成立暨第一次社員大會手冊。
〔註 75〕詳見竹社 93.8.20 第二屆第一次社員大會手冊。
〔註 76〕詳見竹社 98.1.7 第三屆第一次社員大會手冊。
〔註 77〕詳見竹社 102.1.16 第四屆第一次社員大會手冊。

小結

　　民國八十年間，新竹市文化中心成立。適逢王世傑先生開拓竹塹三百週年紀念，文化活動連年展開，「竹社」同人受邀參加吟唱發表會。蘇子建老師編著的《塹城詩薈〔註78〕》一書上下兩冊，也蒙新竹市立文化中心付梓問世。而為了漢文薪傳與竹社的永續經營，竹社同人即順應潮流配合政府「人民團體法」的規定，於民國八十八年（1999）十一月正式向新竹市政府提出籌組立案申請，並於民國八十九年（2000）年五月十三日舉行成立暨第一屆第一次社員大會，六月五日獲頒人民團體立案證書（八九府社團字第三六五九九號），終於在政府輔導人民團體的行列中取得正式身分證了；所謂名正則言順，言順則事成，接續而來的則是漢詩研習、鄉土語文課程的推廣與活動；此時的「竹社」同人更是倍感責任之重大，但想起日據時期前輩鄉賢詩人們窮則獨善其身，達則兼善天下，與雖千萬人吾往矣的種種風範，真的是敬佩拜服之至。雖然現今主客觀環境已經改變，然而不一樣的時代，也有不一樣的困難與挑戰，但同樣的是，「竹社」同人將會承緒前輩詩人之遺風，在地深耕（生根）繼續鄉詩俚諺采風情的文化播種與薪傳。

〔註78〕《塹城詩薈》新竹市立文化中心於民國 83 年 6 月出版。

第七章 結 論

一、研究成果

　　從清領、日據到臺灣光復，新竹詩壇始終騷風持續，縱使到了今天塹城諸詩社已汩沒於時代洪流裡，而獨獨只有「竹社」一百五十四年來依然屹立於滾滾紅塵當中；始終默默扮演著保存鄉音，及漢文化傳承的書生角色。雖然因時代變遷，傳統雅緻的古典詩學迭遭漠視，同時也面到臨到時代嚴峻的挑戰。幸而在本社前輩詩人與社員們有志一同，相互砥礪及努力推廣下，一些對傳統文化有興趣的中青代，紛紛加入行列，爲「竹社」注入新血，使我們在詩學的道路上，不止看到了「曙光」，更感受到了別有眞意的赤子心鄉土情。本論文就在此道「曙光」的引領下，沿線探索對從傳統到現代的新竹地區詩社進行研究。

　　經由前面各章節的鋪陳敘述，吾人可以從中大略的了解新竹詩壇的古與今，並就第一章的研究動機與目的、範圍、題目、方法、限制到整個臺灣地區傳統詩社的概況，勾勒出從傳統到現代傳統詩文、詩社的發展軌跡；而從第二章清領時期竹塹地區的人文與詩社，即可得知宦遊士人筆下的北臺映像概貌，與竹塹地區的人文教育發展，同時對竹塹城兩大名園的興起與詩社的關係也能清楚連結。另外從第三章日據時期新竹地區書房與詩社，來探究那個年代的書房、詩社的概況，同時亦可了解何以日據時期官方會有如此積極的懷柔政策，及雅懷詩興擊缽吟的盛行，而新竹城各詩社又如何以文化傳承作爲生命的連結。

　　而從第四章日據時期新竹地區詩社，與第五章日據時期新竹地區詩社中的文教雙英，來剖析日據時期從新竹地區詩社，與面對林園百感生的老竹社詩人，他們如何尋找生命的活泉，到「竹社」枝葉「竹梅詩魂——鄭雪汀」的「耕心吟社」與《耕心吟集》，葉文樞秀才與「讀我書齋」——「讀我書吟社」，及北臺大儒張純甫先生與「柏社」，再到新竹城詩人們的行吟，便能了解日據時期新竹地區詩社詩人們概況。其後第六章現代竹社，從臺灣光復後的竹社詩人，與爲延一脈斯文創刊「臺灣心聲報社」，並持續社際間的聯吟；但因主客觀環境的改變，傳統詩社與漢詩式微；「竹社」因應時代變遷重新立案取得社團法人資格；並賡續前輩詩人遺風，積極辦理雅韻薪傳閩南語漢詩、讀經研習班，更多次配合新竹市政府舉辦暨參與全國詩人聯吟、徵詩、學術等活動，此外主動積極鑽研鄉土記憶，同時出版鄉土文化書籍、教材 與竹社課題、閒詠詩集等。

　　透過以上發展概況的介紹與詩社詩人的活動樣態的說明，可以得知從傳統到現代，新竹地區詩社的活動與發展，而第七章結論在前面六章論述的結果基礎下，嘗事勾勒本地詩社發展史的脈絡，並凸顯幾經風雨的新竹地區詩社，對傳統的人文、漢詩、鄉土文化的薪傳是極有貢獻的。而歷經一五四年浴火重生的竹社，不止是新竹地區碩果僅存的百年詩社，也是中華民國最古老的詩社；因此亦可確立新竹詩社在臺灣詩社發展史上的地位與價值。

　　綜合上述，在內容上，本論文對於從傳統到現代新竹地區詩社研究已有初步結果，此亦有助於廓清曾是北臺文化重鎮—新竹地區詩社史上的部分遺迷，而在論文的形式上，本文作爲地方學中對跨越時空三個時代〔註1〕，比中華民國年紀還大多多的臺灣最古老的詩社研究而言，也是首次的嘗試，筆者也衷心期盼此論文能夠提供未來有志於此方面的人在撰稿時的參考。

二、研究價值

　　臺灣傳統詩社研究的風潮，實拜鄉土文學抬頭之影響，從 1979 年王文顏的《臺灣詩社之研究》、1981 年廖雪蘭的《臺灣詩史》、1986 年鍾美芳的《日據時代櫟社之研究》、1999 年吳毓琪的《南社研究》、2000 年張作珍的《北港地區傳統詩社研究》、2001 年蘇秀鈴的《日治時期崇文社研究》、2001 年王幼華的《日治時期苗栗縣傳統詩社研究——以栗社爲中心》、2001 年曾絢煜的《栗

〔註 1〕清領時期、日據時代、中華民國現在。

社研究》、2002 年陳芳萍的《彰化應社及其詩作研究》、2003 年王玉輝的《日據時期高雄市詩社和詩人之研究—以旗津吟社爲例》、2003 年張端然的《日治時期瀛社之研究》。2004 年潘玉蘭的《天籟吟社研究》、2005 年高雪卿的《臺灣苗栗地區古典詩研究》、2009 年黃宏介的《南投地區民間現存傳統詩社研究》……。這些學位論文能夠如此遍地開花的發展出來，顯而易見的是漢文詩社在臺灣古典文學的發展史上有其一定的分量與影響；因此本文從事跨越三個時空年代（清領、日據。國民政府）從傳統到現代新竹地區詩社研究，對漢文詩學與對鄉土文化的保存，及對近年興起的地方「新竹學」的建構與發展必有助益。

其次是過去新竹地區傳統詩社的研究眞的極少，本文論述的建構著實經歷從無到有的過程，而研究期間莫過於詩社、詩家、作品等相關資料的蒐尋，但也確因年代久遠老成凋零，私家珍藏的相關資料早已煙滅不存，所幸拜科技網路資訊之賜，得以從《漢籍全文資料庫》、《臺灣文獻叢刊》、《古漢語語料庫》、《臺灣文學館》……等處蒐尋汲取資料整理分析及運用；再加上筆者常年往來詩社，與長期的田野調查，及親訪與此相關的詩社大老，如范根燦（已逝）、劉進（已逝）、張國裕（已逝）、黃宏介（已逝）、黃冠人、莫月娥、蘇子建、李春生、簡華祥、林正三……等詞長，均能提供其所知與雖不完整的相關資料，但對本文的撰寫眞的幫助很大；至於散落於其他地方的部分資料或文稿，則有待未來的努力了。

三、研究展望

誠如前述，從傳統到現代新竹地區詩社的研究，可爲「新竹學」的研究奠定鄉土文化基礎；是以繼本文之後，希望能在未來的時間與空間裡，擴展至整個臺灣各地詩社研究的聯結，如此一來必能更確切的掌握，從傳統到現代整個臺澎金馬地區各地詩社的狀況；而對臺灣文學的發展與地方學的建構，自然是有其意義，特別是新竹學的深根與定位。

而對於目前的古典詩社，期待依舊能夠保持既有的優良傳統：

（一）以文會友揚風挖雅

詩本是抒發情感的文學作品，其實並無關所謂的傳統與現代；好的「詩作」在於情感豐富，有血有肉，而不只是文字的堆疊而已。傳統詩可說是在浩瀚的墨海當中，最精緻的文學創作。若從《詩經》算起，在華文社會中也

有著三、四千年的歷史；而所謂創作，亦即是作者將深入日常生活中所蒐集到的素材，經過觀察、體驗、分析、類化等程序後，再利用形象思維，透過審美意識和藝術技巧而加以錘鍊、修飾、重組所創造出來的藝術作品而已。臺灣數百年來的傳統文學即是以古典漢詩為主流，我們從各臺灣各地詩社的《吟集》乃至現今「竹社」《松筠集》一、二、三集的陸續出版，便可以看出傳統詩人以文會友揚風挖雅溫柔敦厚的情懷。因為鄉詩俚諺與歌謠本就是，歷史的紀錄與生活的見證，也是社會現象的反映與投射，更是個人或群體的情志體現，他雖隱於民間，卻也是充滿著生命力，這當中包含著臺灣的鄉土聲音；是前輩們的經驗與智慧結晶，小為人類感情的共鳴與人生的體悟，以此推廣更得以鑑往知來品味人生，對社會與未來肯定會有很大的助益，而社會也將不再是物質充斥滋滋擾擾滾滾紅塵了。

　　新竹地區從傳統到現代碩果僅存的「竹社」因重新立案而再生，我們以新舊並陳的方式，即以古典為根現代為幹，來深耕鄉土；雖然過去的臺灣傳統詩大都以擊鉢吟、課題為主，同一題目，動輒數百首；又因為題材、體韻的限制，「作品」會常如一個模子使出來的，往往僵化或味同嚼蠟。因此有人就認為這種傳統詩是一無可取，甚至還有人認為詩會的擊鉢吟或詩社的課題都因有命題和限韻，除了限制自由創作的意志外，也往往造成非倚賴命題限韻就無從落筆的膚淺看法；殊不知擊鉢吟的宗旨主要是在「以文會友」，且擊鉢聯吟是「會友」場中最熱烈與精彩的餘興節目，同時對獎掖後學是極有助益的；雖然擊鉢吟中之詠物詩，受到的非議最多，但是詩藝高超，如霧峰林痴仙〔註2〕的〈盆梅〉：「不辭風雲老天涯，傲骨偏遭束縛加。打破金盆歸瘦嶺，人間饒有自由花。」也是照樣可以將情感寄託於物的。

　　至於詩社按期舉行的課題習作，那也只是屬於學習中的一個環節，也是社友們之間的借比，以為進步程度的衡準而已；既不失「揚風挖雅」的基本精神，也無礙於作詩的宏旨。「竹社」有鑑於此，也希望這些活動、課題、學習，能夠綿延持續下去，這是推廣鄉土文化的責任，也是歷史的見證。是以重新立案後的「竹社」從第三任理事長蔡瑤瓊女史開始，所謂讀萬卷書行萬里路，除每周三.五固定的推廣課程外，更以他山之石可以攻錯，積極與全省各地詩社聯吟互訪，並首開先例，以日誌方式將「〈社員吟踪與活動記事」〔註3〕詳細記

〔註 2〕即林朝崧，台中「櫟社」創辦人。
〔註 3〕竹社理監事每屆四年，並以四年為一交接單位。

錄作爲家譜世系的歷史軌跡，有源有本代代相傳，這也將成爲「竹社人」與
鄉土文化的共同記憶（附錄七）。

（二）從傳統到現代與衷心的期待

本篇論文特別把竹社重新立案前的三社聯吟（附錄二）與立案後的三社
聯吟（附錄三）以及現代竹社同人對社會脈動的感懷與生活閒詠（附錄四），
予以整理，同時也把新竹地區傳統詩壇編年記事（附錄五）與新竹詩壇吟集
出版概覽（附錄六）及現代竹社的社員吟踪與活動記事（附錄七）分別呈現
出來，以方便未來更進一步的探討與研究。

「竹社」雖然「重生」了，在無限光環的引領下，走過「北郭煙雨」與
「潛園探梅」，從「新竹文風冠北臺」濟濟多士的「新竹諸詩社」，到「竹梅
吟社」，再到日據時期，爲存民族正氣，延一脈斯文而百家爭鳴的「新竹城眾
詩社」，這一路下來百轉千迴，亦如一部史詩，記憶著我們的城市與鄉土。古
人云：「左史記言，右史記事」，透過詩人的吟筆，點點滴滴 或如流水記帳的
記錄著生活的周遭，無論是點評、閒詠或是社會寫實，再或是私人的筆記感
想，如此累積下來，便是一個大環境的生活記憶與足已回味的歷史。當然這
有客觀也有主觀；但確是值得參考的。雖然，今天的社會跟過去有很多不同
的地方，讀歷史、懷古，或許有人會說不合時宜，然而 以上所說種種又何嘗
不是一種生命與生活的實質累積呢？

人們固然要活在當下向前看，但人文素養的提升與鄉土文化的固本培
元，才是絕對必要的。「竹社」的詩人們，用著敏銳或者直覺，筆耕紀錄當下，
有期許、有盼望、當然也有感懷，對現代生活與現代人來說，就是用一支筆
爲自己爲社會寫日記；其實這是很有意義且很有價值的江湖之作，與庶民文
學的元素。然而面對已經擁有一五四年歷史的老詩社，經過歲月的淬煉，也
努力經過再生，透過社會脈動的「曲」與 「張」，誠所謂我們要的是，緬懷
過去，面對現在，展望將來。也許有人會認爲「傳統詩社」，肯定會隨著時代
的潮流逐漸汨沒、消逝與老去；這也是現代竹社人，所面臨的不可承受地重，
就算是知其不可而爲之，也要勇往直前，向前邁進。山不轉路轉，總會有出
路的，這一百多年來不也就如此嗎？

記得四十多年前，華視有一部閩南語連續劇「嘉慶君遊臺灣」，內容雖是
稗官野史的鄉野傳奇，卻轟動全臺，究其原因，除了演員編劇是一時之選外，
應該是與其連續劇片頭主題曲，介紹臺灣古早地名有關：

嘉慶君遊臺灣詞 ／陳明華曲 ／東方白唱 ／黃秋田

古早屏東是阿猴，高雄又名是打狗，臺南古都赤崁樓，永康叫做埔姜頭。

白河舊時是店仔口，北斗土名是寶斗，人說臺西是海口，清水叫做牛罵頭。

新竹以前是新竹，嘉義舊名是諸羅山，隆田叫做番仔田，阿公店是叫做岡山。

竹山蕃薯上介讚，鹿港珠螺是名產，麻豆好吃是文旦，人講寶島是臺灣。

這樣的鄉土記憶，至今猶在我們這些四年級與五年級生的腦海裡迴旋。人們常常在說要加強鄉土教育，要落實文化深耕；然而所謂的「登高必自卑，行遠必自邇」，言猶在耳啊！一首民謠，一句俗諺，如果認真去探究起來，真的可說是人間處處皆學問，前人的智慧，隨時都在提醒著我們。

（三）衷心的期待

經重新立案吸納新血的「竹社」，歷屆的理事長們均各有所長，他們結合詩社同人的共同信念，為古典詩與鄉土文化的傳承深耕，在此特別提寫其因無他，實在是在今天這個急功近利的速食社會裡，能夠一路走來如此堅持的人真的不多了：

第一屆理事長蘇子建先生，他是省立新竹師範專科學校的畢業生，博學多聞，善詩書畫，列「風城詩界耆老之一」。在他的領導及以吟唱著譽的武麗芳總幹事協助下，辦過多場轟動的教師研習與吟唱活動，如「辛巳年塹城詩會」〔註4〕、民國九十年（2001）的「教師節孔廟祭孔學童吟唱詩詞活動」……等，重新打開了「竹社」的知名度，獲得很大的迴響，式微的「竹社」重展生機，邁步向前。民國九十二年（2003）出版「松筠集」一書，是重新立案後「竹社」的第一本刊物，詳錄當時社員的動態與詩作。

第二屆理事長林鴻生先生，臺灣師範大學畢業，書法堪稱一絕，其國學素養豐富，學有專精。總幹事李秉昇先生是通過國家考試的土木工程技師及消防工程師，國學底子深厚。一文一理搭配下，合作無間。竹社穩健成長、日益茁壯。並於民國九十五年（2006）辦理全國詩人大會復以「塹城采風」為次唱詩題，全臺五百位詩友唱和，並獲時任市長林政則先生的大力支持，此次詩會相當成功，亦受到騷壇人士的讚譽與肯定。民國九十七年（2008）年更廣徵全國騷朋惠詩，祝賀創社社長蘇子建老師八十大壽，並出版《桃李春風》一書。

〔註4〕2001 年 6 月 21 日於新竹孔廟辦理「辛巳年塹城詩會」。

　　第三屆理事長蔡瑤瓊女史國立新竹師範學院畢業，自民國九十八年（2009）一月，接掌第三屆社務以來，與李秉昇總幹事以永續經營爲目標，秉持「溫柔敦厚詩之教」的社訓，持續藉「新竹市關帝廟圖書館」及「興南里社區中心」兩處辦理古典詩學、鄉土語文與雅韻薪傳等教學研習，絃歌不輟。持續帶領「竹社」同人，參加全國各地的詩會活動，多方取經，彌補不足。民國一百零一年（2012）十二月十六日（星期日）假新竹市華麗雅緻國際廳舉開全國詩人聯吟大會。是日臺灣省府主席（前新竹市長）林政則先生暨新竹市許明財市長夫人均親臨大會致詞。會中藉詩題「世博風華在新竹」及「新竹車頭慶百年」，邀請全國詩人用生花妙筆爲塹城史頁留下瑰麗的詩章，成功的把家鄉行銷全國。

　　第四屆理事長李秉昇先生與總幹事武麗芳，自一百零二年一月　月十六日就任後，即以積極穩健的態度追隨前輩的腳步，持續推動鄉土文化，辦理「溫柔敦厚詩之教」的「雅韻薪傳」與「鄉詩俚諺采風情」的終身學習之社教推廣；並於一百零三年九月出版崧筠集第三集《古雅寄鄉詩》希望透過童謠、童詩、俗諺、古典文學與傳統詩，藉新溶舊，來美化人生世道，拓展江河視野；讓傳統詩社不再只是個人怡情養性直抒胸臆的桃花源。而是……人文素養的搖籃。

　　新竹地區在清領時期文風鼎盛，而到了日本據臺期間，這些文士詩人們，依舊抱持著民族氣節，爲維護祖國文化，傳授漢文，雖受盡異族的壓迫仍不改其志，而對鄉里的詩學，影響最深貢獻也最大的漢文塾師，要算是前清舉人鄭家珍、秀才葉文樞與張純甫他們三位了。由於他們的境遇很相似，即乙未（1895）割臺，功名路斷，內渡大陸原籍；爲漢文傳承與生計重返臺灣，最後鄭、葉二人卒於大陸原籍，只有張純甫先生，壽終於臺灣新竹故里，且子孫綿延令人稱羨。鄭家珍、葉文樞、張純甫他們皆分別於光緒年間，到日據時代加入塹城歷史悠久的「竹社」，活躍於新竹詩壇，馳名全省，在教學方面，更是深深的影響新竹地區的後輩詩人與生徒，對鄉土文化的紮根與傳承有著不可磨滅的功績。

　　而臺灣自光復以後，隨著時勢與客觀環境的轉變，他們卻逐漸的被時間所遺忘，幾將汩沒於時代的洪流之中；但是他們的子弟兵，早已深入各行各業發展。當鄉土文化再度抬頭的時候，「竹社」前輩詩人的徒子徒孫們，在新竹地區各詩社相繼消失之時，依舊挺而撐起漢文教育傳承的使命。只要想起

前輩詩人們所努力的一切，與當今社會的各種光怪離奇現象，我們總不免要疑惑，難到這就是廿一世紀我們所要的新人類社會嗎？儘管科技是如此昌明，科學園區、Ic 王國，但總覺得似乎還少了一些兒人文的素養！「溫柔敦厚」的古風究竟到哪去了？文化不是速食麵，臺灣再也不能永遠沉淪於殖民文化之下。曾經讀過陳之藩先生〈失根的蘭花〉這篇文章的人，都會深受感動。如果一個人他沒有根，也就好似一縷四處飄泊的靈魂，終究是會魂飛魄散消失得無影無蹤的。

如今雖然現實歸現實，但責任依舊是責任，不只是「竹社人」要承擔，我們也期盼政府相關部門與個人，能夠適度的重視傳統文化的復興與教育，「美不美山中水，親不親故鄉人」鄉土是自己的，溫柔敦厚的人文素養是來自於倫理與道德；政府真的是責無旁貸，而優質文化的發揚與傳統詩學的復興，也應要轉嫁至家庭與學校的基礎教育上，以培植孩子們厚實的國學基礎，「竹社人」會一步一腳印人繼續著前輩詩人們的未竟之業，要讓固有優良傳統詩學的復興，與樸質雅緻的詩風，紮根於新竹地區的鄉土文化之中。

總之，無論是從傳統到現代新竹地區詩社的探索，還是未來臺灣古今文學地圖的研究與發展，就過去的經驗已說明，儘管目前政府公部門已建置有《漢籍全文資料庫》、《臺灣文獻叢刊》、《古漢語語料庫》、《臺灣文學館》……等資訊網站，可免付費提供搜尋、借閱、使用，但有關傳統詩社、詩家、詩作的私人文史相關資料之取得，仍是會影響未來研究的順利與否；只是此類資料的尋覓往往也是可遇不可求的，但若能結合各地人力資源包括學界與民間力量多方努力，相信必能夠有所突破。例如國立新竹教育大學舉辦的第一屆臺灣竹塹學國際學術研討會（2013.11.8～10）會議宗旨即是：從「傳統新竹」到「現代新竹」，其論文集之收錄：「留取英華寫新竹」，為研究者提供寶貴的新竹學術參考文獻。當然也唯有在學院與民間通力合作下，1+1 大於 2 的效果必能彰顯出來；從傳統到現代新竹地區詩社研究，在學術的漫漫長路上，只是一個「起點」，一道「曙光」，但筆者確信這樣的「起點」與「曙光」，必能引領未來愛鄉愛土的新竹學術研究，因為在人性的底層，追求的依舊是詩教中的所謂的「溫柔敦厚」，亦可言之「美不美山中水，親不親故鄉人」啊！

參考文獻

一、史誌文獻類（依作者、編者姓名筆畫為序）

1. 王必昌：《重修臺灣縣志》，臺北：大通書局，1987 年。
2. 尹章義：《臺灣開發史研究》，臺北：聯經出版公司，1989 年。
3. 伊能嘉矩：《臺灣文化志》，臺中：臺灣省文獻會，1985 年。
4. 李元春：《臺灣志略》臺灣銀行經濟研究室，1958 年元月。
5. 林衡道主編：《臺灣史》臺灣省文獻委員會，臺北：眾文圖書股份有限公司，1966 年。
6. 波越重之：《新竹廳志》宋建和譯。新竹縣文化局，2015 年。
7. 周鍾瑄主修：《諸羅縣志》，臺灣文獻叢刊第一四一種。
8. 高拱乾纂輯：《臺灣府志》，臺灣文獻叢刊第六五種。北京：中華書局，1985 年。
9. 連雅堂：《臺灣通史》，臺北：黎明文化事業股份有限公司，2001 年。
10. 陳培桂纂修：《淡水廳志》，臺灣文獻叢刊第一七二種。臺中：臺灣省文獻委員會，1977。
11. 陳朝龍：《新竹縣采訪志》，臺灣文獻叢刊第一四五種。
12. 張谷誠《新竹叢誌》，新竹市：新竹市立文化中心，1996 年。
13. 張永堂總編纂：《新竹市志》卷五‧文教志，新竹：新竹市政府，1996 年。
14. 張永堂總編纂：《新竹市志》卷七‧人物志，新竹：新竹市政府，1997 年。
15. 張永堂總編纂：《新竹市志》卷八‧藝文志，新竹：新竹市政府，1997 年。

16. 黃旺成編撰：《新竹縣志‧藝文志》，新竹：新竹縣政府，1976 年。

17. 詹雅能編撰：《明志書院沿革志》，新竹：新竹市政府，2002 年。

18. 廖一瑾：《臺灣詩史》，臺北：文史哲出版社，1999 年。

19. 薛化元：《臺灣開發史》，臺北：三民書局股份有限公司，2003 年。

二、相關專書著作類（依作者、編者姓名筆劃為序）

1. 王松：《臺陽詩話》，南投：臺灣省文獻委員會，1994 年。

2. 王國璠：《臺灣先賢著作提要》，新竹：省立新竹社會教育館，1974 年。

3. 王國璠、邱勝安：《三百年來臺灣作家與作品》，高雄：臺灣時報社，1977年。

4. 宋澤萊：《臺灣文學三百年》，劉芳薇校釋，新北：INK 印刻文學生活雜誌，2011 年。

5. 吳文星：《日據時期臺灣社會領導階層之研究》，臺北：正中書局，1992年。

6. 吳在野：《河洛閩南語縱橫談》，臺北：東大圖書股份有限公司，1999 年2 月。

7. 吳俊雄：《竹塹城之沿革考》，新竹：新竹市立文化中心，1995 年。

8. 周婉窈：《臺灣歷史圖說》，臺北：聯經出版事業公司，1997 年。

9. 林正三：《臺灣古典詩學》，臺北：文史哲出版社，2007 年 7 月。

10. 林文龍：《臺灣的書院與科舉》，臺北：常民文化事業公司，1999 年。

11. 施懿琳、中島利郎、黃英哲、應鳳凰、黃武忠、彭瑞金：《臺灣文學百年顯影》，玉山社出版事業股份有限公司，2003 年 10 月。

12. 翁聖峯：《日據時期臺灣新舊文學論爭新探》，臺北：五南圖書出版，2007年 1 月。

13. 桑世昌：《蘭亭考》，中國浙江：人民美術出版社，2013 年 9 月。

14. 連橫：《臺灣詩薈》，臺中：臺灣省文獻會，1992 年。

15. 許俊雅：《臺灣文學散論》，臺北：文史哲出版社，1994 年 11 月。

16. 許雪姬 等 141 位：《臺灣歷史辭典》，行政院文化建設委員會發行，臺北：遠流出版公司，2004 年。

17. 陳榮村、洪德豪《竹塹潛園之建築研究》，臺北：胡氏圖書出版社 1995年 7 月。

18. 張德南：《新竹區域社會研究》，新竹：新竹市文化局出版，2010 年 12 月。

19. 黃美玲：《連雅堂文學研究》，臺北：文津出版社有限公司出版，2000 年5 月。

20. 黃美娥：《重層現代性鏡像：日治時代臺灣傳統文人的文化視域與文學想像》，臺北：麥田出版社，2004 年 12 月。

21. 黃朝進：《清代竹塹地區的家族與地域社會──以鄭、林兩家爲中心》，臺北：國史館，1995 年。

22. 詹雅能：《新竹文史研究論集》，臺北：知書房出版社，2012 年。

23. 鄭家珍：《客中日誌》詹雅能編校，新竹：新竹市文化局，105 年 12 月。

24. 鄭藩派：《開臺進士 鄭用錫》金門：金門縣文化局，2007 年 8 月。

25. 蘇子建：《鄉詩俚諺采風情──鄉音篇》，新竹：新竹市政府，2000 年。

26. 蘇子建：《塹城詩薈》，新竹：新竹市立文化中心，1994 年。

27. 龔顯宗：《臺灣文學研究》，臺北：五南圖書出版有限公司，1998 年。

28. 龔顯宗：《臺灣文學家列傳》，臺北：五南圖書出版有限公司，2000 年。

29. 龔顯宗主編：《沈光文全集及其研究資料彙編》，臺南：臺南縣立文化中心，1998 年。

三、詩文類 (依作者姓名筆劃爲序)

1. 王松：《友竹詩集》，高志斌主編，《臺灣先賢詩文集彙刊（第二輯）》，臺北：龍文出版社 1992 年影印〔日本〕昭和 8 年〔1933〕排印本《滄海遺民賸稿》第六冊。

2. 王詩琅：《王詩琅全集》，高雄：德馨室出版社，1979 年。

3. 李秉昇等：《桃李春風──賀蘇子建老師八十初度》，新竹：新竹詩社，2008 年 11 月。

4. 吳濁流：《濁流千草集》，黃哲永主編，《臺灣先賢詩文集彙刊（第四輯）》，臺北：龍文出版社 2006 年影印民國 52 年〔1963〕自印本第 4 冊。

5. 林占梅：《潛園琴餘草》徐慧鈺編校，新竹：新竹市立文化中心，1994 年。

6. 林鍾英：《梅鶴齋吟草》詹雅能、黃美娥編輯，新竹：新竹市立文化中心，1998 年。

7. 林伯燕主編輯註：《大新吟社詩集》，新竹：新竹縣文化局出版，2000 年。

8. 林伯燕主編選註：《陶社詩集》，新竹：新竹縣文化局出版，2001 年。

9. 范根燦：《元暉詩草》，新竹：政文印刷股份有限公司，1993 年 12 月。

10. 郁永河：《裨海紀遊》許俊雅校釋，臺北：國立編譯館，2009 年 6 月。

11. 洪寶昆編輯：《臺灣擊缽詩選》第三集，彰化：詩文之友社，1973 年。

12. 張純甫：《張純甫全集》黃美娥主編，新竹：新竹市立文化中心，1998 年。

13. 陳竹峰：《寄園吟草》黃哲永主編，《臺灣先賢詩文集彙刊（第四輯）》，臺北：龍文出版社 2006 年影印民國 62 年〔1973〕自印本第 19 冊。

14. 陳香：《臺灣竹枝詞選集》，臺北：臺灣商務印書館，2006 年 5 月。

15. 陳漢光編：《臺灣詩錄》臺中：臺灣省文獻委員會印行，1971 年。

16. 許錦雲等：《松筠集──古雅寄鄉思》第三集，新竹：新竹詩社，2014 年 9 月。

17. 郭茂松《有斐樓偶存稿（附續稿）》黃哲永主編，《臺灣先賢詩文集彙刊（第四輯）》，臺北：龍文出版社 2006 年影印民國 69 年〔1980〕自印本第 3 冊。

18. 曾笑雲編：《東寧擊缽吟前集》，臺北：龍文出版社，民國 2006 年。

19. 曾笑雲編：《東寧擊缽吟後集》，臺北：龍文出版社，民國 2006 年。

20. 黃國津等：《松筠集》第一集，新竹：竹社鄉音班，2003 年 12 月。

21. 蔡瑤瓊等：《松筠集》第二集，臺北：萬卷樓圖書股份有限公司，2013 年 4 月。

22. 蔡汝修編：《臺海擊鉢吟集》，臺北：龍文出版社，2006 年。

23. 鄭家珍：《雪蕉山館詩集》，臺北市：中華民國傳統詩學會出版，1983 年。

24. 鄭用鑑：《靜遠堂詩文鈔》詹雅能編校。新竹市：新竹市政府文化局，2001 年。

25. 鄭如蘭：《偏遠堂吟草》，臺北：龍文出版社，1992 年。

26. 鄭指薪：《指薪吟草》，臺北市：同文印刷有限公司，1990 年。

27. 鄭虛一：《虛一詩集》，臺北：龍文出版社，1992 年。

28. 鄭登瀛：《鄭十洲先生遺稿》，高志斌主編，《臺灣先賢詩文集彙刊（第二輯）》，臺北：龍文出版社 1992 年影印民國 56 年〔1967〕排印本第五冊。

29. 鄭鵬雲編：《師友風義錄》，臺北：廣文書局，1998 年。

30. 鄭家珍與生徒們《耕心吟集》，由魏經魁（伯梧）先生抄錄成集，未出版。

31. 鄭用錫：《北郭園詩鈔校釋》劉芳薇校釋，臺北市：臺灣古籍出版有限公司，2003 年。

32. 賴子清：《臺海詩珠》，臺北：龍文出版，2006 年。

33. 謝景雲、王秋蟬合集《聽見樹林頭的詩歌聲》詹雅能、黃美娥編校，新竹：新竹市文化局，2004 年 10 月。

34. 謝森鴻、謝麟驥合集《聽見樹林頭的詩歌聲》詹雅能、黃美娥編校，新竹：新竹市文化局，2004 年 10 月。

35. 顏國年發行：《環鏡樓唱和集》，臺北：株式會社臺灣日日新報社：1920 年。

36. 魏清德：《魏清德全集》黃美娥主編，臺南：國立臺灣文學館，2013 年 12 月。

37. 蘇子建：《雅懷詩興》，新竹：新竹市竹社，1991 年 7 月。

四、論文類

（一）學位論文（依畢業年度先後爲序）

1. 洪銘水：《日治初期重要的臺灣詩人》，東海大學中文所碩士論文，1961 年。

2. 王文顏：《臺灣詩社之研究》，政治大學中文所碩士論文，1979 年。

3. 廖一瑾：《臺灣詩史》，文化大學中文所博士論文，1981 年。

4. 鍾美芳：《日據時代櫟社之研究》，東海大學歷史研究所碩士論文，1986 年。

5. 許俊雅：《臺灣寫實詩之抗日精神——光緒二十一年～民國三十四年之古典詩歌》，臺灣師範大學國文所碩士論文，1987 年。

6. 蔡淵絜：《清代臺灣社會的領導階層》，臺灣師範大學歷史研究所碩士論文，1989 年。

7. 施懿琳：《清代臺灣詩所反映的漢人社會》，臺灣師範大學國文所博士論文，1991 年。

8. 陳丹馨：《光復前臺灣重要詩社作家作品研究》，東吳大學中文所碩士論文，1991 年。

9. 廖振富：《櫟社三家詩研究——林癡仙、林幼春、林獻堂》，臺灣師範大學國文所博士論文，1996 年。

10. 吳毓琪：《臺灣南社研究》，成功大學中國文學研究所碩士論文，1998 年。

11. 潘進福：《吳濁流的詩論與詩歌》，政治大學中文所碩士論文，1998 年。

12. 黃美娥：《清代竹塹地區傳統文學研究》，輔仁大學中文所博士論文，1999 年。

13. 張作珍：《北港地區傳統詩社研究》，南華大學文學研究所碩士論文，2000 年。

14. 曾絢煜：《栗社研究》，南華大學文學研究所碩士論文，2001 年。

15. 蘇秀鈴：《日治時期崇文社研究》，彰化師範大學中國文學教育研究所碩士論文，2001 年。

16. 陳芳萍：《彰化應社及其詩作研究》，清華大學中國文學系碩士論文，2002 年。

17. 張淑玲：《臺灣南投地區傳統詩研究》，中國文化大學中國文學研究所碩士論文，2002 年。

18. 張靜茹《以林癡仙、連雅堂、洪棄生、周定山的上海經驗論其身分認同的追尋》臺灣師範大學博士論文，2002。

19. 張端然：《日治時期瀛社之研究》，中國文化大學中國文學研究所碩士論文，2003 年。

20. 武麗芳：《日據時期竹塹地區施設研究》玄奘人文社會學院中國語文學系碩士論文，2003 年。

21. 何美慧：《大隘地區之文學研究》，玄奘大學中國語文學系碩士論文，2004 年。

22. 潘玉蘭：《天籟吟社研究》，臺灣師範大學國文所碩士論文，2004 年。

23. 謝崇耀：《日治時期臺灣詩話比較研究》，國立彰化師範大學中國文學教育研究所碩士論文，2004 年。

24. 張瑞和：《雲林興賢吟社研究》，國立雲林科技大學漢學資料整理研究所碩士論文，2006 年。

25. 黃宏介：《南投地區民間現存傳統詩社研究》中興大學中文所碩士論文，2009 年。

（二）**會議論文**（依作者、編者姓名筆劃為序）

1. 王幼華：〈清代竹塹文人查元鼎生平與著述考論〉，第一屆「竹塹學國際學術研討會」，新竹：新竹教育大學中國語文學系 2013 年 11 月。

2. 吳福助編輯：《明清時期臺灣傳統論文集》東海大學中國文系，臺北：文津出版社，2002 年 10 月。

3. 徐麗霞：〈臺灣清代八景的權力結構與回歸意涵——以「臺灣府八景」為例〉，「中國文學之學理與運用——紅樓夢國際學術研討會」論文，臺北：銘傳大學 2010 年 3 月。

4. 陳惠齡：〈地景歷史與敘事：竹塹文學的地方詮釋及其文化情境〉，第一屆「竹塹學國際學術研討會」，新竹：新竹教育大學中國語文學系 2013 年 11 月。

5. 陳惠齡主編：《傳統與現代——第一屆臺灣竹塹學國際學術研討會論文集》，臺北：萬卷樓圖書谷費有限公司，2015 年 5 月。

6. 黃美娥：〈發現「魏清德」的意義——《魏清德全集》導論〉，第一屆「竹塹學國際學術研討會」，新竹：新竹教育大學中國語文學系 2013 年 11 月。

7. 詹雅能：〈臺灣擊缽吟的推手——蔡啟運生平事蹟及其詩社活動探析〉，第一屆「竹塹學國際學術研討會」，新竹：新竹教育大學中國語文學系 2013 年 11 月。

（三）**期刊論文**（依作者姓名筆劃為序）

1. 毛一波：〈臺灣的文學簡介〉，《臺灣文獻季刊》26 卷 4 期，1976 年 3 月。

2. 吳文星：〈日治時代臺灣書房之研究〉，《思與言》第 16 卷第 3 期，1978 年 9 月。

3. 李美燕：〈林占梅琴詩中的遊藝生活及美感意境〉，《中國學術年刊》24 期，2003 年。

4. 徐慧鈺：〈高吟四座互飛觴——話潛園詩酒盛會〉，《竹塹文獻》，6 期，新竹市：新竹市立文化中心，1998 年 1 月。

5. 黃秀政：〈書院與臺灣社會〉，《臺灣文獻季刊》26 卷 3 期，1975 年 9 月。

6. 黃美娥：〈新竹地區傳統文學史料存佚現況〉，國家圖書館館刊第 86 卷第 1 期，1997 年 6 月，頁 117～137。

7. 黃美娥：〈臺灣古典文學史概說（一六五一～一九四五）〉，《臺北文獻》151 期，2005 年 3 月。

8. 黃美娥：〈戰後初期的臺灣古典詩壇（1945～1949)〉，收入《二二八事件 60 週年紀念論文》，2008 年。

9. 廖漢臣：〈臺灣文學年表〉，《臺灣文獻》第 15 卷第 1 期，1964 年 3 月。

10. 廖一瑾：〈臺灣古典詩社、詩刊現況〉，《文訊》188 期，2001 年 6 月。

11. 鄭喜夫：〈鄭雪汀先生年譜初稿〉，《臺灣文獻季刊》42 卷 1 期 1991 年 3 月。

12. 賴子清：〈古今臺灣詩文社〉《臺灣文獻季刊》11 卷 3 期 1960 年 9 月。

五、報刊雜誌類（依出版時間先後排序）

1. 《臺灣日日新報》，國立中央圖書館臺灣分館館藏，1898 年～1944 年。

2. 《昭和新報》，臺灣大學圖書館館藏，1929 年～1938 年。

3. 《南瀛新報》，臺灣大學圖書館館藏，1930 年～1937 年。

4. 《心聲》月刊，臺灣心聲報社，新竹：一共發行六號 1946 年 7 月至 1947 年 1 月。

5. 《詩文之友》，國家圖書館期刊影像資料庫，1953 年～1988 年。

6. 《中華詩苑》，國立中央圖書館臺灣分館館藏，1955 年～1960 年

7. 《中華詩學雜誌社》季刊，臺北：中華詩學研究社，文化大學中文所編輯，1969 年迄今。

8. 《古典詩刊》月刊，臺北：中華民國古典詩研究社，1990 年發行迄今。

9. 《中華詩壇》雙月刊。雲林：中華民國傳統詩學會，2001 年發行迄今。

10. 《詩報》合訂本（1930～1944），臺北：龍文出版社，2007 年。

六、其他（依筆劃為序）

1. 井出季和太：《日據下之臺政》，郭輝編譯，臺北：海峽學術出版社 2003 年。

2. 王詩琅：《三年小叛五年大亂——臺灣社會變遷》，臺北：海峽學術出版社出版，2003 年 4 月。

3. 古野直也：《臺灣代誌》謝森展譯，臺北：創意力文化是業有限公司 1995 年。

4. 《竹塹百年發展口述歷史‧耆老座談紀錄輯叢誌》，新竹市：新竹市立文化中心，1996 年。

5. 恮我氏：《百年見聞肚皮集》，新竹：新竹市立文化中心，1996 年。

6. 《新竹耆老訪談專輯》，新竹：新竹市政府，1993 年。

7. 《臺灣列紳傳》，臺北：日據時期臺灣總督府發發行 1916 年。影印本。

8. 《臺灣歷史年代對照表》國史館臺灣文學館，南投：南投中興新村。

9. 《臺灣重要史事年表》國史館臺灣文學館，南投：南投中興新村。

10. 楊雲萍：《臺灣史上的人物》，臺北：成文出版社，1981 年。

11. 連雅堂：〈臺灣詩社記〉《臺灣詩薈》南投：臺灣省文獻委員會，1992 年。

12. 鄭鵬雲編：《浯江鄭氏家乘》，臺中：臺灣省文獻委員會，1978 年。

13. 蘇子建編註：《塹城詩社雅集》，新竹市：竹社，2000 年。

14. 蘇子建編註：《塹城雅集擊缽錄》，新竹市：竹社，2001 年。

15. 蘇子建編註：《竹塹詩社錄》，新竹市：竹社，2002 年。

16. 蘇子建編註：《蕭獻三先生吟稿拾錄》，新竹市：竹社，2002 年。

17. 蘇子建編註：《葉文樞先生吟稿拾錄》，新竹市：竹社，2003 年。

七、電子資料庫

1. 中央研究院漢籍電子文獻 hanji.sinica.edu.tw/

2. 臺灣文藝叢誌資料庫 http：//140.125.168.74/literaturetaiwan/WenYi/main.html

3. 全臺詩‧智慧型全臺詩資料庫 http：//www2.nmtl.gov.tw/twp/

4. 國家文化資料庫 http：//nrch.cca.gov.tw/ccahome/index.jsp

5. 臺灣文獻叢刊 http：//hanji.sinica.edu.tw/

6. 臺灣古典漢詩 http：//cls.hs.yzu.edu.tw/cp/Home.htm

7. 新竹市文化局 www.hcccb.gov.tw/

附　錄

附錄一：日據時期歷任駐臺灣總督表（附民政長官）

總　督	任　期	民政長官	任　期
1. 樺山資紀	1895、5、10 ～ 1896、6、2	水野遵	1895、5、21 ～ 1897、7、20
2. 桂太郎	1896、6、2 ～ 1896、10、14		
3. 乃木希典	1896、10、14 ～ 1898、2、26	曾根靜夫	1897、7、20 ～ 1898、3、2
4. 兒玉源太郎	1898、2、26 ～ 1906、4、11	後藤新平	1898、3、2 ～ 1906、11、13
5. 佐久間左馬太	1906、4、11 ～ 1915、5、1	祝辰巳	1906、11、13 ～ 1908、5、22
		大島久滿次	1908、5、30 ～ 1910、7、27
		宮尾舜治（代理）	1910、7、27 ～ 1910、8、22
		內田嘉吉	1910、8、22 ～ 1915、10、20
6. 安東貞美	1915、5、1 ～ 1918、6、6	下村宏	1915、10、20 ～ 1921、7、11
7. 明石元二郎	1918、6、6 ～ 1919、10、26		
8. 田健治郎	1919、10、26 ～ 1923、9、2	賀來佐賀太郎	1921、7、11 ～ 1926、9、19
9. 內田嘉吉	1923、9、2 ～ 1924、9、1		
10. 依澤多嘉男	1924、9、1 ～ 1926、7、16		
11. 上川滿之進	1926、7、16 ～ 1928、6、16	後藤文夫	1926、9、22 ～ 1928、6、26
12. 川村竹治	1928、6、16 ～ 1929、7、30	河原田稼吉	1928、6、26 ～ 1929、8、3
13. 石塚英藏	1929、7、30 ～ 1931、1、16	人見次郎	1929、8、3 ～ 1931、1、16
14. 太田政弘	1931、1、16 ～ 1932、3、2	高橋守雄	1931、1、17 ～ 1931、4、14
		木下信	1931、4、15 ～ 1932、1、12
		平塚廣義	1932、1、13 ～ 1936、9、2
15. 南弘	1932、3、2 ～ 1932、5、26		
16. 中川健藏	1932、5、26 ～ 1936、9、2		
17. 小林躋造	1936、9、2 ～ 1940、11、27	森岡二郎	1936、9、2 ～ 1940、11、26
18. 長谷川清	1940、11、27 ～ 1944、12、30	齋藤樹	1940、11、27 ～ 1945、1、5
19. 安藤利吉	1944、12、30 ～ 1945、8	成田一郎	1945、1、6 ～ 1945、8

　　以上表列駐臺總督其中以第四任兒玉源太郎、第八任田健治郎、第九任
內田嘉吉、第十一任上川滿之進（1896－1928）與當時臺灣的傳統文人、詩
社多有唱酬往來。

附錄二：竹、澹聯吟到竹、澹、蘆三社聯吟

（本表參照竹社第三屆理事長蔡瑤瓊女史節錄自「詩文之友」與「竹社」存檔）

時　間	詩題	左詞宗	右詞宗	左　元	右　元	二社或三社聯吟
民國60年 1971/10	首唱： 秋扇	陳根泉	蔡秋金	杜文鸞 一柄搖明月 違時怨望賒 淒涼遭見棄 零落恨交加 禹錫曾歌唱 婕妤每嘆嗟 西風能再熱 恩寵感無涯	胡介眉 西風蕭瑟裡 藏篋素紈嗟 殘暑傳三伏 雄文賦九華 黃香停扇蓆 溫嶠喜披紗 莫效班姬怨 團圓樂靡涯	竹澹社聯合擊鉢錄 2～10名： 黃祉齋 陳槐庭 范烱亭 蔡秋金 張奎五 陳根泉 黃嘯秋 吳君德 朱杏邨 謝麟驥 李春生
	次唱： 螢火	黃祉齋	黃嘯秋	許涵卿 滿眼熒熒萬點金 風吹不滅耀庭陰 憑添夜色流光閃 小扇輕羅杜牧吟	黃祉齋 頹垣破瓦又花陰 揮扇佳人撲不禁 助讀窓前光幾點 功成車胤感恩深	竹澹社聯合擊鉢錄 2～10名： 謝麟驥 鄭鴻音 曾石閣 劉彥甫 朱杏邨 曾克家 謝偉民
民國61年 1972/1	首唱： 寒夜客	吳保琛	林義德	廖文居 梅窗月映雪瀰漫 不速人來各盡歡 濟困贈袍憐范叔 求名彈鋏笑馮驩 飛霜入戶三更冷 促膝談心百慮寬 自是詩吟茶當酒 盛情莫作等閒看	吳保琛 契濶重逢握手歡 朔風凜凜雁聲寒 樽開北海情何逸 燭剪西窗興未闌 天凍他鄉羈庾信 月明雪地臥袁安 竹爐添火聯金石 斗酒澆胸待漏殘	竹澹二社聯吟擊鉢例會 2～10名： 蕭獻三 游象新 陳槐庭 張奎五 黃祉齋 蔡鳳岐 陳鏡波 朱杏邨 蔡秋金 杜文鸞 謝麟驥
	次唱： 肥蟹	蔡鳳岐	張奎五	林文彬 澤國橫行穴作家 無腸公子侶魚蝦 咸知九月經霜後 腹滿金膏味可嘉	蕭獻三 橫行性慣侶魚蝦 飽孕風霜足可誇 膏滿背紅眞不瘦 冬來佐酒傲詩家	竹澹二社聯吟擊鉢例會 2～10名： 沈桂川 蔡秋金 朱杏邨 吳保琛 黃祉齋 游象新 陳礎材 張奎五 杜文鸞 傳秋鏞
民國61年 1972/2	歸隱	朱杏邨	何隱居	謝麟驥 故里安居志竟成 退休便覺一身輕 朝栽蘭菊非無意 時作田園別有情 逸興原堪追子美 幽懷今可效淵明 自從解組回鄉後 更愛群鷗續舊盟	劉淦琳 告老歸田載酒行 遊山玩水爽吟情 懶談已往榮枯事 且喜還拋世利名 避俗詩敲追白也 消閑菊賞繼淵明 一軒風月貪高臥 靜裡乾坤樂此生	栗社社友黃祉齋先生服務鉄路局奉准退休擊鉢吟〔苗栗〕 2～10名： 彭賢甫 楊子淵 胡東海 林福堂 賴綠水 許涵卿 陳如璧 賴松峰 楊權熾 楊子美 蘇子建
民國63年 1974/2	首唱： 賞雪	謝麟驥	林則誠	劉彥甫 窗寒西嶺積成堆 載酒邀朋解凍來 灞岸霏霏春醖釀 孤山點點玉胚胎	廖文居 漫天銀鶴舞皚皚 四野光搖眼界開 解凍賢君頻送炭 偷閒高士樂尋梅	竹社課題 2～10名： 陳心蔣 蘇鏡平 謝麟驥 黃祉齋 范煥昌 陳礎材 陳鏡波 曾耀南 蘇子建

時間	詩題	左詞宗	右詞宗	左	右	活動・名次
				花飛六出豐年兆 梅遜三分淑氣催 歲暮群峰頭盡白 共探佳景訝瑤臺	共遊梁苑豪情爽 獨釣寒江逸興催 六出花飛逢盛世 萬民共慶上春臺	
民國63年 1974/2	梅花天	蕭獻三	蔡秋金	廖文居 漫空霜雪自紛紛 破臘而今幸有君 一樣冰魂開庾嶺 何堪南北不平分	許涵卿 玉骨冰肌凝白雪 青山綠樹藹紅雲 騎驢灞岸尋春日 領略清香己十分	瀛竹社例會擊鉢錄〔台北吉祥大樓〕 2～10名： 戴維南 蕭獻三 蘇鏡平 范焆亭 鄭指薪 曾耀南 許焆軒 廖文居 蘇子建 許遲年 張奎五 陳鏡波
民國63年 1974/4	首唱：慶祝靈隱寺開山五十週年紀盛	吳保琛	蘇鏡平	劉彥甫 靈隱鐘聲啓曉聲 開山五秩肇崇宮 遊人下拜蹄停馬 勝會聯吟爪印鴻 水庫依然儲漢水 風城定可借東風 于今丞相歸三寶 遺恨神州劫火烘	蕭獻三 慘淡開山眾所崇 插天塔聳奪天工 楠心蘆島秋聲外 極目鐘峰夕照中 燕賀五旬聯藝苑 鷗盟三月萃琳宮 一湖芳草青如舊 禮佛來萬念空	竹社春季詩人大會(孔明講經堂) 2～10名： 楊子淵 黃嘯秋 謝麟驥 范根燦 曾耀南 謝涵卿 陳礎材 黃祉齋 胡介眉 蘇子建 鄭鷹秋 張錫祺
民國63年 1974/4	塹城暮春	鄭指薪	陳鏡波	不詳	黃祉齋 尖山作筆寫文章 花落青湖燕語忙 九十韶光休浪擲 竹城三月好風光	竹瀛蓮三社聯吟〔竹社主辦 李氏餐廳〕 2～0名： 劉彥甫 陳竹峰 杜文鸞 李傳芳 曾石閣 黃嘯秋 張奎五 范焆亭 范根燦 許焆軒 莊鑑標
民國63年 1974/6	夏柳	鄭指薪	蔡秋金	曾克家 萬縷隨隄熱氣烘 依依拖綠舞薰風 五株並茂環陶宅 千樹成陰蔭漢宮 池上荷衣堪蔽日 庭前榴火更搖空 王維親折懷親友 且恩陽關惜別衷	蕭獻三 迥殊蒲綠與榴紅 送客情牽縷縷同 張緒崢嶸添醉眼 小蠻搖曳舞薰風 隋隄蟬咽三春後 漢苑鴉藏四月中 消暑人來堪繫馬 白門雨織畫樓東	竹瀛蓮三社聯吟〔黃祉齋宅〕 2～10名： 蕭獻三 鄭鴻音 蘇子建 許遲年 曾石閣 范焆亭 黃祉齋 胡介眉 張錫祺 鄭　強 廖文居 許焆軒 謝麟驥 黃嘯秋
民國63年 1974/7	春暉	許涵卿	陳礎材	蘇子建 隆情愛子似朝暾 溫暖慈祥莫比論 媲美韶光長普照 烏私難報兩親恩	同左	竹社課題 2～10名： 黃祉齋 曾克家 鄭鴻音 杜文鸞 劉彥甫 蘇鏡秋 廖文居 謝麟驥 許涵卿 莊一善 曾耀南 陳心蔣 戴維南
民國63年 1974/7	巧針	黃嘯秋	陳鏡波	廖文居 鐵杵磨成細似毛 縫衣美妙利於刀 多才不讓公輸子 刺繡傳神技自高	黃祉齋 勤穿七孔豈辭勞 願乞天孫手藝高 不借燈光能整線 靈芸目可察秋毫	竹社課題 2～10名： 謝麟驥 許涵卿 蘇子建 蘇鏡秋 戴維南 曾耀南 傅秋鏞 鄭指薪 蘇鏡平 曾克家

民國63年 1974/8	冰棒	陳竹峰	黃祉齋	鄭指薪 凍解偏隨灼淚流 壺中貯處比心幽 瓊漿乞倩雲英許 擬備晶瑩玉杵酬	蘇鏡平 雪肌玉骨潤詩喉 酷暑嚴威總不愁 多少趨炎名利客 好教得悟喝當頭	竹澹二社夏季聯吟〔台北〕 2～10名： 蕭獻三　陳礎材　張奎五 蘇子建　陳竹峰　李武富 方朗白　張奎五　黃祉齋 蔡秋金　游象新
民國63年 1974/8	首唱：仲夏竹南雅集	許涵卿	劉彥甫	賴綠水 盟鷺豪傾竹葉青 汾陽五月聚文星 江山藻繪追蘇軾 詩酒聯吟繼阮亭 人著葛衣凌暑酷 我搖蒲扇賞蘭聲 南洲藉作南皮會 鉢韻薰風動海汀	黃祉齋 山聳獅頭雨後青 薰風解慍爽文星 汾陽堂裡聞敲鉢 慈裕宮前聽念經 詩詠蘭花香滿院 筆題榴火艷盈庭 納涼泛棹來中港 在莒毋忘復漢廷	栗社郭添益先生承辦五社擊鉢吟會〔竹南郭添益宅〕 2～10名： 羅綠洲　杜文鸞　曾克家 林則誠　劉彥甫　賴松峰 鄭啓賢　許涵卿　郭添益 謝麟驥　曾石閣　楊子淵
	次唱：賞蘭	黃守漢	徐金福	徐金福 出谷幽香遍大千 不同凡卉鬥芳妍 素心相對身心爽 獨慕孤高氣宇堅	林福堂 國色天香隱石泉 汾陽堂第慕心堅 名花出自名門貴 予兆中興瑞占先	栗社郭添益先生承辦五社擊鉢吟會〔竹南郭添益宅〕 2～10名： 郭添益　黃祉齋　蘇子建 羅綠洲　張正體　賴綠水 戴維南　杜文鸞　謝麟驥 曾耀南　陳俊儒　楊新貴
民國63年 1974/10	竹風	陳礎材	曾耀南	蘇鏡秋 畫入文同筆獨超 太平時自不鳴條 深知非是來空穴 一日無君便寂寥	傅秋鏞 輕搖鳳尾異鳴條 曲奏南薰颯爽朝 留與板橋賡畫意 恍如筆下起蕭蕭	竹社課題 2～10名： 蘇鏡平　劉彥甫　許涵卿 陳礎材　蘇子建　謝麟驥 鄭指薪　戴維南
民國63年 1974/11	砧聲	廖文居	黃祉齋	戴維南 浣紗濯錦感如何 杵响悠揚雜棹歌 敲碎深閨征戍夢 寒衣未寄惹愁多	蘇鏡平 閨人搗處水羅羅 斷續溪邊入夜多 响在杵頭心塞外 寒衣未到雁先過	竹社課題 2～10名： 傅秋鏞　謝麟驥　陳連捷 蘇子建　鄭指薪　陳鏡波 黃祉齋　曾克家　鄭鴻音
民國63年 1974/11	秋園	許烔軒	蘇鏡平	蕭獻三 蘆白楓丹玉露凝 携筇日涉意難勝 棲鴉往事懷梁苑 獨對西風感廢興	張奎五 甍籬圍獲傍來勝 地闢三弓玉露凝 丹桂香飄黃菊艷 賞心老圃束詩朋	竹澹社例會擊鉢錄〔曾石閣宅〕 2～10名： 范根燦　張奎五　黃嘯秋 謝麟驥　蘇子建　黃祉齋 胡介眉　范烔亭　許涵卿 鄭指薪　曾石閣　李春生 陳鏡波
民國63年 1974/12	冬日	傅秋鏞	陳連捷	游象新 如睡山容襯曉霞 清暉杲杲照窗紗 禦寒偶酌羊羔酒 養氣時傾雀舌茶 人愛歲餘攤卷帙 我尋野老話桑麻 小春天候剛回暖 烘得南枝欲著花	劉彥甫 玄冥乘坎雪交加 晝短金輪覺快斜 氣暖三臺蘇敗菊 陽回六管動吹葭 駒光過隙催雙鬢 鳥影當空燦五霞 既說趨衰同可愛 寧無蜀犬吠天涯	竹社課題 2～6名： 黃祉齋　蘇鏡平　曾克家 謝麟驥　蘇子建　曾耀南 陳連捷

民國64年 1975/1	書巢	許烔軒	蘇鏡平	傳秋鏞 放翁筆記署吾廬 篇卷棲陳兩自如 室陋爲防鳩占去 腹中先積百家書	陳連捷 燕壘蜂窩媲石渠 搜羅萬卷此中儲 史居於左經居右 何必還尋二酉書	竹瀛二社聯吟擊鉢例會 2～10名： 鄭鴻音 游象新 曾耀南 鄭指薪 曾克家 許涵卿 廖文居
民國64年 1975/2	兔毫	游象新	劉彥甫	劉彥甫 似鼠鬚尖染翰香 何時脫穎露鋒芒 嫦娥欲寫登科記 株守蟾宮待魄光	曾石閣 月殿殷勤搗藥忙 圓鋒製就吐光芒 手揮作繪爰爰美 點綴丹青効子昂	竹社課題 2～9名： 許涵卿 傳秋鏞 鄭指薪 陳連捷 廖文居 蘇鏡秋 黃祉齋 游象新 蘇鏡平
民國64年 1975/3	春宵	劉彥甫	曾石閣	傳秋鏞 漫把金錢卜客程 虛堂風暖月三更 南都粉黛洵魂易 北里燈花綴錦明 夢醒莊周蝴蝶夢 愁多江左子規聲 撩人春色渾如醉 芳草天涯夜夜情	劉彥甫 金爐香燼己深更 剪燭西窗未了情 月有光時花有影 燈無暗處火無聲 晚風吹並鞦韆動 夜雨敲同鼓樂鳴 法善虹橋餘幻景 霓裳一曲聽分明	竹社課題 2～10名： 廖文居 黃祉齋 戴維南 鄭鴻音 謝麟驥 蘇子建 陳連捷 郭添益 許涵卿 曾克家
民國64年 1975/4	新柳	黃祉齋	黃文虎	謝麟驥 幾株細葉色尤佳 枝軟和煙映小齋 最是東風初舞處 又牽離恨感無涯	曾克家 春初舒眼興無涯 乍展鵝黃淑氣佳 歲首纔逢芽已茁 韶光先佔孰堪諧	竹社課題 2～7名： 鄭鴻音 許涵卿 曾耀南 劉彥甫 傳秋鏞
民國64年 1975/4	首唱： 眉筆	許烔軒	蔡秋金	蔡秋金 一枝不寫薛濤箋 欲掃春山愛近前 柳葉細修京兆尹 菱花朗照洞房天 鳳樓畫淡三分月 鴛幕情濃百世緣 底事中書難媲美 空令婤煞米家船	黃祉齋 張郎班管妙神傳 繪就蛾眉體態妍 細掃雙彎濃淡好 輕描八字淺深全 遠山點染千重翠 新月粧成一抹鮮 韻事香閨京兆繼 彩毫畫出美天仙	竹瀛社聯吟 祝張奎五先生令長男志 仁君新婚擊鉢〔張奎五 宅〕 2～10名： 蘇鏡平 張奎五 蘇子建 曾克家 莊鑑標 陳鏡波 劉彥甫 林則誠 曾石閣 陳連捷 李傳芳 許涵卿 范根燦
	次唱： 蘭夢	鄭指薪	黃祉齋	范根燦 王香滿室玉牀溫 一枕華胥化蝶魂 九畹瑞徵燕姞似 弄璋喜兆報張門	同左	竹瀛社聯吟 祝張奎五先生令長男志 仁君新婚擊鉢〔張奎五 宅〕 2～5名： 張奎五 黃祉齋 戴維南 曾克家
民國64年 1975/4	桃紅	傳秋鏞	劉彥甫	蘇鏡平 丹葩怒放有餘馨 方朔三偷歲幾經 莫怪九重春色醉 如霞仙顆落芳庭	莊鑑標 朵朵霞光映小亭 滿園朱艷吐芬馨 崔君有幸題詩處 一段情天訪妙齡	竹社一二三期課題 2～10名： 鄭指薪 鄭啓賢 曾克家 許涵卿 謝麟驥 黃祉齋 劉彥甫 曾石閣 廖文居 陳鏡波 戴維南
民國64年 1975/5	暮春	蘇鏡平	莊鑑標	蘇子建 水泛桃英送綺綾 闌珊韶景浴霞蒸	傳秋鏞 綠戰紅酣氣鬱蒸 東風如夢颺郊塍	竹社一二四期課題 2～10名： 蘇鏡秋 曾克家 黃祉齋

				傷春杜牧顏紅減 夢蝶莊周鬢白增 花落平添遊子淚 色衰徒拊美人膺 聽鶯不覺心同老 獨對斜陽感廢興	一雙紫燕含泥絮 十萬金鈴繫彩繩 漫逐韶光人共老 不分時序馬奔騰 轉憐望帝春心在 到處啼鵑怨廢興	鄭鴻音 郭湯盛 陳鏡波 陳新喜 戴維南 陳雪筠 曾石閣 謝阿祥 許涵卿 陳心蔣 顏其昌
民國64年 1975/6	艾人	蘇子建	傅秋鏞	鄭指薪 回春功藉灼肌收 紙剪衣冠巧莫儔 辟穢端陽當戶立 漫將桃梗視同流	同左	竹社一二五期課題 2~10 名： 范根燦 許涵卿 傅秋鏞 廖文居 謝麟驥 劉彥甫 蘇鏡平 曾克家 鄭啓賢 陳連捷 黃祉齋
民國64年 1975/7	檀扇	鄭指薪	范根燦	蘇子建 芬芳木質賽烏沈 却怕秋來棄笥心 一柄輕搖風動處 幾疑身入眾香林	傅秋鏞 搖風便覺暑難侵 材取香柴敵水沈 恍似歌唇吻桃葉 氣凝蘭麝泥郎心	竹社一二六期課題 2~10 名： 許涵卿 曾克家 黃祉齋 陳連捷 曾石閣 謝麟驥 廖文居 陳連報 陳礎材 戴維南 鄭啓賢 劉彥甫
民國64年 1975/9	採蓮娃	傅秋鏞	蘇子建	許涵卿 半畝方塘蕊兩三 麗人拮取邁池南 淤泥不染吳姬摘 畫艇輕搖越女探 太華月斜姿窈窕 若耶玉立態嬌憨 荷花當折心宜細 莫擾鴛鴦夢正酣	戴維南 芙蕖艷放曙光涵 捲袖依舷摘兩三 鴉鬢風吹添馥郁 桃腮日映更嬌憨 長歌細譜清還脆 短棹輕搖樂且耽 一曲凌波香滿載 悠揚聲韻徧江南	竹社一二七期課題 2~10 名： 黃祉齋 鄭指薪 謝麟驥 顏其昌 鄭鴻音 陳連捷 陳鏡波 鄭啓賢 郭湯盛
民國64年 1975/10	栗里秋香	吳保琛	王少滄	蕭獻三 涼生栗邑露凝珠 撲鼻芬芳有若無 馥郁山城黃菊外 丹飄月桂白飄蘆	同左	中北部七縣市甲寅秋季 詩人聯吟大會〔苗栗〕 栗社主辦 2~10 名： 蘇子建 楊圖南 顏其昌 吳保琛 王少滄 楊子淵 賴綠水 朱鶴翔 賴江椿 王友芬 賴松峰 張奎五 鄭啓賢 王天賜 古少泉
民國64年 1975/10	戴維南先生融生商號開幕誌盛	鄭指薪	蘇鏡平	許烔軒 訪戴漁寮過 融生啓壯圖 青天欣利市 白地羨名區 物富千家用 架豐百貨俱 慢嫌村店小 也勝古陶朱	林明星 開幕融生號 繁榮昔日殊 青溪通利路 白地發財區 醬醋欣常有 油鹽自不無 四方來訪戴 遠勝大規模	戴維南宅 2~10 名： 謝麟驥 蘇子建 范烔亭 范根燦 李宗波 蕭獻三 許涵卿 張奎五 陳鏡波 黃祉齋 曾石閣 鄭指薪 蘇鏡平 莊一善
民國64年 1975/10	賞桂	黃嘯秋	許涵卿	劉彥甫 金粟飄香雅興添 瓊枝把玩感清恬 燕山五子登科後 千古流芳共仰瞻	謝清音 夢里無雲掛玉蟾 清風陣陣襲書簾 醉餘欲借吳剛斧 砍伐由吾信手拈	竹社一二八期課題 2~10 名： 蘇忠仁 蘇子建 鄭鴻音 陳連捷 傅秋鏞 曾克家 黃祉齋 顏其昌 陳雪筠 陳連報

民國 64 年 1975/10	橫溪雅集	不詳	不詳	林文彬 橫溪重九萃群賢 水秀山明境似仙 舊雨儘教蓮社侶 高風共愛菊花天 中興筆作中興頌 大雅人吟大雅篇 契句裁詩聯翰墨 深期韻事繼年年	林萬榮 重九橫溪聚眾仙 觀摩社績竟超然 人彈北管琴箏瑟 會繼南皮澹竹蓮 載舞自強蟾月夜 題糕又喜菊花天 中興詩唱鐘聲動 響遏行雲貫斗纏	澹竹蓮擊鉢〔蓮社主辦 開臨三峽〕 2~4 名： 邱天德 羅培松 張獻武 范焗亭 劉彥甫
民國 64 年 1975/12	秋波	黃祉齋	許涵卿	傅秋鏞 一泓澄徹影依稀 剪水雙瞳眩四圍 眞箇聰明憑耳日 恐興酷海浪橫飛	劉彥甫 眼角傳來媚有威 丰神派轉韻依依 六朝煙水蒼茫渺 回顧秦淮艷事非	竹社課題 2~10 名： 蘇子建 曾克家 陳礎材 許涵卿 曾耀南 蘇鏡秋 戴維南 黃祉齋
民國 64 年 1975/12	淫雨	鄭指薪	吳保琛	范根燦 決溝積潦滿天陰 石面苔生十日霖 淅瀝連宵南內寂 淋鈴一曲不成音	范焗亭 沛然大地已成陰 夜打芭蕉淅瀝音 風滿小樓寒襲枕 濛濛滴破故鄉心	竹澹蓮社擊鉢吟錄〔新 竹〕 2~10 名： 蘇子建 胡介眉 陳連捷 戴維南 陳竹峰 陳俊儒 謝麟驥 劉彥甫
民國 65 年 1976/1	獨睡床	劉彥甫	范根燦	戴維南 珊瑚七寶置書齋 自坐孤眠興倍佳 未許合歡尋好夢 祇容單寢遣吟懷 樑間不羨雙棲燕 枕上何妨獨聽蛙 明月窺簾深夜寂 魂遊槐國又秦淮	陳連捷 製異珊瑚料取柴 孤眠八尺月明齋 房中枕冷無人並 榻上衾寒有孰偕 半夜淒涼空對影 一身輾轉感離懷 倘能借與陳蕃下 高臥徐公興倍佳	竹社一三八期課題 2~10 名： 許焗軒 黃祉齋 羅綠洲 傅秋鏞 許涵卿 劉淦琳 陳心蔣 蔣培中 蘇忠仁 鄭指薪
民國 65 年 1976/2	醉墨	張奎五	范根燦	傅秋鏞 雪堂數笏豁心胸 筆帶餘醲矯若龍 麴蘗有香聞潑處 精牀無瀝藉磨溶 獨醒怎解文園渴 醉草偏教太白逢 事大如天休過問 硯田最好潤黃封	張奎五 陳玄染翰對黃封 著紙雲煙起萬重 齊下且看雙管妙 酣揮更進百杯濃 頭濡顛漫嗤張旭 體紹精偏法蔡邕 書向蕭齋懸一幅 酒痕墨蹟總堪宗	竹社一三一期課題 2~10 名： 范根燦 蘇鏡平 郭湯盛 黃祉齋 鄭指薪 林則誠 陳連捷 劉彥甫
民國 65 年 1976/2	白雁	戴維南	陳連捷	陳竹峰 整陣喞蘆亦快哉 梳翎寒渚色如梅 凝霜字寫長天外 帶月痕留淺水隈 廿五絃彈休北望 三千里遠見南回 曾傳邊信忘辛苦 素羽丹心志豈灰	黃祉齋 翅老西風陣陣催 玉關搖落見南來 楚天有字凝霜寫 湘水無痕帶月回 宿岸身分蘆絮潔 翻空羽奪雪花皚 子卿相對蟠雙鬢 歸漢難期淚滿顋	竹社一三九期課題 2~10 名： 曾石閣 范根燦 鄭指薪 廖文居 陳鏡波 劉彥甫 羅綠洲 蘇忠仁
民國 65 年 1976/2	春寒	陳香	吳保琛	鄭指薪 東風料峭蕙薰籠 鸚鵡宵驚喚漢宮	陳如南 未消殘雪感無窮 一室生溫獸炭紅	竹澹社擊鉢吟錄〔蘇子 建宅〕 2~10 名：

民國年	首唱					
				舞袖薄憐簾外冷 錦袍宣賜眷方隆	熱血滿腔堪耐冷 梅花入望笑東風	范根燦　劉彥甫　游象新 蘇子建　陳礎材　陳竹峰 許涵卿　周水旺　曾石閣 謝麟驥　吳保琛　戴維南 黃祉齋　張奎五
民國65年 1976/2	首唱：春日謁武侯祠	陳竹峯	陳輝玉	張奎五 頂禮欣然一駐車 晴光淑氣遍天涯 屋甍青映湖邊草 爐篆香連廟外花 正統深期恢兩漢 偏安豈可老三巴 鞠躬盡瘁憐師表 後主無能讀史嗟	施少峰 青草湖邊客駐車 舳艫一角聳雲霞 祠瞻蜀相春三月 會萃騷人手八叉 謀國有心興漢室 回天無力輔劉家 綸巾羽扇威儀在 荇罷蘋縈更獻花	竹桃苗三縣市詩人丙辰春季聯吟大會〔孔明廟〕 2~10名： 蔡秋金　羅樹生　鄭指薪 邱攸同　劉彥甫　曾石閣 范文欽　謝麟驥　陳增祥 陳竹峰　謝偉民　周希珍 李可讀　吳鏡村　鄭　強
	次唱：柴橋	李可讀	林義德	施少峯 板橋利涉古風城 一抹長虹夕照明 司馬題詩張進履 誰忘木架濟川情	戴星橋 題柱寧無雅興生 木欄隱隱動吟情 揚州廿四詩千首 韻事湖山續載賡	竹桃苗三縣市詩人丙辰春季聯吟大會〔孔明廟〕 2~10名： 許新民　林則誠　鄭指薪 許涵卿　許志強　莊一善 歐陽海　陳連捷　楊圖南 范文欽　戴維南　曾文新
民國65年 1976/3	釣鰲	傅秋鏽	張奎五	陳竹峰 渤海波濤接九江 投竿能手世無雙 絲綸一舸襟懷壯 負戴三山氣勢尨 夙志欣酬帆影隱 逸情可遣水淙淙 鰲頭獨占同豪舉 歸寫新詩筆似扛	鄭指薪 鮫窟窮搜駕釣艦 垂竿投餌倚篷窗 慣衝風雨濤千疊 遍踏煙波足一雙 擬掣鯨鯢浮碧海 寧甘蓑笠老蒼江 羅胸別有絲綸富 獲占鰲頭氣始降	竹社一三二期課題 2~10名： 黃祉齋　傅秋鏽　游象新 謝麟驥　蘇忠仁　劉彥甫 范根燦　劉淦琳　許涵卿 曾克家
民國65年 1976/5	荷錢	張高懷	黃嘯秋	蔡秋金 濂溪風範豈懷炎 小片油然浩氣添 不挂杖頭偏貼水 始知阿堵本清廉	蕭獻三 玉立珠圓信手拈 性耽阿堵恐傷廉 不談莫羨王夷甫 一沼田田萬選兼	澹竹蓮三社聯吟會〔台北〕 2~10名： 吳保琛　陳　香　曾石閣 游象新　李宗波　蘇子建 許涵卿　蘇鏡平　陳連報 莫月娥　黃祉齋　劉富雄 陳礎材　莊鑑標　蔣亦龍
民國65年 1976/7	啖荔	蘇忠仁	蘇逢時	鄭指薪 顆簇晶盤荐飯餘 紅霞萬樹燦郊墟 品珍早著君謨譜 詔貢曾邀文帝譽 入口冰丸經手擘 沁脾瓊液下咽徐 摘來三百南園果 別奉坡公慰謫居	羅綠洲 丹果纍纍類串初 清香美味擅名譽 譽來瓊液精神振 沁到詩脾爽氣嘘 既博楊妃塵騎笑 還教杜老綺筵舒 嶺南韻事傳千古 口福而今不負余	竹社一三五期課題 2~10名： 郭湯盛　許涵卿　顏其昌 蘇忠仁　陳連捷　蘇逢時 游象新　蘇子建　戴維南 黃祉齋　范根燦　李傳芳 曾克家　謝麟驥
民國65年 1976/7	首唱：詩芽	李可讀	傅秋鏽	傅秋鏽 週甲猶多雨露勻 畹蘭根苗質彬彬 纖纖得體開詞苑	顏其昌 正聲典籍句驚神 雅喻萌芽啓後人 學府論評惟子駿	桃竹苗三縣市詩人聯吟大會 慶祝以文吟社六十週年 平鎮鄉圖書館落成〔平鎮圖書館〕

			綺麗隨心摒俗塵 草嫩謝池應有句 花生江筆豈無春 以文社裡耕耘手 樹遍棠陰輩出人	藝林播種仰靈均 墨應翻浪詞生藻 筆亦炫花德潤身 會友以文剛六秩 復興國粹化羸秦	2~10 名： 莊一善 賴綠水 劉彥甫 邱攸同 林玉青 謝麟驥 范焖亭 陳俊儒 蘇子建 張雲程 張獻武 吳子建 馬亦飛 湯甘霖 曾石閣 戴維南
	次唱：平鎮鄉圖書館落成	蔡秋金	李勝彥	黃坤楨 書館新成喜氣濃 莘莘學子豁心胸 生花藝苑揚平鎮 德化無邊育鳳龍	邱攸同 東壁齊名開甲第 平鄉擊鉢響丁冬 六朝詩與三都賦 供閱書生節抱松	桃竹苗三縣市詩人聯吟大會 慶祝以文吟社六十週年 平鎮鄉圖書館落成〔平鎮圖書館〕 2~9 名： 徐青山 范根燦 林則誠 張雲程 陳阿超 李勝彥 范姜德 呂金色 謝錥興 劉錦傳 廖心育 王定傳 劉彥甫 黃守漢
民國 66 年 1977/2	寒衣	陳竹峰	蔡秋金	許焖軒 禦冷懸鶉百結愁 着來身上待縫修 呼童慰貼奚嫌舊 也勝當年晏子裘	謝麟驥 霜風凜冽拂林邱 針線勤拈舊敝裘 欲寄長征人禦冷 難量寬窄使儂愁	竹滬社例會擊鉢錄 2~10 名： 蕭獻三 黃嘯秋 范焖亭 黃祉齋 胡介眉 方朗白 蘇子建 杜文鸞 陳礎材 陳礎材 陳鏡波
民國 66 年 1977/3	紅梅	陳竹峰	許焖軒	蕭振開 數枝搖曳小陽春 玉骨凝脂綻蕾新 南國花魁名士血 孤山月影美人身 芳姿綽約如西子 醉態輕盈似太眞 最愛延平祠畔樹 丹心萬古淨無塵	黃祉齋 蜀錦裁成絕點塵 瓊英不羨色如銀 臨風醉態嬌無力 映日酡顏倍有神 絳蕊且休桃杏比 丹葩偏愛雪霜親 隴頭異種開來早 獨佔江南第一春	竹社一四〇期課題 2~10 名： 蘇逢時 羅綠洲 戴維南 陳礎材 鄭指薪 鄭鴻音 謝麟驥 劉淦琳 范煥昌 李傳芳
民國 66 年 1977/4	偕老	許焖軒	張奎五	張奎五 百年盟誓不相忘 歡覩春風滿洞房 古禮尚遵斟合巹 新詩更欲賦催粧 同心一結頭俱白 比翼雙飛髮盡黃 還祝他時登壽域 婚膚鑽石與金剛	劉彥甫 花灼搖紅五彩光 龍山佳偶匹鴛鴦 唱隨願到頭盈雪 歡洽仍期髮滿霜 在御琴瑟同靜好 和鳴鸞鳳共翱翔 百年伉儷成人瑞 鑽石金婚再整觴	竹社社員曾克家先生令郎文騏君吉席〔曾克家宅〕 2~10 名： 許焖軒 黃祉齋 許涵卿 蘇子建 謝麟驥 莊一善 胡介眉 莊鑑標 黃嘯秋 曾克家 林則誠 范根
民國 66 年 1977/5	初夏雅集	吳保琛	黃祉齋	莊鑑標 熟梅時節締鷗盟 鉢韻悠揚見熱情 大好屯山容嘯傲 才高詠絮孰能京	張奎五 花飛草長寫心聲 不亞題襟漢水情 何用騷壇長短較 炎涼轉眼一棋枰	淡竹蓮三社聯吟會〔淡社主辦〕 2~10 名： 蘇鏡平 許涵卿 黃祉齋 鄭指薪 陳鏡波 陳礎材 陳俊儒 劉鳴嵩 陳如南 戴維南

民國66年 1977/7	看天田	陳連捷	廖文居	黃祉齋 山腰重疊闢田園 增產辛勤敢怨言 隴畝地高難灌溉 溝渠水涸不潺湲 待蘇農父雲霓望 還乞天公雨露恩 安得平原作御史 已霑己定下傾盆	范根燦 丘陵百畝闢田園 作稼艱辛穀物蕃 河道遠離無水利 地形高亢缺泉源 擔憂苦旱勤耕種 寄望甘霖敢憚煩 好比仰人恩惠似 雲霓日日盼農村	竹社一四二期課題 2~10名： 鄭指薪　游象新　杜文鸞 蘇忠仁　劉彥甫　戴維南 鄭啓賢　鄭鴻音　莊鑑標
民國66年 1977/8	南寮帆影	鄭指薪	范根燦	黃祉齋 南寮遙望海天寬 蟹浦歸舟客倚欄 漁港欣看今日盛 浴場且喜舊時觀 月明蒲席浮千幅 浪靜檣桅印一灘 如此煙波如此景 王維妙筆畫應難	黃祉齋 妙筆伊誰繪海灘 布帆斜映碧波寒 魚寮水急飛桃葉 蟹浦蒲輕泛木蘭 張掛合隨明月轉 收藏恐怕夕陽殘 歸舟片片模糊認 無恙西風任飽餐	竹社一四三期課題 2~7名： 蘇逢時　戴維南　陳連捷 劉彥甫　謝麟驥　顏其昌 蕭振開
民國66年 1977	醉月	范根燦	傅秋鏞	鄭指薪 冰輪乍滿麗中天 羅列樽罍賞戶前 似畫清輝寒玉臂 飛觴達曙敞瓊筵 酒逢秋半千杯少 影對雲端一鏡懸 綠會良宵須縱飲 人生難得是長圓	范根燦 銀蟾竟夕獨嬋娟 對影唧林自翕然 皎皎渾疑光似畫 醺醺那管事如天 中山酒醒須千日 玉宇秋清又一年 赤壁舟遊明月夜 匏樽枕藉臥坡仙	竹社一四五期課題 2~10名： 郭湯盛　羅綠洲　謝麟驥 許涵卿　黃祉齋　傅秋鏞 莊鑑標　鄭啓賢　劉彥甫 戴雀南
民國66年 1977/11	秋社	陳　香	黃祉齋	蔡秋金 田家筵啓雁來辰 獨愛粉榆稻麥勻 待看冬藏能貯足 雞豚簫鼓競酬神	張奎五 西風簫鼓鬧諸鄰 卜稼年年禮穀神 濁酒一杯兼餞燕 分翔惱我未歸人	瀛竹蓮三社聯吟會〔瀛 社主辦〕 2~10名： 蕭獻三　李傳芳　陳竹峰 鄭指薪　許涵卿　蘇鏡平 戴維南　曾石閣　陳槐庭 黃祉齋　游象新
民國66年 1977/12	冒雪清談	謝麟驥	郭湯盛	黃祉齋 孤山玉屑壓梅梢 冒冷籃輿出近郊 訪戴清談懷雅興 造林開話訂神交 來時記得鴻留爪 別後渾忘鶴返巢 太守有心除惡俗 輕浮遊晏事全拋	陳鏡波 密密銀沙舞柳梢 忍寒太守出荒郊 權傾一府逃遊晏 車簡孤山訪故交 品茗清齋談陌俗 探梅淨院賞新苞 歸途日暮飄霜雪 斷續鐘聲野寺敲	竹社一四七期課題 2~10名： 許涵卿　陳連捷　鄭鴻音 莊鑑標　蘇忠仁　曾克家 羅綠洲　陳心蔣　李傳芳 劉淦琳　范煥昌　傅秋鏞
民國67年 1978/2	華廈	陳竹峰	鄭指薪	游象新 碧瓦朱甍燦四圍 龍門甲第播清徽 李膺萬卷藏書閣 奕世家風願不違	黃嘯秋 甲第宏開敞四圍 肯堂肯構碧崔巍 主人豪爽元龍慨 樂聚安居定不違	瀛竹蓮三社聯吟 祝社員李春生先生大廈 落成〔李春生宅〕 2~10名： 蕭獻三　林則誠　黃祉齋 張奎五　戴維南　蘇子建 范烱亭　陳修身　范根燦 曾克家　陳鏡波　陳連捷 黃景星　林宗泠

民國67年 1978/2/26	首唱：天籟吟社社慶	張達修	丁鏡湖	張鶴年 社運蒸蒸五八年 會開鯤島萃群賢 鳴如霜磬敲春月 調叶雲璈響曉天 倚馬才追唐李杜 探驪句寫漢山川 述三風雅高千古 餘韻鏗鏘譜管弦	吳子健 雅契苔岑五八年 吟旌高矗稻江邊 文章陋運逃秦劫 觴詠深盟繼晉賢 鉢韻南來新歲月 吟聲北震舊山川 詩賡國揚天籟 鼓吹中興奏凱歌	天籟吟社主辦五十八週年社慶 地點：臺北市大龍峒保安宮 2~10名： 陳泰山　黃鷗波　楊嘯天 邱水謨　周植夫　施學樵 陳博山　施勝隆　張國裕 羅朝海　鄭福圳　白再益 吳伯陵　劉福麟　鄭文山 詹昭華　郭黃文
	次唱：駿馬	陳皆興	陳紉香	趙曉東 天生英物氣豪雄 健足飛騰萬里風 翼北古稱多駿驥 于今瀛島出神驄	鄭港 千金骨格正追風 鞍上神威振沛公 省識騰驤興漢定 烏騅不逝楚重瞳	天籟吟社主辦五十八週年社慶 2~10名： 施學樵　邱水謨　邱錦福 黃天補　翁廷山　羅俊明 蔡澄玉　陳福助　林仲箎 吳伯陵　左達五　鄭晃炎 陽中子　李隆榮　林攀桂 陳錫雄　張振聲　施勝隆
民國67年 1978/3	鵬遊	游象新	陳鏡波	陳竹峰 背負青天孰與儔 臨風振翮獨悠悠 望塵莫及羞凡鳥 萬里扶搖羨壯猷	蕭獻三 地北天南汗漫遊 迴殊鯤化說莊周 雲程歷盡三千里 塵洗華堂萃鷺鷗	瀛竹蓮三社為游象新、李宗波、謝麟驤三先生旅遊歸來洗塵〔李宗波吉祥樓〕 2~10名： 鄭指薪　范烱亭　蘇子建 陳連捷　張奎五　謝驥驤 黃景星　林則誠　李春生 黃嘯秋　蘇鏡平
民國67年 1978/4	溫泉鄉	黃祉齋	劉彥甫	劉彥甫 清淺蓬萊四季春 地蒸水暖最宜人 清高我不因人熱 濁世差堪潔保身	劉鳴嵩 山路清幽不染塵 泉溫水滑四時春 濯纓濯足仙鄉好 何必桃源漫問津	瀛竹蓮三社聯吟會〔蓮社值東，在北投舉行〕 2~10名： 陳連捷　黃祉齋　李傳芳 許烱軒　曾石閣　曾克家 黃景星　莫月娥　戴維南 鄭指薪　陳礎材　鄭坦孚 劉彥甫　游象新　蘇子建 方朗白　陳竹峰
民國67年 1978/5	荷風	吳保琛	陳竹峰	范烱亭 解慍陂塘興不窮 清香時送一池中 亭亭飄處玲瓏巧 習習吹來造化工 恰似美人留艷影 亦如仙子遞薰風 愛渠豈讓濂溪說 附世趨炎笑夏蟲	蔡秋金 香蔚南薰沐海東 田田翠蓋訝玲瓏 一池碧蕩瀲溪月 兩袖清輕竹塹風 解慍差堪歌舜德 敦仁何幸戴堯穹 芳名共入群花譜 西子湘妃底不同	2~10名： 蘇鏡平　許涵卿　黃祉齋 陳俊儒　陳連捷　李武富 陳竹峰　謝麟驤　杜文鸞 范根燦　陳鏡波　鄭啓賢 張奎五　曾文德
民國67年 1978/6	流觴	陳竹峰	張奎五	蔡秋金 蘭亭韻事舊詩盟 餘興欣從曲水庚	陳修身 何妨相聚飲如鯨 節屆重三韻事庚	瀛竹蓮三社聯吟會〔謝麟驤宅〕 2~10名：

時間	詩題					
				水乳交融天下士 樽罍大好注鯤瀛	竹葉香浮波不起 千杯盡醉破愁城	蘇鏡平　蘇子建　陳礎材 李傳芳　戴維南　劉彥甫 黃祉齋　陳俊儒　鄭指薪 游象新　林宗冷　陳連捷 陳連報
民國67年 1978/11	溪聲	李春榮	范根燦	張奎五 源頭三崎響悠然 流水高風不計年 清越一泓琴韻叶 渾如海上聽成連	蘇子建 橫溪澄澈電輕煙 清響超然悅耳邊 恍似高山流水調 湯湯韻譜伯牙絃	澹竹蓮三社聯吟會〔澹 社主辦，開於三峽〕 2~10名： 游象新　陳連捷　陳榮岠 黃錠明　李春榮　陳竹峰 鄭坦孚　林文彬　李傳芳 方朗白　許涵卿　戴維南 鄭指薪　黃祉齋　劉彥甫 曾石閣
民國68年 1979/5	首唱：塹 城聽雨	周植夫	陳進雄	林欽貴 竹城春暮黑雲蒸 風雨瀟瀟入耳仍 洗出塵埃清六合 霈來禾黍卜三登 晨昏靈霂催題句 賓主推敲共剪燈 滴碎鄉心孤客夢 何時復國濟中興	王少君 連宵淅瀝感頻仍 短枕欹聞睡未曾 五指尖沉涵霧氣 三農望慰浥煙塍 催詩有興吟蘇軾 潤物無聲賦杜陵 最喜一犁春雨足 塹城今歲定豐登	己未年傳統詩全國詩人 聯吟大會〔民富國小禮 堂〕 竹社主辦 2~10名： 葉桐封　楊圖南　黃連發 李步雲　張其彬　劉得安 王少芬　呂輝鳳　鄭指薪 楊君潛　張正體　高文淵 郭茂松　施少峰　周精金 陳鏡勳　張達修　陳竹峰
	次唱： 詩筒	丁鏡湖	呢醉如	陳輝玉 區區竹器萃瑯琳 屹立騷壇歲月深 腹笥奚囊三鼎足 驚人佳句箇中尋	張清輝 韞櫝藏珠自古今 騷壇賴爾作中心 漫嗤侗促乾坤小 榜首憑從箇裡尋	己未年傳統詩全國詩人 聯吟大會〔民富國小禮 堂〕 竹社主辦 2~10名： 蘇忠仁　劉彥甫　蘇子建 陳連捷　呂　筆　陳木川 范炯亭　王少君　周植夫 呂輝鳳　黃鼎元　邱雅琴 曾人口　謝桂森　林則誠
民國68年 1979/7	初夏	游象新	陳竹峰	黃祉齋 青帝辭權赤帝臨 葛衣初試豁胸襟 荷風乍起黃梅熟 坐愛南薰抱膝吟	蘇子建 花殘鶯老麥秋深 序入清和景乍臨 午夢羲皇酣靖節 北窗高臥爽難禁	竹澹蓮三社聯吟〔竹社 李春生宅〕 2~10名： 陳連捷　李春生　曾浴蘭 莊鑑標　陳俊儒　劉彥甫 李傳芳　陳連報　曾石閣 范炯亭　鄭指薪　蘇大興
民國68年 1979/10	尊師重道	鄭指薪	戴維南	黃祉齋 諄諄教誨苦心多 坐破青氈鬢髮皤 立雪程門明禮節 傳經馬帳聽絃歌 栽成桃李勤培育 彫就瑤璵費琢磨 重道尊師吾輩責 春風化雨感恩波	黃祉齋 誨人不倦嘆蹉跎 菑葍盤中淡若何 負笈擔囊沾教澤 執經問義感恩波 詩書課至毛雖禿 桃李栽來鐵硯磨 振起綱常與禮樂 尼山萬世德巍峨	竹社一五〇期課題 2~10名： 劉淦琳　陳俊儒　莊鑑標 羅綠洲　蘇逢時　許涵卿 鄭啓賢　陳心蔣

時間	詩題	左詞宗	右詞宗	左元	右元	地點/名次
民國68年 1979/10	養菊	黃守漢	蘇鏡平	黃祉齋 異種柴桑遍乞求 施肥灌溉護來周 栽培紫艷鋤三徑 賞攬黃花待九秋 憐汝孤芳存晚節 愛他獨秀插盈頭 蔣公誕佳辰近 呈獻慈冥誕夙願酬	張奎五 沃境乾濕審須周 翻土施肥不亂投 護愛疏籬編薙眼 鋤當老圃荷鴉頭 影搖皓月孤芳遠 枝傲嚴霜晚節悠 佇看黃花開滿徑 重陽泛酒醉盟鷗	竹澹蓮三社聯吟〔竹北農會〕 2~10名： 莊鑑標 劉彥甫 蘇子建 鄭指薪 范焨亭 曾克家 許涵卿 戴維南 陳竹峰 范根燦 陳礎材 蘇子建
民國69年 1980/3	寄內	陳竹峰	鄭指薪	黃祉齋 欲訴離懷感不禁 家書一紙值千金 萍踪靡定夔州遠 無限思鄉老杜心	范焨亭 逆旅關山歲月深 五更客舍獨沈吟 一書千里相思慰 無限恩情夜夜心	竹澹蓮三社聯吟〔竹社黃祉齋宅〕 2~10名： 莊鑑標 游象新 陳竹峰 范根燦 蘇大興 劉彥甫 張奎五 鄭指薪 許涵卿 陳俊儒
民國69年 1980/4	正統鹿耳門土城聖母廟題壁	曾笑雲	張達修	周植夫 鹿耳門前海氣低 天妃宮闕與雲齊 神威一夜潮高漲 靈蹟千秋史可稽 默助犀軍驅醜虜 長沾鯤島福黔黎 瞻依何限滄桑感 題句人猶憶草雞	陳清榮 海尾寮東六甲西 舺棱一角五雲齊 土城廟壯隆香火 湄嶼靈分庇庶黎 忠比鄭森師可誓 才如王播墨留題 笑余不羨籠紗護 彩筆干宵氣吐霓	台南市自強愛國活動舉開全國詩人大會〔於台南鹿耳門聖母廟〕 2~10名： 陳紉香 蘇子建 陳焙焜 吳伯陵 林文隆 劉彥甫 施少峰 吳應民 丁鏡湖 施劍峰 高文淵 李玉水 郭茂松 周金德 劉逸心 林謙庭
民國69年 1980/6	塹城話舊	李春榮	周植夫	周植夫 迎曦門外已斜曛 訪戴重來意自殷 竹外品茶傾積愫 花間對酒慰離群 古城隱約前朝柳 遠水蒼茫隔海雲 詞苑而今同調少 何妨剪燭到宵分	陳榮弶 芳辰竹塹萃鷗群 互訴前塵酒倍芬 尤愛樓幽饒雅趣 更欣城古蔚詩氛 敘懷人對迎曦麗 縱詠聲揚入晚聞 舊誼重敦情萬種 融融訏若奏箎燻	竹澹蓮三社聯吟〔竹社曾石閣宅〕 2~10名： 曾石閣 蔡秋金 范根燦 張奎五 游象新 莊鑑標 戴維南 鄭指薪 黃祉齋 蘇子建
民國69年 1980/8	文字緣	陳竹峰 劉彥甫 李勝彥 黃祉齋	曾石閣 陳俊儒 許涵卿 合選	黃祉齊 神交翰墨萃詩仙 雅會南洲老少聯 淡蕩韶光三月裡 蘭亭重寫換鵝篇	眼：黃祉齋 烹經煮史篝吟肩 翰墨緣深互琢研 東箭南金鷗鷺聚 文章萬選盡青錢	歡迎陳竹峰、李勝彥蒞竹南〔陳俊儒宅〕 2~10名： 曾石閣 陳竹峰 李勝彥 陳俊儒 許涵卿（多人重複得名）
民國69年 1980/8	熱浪	蘇鏡平	許涵卿	蘇子建 波濤若沸暑炎催 滾滾薰風炙地來 借問弄潮紈袴子 誰憐禾稼汗盈腮	范根燦 如潮暑氣襲塵埃 赤日燒空鬱不開 滾滾炎威三伏後 西風無力送涼來	竹澹蓮三社聯吟〔黃祉齋宅〕 2~10名： 謝麟驤 陳竹峰 吳保琛 李傳芳 陳連捷 李春生 張奎五 鄭指薪 林則誠 黃祉齋 黃玉清 陳心蔣
民國69年 1980/10/26	首唱：慶祝天籟吟	郭茂松	譚雪影	蔡秋金 詩吟天籟韻悠悠	郭淵如 社慶欣逢六十秋	天籟吟社主辦創立六十週年聯吟大會

	題目			詩作	詩作	地點・名次
	社創立六十週年			孕育菁華繼魯鄒 鐵板銅琶傳大調 韓潮蘇海會名流 詞源盡匯三江水 藻采容標五鳳樓 萬世基從花甲起 春風化雨不知秋	吟旗高卓淡江頭 淋漓筆落勝蛟鳳 俊采星馳萃鷺鷗 天籟欲追唐格調 詩懷不減晉風流 述三儒雅傳鯤島 鄒魯遺徽萬古留	地點：台北市大龍峒王祖厝 2~10名： 蔡富玉　邱錦福　林鳳珠 鄭福圳　蔡資穗　廖榮貴 曾人口　陳子波　賴雲龍 洪玉璋　黃進文　張柏根 范根燦　顏大豪　林欽貴 邱水謨　宋慶國　范雙慶
	次唱：龍吟	李可讀	陳子波	黃志隱 四靈居首御雲行 現瑞蓬萊伴鳳鳴 六十年來揚國粹 吟成天籟振天聲	黃立懋 前身為鯉卻非鯨 江海形潛自在行 誰識水晶宮裡事 高吟昕夕是無聲	天籟吟社主辦創立六十週年聯吟大會 2~10名： 陳福助　陳紉香　施少峯 林榮生　李勝彥　汪　洋 沈雪芝　施文炳　梁秋東 李慧琴　葉景揚　郭湯盛 范文欽　張柏根　蘇子建 詹昭華　廖育麟　林惠民
民國70年 1981/7/1	新竹縣詩人聯吟協會成立誌盛	李春榮	陳榮弨	蔡秋金 筆友交遊俗氣遷 蟻觸無愧挾松煙 文章欲續蘭亭序 風雨同來竹塹天 一縣史開詩酒會 千秋盟結鷺鷗緣 即今五字長城固 旗鼓堂堂邁古賢	同左	新竹縣詩人聯吟會〔東門市場三樓〕 2~10名： 莊禮耕　劉彥甫　黃祉齋 黃景星　林則誠　陳心蔣 曾石閣　黃守漢　范根燦 李春生　姚定峯　戴維南 曾克家　胡震天
民國70年 1981/10	老人會	陳竹峰	蘇鏡平	劉彥甫 促膝成群話昔年 無憂恰似地行仙 壯懷尚抱三高志 隱逸常談四皓賢 節比伏波忠節勁 心同萊子孝心堅 童顏鶴髮耽詩酒 鎮日逍遙俗慮蠲	同左	竹澹蓮三社聯吟 2~10名： 林則誠　莊鑑標　胡介眉 范根燦　李春生　蘇鏡平 黃祉齋　謝麟驥　黃嘯秋 黃景星
	書畫展	鄭指薪	黃祉齋	張奎五 壁上懸陳幾幅增 神奇作品顯才能 倪迂彩筆張顛墨 藝苑猶遵做準繩	鄭指薪 書畫雙精久著稱 丹青鐵劃寫吳綾 一堂掛滿供人賞 字學張顛繪右丞	竹澹蓮三社聯吟 2~10名： 黃祉齋　黃嘯秋　張奎五 陳漢津　陳丁鳳　謝麟驥 范根燦　范烱亭　莊一善 郭添益
民國71年 1982/5	次唱：冒雨訪友	黃守漢	蔡秋金	黃祉齋 迎曦門到雨傾盆 乘興驅車訪戴論 難得主人偏好客 披蓑剪韭入酒園	張奎五 何辭命駕正傾盆 千里相尋誼更敦 不怕瀟瀟連夜滴 高人有榻解陳蕃	舉辦地點：竹市東門市場三樓 2~10名： 蔡秋金　陳榮弨　黃學禮 范根燦　曾石閣　林則誠 姚定峰　周繼順　李春生 許涵卿　范烱亭　戴維南

民國 71 年 1982/7	慶祝新竹 市昇格	莊禮耕	陳心蔣	黃祉齋 祥雲滿佈隙溪湄 升格風城盛典儀 卅萬市民齊慶祝 尖山作筆賦新詩	陳丁鳳 省轄升高竹市時 人民卅萬喜揚眉 張燈結綵齊申賀 滿插青天白日旗	竹澹蓮三社聯吟〔竹市 東門市場三樓〕 2~10 名： 李傳芳 陳竹峰 蘇子建 黃景星 許涵卿 李春生 張奎五 范根燦 莊鑑標 陳瑞鳳 林則誠 羅培松 鄭指薪
民國 72 年 1983/2	首唱： 春寒	傅秋鏞	張國裕	謝麟驥 東風料峭柳含煙 縮坐連宵未忍眠 喜有梅花堪耐冷 枝枝艷放倚窗前	劉彥甫 頻呵凍筆寫新年 墨瀋成冰盡力研 餘釀屠蘇拚一醉 霜威難壓酒中仙	澹竹蓮三社聯吟〔竹社 社員李春生宅〕 2~10 名： 蘇子建 傅秋鏞 陳連捷 郭添益 莊禮耕 黃祉齋 李傳芳 李春生 范根燦 陳礎材
民國 72 年 1983/2	消寒會	陳竹峰	鄭指薪	張奎五 朔風臘臘好題襟 酒氣爭攻冷氣侵 似立春風程帳暖 不知門外雪多深	李傳芳 不管風霜一道侵 履盟竹塹喜登臨 禦寒三社聯吟咏 圖畫枝梅九九心	澹竹蓮三社擊鉢錄〔竹 社社員李春生宅〕 2~10 名： 鄭指薪 范根燦 張奎五 謝麟驥 劉彥甫 蘇子建 陳竹峰 李春生 黃景星 陳丁鳳 范炯亭
民國 72 年 1983/10	首唱： 歸耕	陳竹峰	蘇鏡平	劉彥甫 解組惟應梓里回 未荒三徑日追陪 歸如元亮因思菊 隱似逋仙為愛梅 在野仍懷鴻鵠志 伴樵定識棟樑材 山居敢望同諸葛 老圃寧無將相才	張奎五 難縻爵祿賦歸來 三徑猶存笑臉開 整頓鋤犁親隴畝 縱橫阡陌接樓台 還懷稱秫樽傾酒 更愛敲荊屐印苔 常念民饑忘不了 農原國本應栽培	竹澹蓮三社聯吟 祝社友 劉彥甫先生退休〔竹社 劉彥甫宅〕 2~10 名： 謝麟驥 蘇鏡平 黃祉齋 范根燦 蘇子建 莊禮耕 陳俊儒 林則誠 許涵卿 黃嘯秋
民國 73 年 1984/1	嶺梅	劉彥甫	范根燦	胡介眉 疏影橫斜傍古原 春魁獨占且休論 書生骨相清高甚 靜寂山頭避世喧	劉彥甫 玉骨懸崖敢托根 無人眷顧自生存 古裝點額眉峰秀 喜與孤山處士婚	竹澹蓮三社聯吟〔竹市 東門市場三樓〕 2~10 名： 黃嘯秋 黃祉齋 鄭指薪 謝麟驥 范根燦 莊鑑標 黃德順 張奎五 蘇子建 許涵卿 蔡圭山 黃景星 陳心蔣
民國 73 年 1984/6	母愛	陳竹峰	莊禮耕	莊鑑標 三年乳哺受艱辛 十月懷胎寄此身 愛母有心祈壽母 侍親無願不酬親 四維世上思千古 八德人間感萬春 偉大慈顏恩德大 康馨一朵獻佳辰	曾石閣 淑儀坤範紀佳辰 子女栽培不顧身 刺背一心能報國 遷家三次出賢人 縫衣慈母憐寒冷 哺乳恩情感苦辛 未答烏私慚老大 空懷風木獨傷神	竹澹蓮三社聯吟 2~10 名： 張奎五 陳漢津 蘇鏡平 鄭指薪 黃祉齋 趙鴻猷 陳穎源 謝麟驥 范根燦 林則誠 陳竹峰 許涵卿
民國 73 年 1984/6	首唱： 新蟬	陳竹峰	蘇鏡平	林則誠 一經蛻化到溪南	陳竹峰 乍動琴聲到牖南	竹澹蓮三社聯吟 〔竹社 劉彥甫宅〕

時間	詩題					參加者
				托足庭槐得意探 高就雄心先自立 不妨咽斷暮煙含	潔身餐露入佳談 庭槐棲隱初回綠 首次吟風一聽堪	2~10 名： 陳連報　蘇子建　黃祉齋 許涵卿　張奎五　羅培松 莊禮耕　曾石閣　莊鑑標 范根燦　蘇鏡平　林寅生 劉彥甫
民國73年 1984/10	曉步	吳保琛	鄭指薪	黃祉齋 新涼風颯爽 殘月掛天高 曉步鞋沾露 晨跑汗濕袍 強身情更好 健足興偏豪 踏遍梧桐葉 歸來醉舊醪	范根燦 西風晨氣爽 乍拂入平皋 殘月蛩聲寂 初霜雁影高 當車腰腳健 脫帽鬢毛搔 曙色行行樂 情逾五柳陶	竹澹蓮三社聯吟〔竹社謝麟驥宅〕 2~10 名： 陳連報　謝麟驥　鄭指薪 許涵卿　劉彥甫　陳竹峰 莊鑑標　林則誠　蘇大興 陳連捷　張奎五　陳心蔣 蘇子建　李傳芳
民國73年 1984/10	首唱：竹社一百二十週年社慶	李步雲	莊幼岳	蔡中村 勝會宏開信可褒 風飄竹塹蕩吟旄 草湖十里詩聲壯 花甲雙週德望高 壇坫重賡唐壁壘 文章待續楚離騷 迎曦門外生朝氣 彩筆干宵挾怒濤	林萬榮 堂皇旗鼓振風騷 五字城誇竹塹高 結社歲過雙甲子 扶輪軔發七英豪 園荒北郭人懷鄭 會繼南皮賦仰曹 慶典欣逢秋九月 華筵合醉菊香醪	新竹竹社 120 週年社慶〔靈隱寺禮堂〕 2~10 名： 丁鏡湖　劉學蠡　陳進雄 黃祉齋　范文欽　施少峰 陳松秀　呂輝鳳　林振芳 徐維鐘　范根燦　陳輝玉 羅陳阿玉
民國73年 1984/10	新瓜	莊禮耕	蘇忠仁	范根燦 破霜玉瓣夏初臨 早熟堅膚蒂落金 乍嚼清甘涼透齒 青門每憶故侯心	劉彥甫 初熟金瓢遍地金 孫園邵圃日追尋 掛冠乍食東陵種 先沁詩脾繼沁心	竹澹蓮三社聯吟 2~10 名： 羅培松　黃祉齋　林則誠 蘇忠仁　黃景星　許涵卿 陳心蔣　莊禮耕　戴維南 陳竹峰
民國73年 1984/10	秋雁	蘇鏡平	張奎五	林則誠 氣爽天高候正涼 預知節序已秋陽 帶來風信連霄信 掠過雲鄉到水鄉 願與征鴻同作客 不隨凡鳥列成行 欣從塞外傳佳訊 振羽雄飛萬里翔	陳竹峰 知時菊已放柴桑 成陣南征不畏霜 一字書天傳錦繡 幾人題塔擅文章 風迴邊塞函憑寄 日冷平沙草失芳 楓葉洞庭留記憶 行程萬里遠何妨	竹澹蓮三社聯吟〔竹北農會〕 2~10 名： 鄭指薪　李春生　許涵卿 范根燦　張奎五　姚定峯 曾石閣　陳連報　葉佩青 蘇子建　陳心蔣　李傳芳 黃祉齋
民國74年 1985/1	餞歲宴	吳保琛	陳香	陳俊儒 欲辭舊臘酒杯傳 雅誼歡聯淡竹蓮 席慶團圓詩頌壽 春風先暖鷺鷗筵	同左	竹澹蓮三社聯吟 2~8 名： 范根燦　許涵卿　陳香 陳穎璋　李傳芳　郭添益 趙鴻猷
民國74年 1985/5	熱水器	鄭指薪	莊禮耕	范根燦 浴缸壁上配安裝 巧製精挑不銹鋼 使我潔身新日日 盤銘寶鑑記成湯	同左	竹澹蓮三社聯吟〔莊鑑標宅〕 2~10 名： 劉彥甫　蘇忠仁　黃祉齋 蘇鏡平　陳俊儒　謝麟驥 蘇子建

				元	眼	
民國74年 1985/9	黃祉齋先生、夫人八十雙壽暨金剛石婚誌慶	鄭指薪 張奎五 合點		元：莊一善 椿繼並茂祝長春 詩繼庭堅筆有神 八秩華堂開壽域 三千珠履萃嘉賓 庚星烱烱輝南極 娑宿熒熒拱北辰 花燭重燃婚鑽石 洞房一對老新人	眼：林文彬 弧帨同懸釣渭辰 涪翁門第出清塵 宴臨珠履三千客 婚慶金剛六十春 才美詩壇憑管領 年深經籍更精純 虔吟偕老岡陵壽 予祝康強百歲臻	黃祉齋宅 2～10名： 黃德順 莊鑑標 羅陳玉 郭添益 陳瑞滿 范烱亭 謝麟驥 賴松峰
民國75年 1986/4	塹城春集	黃祉齋	蘇鏡平	陳竹峰 開春雲獻瑞 墨水羨長流 麗日南寮浪 和風北郭幽 詩同花競艷 人共草忘憂 重得聯吟趣 豪情邁陸游	范根燦 東風吹嫩綠 芳野騁驊騮 竹塹同歡醉 蘭亭效唱酬 江山煙景麗 花柳鳥聲柔 翰墨新年會 爭魁拔一籌	竹滬蓮三社聯吟〔新陶芳餐廳〕 2～9名： 謝麟驥 劉彥甫 陳穎璋 張國裕 許涵卿 郭添益 黃祉齋 陳礎材 蘇子建 曾石閣
民國75年 1986/5	荔香	鄭指薪	張國裕	范根燦 丹綃錦殼裏瓊漿 撲鼻清芬日飽嘗 三百芳留坡老煩 嶺南遠謫不憂傷	張奎五 輕擘虬珠仔細嚐 馨芬風味蘊瓊漿 狀元紅縵繙閩譜 薰透霓裳十八娘	竹滬蓮三社例會擊鉢錄 2～10名： 劉彥甫 黃祉齋 李傳芳 李春生 林則誠 張國裕 陳穎達
民國76年 1987/4	餞春	吳保琛	范根燦	黃祉齋 把盞離亭送駕行 繁華過眼老啼鴛 韶光九十難留住 惜別詩吟百感生	李春生 東皇欲去客心驚 繾綣多因送別情 綠暗紅稀增感慨 教人忍聽杜鵑聲	滬竹蓮三社例會 2～10名： 曾石閣 陳俊儒 許涵卿 范根燦 羅培松 蘇忠仁 謝麟驥 陳心蔣 蘇鏡平 李傳芳
民國76年 1987/7	首唱：菓園消夏	陳竹峯	黃祉齋	陳俊儒 踐約詩尋益壽山 景幽地勝喜登攀 荔香倍引蘇髯興 溽暑全消見笑顏	張國裕 迺暑人來益壽山 果園綠繞屋三間 任他宴席涼陰下 笑我風騷向汗顏	竹滬蓮三社聯吟 2～10名： 林則誠 李春生 陳漢津 范根燦 黃祉齋 李傳芳 陳裕隆 林再發 郭添益 李春生 陳竹峰 蘇鏡平
民國76年 1987/10	題扇	陳竹峰	張國裕	莊鑑標 右軍六角最堪誇 一柄題詩賴大家 我愛冰紈明月似 揚仁播德感無涯	陳俊儒 紙竹編成人握月 文章賦就筆生花 可憐辜負名家手 羞掩紅頻半臉霞	竹滬蓮二社例會 2～10名： 林則誠 郭添益 李春生 劉彥甫 范根燦 陳穎全 陳竹峰 黃祉齋 許涵卿 曾石閣
民國76年 1987/11	冬柳	張國裕	陳心蔣	陳竹峰 記曾折贈起驪歌 送盡西風嘆逝波 霜冷樓臺歌舞地 纖腰頓減感如何	張國裕 衝寒猶自影婆娑 十里離亭惹恨多 雅共梅花增眼界 春前點綴好山河	滬竹蓮三社擊鉢 2～10名： 林則誠 鄭指薪 黃祉齋 謝麟驥 范根燦 陳俊儒 劉彥甫 蘇鏡平 莊鑑標
民國76年 1987/12	陳俊儒先生結婚十五週年喜賦	鄭指薪	黃祉齋	陳竹峰 嘉邑迎歸記再三 得看跨灶有奇男 鴛鴦夢穩春長滿	范根燦 十五年來許力擔 苦甘與共合無慙 重開喜宴成回憶	新竹竹社〔陳俊儒宅〕 2～10名： 劉彥甫 葉佩青 鄭指薪 黃祉齋 蘇子建 曾石閣

				梁孟情深苦亦甘 十五年間恩愛篤 三千客共咏吟耽 穎川門第騰歡日 內助稱賢譽更堪	再檢婚書作笑談 事業輝煌憑隻手 夫妻恩愛定多男 吟朋滿座齊眉頌 絃管詩歌酒正酣	林來旺
民國76年 1987/12	登佛興寺 弔陳香	吳保琛	蘇成章	蘇鏡平 慈雲山麓菊飄香 爲弔先賢趁小陽 遺作多篇知力沛 招魂剪紙暗心傷 苦吟騷客聯三社 痛惜鴻儒萃一堂 安寢無言佛興寺 成蹊桃李永留芳	黃祉齋 三社聯吟逸趣長 佛興寺裡弔陳香 遺留著作書千卷 敬獻蘋蘩酒一觴 重訪故居人跡杳 追懷往事我心傷 慈雲山麓風光麗 絢出琳瑯錦繡章	澹竹蓮三社聯吟會〔花蓮市興佛寺〕 2~5名： 鄭指薪　陳槐庭　陳竹峰 王鎮華
民國76年 1987/12	冬晴	張國裕	范根燦	劉彥甫 日暖解寒威 負暄感髮晞 貂裘收篋底 蛛網掛牆圍 天霽青山瘦 河清紫蟹肥 梅開春訊早 欣賞雪花飛	鄭指薪 昨夜飲霜威 晨光透竹扉 負暄蘇凍指 掛桁曝寒衣 曦日三竿上 葭灰一管飛 小陽欣乍至 送暖勝春暉	竹澹蓮聯吟錄 2~10名： 黃祉齋　莊鑑標　許涵卿 謝麟驤　李傳芳　林則誠 陳俊儒　范根燦　范炯亭 張國裕
	詩書一唱	鄭指薪	蘇鏡平	游象新 書臨蕉葉欽懷素 詩詠秋風感杜陵	劉彥甫 詩文蓋世推蘇軾 書劍匡時効岳飛	竹澹蓮三社詩鐘 2~10名： 蘇鏡平　莊鑑標　陳俊儒 陳竹峰　許涵卿　陳連捷 蘇子建　曾克家　姚定峰 李傳芳　林則誠　曾石閣 李春生
	廉恥七唱	鄭啓賢	許涵卿	黃祉齋 嘗胆臥薪爲雪恥 投錢飲馬表清廉	羅綠洲 在莒毋忘三敗恥 匡時實踐四知廉	竹澹蓮三社詩鐘 2~4名： 曾石閣　郭湯盛　鄭鴻音 陳連報
	新社冠首	莊禮耕	蘇忠仁	蘇忠仁 新開綠蟻蔬魚肉 社結盟鷗澹竹蓮	蘇子建 新春試筆懷王勃 社日飛觴醉杜康	竹澹蓮三社詩鐘 2~10名： 林寅生　黃祉齋　蘇鏡平 張奎五　范根燦　陳竹峰 莊一善　林則誠　羅培松 許涵卿　陳連報
	天地六唱	范煥昌	劉彥甫	陳礎材 一溪疏影彌天雪 三徑幽香大地秋	范煥昌 善人死後歸天界 良吏生前瘦地方	竹澹蓮三社詩鐘 2~10名： 曾克家　陳鏡波　鄭指薪 許涵卿　戴維南　鄭鴻音 蕭振開　李傳芳　曾石閣 謝麟驤　莊一善
	上元四唱	廖文居	許涵卿	陳連報 行仁政上天垂惠 懷義氣元首秉公	陳秀麗 有志爭元何笑女 無心向上枉生男	竹澹蓮三社詩鐘 2~10名： 莊鑑標　陳心蔣　鄭指薪 鄭鴻音　曾石閣　郭添益

						陳俊儒 許涵卿 鄭啓賢 傅秋鏞
	露珠七唱	陳礎材	范煥昌	陳連捷 荒徑猶存花浥露 老妻何幸蚌生珠	曾克家 樹上風清蟬飲露 池中水潔蚌生珠	竹濳蓮三社詩鐘 2~6名： 蕭振開 莊一善 許涵卿 鄭鴻音 黃祉齋 蘇鏡平 陳礎材
	幸福〔蟬聯格〕	游象新	蘇鏡平	張奎五 喜值梅花開五福 幸從竹葉解千愁	許涵卿 劫裡逃生方是福 幸中得貴始知祥	竹濳蓮三社詩鐘 2~10名： 范根葆 蘇子建 鄭指薪 張奎五 陳連捷 胡介眉 黃祉齋 蘇大興 陳心蔣 陳俊儒 吳正吉
	喜雷〔雲泥格〕	游象新	莫月娥	陳連報 望霓喜慰傾盆雨 失箸裝驚掩耳雷	蕭獻三 折屐謝安心暗喜 聞雷劉備膽偏驚	竹濳蓮三社詩鐘 2~10名： 鄭指薪 陳連捷 陳　香 李宗波 陳礎材 戴維南 許烱軒 劉彥甫 黃祉齋 李傳芳 劉鳴嵩 曾克家
	龍〔籠紗格〕	傅秋鏞	范根燦	郭湯盛 雲中矯矯常藏尾 壁上飛騰待點睛	郭湯盛 青皮小竹連孫喚 白髮慈親望子成	竹濳蓮三社詩鐘 2~10名： 林天駟 黃祉齋 鄭指薪 劉彥甫 陳連捷 鄭鴻音
	夢園〔蟬聯格〕	許涵卿	劉彥甫	蘇大興 鄉遠宵酣蝴蝶夢 園寬春聽鷓鴣聲	鄭指薪 宵深蝶幻莊生夢 園狹人窺宋玉牆	竹濳蓮三社詩鐘 2~10名： 黃祉齋 鄭坦孚 蘇子建 蘇鏡平 陳連捷 蕭獻三 陳修身 游象新 曾克家 陳槐庭 戴維南
	艾浦〔五唱〕	黃嘯秋	曾石閣	范煥昌 江山禪讓蒲衣子 俸祿恩頒艾綬公	劉彥甫 劉寬德政蒲鞭罰 任昉仁風艾服刑	竹濳蓮三社詩鐘 2~8名： 許涵卿 鄭鴻音 曾克家 廖文居 曾耀南 謝麟驥
	雞、電視機〔分詠格〕	范根燦	游象新	黃祉齋 窗下談玄靈性巧 鏡中播映劇情眞	范根燦 絳幘漢宮人報曉 銀光鏡幕景傳眞	竹濳蓮三社詩鐘 2~7名： 許涵卿 傅秋鏞 鄭啓賢 陳竹峰 游象新 郭湯盛
	作新民〔碎錦格〕	傅秋鏞	劉彥甫	許涵卿 潘岳新猷花作縣 曾參增訓典昌民	曾耀南 作客樓中思故國 逃民路上泣新亭	竹濳蓮三社詩鐘 2~10名： 曾克家 王鏡塘 黃祉齋 謝麟驥 劉彥甫 鄭鴻音
	大興〔冠首〕	鄭坦孚	劉彥甫	李清水 大德齊家親益友 興仁重義繼先賢	陳榮岠 大宴吟朋追北海 興詩名士繼東坡	竹濳蓮三社詩鐘 2~5名： 林文彬 李傳芳 陳竹峰 黃祉齋 林福堂 鄭指薪 游象新 莫月娥

日期	題目	詞宗	詞宗	左	右	備註
	燈節〔七唱〕	陳竹峰	莊禮耕	劉彥甫 砥柱中流堅志節 權輿大道啓心燈	張國裕 竹可生涼標勁節 能佐讀作明燈	竹澹蓮三社詩鐘 2~10名： 張奎五　陳俊儒　黃祉齋 許涵卿　范根燦　李春生 謝麟驥　李傳芳　鄭指薪 蘇子建
	籬菊〔二唱〕	許涵卿	胡介眉	傅秋鏞 觸籬礪角嬉初犢 藝菊分心授後人	陳心蔣 東籬陶醉淵明酒 秋菊高吟子美詩	竹澹蓮三社詩鐘 2~10名： 莊鑑標　謝麟驥　曾克家 曾耀南　劉彥甫　戴維南 陳槐庭
1991/4/28	首唱：春日謁德林寺	吳松柏	姚德昌	陳俊儒 江山錦繡草芳菲 剪取春光妙筆揮 寫景無詩難寄慨 避塵有寺好皈依 文章一脈留青史 香火千秋奉白衣 頂禮德林參妙諦 紅花綠葉蘊真機	楊慶昌 德林玉宇聳霞飛 春日群鷗詣佛闈 海嶠十方蒙愛澤 人寰百姓沐慈暉 敲詩頭上天花墜 頂禮心中幻夢歸 修建落成行大典 保民禦患護邦畿	慶祝建國八十週年文化復興節暨桃園縣德林寺修建落成 蘆竹鄉德林寺詩學研究會主辦 2~10名： 黃庚甲　失　名　林鳳珠 陳玉環　高策軒　連嚴素月 陳麗真　吳子健　林文龍 陳寶娥　李庭樞　蔡仙桃 吳書香　高碧秋　吳素娥 胡漢樑　蘇逢時　黃奕仁
	次唱：桃園縣展望	李玉水	陳進雄	陳紉香 中正機場望 逢春草木欣 安寧誇吏治 風雅起人文 虎嶺留殘靄 龍溪鎖暮雲 藍圖希擴大 為縣建殊勳	林瑞慶 桃花開滿縣 我亦挹清芬 施政民沾德 鑒詩友會文 紅樓雙市接 綠野九鄉分 最好觀光地 絃歌處處聞	2~10名： 張白翎　洪玉璋　楊信蘭 陳德隆　劉福麟　張煜堅 劉綿花　蔡棟樑　周洪閃 陳針銅　柯慶瑞　邱伯邨 邱懷瑾　紀振聲　陳明三 盧坤　李清水　吳光煜
民國80年 1991/9	祝子建兄從教四十週年出刊佳作			范根燦 教育薰陶志厥猷　誨人不倦卅春秋 珪璋才藻詩書勝　溫雅躬修品性優 句拙愧余攀驥尾　名登羨汝占鰲頭 投簪期待林泉樂　吟嘯騷壇締鷺盟		時逢蘇子建老師著書出刊，范根燦詞長賦詩予以祝賀。
民國83年 1994/6/19	端節後謁慈濟宮	胡東海	游金華	張緯能 群賢節後謁神尊 慈濟宮中沐神恩 擊鉢聯吟聯五社 詩聲響徹漢乾坤	陳玉得 端陽節後雅重敦 五社聯吟謁聖尊 慈濟宮巍神顯赫 千秋德澤壯乾坤	澹竹蘆三社擊鉢錄 陳俊儒、彭仁本主辦 2~10名： 范天送　李清愷　劉彥甫 莫月娥　范烱亭　游金華 李春生　胡漢樑　邱顯通 游日光　黃冠人
民國83年 1994/7/17	吉祥樓讀畫	蘇逢時	陳俊儒	陳槐庭 吉祥樓宴集詩仙 觀畫超群感大千 慨自王維離去後 何人繼起學遺篇	蘇逢時 越溪粉黛畫超然 濃淡描摹窈窕妍 耽讀吉祥樓墨寶 論功此幅上淩煙	澹竹蘆三社擊鉢例會 澹社主辦 2~10名： 劉彥甫　張國裕　彭仁本 范烱亭　蘇子建　范根燦 莫月娥　劉秀夫　李春生 鄭指薪

民國83年 1994/9/4	攀桂	陳槐庭	蘇逢時	李清愷 點點花開襯月圓 秋風爽氣馥無邊 願祈攀得蟾中桂 經世文章第一篇	邱顯通 景占三秋金粟妍 花香四溢達蒼天 月中仙種誰攀得 定是人間一大賢	澹竹蘆三社擊鉢錄 德林寺舉辦 2~10名： 范根燦 劉彥甫 莫月娥 蘇逢時 張國裕 彭仁本 鍾常遂 陳俊儒 林永義 羅培松 劉秀夫 黃周天
民國83年 1994/10/9	待醉重陽	鄭指薪	張國裕	蘇子建 屈指期逢筵上客 勞心早備饅頭香 預知舊友同康健 醉作龍山落帽人	鄭指薪 紅友奉爲席上珍 重陽送待白衣人 盈樽酒釀黃花美 俟飲龍山落帽辰	澹竹蘆三社擊鉢錄 竹社主辦 2~10名： 鍾常遂 林鎭峇 劉彥甫 莫月娥 李春生 羅培松 張國裕 邱顯通 彭仁本
民國83年 1994/12/11	尋梅	鄭指薪	陳俊儒	李傳芳 花魁譽並國花褒 品覓無双興自豪 直探孤山新蕊影 芒鞋踏雪不辭勞	蘇忠仁 爲尋疏影興偏高 踏雪騎驢醉綠醪 漫笑老夫情脈脈 詩人自古尙風騷	澹竹蘆三社擊鉢聯吟會 澹社主辦〔吉祥海鮮 樓〕 2~10名： 鄭指薪 邱顯通 莫月娥 蘇子建 范炯亭 劉彥甫 彭仁本 蘇逢時 李春生
民國84年 1995/3/26	天開霽色 好吟詩	鄭指薪	蘇逢時	莫月娥 二月情懷記艷時 天開霽色好吟詩 清新盡託王摩詰 惆悵春尋杜牧之 耳畔聲多聞喜雀 眼中句麗欲探驪 踏青學得風騷客 斗酒双柑到處隨	蘇子建 天開霽色好吟詩 蘆竹尋芳杖履隨 春染深紅呈艷態 池添嫩綠展嬌姿 登樓王粲欣提筆 醉月劉伶笑擧巵 我欲揮戈留魯日 好裁韶景入新辭	澹竹蘆三社擊鉢錄 德林寺舉辦 2~10名： 范根燦 鄭指薪 劉秀夫 范炯亭 鍾常遂 劉彥甫 李清愷 陳俊儒 蘇逢時 陳槐庭
民國84年 1995/7/2	稻江滌暑	鄭指薪	楊振福	蘇逢時 屐聲裙影蕩時髦 來泛稻江一小艘 人自趨炎吾滌暑 冰心獨抱有詩豪	張國裕 漫嗟烈日苦相遭 北市敦盟意境高 試向荷邊尋雅句 一池涼味佐風騷	澹竹蘆三社擊鉢會 澹社主辦 2~10名： 鍾常遂 彭仁本 陳穎全 鄭指薪 陳俊儒 蘇子建 李傳芳 陳槐庭 林鎭峇 蘇忠仁 莫月娥
民國84年 1995/12/17	待冬至	張國裕	梁秋東	莫月娥 蒹葭六管俟飛灰 客思迢迢久未摧 比似倚門慈母急 搓圓情景上心來	劉彥甫 臨冬轉眼小陽催 依例搓圓備酒杯 慶祝家人增一歲 團圓拜祖禱生財	澹竹蘆三社擊鉢錄 竹社主辦 2~10名： 黃冠人 陳俊儒 鄭指薪 李傳芳 曾克家 蘇子建 康坤旺 范根燦 李清愷 范炯亭 劉守夫
民國85年 1996/3/17	柳眼	梁秋東	鍾常遂	張國裕 睜開枝上看分明 陌上舒眉望曉晴 我愛垂青頻逛客 千絲夾道綰詩情	范根燦 陌頭翠色夢初醒 乍展星眸草木榮 張緒風流存古態 靈和殿外韶光明	澹竹蘆三社擊鉢會 蘆社主辦 2~10名： 李傳芳 梁秋東 莫月娥 蘇逢時 鍾常遂 林永義

						范烱亭 陳俊儒 黃冠人 羅培松 劉彥甫 康坤旺 邱創祿
民國85年 1996/4/28	留春	張國裕	陳俊儒	莫月娥 景借韶華九十除 東皇且挽未蹰躇 詩人費盡回天力 投轄攀轅嘆不如	張國裕 籌延帝駕萃吟車 欲挽東皇覺拙予 子夜明知花事老 攀轅繼上綠章書	澹竹蘆三社擊鉢錄 竹社主辦 2~10名： 邱顯通 李傳芳 范根燦 鍾常遂 劉彥甫 梁秋東 李春生 林永義 黃冠人 劉秀夫 黃周天 康坤旺
民國85年 1996/11/10	菊月懸弧 慶杖朝	鄭指薪	胡東海	黃冠人 棗弧彩耀叶禎祥 几上元暉墨有香 竹塹風和春不老 菊籬花祝壽無疆 杖朝步履詩詞健 釣渭絲綸歲月長 倘得鷗盟隨驥尾 摳衣晉謁醉桃觴	李丁樟 仲淹後裔福無疆 菊月懸弧瑞氣彰 壽媲松齡欣益壯 星輝竹塹慶呈祥 才高藝苑人欽敬 譽滿儒林世讚揚 三社聯吟同祝嘏 杖朝獻頌九如章	澹竹蘆栗四社聯吟為慶 祝范根燦先生八秩華誕 擊鉢錄 竹社主辦 2~10名： 胡漢樑 鄭義能 李傳芳 納 流 黃增忠 蘇子建 蔡錫耀 徐成源 張國裕 李春生 梁秋東 陳清榮 鍾常遂
民國86年 1997/5	待梅雨	張國裕	吳子健	鍾常遂 江湖見底竭泉源 望斷雲霓解旱煩 惟乞蒼天憐眾苦 及時梅雨降傾盆	莫月娥 抗旱如何節水源 黃時鵠候驟傾盆 搔頭拭目情難已 滴滴雖酸不厭繁	澹竹蘆聯吟會 2~10名： 李春生 黃坤楨 邱創祿 范根燦 陳玉得 劉秀夫 吳子健 吳重餘 羅培松
民國86年 1997/5	梅雨	莫月娥	梁秋東	張國裕 連綿煙樹繞芳洲 灑到梅黃我亦愁 入眼淋漓添翠綠 漫教霉氣襲衣篝	李傳芳 熟梅天氣塹城遊 冒雨攤箋樂未休 滴滴催詩增客興 含些酸味潤咽喉	澹竹蘆苗四社擊鉢例會 竹社主辦 2~10名： 蘇逢時 劉彥甫 彭仁本 邱顯通 林鎮岙 黃增忠 陳俊儒 范根燦 劉秀夫 康坤旺 張欽木
民國87年 1998/5	宣導交通 安全	張國裕	陳玉得	梁秋東 安全第一小心開 遵守交通利往來 公德灌輸諸駕駛 人人有責弭車災	同左	澹竹蘆社擊鉢錄 竹社主辦 2~10名： 莫月娥 陳俊儒 劉彥甫 林榮吉 李麗惠 邱創祿 李傳芳 陳玉得 范烱亭 李春生（武麗芳）
民國87年 1998/5/9	特唱：綠 化西湖鄉 維護水資 源	天：陳祖舜 地：蔡秋金 人：劉福麟		第一名 曾人口 西湖鄉美譽全臺 植樹資源保護來 雨水儲存供灌溉 地形珍惜利栽培 果豐畜盛農家樂 民樸風淳古道恢 莫伐森林防濫墾 堅強國本避天災	第二名 蔡元直 毓秀山川壯北台 西湖煙景共徘徊 聖嬰千象焉無策 良宰揚風自有才 龍洞清流迴地脈 鴨坑綠化障天災 名鄉環保資源足 護水滋林拓草來	第一屆大禹獎全國詩人 聯吟大會 苗栗國學會承辦 3~10名： 周水成 王前 鄭義能 俞 富子 陳兆康 蔡中村 陳 玉得 劉佳政

				第一名	第二名	
	首唱：彭朝寶宗祠重建十週年誌慶	天：李明泰 地：吳子健 人：胡順隆		第一名 黃坤語 西湖盛會喜初虔 朝寶祠堂仰姓彭 鴨母坑前山毓秀 雷公崁頂水流清 倫常篤念千人祭 祀典崇隆百世情 重建欣逢經十載 謳歌薈萃鷺鷗盟	第二名 陳福裕 重建年週十載更 翬飛鳥革燦雕甍 功昭龍洞祥光煥 澤被西湖瑞氣呈 墾植開基來栗邑 拓荒溯祖自羊城 子孫懷德清明祭 朝寶宗祠姓署彭	第一屆大禹獎全國詩人聯吟大會 苗栗國學會承辦 3~10名： 吳煥騰 陳祖舜 莊綿花 曾人口 紀振聲 李春生 王殿盛 陳清榮
	次唱：慈母頌	莫月娥	林鳳珠	第一名 張國裕 馨竹難將淑德褒 三遷千古紀劬勞 慈祥何祇春暉比 永抱葵心捧日高	第二名 蔡元直 畫荻和丸母德彰 躬逢令節仰慈光 暮春煙雨西湖畔 遍地萱花燦北堂	第一屆大禹獎全國詩人聯吟大會 苗栗國學會承辦 3~10名： 蔣夢龍 莊綿花 王富美 黃平山 徐石蜍 陳兆康 李玉水 陳祖舜
民國87年 1998/10	補冬	范根燦	楊振福	梁秋東 橘綠橙紅晚稻收 參茸浸酒禦寒流 逢冬進補毋超量 營養均衡體自優	蘇子建 枸杞參茸效力遒 補冬藥物免搜求 身羸奢望塡媧石 莫若餐糜清靜修	瀛竹蘆三社擊鉢錄 2~10名： 張國裕 劉彥甫 鄭指薪 李春生 邱顯通 武麗芳 范烱亭 康坤旺 莫月娥
民國88年 1999/1	新年展望	梁秋東	蘇子建	李宗波 戊寅亞訊報凋零 股市金融不忍聽 新歲陰霾期掃盡 昭蘇景象裕財經	彭仁本 迎新瑞氣起鯤溟 郅治繁榮國運寧 穩定財經宏駿業 祥徵今歲有餘馨	瀛竹蘆三社擊鉢錄 瀛社主辦〔吉祥樓〕 2~10名： 范根燦 莫月娥 林榮吉 鄭指薪 劉秀夫 楊維仁 邱顯通 梁秋東 鍾常遂 蘇逢時
民國88年 1999/4	塹城初夏	劉彥甫	陳玉得	范根燦 初熟黃梅四月天 鶯聲漸老隴山巔 迎曦濛畔絲絲柳 氣候清和氣豁然	劉秀夫 梅熟蘭芳著典篇 塹城擊鉢萃群賢 詩追白也琴書潤 浩氣沖霄勝月泉	瀛竹蘆三社擊鉢錄 竹社舉辦 2~10名： 鄭指薪 林榮吉 范烱亭 李傳芳 邱顯通 鍾常遂 林鎮岙 武麗芳 曾克家 張國裕 莫月娥 康坤旺 蘇子建 李春生
民國88年 1999/7/11	荷風送爽〔避題字〕	范根燦	陳俊儒	蘇子建 馥氣微飄菡萏花 凌波楫盪樂吳娃 幽香拂拭人如醉 恍似濂溪夢未賒	鄭指薪 一池植滿玉無瑕 拂面輕柔記浣紗 欣過露筋祠正曙 迎涼香挹竹蓮花	瀛竹蘆三社擊鉢錄 瀛社主辦〔北市吉祥樓〕 2~10名： 鍾常遂 李宗波 張國裕 張緯能 劉彥甫 范根燦 邱顯通 林鎮岙 李傳芳 彭仁本 楊振福
民國88年 1999/10/25	首唱：德林寺觀音佛祖誕辰誌慶	張國裕	蔡中村	吳振清 聖誕恭迎盛典張 德林寺外仰堂皇 瓶中柳泛千年翠 座上蓮飄九品香 澤被蒼生開覺路	陳芙蓉 恭逢佛誕獻騷章 禮頌觀音壽靡疆 彩煥祥雲靄雨露 燭輝慧日映霞觴 地興蘆竹三摩淨	桃園縣竹蘆鄉中福德林寺舉開全國詩人大會 2~10名： 陳芙蓉 梁秋東 吳榮鑾 呂春福 周希珍 吳五龍 蘇子建 趙金來 陳玉得

				恩麻赤子渡慈航 邦家值此多災日 合顯神威戾化祥	座璨蓮花九品香 寺署德林弘大願 安恬瀛海駕慈航	葉金印　陳俊儒　陳兆康 黃周天　張玉恪　蔡仙桃 邱素月
	次唱：蘆竹鄉展望	吳錦順	劉福麟	林秀惠 亞太如營運 黃金海岸聯 航空通萬國 經濟邁高巔 地利餘茶米 人和孕聖賢 蘆花鄉味好 松竹傲霜妍	周希珍 蘆竹鄉遙望 工商網路全 水滋千頃地 機越九重天 進策存胸底 繁榮在眼前 人才欣輩出 錦繡壯山河	桃園縣竹蘆鄉中福德林寺開全國詩人大會 2~10名： 陳兆康　蔡中村　黃寶儀 呂雲騰　蔣國槺　鄭許玉藤 張麗美　陳欽信　邱彩雲 姚孝彥　黃周天　李建德 陳啓賢　吳振清　曾銘輝 黃祈全　廖學良　朱陳秋桃
民國88年 1999/11/12	冬霽	張國裕	蘇子建	曾克家 小陽春至樹吟旗 竹塹騷朋共賦詩 雨後新鮮昭四海 晴光黑帝掌權時	陳俊儒 小陽春暖沁詩脾 踐約奇峰句鬥奇 雨後梅花嬌欲滴 逋仙莫怪愛如癡	澹竹蘆三社擊鉢錄 竹社舉辦 2~10名： 莫月娥　林鎮崧　林榮吉 范根燦　劉彥甫　蘇逢時 李春生　彭仁本　張國裕 梁秋東　武麗芳
民國88年 1999/12/26	迎接千禧年	劉彥甫	陳俊儒	鍾常遙 二千步履迫眉前 繼往開來責在肩 志業完成迎世紀 普行民主慶堯天	梁秋東 世紀行將跨二千 衍生歷史史臣編 鑒詩迎接新禧蒞 摯祝人人福壽延	澹竹蘆三社擊鉢例會 澹社主辦〔吉祥樓〕 2~10名： 范根燦　蘇子建　莫月娥 武麗芳　康坤旺　林鎮崧 陳玉得　林玉妹　楊振福

附錄三：民國八十九年（2000）立案後之竹社詩人雅集 三社聯吟（未曾間斷）

（本表參照竹社第三屆理事長蔡瑤瓊女史節錄自「竹社」存檔）

舉辦時間	詩題語詞宗	左　元	右　元	備　註
民國 89 年 2000/2	答嘴鼓 左：鍾常逐 右：胡順隆	劉秀夫 口沫橫飛犬吠牛 元良政見不知羞 三通奪命身如由 戰火連天百姓愁	張國裕 茗座閒談聚鷺鷗 如珠妙語出吟喉 三攄聲入禪林好 拾得寒山孰可侔	澹竹蘆聯吟會 德林寺舉辦 2~10 名： 邱顯通 陳玉得 范根燦 武麗芳 吳重餘 康坤旺 劉彥甫 羅培松 林榮吉 蘇子建 莫月娥 黃周天
民國 89 年 2000/4/16	古蹟迎曦門 左：張國裕 右：劉彥甫	范根燦 飽閱滄桑古蹟陳 翻修雉堞一番新 迎曦濠畔絲絲柳 裊娜無言自作春	同左	澹竹蘆聯吟會 竹社舉辦 2~10 名： 陳俊儒 李丁璋 蘇子建 林鎮崧 郭添益 鍾常逐 李春生 梁秋東 劉秀夫 彭仁本 莫月娥
民國 89 年 2000/9/24	洞房月 左：劉彥甫 右：范根燦	陳俊儒 詩頌周南第一篇 良辰花好月團圓 洞房應兆熊羆夢 瓜瓞祥徵種福田	蘇子建 鳳台蟾鏡並雙妍 今夜登科月正圓 玉燕投懷鴛帳暖 人間天上共嬋娟	澹竹蘆三社聯吟 澹社主辦〔吉祥海鮮樓〕 2~10 名： 蘇逢時 范根燦 李宗波 張國裕 彭仁本 （因蘆竹詩友未克出席， 名列前茅者多人重複。）
民國 89 年 2000/10/29	秋景 左：張國裕 右：梁秋東	林鎮崧 薄霧輕煙漾碧空 嵐光野色勝東風 幾疑錦繡春猶在 十里楓林夕照紅	蔡婉緩 巧將春詠畫圖中 青草湖邊爪印鴻 拋卻塵氛忘俗慮 南寮一抹晚霞紅	澹竹蘆三社聯吟擊鉢錄 竹社主辦 2~10 名： 鍾常逐 劉秀夫 蘇子建 林潚森 劉彥甫 范桐亭 林榮吉 陳俊儒 范根燦 梁秋東 姜若燕
民國 90 年 2001/3/11	春雨 左：劉彥甫 右：陳玉得	蘇子建 濂纖雨喜懷蘇軾 淅瀝詩催憶杜陵 欣盼商羊頻作舞 春郊遍洒卜豐登	同左	澹竹蘆聯吟會 德林寺主辦 2~10 名： 陳玉得 劉彥甫 范根燦 林鎮崧 羅培松 康坤旺林 榮吉 劉秀夫 邱顯通
民國 90 年 2001/7/1	客至 左：劉彥甫 右：蘇子建	楊振福 賓來有犬吠籬笆 倒屣迎門奉好茶 投轄開樽通北海 西窗剪燭話桑麻	同左	澹竹蘆三社聯吟 澹社主辦〔吉祥海鮮樓〕 2~10 名： 邱顯通 張允中 蘇子建 莫月娥 彭仁本 劉彥甫 陳俊儒 康坤旺 劉秀夫 鍾常逐 黃周天 楊維仁
民國 90 年 2001/10	秋訊 左：莫月娥 右：蘇子建	張國裕 一葉梧桐墜井南 知時味憶菜根談	同左	澹竹蘆三社聯吟擊鉢錄 竹社主辦〔李廚師餐廳〕 2~10 名：

		青衿我慣風霜試 何必商聲報再三		林鴻生 莫月娥 鍾常遂 邱顯通 陳俊儒 李春生 蘇子建 林鎮岊 范根燦 劉彥甫 柯銀雪 黃周天 黃國津
民國90年 2001/11	寒梅 左：張國裕 右：吳子健	吳子健 一枝破臘影低迷 十月花開庾嶺西 玉蕊衝寒疑是雪 暗香浮動入詩題	蘇子建 傲雪瓊枝添逸興 衝寒玉蕊入詩題 孤芳我愛延平種 毅魄冰魂史可稽	滄竹蘆聯吟會 德林寺舉辦 2~10名： 黃坤楨 范根燦 張國裕 邱顯通 劉彥甫 陳玉得 莫月娥 林鎮岊 陳祥麟 林永義
民國90年 2001/12/22	湯圓味 左：蘇子建 右：楊振福	陳俊儒 磨米搓勞妻子手 調湯味慰丈夫喉 甜餘齒頰情如蜜 倍感溫馨令節留	鍾常遂 冬至家家作粉球 長街叫賣鬧無休 年年購食非吾願 鄉味難忘那裡求	滄竹蘆三社聯吟 滄社主辦〔吉祥海鮮樓〕 2~10名： 莫月娥 許錦雲 范根燦 張國裕 李宗波 楊維仁 蘇子建 黃周大
民國91年 2002/3/9	久旱祈雨 左：陳俊儒 右：鍾常遂	張國裕 塹城久未見盆傾 水庫將枯苦眾生 渴望淋鈴彈曲早 潤蘇大地利春耕	黃周天 蒼天久旱苦民生 市長英明察世情 祈雨解災慈潤澤 甘霖沛降好春耕	滄竹蘆三社聯吟 竹社主辦〔李廚師餐廳〕 2~10名： 蘇子建 林榮吉 蔡瑤瓊 莫月娥 張允中 邱顯通 范根燦 鍾常遂 吳身權 林鎮岊 彭仁本 李春生
民國91年 2002/6/22	有朋自遠方來 左：蘇逢時 右：楊振福	陳玉得 有朋遠道欲來探 雅契鷗盟作勝談 裙屐聯翩香翰墨 伊誰才繼沈斯庵	李正發 開門相擁再而三 薄酒粗餚主不慚 縱飲千杯情未盡 更留心語共宵談	滄竹蘆三社聯吟 滄社主辦〔吉祥樓〕 2~10名： 張國裕 蘇逢時 邱顯通 陳俊儒 陳玉得 吳身權 許錦雲 莫月娥 黃增忠 林蔡振 李秉昇 李宗波 吳俊男 楊維仁
民國91年 2002/8/31	奸商禍國 左：陳玉得 右：鍾常遂	李春生 持籌握算實良箴 利慾薰心錯愈深 寄語商場須謹慎 陷人不淬冷刀侵	彭仁本 貿易公平眾所欽 韓康守信譽傳今 商人唯利偏忘本 及早回頭愛國心	滄竹蘆三社聯吟 竹社主辦〔李廚師餐廳〕 2~10名： 陳千金 蘇子建 莫月娥 鍾常遂 蔡瑤瓊 張國裕 邱顯通 柯銀雪 劉秀夫 陳俊儒
民國91年 2002/10	醉菊 左：張國裕 右：吳子健	吳子建 白衣送酒暗香侵 栗里秋容疊疊金 屈子餐英彭澤飲 兩人陶醉一般心	鍾常遂 菊酒強身冷不侵 凌霜傲雪勵吾心 東籬醉臥君休笑 醒挽狂瀾起陸沉	滄竹蘆三社聯吟 蘆社主辦〔德林寺〕 2~10名： 蘇逢時 賴文雄 黃周天 蘇子建 范根燦 盧淑珠 邱創祿 楊東慶 邱顯通 林鎮岊 張國裕
民國91年 2002/12/14	瑞雪 左：范根燦 右：陳玉得	黃瓊 雪花六出壓南枝 正是騎驢踏雪時 莫嘆寒流催臘鼓 吉祥有兆報春禧	武麗芳 花飛六出歲時豐 信步尋梅造化奇 一望天成銀世界 分明瑞氣頌春禧	滄竹蘆三社聯吟 滄社主辦〔吉祥樓〕 2~10名： 李旭昇 黃國津 張國裕 蘇子建 彭仁本 楊振福 陳俊儒 蔡瑤瓊 彭仁本
民國92年 2003/2/22	柳眼窺春 左：蘇子建 右：武麗芳	范根燦 翠眉乍展伺春郊 駘蕩韶光綠草茅	鍾常遂 媚眼偷窺綠滿梢 含情脈脈契知交	滄竹蘆三社聯吟 竹社主辦〔李廚師餐廳〕 2~10名：

		迎暖灞橋絲萬縷 風流張緒倩誰教	千絲萬縷縈春夢 惹得鴛梭織錦拋	黃　瓊　陳俊儒　林榮吉　許錦雲 蘇子建　梁秋東　柯銀雪　邱顯通 李文亮　張國裕　黃周天
民國92年 2003/4	暮春感懷 左：鍾常遂 右：蘇逢時	吳子建 楝花風正拂東皋 九十韶光蕩彩毫 我亦舞雩同點也 浴沂寄詠興偏豪	同左	澹竹蘆三社聯吟 蘆社主辦〔德林寺〕 2~10名： 張國裕　邱創祿　鍾常遂　陳保琳 黃周天　黃周戊　林素娥　蘇逢時 林正寬　蔡瑤瓊　邱顯通
民國92年 2003/7/12	伏日感懷 左：張國裕 右：陳玉得	賴文雄 六月驕陽酷暑催 三庚豈畏火雲堆 冰心可卻炎威脅 墨浪翻雲降雨來	陳俊儒 吉祥樓上缽聲催 應景書懷寄慨來 騷客何愁三伏日 爭紛國會更堪哀	澹竹蘆三社聯吟 澹社主辦〔吉祥樓〕 2~10名： 李宗波　楊維仁　陳秀麗　黃周天 蘇逢時　武麗芳　許錦雲　王盛臣 黃國津　陳彩嬌　李秉昇　鍾常遂
民國92年 2003/9/21	丹心貫日月 左：張國裕 右：梁秋東	陳俊儒 忠肝義膽史斑斑 正氣參天豈等閒 贏得人民尊武聖 功同日月照塵寰	同左	澹竹蘆三社聯吟 竹社主辦〔關帝廟圖書館〕 2~10名： 林素娥　莫月娥　蘇子建　黃國津 黃周天　許錦雲　陳玉得　黃增忠 林鎮焜　林鴻生　李秉昇　鍾常遂 彭仁本　林正寬
民國92年 2003/11	梅魂 左：陳俊儒 右：莫月娥	吳子健 一枝搖曳月黃昏 紙帳師雄綺夢溫 願共筆花香縷縷 風流文采繫吟魂	盧淑珠 搖曳孤山月色昏 枝頭縷縷認芳魂 暗香浮動林和靖 清福瑤台一枕溫	澹竹蘆三社聯吟 蘆社主辦〔德林寺〕 2~10名： 賴文雄　黃　瓊　武麗芳　蘇逢時 張國裕　陳保琳　鍾常遂　范根燦 楊東慶　范麗娟　李秉昇　洪玉良
民國92年 2003/12/27	冷鋒 左：蘇逢時 右：陳玉得	陳玉得 陣陣寒流凍骨筋 如鋒欲刺老斯文 吉祥樓上騷風振 爐煖詩成大雅群	陳彩嬌 憶昔騎牛李老君 冷鋒難凍五千文 吉祥樓上春秋筆 共掃歪風去俗氛	澹竹蘆三社聯吟 澹社主辦〔吉祥樓〕 2~10名： 古自立　陳俊儒　陳保琳　楊振福 黃國津　彭仁本　武麗芳　黃　瓊 林素娥　莫月娥　林鎮焜
民國93年 2004/2/29	塹城春暖 左：陳玉得 右：陳俊儒	彭仁本 鳥語花香景色宜 塹城錦繡好吟詩 人龍日昨三台貫 心手相連護國基	李秉昇 塹城粉蝶暖春時 淡蕩東風景色宜 我亦化龍心勃勃 歌懷一曲作新詩	澹竹蘆三社聯吟 竹社主辦〔關帝廟圖書館〕 2~10名： 梁秋東　莫月娥　洪玉良　黃增忠 蘇逢時　林鎮焜　張國裕　陳保琳 鍾常遂　林鴻生　張緯能　廖淑眞 黃國津　邱顯通
民國93年 2004/4/24	春雨 左：蘇逢時 右：吳子健	呂秋蘭 及時膏雨潤春來 園木芳菲錦繡堆 不負坡仙亭記事 一篇賦就百花開	陳俊儒 沛然訊息動春雷 萬紫千紅應景開 國有廉能賢御史 既沾既足澤全台	澹竹蘆三社聯吟 蘆社主辦〔德林寺〕 2~10名： 李旭昇　陳保琳　黃　瓊　張國裕 李枝樺　應正雄　黃國津　黃周戊 鍾常遂吳子健　蔡瑤瓊　林明珠
民國93年 2004/6/27	淡江消夏 左：鍾常遂	楊振福 天地如爐熾九州	李宗波 淡江雅會萃吟儔	澹竹蘆三社聯吟 澹社主辦〔吉祥樓〕

	右：梁秋東	淡江仍舊發清流 鷺鷗呼伴追涼至 共溯詞源逐浪游	彩筆生花錦繡留 何用南薰來解慍 詩牌涼沁吉祥樓	2~10 名： 陳俊儒 武麗芳 張國裕 李旭昇 鍾常逯 蘇逢時 許錦雲 蔡瑤瓊 李正發 黃　瓊 邱顯通
民國 93 年 2004/8/29	土石流 左：蘇逢時 右：武麗芳	陳保琳 土石成流暴雨參 哀鴻遍野最難堪 災黎搶救時機迫 豈可區分綠與藍	林鴻生 風雨不測老生談 過度開山一字貪 水土保持無落實 石流人死景何堪	瀹竹蘆三社聯吟 竹社主辦〔關帝廟圖書館〕 2~10 名： 許錦雲 黃國津 李春生 莫月娥 呂秋蘭 廖淑眞 李枝樺 黃　瓊 張國裕 洪玉良
民國 94 年 2005/1/23	春聯 左：鍾常逯 右：武麗芳	楊振福 醉中催句出毫端 得意門聯照眼丹 七字堆成迎乙酉 且添春色萬家歡	林素娥 桃符獻瑞慶陽端 除舊迎新瘴氣彈 政治清明翹首盼 蔭吾國泰萬民安	瀹竹蘆三社聯吟 瀹社主辦〔吉祥樓〕 2~10 名： 黃冠人 林明珠 李宗波 許錦雲 楊維仁 武麗芳 彭仁本 黃國津 張國裕 鍾常逯 呂秋蘭
民國 94 年 2005/3/20	塹城仲春 攬勝 左：鍾常逯 右：林鴻生	呂淑蓮 風城二月暖風徐 粉餅玻璃竹塹譽 十八尖山花鳥聚 詩情畫意不勝書	張國裕 再訪尖山二月初 鶯花一路伴吟車 題襟我縱詩才拙 紀勝猶揮禿筆書	瀹竹蘆三社聯吟 竹社主辦〔關帝廟圖書館〕 2~10 名： 梁秋東 林明珠 黃冠人 莫月娥 賴文雄 廖淑眞 黃　瓊 黃周天 武麗芳 鍾常逯 呂秋蘭 陳千金 李枝樺 陳保琳 郭淑珠
民國 94 年 2005/5/15	梅雨浴佛 左：張緯能 右：吳子健	柯銀雪 熟梅天氣雨頻頻 願藉蘭湯洗劫塵 我爲浴心人浴佛 德林寺內話禪因	蘇逢時 法會龍華證淨因 香湯五色早鋪陳 光明妙相何須浴 梅雨宏施遠劫塵	瀹竹蘆三社聯吟 蘆社主辦〔德林寺〕 2~10 名： 李枝樺 康上村 許錦雲 鍾常逯 陳欣慧 林明珠 陳俊儒 黃國津 陳千金 黃　瓊 黃玉喬 楊東慶 莊育材 蘇逢時 盧淑珠
民國 94 年 2005/7/3	麗人 左：蘇逢時 右：武麗芳	張國裕 天生麗質領風華 美艷空前國色誇 群玉山頭諸姊妹 芳容絕色認仙娃	同左	瀹竹蘆三社聯吟 瀹社主辦〔吉祥樓〕 2~10 名： 李秉昇 陳保琳 莫月娥 鍾常逯 許錦雲 黃　瓊 林明珠 李宗波 賴文雄 林素娥
民國 94 年 2005/8/14	待中元 左：張國裕 右：陳俊儒	黃宜婷 超靈科典事層層 盆藉盂蘭法上乘 屈指佳辰期普渡 恩覃水陸兆中興	梁秋東 盂蘭盆會曁幡燈 超拔孤魂極樂登 屈指中元還五日 牲醴已備疊層層	瀹竹蘆三社聯吟 竹社主辦〔關帝廟圖書館〕 2~10 名： 莫月娥 蘇逢時 黃　瓊 黃國津 李春生 蔡瑤瓊 黃增忠 廖淑眞 呂秋蘭 李枝樺 張緯能 陳千金
民國 94 年 2005/11/19	雪夜 左：蘇逢時 右：莫月娥	張國裕 玉屑深宵遍地鋪 三分白勝惱林逋 爲詢皎潔程門月 曾照生徒肅立無	同左	瀹竹蘆三社聯吟 瀹社主辦〔吉祥樓〕 2~10 名： 李宗波 陳千金 林明珠 許錦雲 黃宜婷 武麗芳 陳保琳 林鎭峇 李秉昇 蔡瑤瓊 黃周天

民國 95 年 2006/3/5	桃李爭春 左：張國裕 右：陳俊儒	林鎮岧 聞名竹塹出蘇儒 啓後承先教特殊 四季如春桃李艷 爭妍燦爛眾歡呼	蔡瑤瓊 紅腮素萼競誰姝 燦爛春光萬客趨 我讚雙嬌妍歲首 今年必兆好前途	瀹竹蘆三社聯吟 竹社主辦〔關帝廟圖書館〕 2~10 名： 陳俊儒 賴淑員 鍾常遂 廖淑眞 梁秋東 邱顯通 洪淑珍 賴文雄 陳千金 陳保琳 黃宜婷 黃冠人 陳連金
民國 95 年 2006/4/30	暮春雅集 左：吳子健 右：蘇逢時	張錦雲 德林修禊暮春時 墨客多情藻思馳 輻輳不愁龍未化 百篇佳卷繼南皮	鍾常遂 廿四番風次第吹 千紅萬紫剩空枝 傷春杜宇聲悲切 幸有鷗盟賦好詩	瀹竹蘆三社聯吟 蘆社主辦〔德林寺〕 2~10 名： 邱顯通 彭仁本 洪淑珍 莊育材 蘇逢時 梁秋東 林明珠 陳千金 莫月娥 吳子健 許錦雲 林永村 黃周天
民國 95 年 2006/9/3	秋興 左：蘇逢時 右：王宥清	黃　瓊 塹城風月點塵無 楓葉經霜色染朱 三社聯吟詩詠景 雖非杜甫也名儒	陳連金 天高氣爽共歡如 鬪句胸藏萬卷書 最愛司勳詩八首 吟來芳韻客情舒	瀹竹蘆三社聯吟 竹社主辦〔關帝廟圖書館〕 2~10 名： 陳俊儒 賴淑員 柯銀雪 李春生 許錦雲 黃周天 陳千金 陳保琳 梁秋東 賴文雄 李秉昇 陳連金
民國 95 年 2006/11/5	冬訊 左：梁秋東 右：武麗芳	鍾常遂 森林綠盡獨楓紅 萬籟爭鳴萬壑空 正是歲餘勤奮季 鷗盟協力共揚風	黃周天 清涼季候轉寒風 秋去冬來氣更雄 籬菊鋪金梅待放 騷人剪景入詩中	瀹竹蘆三社聯吟 蘆社主辦〔德林寺〕 2~10 名： 陳俊儒 李旭昇 盧淑珠 陳千金 吳子健 林素娥 邱顯南 邱顯通 黃周天 呂秋蘭 林永村 吳天送
民國 96 年 2007/1/7	題雪 左：鍾常遂 右：武麗芳	林素娥 漫天飛舞撒瓊脂 綽約無瑕絕世姿 最愛人間祥瑞兆 大揮彩筆正逢時	洪淑珍 銀妝飾就歲寒時 皎潔徵祥喜展眉 筆下三分勝梅白 攤箋佐我賦新詞	瀹竹蘆三社聯吟 瀹社主辦〔吉祥樓〕 2~10 名： 賴文雄 陳千金 葉世榮 張國裕 李秉昇 張允中 吳身權 王盛臣 李宗波 陳保琳 鍾常遂 楊維仁
民國 96 年 2007/3/11	花雨迎春 左：楊維仁 右：林鴻生	吳身權 東風嫋嫋輕搖綠 細雨綿綿漸濕衫 潤得風城花似錦 好迎青帝下凡塵	陳保琳 新煙帶雨百花咸 竹社迎春解酒饞 欲學青蓮詩寫景 誰知畢竟隔仙凡	瀹竹蘆三社聯吟 竹社主辦〔關帝廟圖書館〕 2~10 名： 林素娥 鍾常遂 張國裕 蘇逢時 楊維仁 曾炳炎 柯銀雪 陳千金 王盛臣 蔡瑤瓊 許錦雲 李秉昇 李旭昇 張允中 莫月娥 賴文雄
民國 96 年 2007/6	德林寺群星會 「五老八秩壽 慶」 左：楊阿本 右：莊育材	陳俊儒 德林韻事史留馨 彩筆如春頌典型 陪襯句題千歲鶴 聯輝光燦五行星 詩歌白髮新頭腦 人醉黃花老酒瓶 但願此筵延廿載 一篇先祝壽頤齡	張緯能 勝日德林禪寺 南樓七彩祥雲繞 北苑八音芳韻聆 祝嘏鷗朋歌五老 傾觴鷺侶飲千瓶 杖朝今日吟聲皖 頌盼詩翁越百齡	瀹竹蘆三社聯吟 蘆社主辦〔德林寺〕 2~10 名： 吳世光 鍾常遂 武麗芳 邱顯通 蘇逢時 呂秋蘭 楊東慶 林鴻生 黃冠人 邱創祿 蔡瑤瓊 李秉昇 王盛臣 陳千金 洪淑珍 黃　瓊 張錦雲 吳天送

時間	題目	左詞宗作品	右詞宗作品	主辦及參與
民國96年 2007/9/2	夏雲 左：張國裕 右：吳子健	洪淑珍 排空片片錦麟紋 勢擁驕陽散赤氛 意欲從龍南浦外 沛然濟物奏功勳	呂秋蘭 羽扇頻揮劫火雲 垂天絲縵舞繽紛 織裳冉冉飄浮動 速化甘霖解暑氛	澹竹蘆三社聯吟 竹社主辦〔關帝廟圖書館〕 2~10名： 連玩珠 洪銘里 陳千金 梁秋東 許錦雲 吳子健 賴淑員 黃增忠 黃 瓊 黃玉喬 蘇逢時 鍾常遂 楊東慶 陳保琳
民國96年 2007/11/3	秋歸 左：蘇逢時 右：鍾常遂	黃玉喬 堤岸楓紅落葉聲 黃花蕊綻爽吟情 將歸白帝空惆悵 欲挽無能百感生	蔡瑤瓊 風勁霜威雪鬢生 秋光漸褪事無成 我同杜甫憂時感 何日家邦頌太平	澹竹蘆三社聯吟 蘆社主辦〔德林寺〕 2~10名： 陳連金 賴文雄 許錦雲 盧淑珠 莫月娥 吳子健 林素娥 黃周天 林明珠 邱創祿
民國97年 2008/1/6	冬陽 左：鍾常遂 右：蔡瑤瓊	武麗芳 麗日和風會鷺鷗 敲詩擊鉢吉祥樓 冬陽送暖神清爽 翰墨因緣第一流	許錦雲 氣暖霜融曬背柔 筵開擊鉢吉祥樓 復甦經濟全民願 欣看台灣第一流	澹竹蘆三社聯吟 澹社主辦〔吉祥樓〕 2~10名： 莫月娥 柯銀雪 賴文雄 張國裕 洪淑珍 鍾常遂 楊維仁 林永村 陳保琳 蔡瑤瓊
民國97年 2008/2/24	春晴 左：吳子健 右：武麗芳	陳千金 千門淑氣萬家歡 綠柳含煙喜客觀 霽色晴嵐宜共賞 新春祈願世平安	楊維仁 萬縷金輝破曉寒 淋漓昨夜雨初乾 春光煦煦甦群類 一歲新華正發端	澹竹蘆三社聯吟 竹社主辦〔經國路金輝餐廳〕 2~10名： 陳連金 連玩珠 蔡瑤瓊 吳身權 柯銀雪 許錦雲 林鎮岧 張國裕 賴文雄 楊維仁 陳保琳 林明珠 楊東慶 吳子健 莫月娥 梁秋東
民國97年 2008/4/13	惜春 左：鍾常遂 右：張緯能	蔡瑤瓊 東皇歸去莫吁嗟 施計期能挽物華 勤讀詩書留好句 盡將錦繡讚交加	鍾常遂 東皇乍到又回家 無計攀留實可嗟 蜂蝶早知春欲去 瘋狂猶自戀殘花	澹竹蘆三社聯吟 蘆社主辦〔德林寺〕 2~10名： 陳保琳 邱創祿 賴文雄 呂秋蘭 楊東慶 林永村 黃周戊 陳千金 黃周天 許錦雲 陳連金 林永村
民國97年 2008/6/15	夏遊 左：林鎮岧 右：蔡瑤瓊	賴文雄 夏日梅黃碧草茵 出遊消暑爽精神 吉祥樓館群鷗集 覓句鐫詩錦繡陳	連玩珠 為避驕陽遠俗塵 薰風似與荷花親 偷閒獨我浮生樂 寄意山林寄此身	澹竹蘆三社聯吟 擊鉢錄澹社主辦〔吉祥樓〕 2~10名： 黃 瓊 柯銀雪 張國裕 許錦雲 黃國津 陳千金 黃周天 林素娥 洪淑珍 武麗芳 李秉昇
民國97年 2008/8/17	新秋 左：賴文雄 右：林鴻生	連嚴素月 梧桐葉落報新秋 暑退涼生爽氣浮 三社聯吟關帝廟 宮牆鉢響韻悠悠	楊維仁 初移節候已臨秋 熾日如焚焰正遒 一島民生仍苦熱 幾時霜氣敕吾儔	澹竹蘆三社聯吟 竹社主辦〔關帝廟圖書館〕 2~10名： 許錦雲 蔡瑤瓊 黃 瓊 王盛臣 陳千金 柯銀雪 呂秋蘭 張緯能 鍾常遂 陳連金 黃玉喬 邱顯通 張國裕 曾炳炎
民國97年 |2008/10/19	月下會友 左：武麗芳 右：陳俊儒	莫月娥 一痕初月正如眉 摯友相逢樂不疲	莫月娥 蟾光兔影入簾帷 有約人來喜展眉	澹竹蘆三社聯吟 蘆社主辦〔德林寺〕 2~10名：

		握手言歡蟾影下 松風竹韻助敲詩	莫怨宵深無作伴 成三只要一杯隨	楊東慶　洪淑珍　陳千金　許錦雲 康上村　邱顯南　呂秋蘭　張緯能 李旭昇　陳連金　黃　瓊　陳保琳 李秉昇
民國 97 年 2008/12/7	尋梅 左：莫月娥 右：吳身權	吳身權 破臘枝頭不染塵 嚴霜冷處幾番新 臨風莫畏朝寒苦 好作尋芳第一人	楊維仁 群峰間說正鋪銀 欲訪梅姿雪後新 玉蕊別來無恙否 可如昨歲舊丰神	滄竹蘆三社聯吟 滄社主辦〔吉祥樓〕 2~10 名： 賴文雄　黃　瓊　林明珠　張允中 呂秋蘭　張國裕　武麗芳　林鎮崧 陳千金
民國 98 年 2009/2/15	春花 左：張國裕 右：吳身權	黃宜婷 送暖東風百卉欣 蜂忙蝶舞正殷勤 是誰暗譜花之頌 妙曲佳音入雅群	林素娥 蟄伏經冬作育勤 嬌顏細琢逞東君 枝頭粧點宣春訊 大地昭蘇萬物欣	滄竹蘆三社聯吟 竹社主辦〔關帝廟圖書館〕 2~10 名： 許錦雲　陳連金　蔡瑤瓊　林明珠 林鴻生　王宥清　李秉昇　林柏丞 吳身權　柯銀雪　莫月娥
民國 98 年 2009/4/12	春筍 左：吳子健 右：武麗芳	柯銀雪 幾番春雨潤吾儕 竹社龍孫漸出頭 更愛成林呈蓊鬱 師恩回報以詩酬	黃　瓊 春雷一響筍新抽 金甲重存勁節留 知汝化龍終有日 宛如名士占鰲頭	滄竹蘆三社聯吟 蘆社主辦〔德林寺〕 2~10 名： 黃周戊　林明珠　張錦雲　黃玉喬 李秉昇　呂秋蘭　陳保琳　鍾常逐 林素娥　賴文雄　武麗芳　莊育材 黃周天
民國 98 年 2009/6/7	夏日詩情 左：鍾常逐 右：武麗芳	張國裕 冒暑敲詩遠近邀 盟敦三社聚吟僚 心聲喜比蟬聲朗 句透清新筆競驕	許錦雲 榴花映葉艷陽驕 勃發詩情雅興饒 品茗談心文會友 吟哦逸趣樂逍遙	滄竹蘆三社聯吟 滄社主辦〔吉祥樓〕 2~10 名： 賴文雄　李秉昇　張國裕　吳身權 蔡瑤瓊　陳保琳　黃宜婷　李宗波 楊維仁　黃　瓊　柯銀雪
民國 98 年 2009/8/23	酒 左：張國裕 右：許錦雲	莫月娥 試同千日醉何如 北海情豪飲不虛 盡說客來茶可當 拳催風月孰能除	蔡瑤瓊 草豪張旭醉狂書 千古詩仙載酒譽 我學前賢懷逸興 每吟必酌樂何如	滄竹蘆三社聯吟 竹社主辦〔關帝廟圖書館〕 2~10 名： 楊維仁　楊東慶　吳身權　黃冠人 鍾常逐　陳保琳　李旭昇　林柏丞 黃　瓊　吳子健　黃增忠　陳俊儒 呂秋蘭
民國 98 年 2009/11/8	餞秋迎冬 左：莫月娥 右：蔡瑤瓊	吳子健 蓐收祖餞駕匆匆 張翰蓴鱸繫客衷 莫嘆黃花時序老 玄冥倒屣迓樓東	吳子健 小陽春迓海天東 白帝驪歌四野同 送罷秋光冬日暖 如迎德政樂融融	滄竹蘆三社聯吟 蘆社主辦〔德林寺〕 2~10 名： 賴文雄　莫月娥　洪淑珍　張緯能 鍾常逐　陳保琳　邱創祿　林明珠 張錦雲　楊東慶　邱顯南　蔡瑤瓊 呂秋蘭
民國 98 年 2009/12/6	平明 左：鍾常逐 右：武麗芳	林明珠 拂曉雞聲競唱酬 黎明五彩映山頭 晨曦普照河山麗 雅客探驪樂不休	黃冠人 晨光初露稻江洲 草木依稀鳥語酬 港肆人聲猶未雜 驪歌送客已行舟	滄竹蘆三社聯吟 滄社主辦〔吉祥樓〕 2~10 名： 許錦雲　林素娥　賴文雄　李宗波 郭淑珠　蔡瑤瓊　陳保琳　陳千金 莫月娥　楊維仁　張國裕

時間	題目/詞宗	左元	右元	主辦/名次
民國99年 2010/3/14	春耕 左：梁秋東 右：林鴻生	鍾常遂 福虎祥徵百福臨 風調雨順降甘霖 春耕水足群農喜 五谷豐收擊壤吟	蔡瑤瓊 春懷希望慰民心 水足田園綠色森 我敬老農朝夕作 稻禾汗滴變黃金	澹竹蘆三社聯吟 竹社主辦〔關帝廟圖書館〕 2~10名： 黃　瓊　黃冠人　王盛臣　張國裕 邱顯通　陳俊儒　李旭昇　曾炳炎 洪淑珍　陳千金　賴文雄　林柏丞
民國99年 2010/5/1	勞工頌 左：鍾常遂 右：蔡瑤瓊	邱創祿 爲國奚辭受折磨 敢誇功績獨蒐莪 今天五一齊尊敬 不朽精神世共歌	陳俊儒 載月披星志不磨 勞工有節共稱歌 敢流血汗溫家飽 陋室眞同安樂窩	澹竹蘆三社聯吟 蘆社主辦〔德林寺〕 2~10名： 蔡瑤瓊　王宥清　陳連金　黃　瓊 黃周天　陳漢傑　陳保琳　林素娥 鍾常遂　楊東慶　賴文雄　呂秋蘭 許錦雲　林鎮岧
民國99年 2010/8/29	祖父母節 左：鍾常遂 右：陳俊儒	陳俊儒 國家定節豈無因 爲正綱常認至親 桂馥蘭馨多美滿 同堂三代享天倫	張緯能 含飴二老費心神 不遜爹娘育子辛 世代人當懷祖德 孫曹共認紀芳辰	澹竹蘆三社聯吟 竹社主辦〔關帝廟圖書館〕 2~10名： 陳千金　林素娥　賴文雄　蔡瑤瓊 莫月娥　林鴻生　柯銀雪　李秉昇 嚴素月　吳子健　楊東慶　簡華祥
民國99年 2010/9/12	秋遊 左：林鎮岧 右：林素娥	陳保琳 金風爽籟向郊行 十里煙霞笑面迎 好是秋容如畫景 山光水色滿詩情	莫月娥 痕留爪跡滯南瀛 心繫黃花一片情 賦得歸來詩滿腹 不妨記勝筆縱橫	澹竹蘆三社聯吟 澹社主辦（台北吉祥樓） 2~10名： 吳身權　楊維仁　張國裕　邱顯通 蔡瑤瓊　林素娥　黃周天　林明珠 鍾常遂　武麗芳　陳千金　林鎮岧
民國99年 2010/12/5（日）	藝苑新聲 左：莫月娥 右：陳保琳	徐桂菊 源溯傳芳弟子班 春風化雨遍台灣 德林社字今膽正 初試啼聲壯九寰	陳連金 德林詩會歷辛艱 致力宣仁志未刪 藝苑揚芬恢聖教 新聲磅礴壯台灣	澹竹蘆三社聯吟 蘆社主辦 地點：德林寺 2~10名： 李江龍　林明珠　楊東慶　林素娥 邱顯通　呂秋蘭　陳千金　許錦雲 羅錦松　賴文雄　黃玉喬　黃　瓊 吳子健　洪淑珍
100/01/09	好年冬 左：鍾常遂 右：陳俊儒	陳俊儒 朝見祥和經濟富 家多幸福子孫乖 寅藏卯發徵天命 雪兆豐年國運諧	李宗波 臘鼓鼕鼕報歲佳 天心先釋老農懷 一犁水足田禾潤 瑞兆明年國運諧	澹竹蘆三社聯吟 澹社主辦（台北吉祥樓） 2~10名： 吳身權　楊維仁　張國裕　邱顯通 蔡瑤瓊　林素娥　黃周天　林明珠 鍾常遂　武麗芳　陳千金　林鎮岧
民國100年 2011/02/26（日）	春容 左：莫月娥 右：陳漢傑	陳漢傑 紅男綠女化粧濃 似向群芳競艷容 貌不遜花才更美 春心未領愛情鍾	許錦雲 柳眼窺春現喜容 鶯聲蝶舞覓芳蹤 花如解語隨人笑 留駐東君色永濃	澹竹蘆三社聯吟 竹社主辦（新竹關帝廟圖書館） 2~10名： 莫月娥　吳身權　李秉昇　邱顯通 林鎮岧　陳千金　蔡瑤瓊　賴文雄
民國100年 2011/05/15（日）	甘霖 左：陳俊儒 右：許錦雲	黃周戊 幾日滂沱濟渴乾 解除旱魃老農安 蒼天體恤民生苦 沛澤甘霖萬眾歡	蔡瑤瓊 正思解旱急方端 連日蓬萊雨水湍 潤物適時除眾困 高歌一曲謝天官	澹竹蘆三社聯吟 蘆社主辦（德林寺） 2~10名： 洪淑珍　陳漢傑　邱顯通　陳連金 呂秋蘭　王盛臣　黃周天　李秉昇 張緯能

附錄三：民國八十九年（2000）立案後之竹社詩人雅集　三社聯吟（未曾間斷）

民國 101 年 2012/2 /12（日）	龍年獻瑞 左：鍾常遂 右：林鴻生	陳連 祥龍值歲筆花飛 瑞啓中興氣勢巍 朝野和諧家國泰 謳歌處處震天威	呂秋蘭 鴻鈞一轉盡生機 景氣迴昇逸興飛 逐歲春融龍馬躍 鵬程萬里任揚威	瀛竹蘆三社聯吟 值東：竹社 地點：新竹關帝廟圖書館 2~10 名： 林素娥 蔡瑤瓊 賴文雄 鍾常遂 黃　瓊 李旭昇 楊文欽 陳俊儒
民國 101 年 2012/2 /19（日）	豪小子 左：林鎮忿 右：蔡瑤瓊	李秉昇 默默無聞教練忘 堅持理想待飛揚 籃球苦訓逢機運 一舉成名世界強	陳連金 龍爭虎鬥出球場 拔萃籃壇海外揚 誰識英雄開史例 書豪小子耀光芒	瀛竹蘆三社聯吟 值東：台北瀛社 地點：台北吉祥樓 2~10 名： 邱顯通 王盛臣 黃　瓊 陳保琳 林素娥 莫月娥 洪淑珍 林明珠 柯銀雪 許錦雲
民國 101 年 2012/8 /19（日）	銀河會 左：武麗芳 右：楊維仁	陳俊儒 喜看牛女兩情酣 千古風流作美談 此夕人間爭乞巧 星河可渡苦猶甘	黃增忠 碧落銀河水蔚藍 鵲橋架爲兩情酣 牛郎織女經年望 七夕相逢苦也甘	瀛竹蘆三社聯吟 竹社主辦〔關帝廟圖書館〕 2~10 名： 李江龍 陳俊儒 黃　瓊 蔡松根 洪淑珍 吳身權 梁秋東 邱顯通 柯銀雪 楊維仁
民國 102 年 2013/3 /2（六）	燈會 左：陳俊儒 右：林素娥	呂秋蘭 鴻鈞一轉發祥初 淑景光搖氣象舒 乘興攜囊燈會賞 開懷悅目足歡予	王盛臣 銀花火樹晝光如 古俗懷宵暢歲餘 結合新潮加科幻 振興經濟富藏儲	瀛竹蘆三社聯吟 竹社主辦〔關帝廟圖書館〕 2~10 名： 田蘭玉 林鴻生 陳保琳 林素娥 連玩珠 楊東慶 吳身權 武麗芳 蔡瑤瓊 林明珠
民國 102 年 2013/8 /25（日）	秋涼 左：賴文雄 右：蔡瑤瓊	林鎮忿 天高氣爽象溫和 暑退涼生雨霽多 大地風光秋色滿 吟聲喜賦樂詩歌	李正發 漸褪炎威臟幾何 一池翠蓋變殘荷 層峰但使施良改 涼氣宜人應更多	瀛竹蘆三社聯吟 竹社主辦〔關帝廟圖書館〕 2~10 名： 鍾常遂 周雪玉 陳連金 張緯能 范文映 吳身權 陳連金 王盛臣 曾炳炎 林素娥
民國 103 年 2014/2 /23（日）	春暖 左：林鴻生 右：楊維仁	吳天送 關廟陽光格外親 敲詩鬥韻爽吟身 慈恩聖澤痳天暖 妙筆一揮淨俗塵	吳身權 寒盡啼鶯報早春 東風送暖物華新 晨曦煦照花開遍 不盡芳菲已醉人	瀛竹蘆三社聯吟 竹社主辦〔關帝廟圖書館〕 2~10 名： 林鎮忿 柯銀雪 武麗芳 洪淑珍 陳千金 吳天送 王盛臣 陳保琳 蔡瑤瓊 林鴻生
民國 103 年 2014/8 /31（日）	秋訊 左：李秉昇 右：賴欣陽	林素娥 金風乍拂旬初消 一葉知秋律呂調 雪藕清涼時茶入 潤脾爽口筆難描	武麗芳 碌碌征塵塞上謠 乾坤日月兩肩挑 新秋一葉天涯送 萬里鄉關慰寂寥	瀛竹蘆三社聯吟 竹社主辦〔關帝廟圖書館〕 2~10 名： 陳俊儒 李旭昇 黃增忠 楊維仁 邱顯通 曾毓彬 林鴻生 陳連金 陳保琳 范文映
民國 104 年 2015/3 /8（日）	望甘霖 左：蔡瑤瓊 右：陳保琳	吳身權 悶坐殘更夢未恬 爲愁荒旱苦黎黔 祈天一夜甘霖降 好潤春城萬物霑	陳連金 新春旱魃事尤嚴 龜裂田園百感添 虔禱傾盆甘澍降 天恩罔極享安恬	瀛竹蘆三社聯吟 竹社主辦〔關帝廟圖書館〕 2~10 名： 柯銀雪 張緯能 許錦雲 楊東慶 曾炳炎 陳千金 吳慕亮 吳身權 楊文欽 林明珠

民國 104 年 2015/8 /16（日）	緣聚清秋 左：賴文雄 右：洪淑珍	黃瓊 香飄金粟葉飄桐 鷗鷺緣深喜氣融 竹塹聯吟欣聚首 清秋逸韻振騷風	呂秋蘭 鷗盟挖雅蔚文風 翰墨交遊氣勢雄 好趁清秋聯筆陣 江山藻繪入詩筒	澹竹蘆三社聯吟 竹社主辦〔關帝廟圖書館〕 2~10 名： 洪淑珍 陳俊儒 林鎮玆 許錦雲 林明珠 李正發 邱顯通 黃祖蔭 呂秋蘭 陳保琳
民國 105 年 2016/3 /5（六）	春情 左：陳連金 右：陳保琳	賴文雄 青帝臨場淑氣交 和風送暖杏含苞 千紅萬紫江山麗 情奇春光妙句敲	古自立 平生最喜暖風敲 入目繽紛綠滿郊 織夢尋芳情盪漾 詩心萬縷透林梢	澹竹蘆三社聯吟 竹社主辦〔關帝廟圖書館〕 2~10 名： 李乾寬 陳俊儒 陳保琳 曾炳炎 林鎮玆 林素娥 邱顯通 張緯能 柯銀雪 黃　瓊

附錄四：現代竹社同人對社會脈動的生活閒詠

一、蔡瑤瓊

蔡瑤瓊 1947 年 12 月 20 日生，「竹社」重新立案後第三任理事長，國立新竹師範學院（今新竹教育大學前身）初教系畢業。民國 91 年獲頒新竹市卓越教師明志獎，服務教職 36 年，民國 92 年退休。因嚮往自然，購地一分半，白天躬耕田園，與蝶鳥共伴。俯仰天地之間，學習謙卑，有容乃大。晚上擔任關帝廟中巷學園及竹社鄉音班老師，為塹城鄉音及詩學竭心盡力。編有「新竹市北門國小百週年校慶特刊」、「北門社區采風情」、「九年一貫成果彙編」及竹社「松筠集」第二集等書。

母親
一生辛苦眾兒牽　篤厚仁心氣度翩　欲效慈烏親不待　蓼莪每詠淚漣漣

電話鈴聲
有女德州相隔遠　最欣週末候佳音　一端響起嬌聲報　大小平安好放心

在美國的日子
朝顧孫兒夕作餐　閒暇上網宇寰觀　強身每日三千步　尋料吟詩在夜闌

外婆的心願
嫁女七年方得孫　心中喜悅筆難論　祈求寶貝平安長　日後成材耀國門

相機失竊記
萊卡相機入境遺　海關美國啟人疑　力爭三月佳音覆　悉數賠償笑展眉

北歐四國
福利國家寰宇欽　不愁生計不愁金　夏陽露臉人人晒　愜意悠閒啤酒斟

其二
我愛北歐風景優　吃穿無缺老無憂　如能四季陽光燦　他國移民必不休

與田間諸蛇對話
初夏田園出沒頻　無聲無響嚇農民　我思與汝和平處　敬請夜間才現身

章魚哥

德國章魚喚保羅　　預言神準嘆如魔　　足球八戰全猜中　　大噪聲名舉世歌

詠內灣

山櫻故里盛觀光　　懷舊老街迎客忙　　夏夜人潮螢賞去　　野薑花粽四時芳

無情的相機

鏡下風光何秀麗　　影中老態引心驚　　相機單眼稱高級　　底事真心博絕情

新竹摃丸

精肉千捶擠小球　　入湯美味饗吾儕　　塹城馳譽由來　　送禮堪稱第一流

遊新竹城隍廟

城隍廟裡謁城隍　　保佑全家大小康　　參罷飢腸聞轆轆　　點盤米粉摃丸湯

新竹米粉

米漿穿孔線千莖　　蒸熟風乾列竹棚　　製藝傳承經百載　　辛勞操作到三更
細粗饋客稱佳禮　　炒煮和羹皆好評　　羈旅他邦常繫念　　絲絲縷縷故鄉情

山青水秀話清泉

桃山隧道入仙鄉　　水富碳酸宜泡湯　　泰族善良延客熱　　吊橋險峻探幽忙
三毛夢屋成追憶　　少帥故居生感傷　　兩位名人雖已杳　　清泉增色美名揚

世界經濟風暴

美歐債務嘆沈淪　　希臘顢頇累比鄰　　衰退財經危政治　　颷升物價苦人民
職場蕭索謀生困　　股市低迷獲利辛　　風暴牽連全世界　　何年才可見翻身

瘦肉精

美牛進口豈心安　　瘦肉精來百姓殘　　引發體肢頻顫抖　　造成世代陷辛酸
腫瘤增遽牽纏苦　　心律異常醫治難　　國本犧牲何可忍　　全民抵制莫旁觀

竹塹餅

鹹甜塹餅美譽揚　　栗色圓形兆吉祥　　酥脆糕皮麻作底　　軟柔餡料肉生香
一朝品嚐增元氣　　百載傳承有祕方　　佐以清茶殊對味　　如仙快活樂無疆

日本大地震 2011/3/11　台北時間 3 月 11 日 pm：1：46

日本東北大地震　　芮氏 8.9 級　　有史以來第七大　　10 米高大海嘯
席捲沿海城市　　滔天浪　　吞沒仙台機場　　新幹線脫軌　　公路重創

福島核能輻射外洩　死傷慘重　民眾飢荒　超市無貨可賣
股市崩潰　經濟雪上加霜　人言超級月亮作怪　亡者之聲遍聞
環太平洋國家緊張　宿命嗎？　台灣更擔心　會是下一個嗎？
如果是？　國家將全毀！

註：此震死亡 13013 人，失聯 14608 人，避難人數約 15 萬人，房屋全毀 4 萬
　　8600 戶，一千家企業倒閉，24000 員工失業經濟損失約新台幣 8.5 兆元。

憫農　2011/4/17

穀價高時　只夠基本開銷　賤時　八斤稻穀換一包煙
三顆高麗菜抵一包泡麵　多麼辛酸的數字呀　但三月的農村
農夫依舊翻土　播種　插秧　施肥　不違反春耕　夏耘　秋收
冬藏的定律　忙　忙　茫　不想挨餓　要靠非農的收入　做水泥工　送貨
當警衛或其他兼差　廿年來　台灣農業人口少了一半　老農凋零
35 歲以下農夫只占一成　無法溫飽　沒有保障　農村的前景在那裡
唐代詩人李紳曾嘆　四海無閒田　農夫猶餓死　一千兩百年後的今天
農夫依舊困頓　誰之過

對鄰的外勞（台語詩）2004.8.11

伊的故鄉　佇遠遠的越南　散赤的緣故　拋垈別囝來台灣
照顧阮兜對面九十六歲的阿嬤　想不到　慈祥的阿嬤
逗陣沒三個月煞來走　那晚　聽伊哮真久　阿嬤一走　生路煞斷去
出山彼一工　子孫禮數真有够　辦得誠鬧熱　出山了　垃圾堆得像山
看伊土腳一遍一遍一直掃　物件一項一項一直傾　攏無休息
眾人食遺食的時陣　伊惦惦坐佇門口　頭低低　給人一種悲傷
又攔寂寞的感覺　講起來是一件好消息　阿嬤的後生誠好心
拜託仲介公司　不要把伊送回去　要把伊轉介到一個新的家
晚時　倒垃圾的時陣　伊向我打招呼　甜甜的笑容　我好像看到
「希望」佮「春天」又重新寫佇伊的面上。

二、柯銀雪

　　柯銀雪　女　1948 年 10 月 17 日生於台灣省新竹市，喜好新文藝與古典
詩詞，現復投入紀錄片製作，擔任編劇與導演。替本社製作過教學錄影帶及
生活點滴紀錄片。

騎單車
踩輪曠野覓仙蹤　一路雲柔天籟從　怡悅山川何偉大　謙卑讚賞豁心胸

美登月四十周年有感
美人登月創奇功　技轉福民化厄終　氣暖當前先克服　球村安定歲時豐

秋稻
蕩漾青波八月天　鑽珠綴葉穗花連　單車入境心胸闊　樂見豐登好過年

小院星辰
小院一方僻靜鄰　獨覽爛漫夜空陳　推窗寄遠思情勃　永結神遊幻境臻

「金城湖畔」風雨前的一刻
烏雲罩頂淡潮紅　樹暗犬奔鳥亂衝　閃電穿天雷鼓急　湖邊騎士色形匆

冬征五指山
指嶺凌霄貫白雲　嵯峨勝景引人群　臨高遠眺詩情勃　歲暮依然紫氣薰

水牛遊溪
豆溪常駐五牛游　清早潑撩戲綠洲　白鷺成群環左右　尋涼寄暢結良儔

小暑覓【潛園】
攜杖護身幽巷行　牌樓斑駁斷樑橫　鄰居欲阻來人路　放狗追奔訪客驚

記蘇子健老師校勘【潛園琴餘草】
校勘餘草數年功　蘇老深居獨力躬　漫筆補遺添漏字　引經據典最神通

風情海岸一日遊
採蚵追蟹鳥群圍　海遍穿梭踏浪歸　竟日風車輕翼轉　熱情迎送九霄飛

種瓜得瓜
閒渡後園得一瓜　嘗鮮喜悅我心嘉　耕耘有日終回報　細數青藤尚六花

問流浪鴿
前庭漫步啄何來　負氣離家總不該　休問原由供米食　勸歸飼主莫相猜

早遇溪邊聞吟
漫步驚聞古調尋　溪堤赫見李兄臨　悠然自在心懷暢　卻道苦中求樂吟

註：竹社李旭昇師兄渾然忘我，在頭前溪邊高吟，其意境讓我深受感動，我
　　應該學習他豪邁的人生態度。

紫雲膏

巧盒易攜身　　麻香紫草純　　驅虫消燙腫　　古藥似神仁

松筠吟

扢雅契知交　　良儔誼似膠　　松筠欣永續　　學問共推敲

風車

旋飛夢幻中　　伴我童年終　　彩繪繽紛趣　　沉迷變幻功
曾疑仙子擁　　取悅野民窮　　點綴窗台轉　　遐思追囊豐

秋野山芙蓉

九月白芙蓉　　幽居野地逢　　持芬承土淨　　釋藥拾根供
寧擇青林僻　　不攀紅市庸　　淳剛誠可敬　　歲歲耐嚴冬

金風撫前溪畔

習習金風撫面和　　前溪堤外聽蟬歌　　東西快道車龍湧　　南北飛輪騎士梭
且把繽紛留逸趣　　漫將綠翠弄婆娑　　我祈四季花常綻　　一境民安幸福多

迎曦樓觀夜秀

曦樓夜秀正喧揚　　台下觀迷熱一堂　　藝海悠遊尋創意　　匠心別具足流芳
忘懷放舞才思騁　　弄曲高歌星探忙　　吸引粉絲形象樹　　明朝上報綻光芒

秋晨寶二水庫探祕

寶二重臨九月初　　嵐飄雪脈畫圖如　　湖光瀲灩漣漪漾　　鵲影婆娑耳目舒
鐵馬奔馳身歷鍊　　良儔躑躅步行徐　　清風裊裊頻迎爽　　美景怡人果不虛

開飛機回台灣

黃色的飛機　　停在屋頂　　轟隆轟隆　　準備載阿嬤　　回台灣

乘風　　躍浪　　海鷗作伴

我緊握駕駛盤　　愈飛愈高　　愈飛愈高　　往雲端裡鑽

不辜表哥表姊的期望　　我一心把阿嬤　　安全的送還

註：早上，君指著屋頂突出的排氣孔，說那是他的飛機，他知道留不住阿嬤，
　　改口要送我回台灣，三歲小孩的心思，我非常的感動，揣測他的想像，以
　　文字留記。謝謝你！我所愛的孫，我在台灣等你回來！

三、林素娥

　　林素娥 1951 年 5 月 3 日生，輔仁大學畢業，北門國小教師退休，性情沉穩，持家有方；事親至孝，鄰里稱道，喜好藝文加入竹社，並擔任竹社鄉音班指導老師。

失業潮
失業攀高冷透衫　　全球經濟怨呢喃　　回春盼望癡癡等　　緊縮銀根待舉帆
其二
企業裁員撤職銜　　依憑頓失口三緘　　節衣縮食殷殷望　　經濟期能再啓帆

雨情詩興
勢若輕盆潑墨功　　輕飄細雨亦迷濛　　遠山近景饒詩意　　信筆拈來囊橐豐

花朝遊
觀瀑奔流滌我懷　　蒼峰攬翠際無涯　　花朝盛日平溪訪　　笑語聲喧鷺侶諧

梅訊
衝寒獨占一枝先　　嫩蕊清奇我亦憐　　玉骨冰肌疑鬥雪　　師雄惆悵夢中仙

曝背
野人獻曝史雖遙　　溫背日中思獨超　　不假狐裘身上覆　　禦寒遣興豈無聊

醉屠蘇
勸進屠蘇契故交　　解醒五斗勝佳肴　　迎春卯兔徵祥瑞　　泥醉猶堪自解嘲

大王風
德符君子惠風褒　　振氣留香潤地膏　　王者庶人終有別　　自然造化曷能逃

三月雪
陽春三月迨清和　　數見青山白髮皤　　氣候異常疑警訊　　自然威力怎輕訶

霸凌風暴
霸凌豈獨己身加　　言語相欺累怨嗟　　倫理是非基礎固　　行為自正不偏邪

蓮塘觀釣
一池菡萏賞心愉　　荷葉田田戲碧鱸　　試問磯頭垂釣客　　輕投香餌入鉤無

夏遊

一壺清水不離身　伏日郊遊遠俗塵　荷葉田田擎翠蓋　流連忘返萬天民

新秋

蟬噪林間聲韻道　西風乍到暑威休　清涼雪藕當時令　且效前人美饌求

惜春

韶光將逝棟始華　蝶怨鶯愁訴怨嗟　春既飄颻何惆悵　應知珍惜好年華

春晴

春陽送暖眾心歡　風軟蝶飛天尚寒　掃過花枝衣被曝　鶯聲燕語說平安

秋歸

落霞孤鶩故園縈　白帝既歸蕭瑟呈　喜是青松長翠綠　燦粧大地發清聲

夏雲

從龍變幻夏時雲　出岫無心獨出群　我愛炎威偏啖荔　三千鐵騎報南薰

暮春感懷

鶯聲燕語蝶飛高　萬縷千絲柳若絛　正是欣榮光景好　驚傳煞士勢如濤

花雨迎春

惠風膏雨燕呢喃　爛縵芳菲大地嵌　洗卻香塵嬌媚展　喜迎青帝著新衫

題雪

漫天飛舞撒瓊脂　綽約無瑕絕世姿　最愛人間祥瑞兆　大揮彩筆正逢時

南台大水難

八八水奔馳　家園土石披　剎那村落滅　轉眼壩橋夷
何以災情重　豈無報警施　南台泥淖陷　究責嘆來遲

爲人民祈福

引領瞻前景　訴求如望霓　息爭無口水　致富有桑畦
政策全民護　溝通管道稽　平和兼理性　福祉佈群黎

普渡

城隍遠境贊中元　藝閣瑰奇鑼鼓喧　迤邐陣頭聲勢壯　鋪排供品式儀繁
焚香默禱消災厄　禮懺虔祈渡鬼魂　最是盂蘭詮孝道　昇平社稷國風淳

攀桂

碧空萬里掛銀盤	皎潔無倫映鏡寒	傳說吳剛頻弄斧	曾疑玉兔似磨丹
龍門鯉躍殷勤盼	雁塔名題得意看	月桂高攀誇捷步	凌雲志遂四方翰

小陽春色

小陽春色似春還	花木歡愉亦展顏	蘺菊燦然堆錦繡	紫荊嬌豔賽娥鬟
稻黃橘綠田農樂	蘆白楓丹四野斑	杖履悠悠天地闊	徐行自得好看山

民主選風

小豬撲滿勢如雷	福袋祈安擊鼓催	問鼎戰場憑氣勢	運籌帷幄集英才
選風端正高人出	政策宏觀麗景瑰	民意彌珍奚操弄	提升品質護蓬萊

四、楊文欽

楊文欽 1955 年 2 月 9 日生臺灣新竹人年輕時從事建築材料買賣,退休後擔任義工。文欽詞長很會說「台灣七字仔調」。在婚宴上,常被請上台祝福新人。他的作品均以河洛語發音七字仔呈現,描寫竹塹及關帝廟外,絕大部分都是相處多年後對竹社師長與同學的寫真。

台灣七字仔調:

竹塹

歡迎大家來竹塹	品嚐山珍佮海產	出名米粉佮貢丸	風景優美上界讚
文化氣息好模範	科技重鎮名聲傳	世界文明眞稀罕	有閒就要來參觀

新竹關帝廟

新竹南門關帝廟	香火興旺毋捌歇	規年週天金紙燒	幾若百冬攏定著
三級古蹟愛珍惜	善男信女有相招	重建完成來做醮	國泰民安普光照

其二

廟仔鬧熱歡喜代	關帝爺生大家知	壽麵壽桃排規排	人山人海鬧猜猜
貴賓也來助光彩	善男信女鬥陣來	大人囡仔攏來拜	祈求平安消厄災

其三

廟仔出名鑼鼓陣	每一人攏功夫深	鼓聲響亮動人心	出門遊街展精神
拍出精湛好鼓音	主委講來大功臣	後壁推動佮相佮	名聲第一排當今

其四

廟仔住址免探聽	落一高來直直行	路牌指示明顯顯	綴伊行來就知影
行入市內頭一件	聽到中巷毋免驚	風化區改大廟埕	學堂設在圖書廳

澹竹蘆三社聯吟

鬧熱滾滾規厝間　澹竹蘆是好交情　三社聯吟結鷗盟　雙月例會來排定
優良傳統好風評　老仔少年無限齡　互相切磋來相迎　詩文交流友誼成

擊鉢會有感

三社聯誼漸漸近　害阮緊張頭起惛　來遮貴賓有學問　詩文寫作有水準
像阮頂顢又閣笨　想半工猶咧揣韻　希望擇筆寫會順　也當詩壇揣得根

大家來學漢語

歡迎大家來做伙　竹社學堂來相會　無論阿嬤抑阿伯　抑是青春少年家
每禮拜三來讀冊　增加知識學捌禮　吟唱作詩遮上濟　有心欲學免歹勢

互相研究入來座同齊切磋佮鼓勵

其二

來遮讀冊真趣味　毋但也當學捌字　順紲教咱學母語　兼學做人的道理
也有教咱學作詩　讀音寫的 a b c　聽我講來真稀奇　若想欲學莫猶疑

其三

來學漢語真正好　讀冊捌字免煩惱　寫詩作對嘛袂僫　要吟要唱免驚無
來學學生上自豪　佇教老師學問高　教材充實全是寶　眾人呵咾大家襃

其四

欲學漢文竹社行　師資堅強上出名　人人呵咾好名聲　知名度是透東京
來學心頭掠乎定　上課只要認真聽　任何困難毋免驚　有心來學隨知影

老師真辛苦

老師職務誠費心　教學指導有耐心　毋驚辛苦落愛心　無怨無悔用耐心
教材收集費勞心　詩文寫作來關心　學生進步才放心　公德圓滿嘛順心

蘇子建老師

子建老師人人誇　知識傳授骨力焉　錦囊傾授教秘訣　諄諄教誨傳衣缽
詩文寫作教方法　句讀解釋來開破　用心牽教沓沓汰　竹社精神在昇華

洪玉良老師

玉良老師好筆墨　天文地理有所學　琴棋書畫攏齊沫　疑難雜症教咱讀
說文解字有把握　按怎學會較正確　予恁大家開眼目　毋是亂炸講空殼

王盛臣大哥

稱讚盛臣接相連　頭銜一排人欣羨　勤學精神看現現　寫遍千詩無講
才能不只寫詩篇　書法造詣達高顛　鐵畫銀鈎眾所見　勝過兩王二先賢

林鴻生老師

鴻生老師好才能　文學造詣受肯定　才思敏捷倚馬成　妙筆生花嘉句傾
比賽成績伊頭等　得獎金牌規厝間　出門有伊　做前　阮嘛感覺足光榮

武麗芳老師

麗芳老師女秀才　巾幗英雄勝鬚眉　欲講欲唱攏無礙　吟詩作對上厲害
出門比賽得獎牌　人人呵咾佮喝采　名揚竹塹通人知　成績第一蓋全台

蔡瑤瓊老師

瑤瓊老師第一名　漢語推廣來拍拼　為著學生捅力晟　閣較辛苦嘛母驚
奉獻付出好名聲　人人呵咾竹塹城　共頒獎踞大廟埕　欲遊街愛逗陣行

林素娥老師

素娥老師真正　幼學瓊林講透透　笠翁對韻解句讀　每句解釋攏齊到
歷史典故講來門　母驚辛苦無計較　要教學生來出頭　莫怪杏壇名聲留

許錦雲老師

啟蒙知識誠神聖　春風化雨真本領　錦雲老師真才情　人品學問第一等
嘉惠學子受肯定　教學風評受歡迎　百年教育來傳承　四界行嘛人尊敬

廖淑真老師

竹社人才真濟款　吟詩作對自古傳　淑真穩重閣大　歌聲好閣中氣懸
講到吟唱伊上專　出門比賽攏入選　派伊竹社外交員　做咱大家好模範

李秉昇總幹事

秉昇眾人共呵咾　母是阮佇遮甲褒　做人趣味袂囉嗦　代誌處理　發落
每項細節想清楚　手腕確實有一套　竹社有伊通倚靠　一切會務免煩惱

莊肇嘉兄

人人叫伊莊天師　道行高深法力有　講到本領袂較輸　若欲掠妖真功夫
真眼觀天看地府　爬刀梯閣行火燐　祭煞消災兼畫符　改運收驚做服務

陳千金姊

大家叫阮是千金　我名好記閣好認　母通誤會是千斤　母信請你看較真
身材標準好看面　穠纖合度真平均　爸母號名來認憑　通好証明阮正身

柯銀雪姊

銀雪是咱好榜樣	寫出一手好文章	筆攑起是全免想	文思潮湧若海洋
鼓勵阮來上戰場	真正害我費思量	按怎寫會較親像	想無撇步叫阿娘

林明珠姊

竹社美女有多姝	拜三學堂來讀書	人緣上好林明珠	講話趣味毋認輸
佇遮簡單共比喻	四德兼備真可取	性情中人氣質有	學問確實真功夫

黃瓊姊

黃瓊確實好模範	要共呵咾幾若層	體態端莊闊大範	賢慧氣質人稱讚
講到學問無簡單	詩文寫作袂頂顛	比賽得獎若拈柑	勝過古早沈斯庵

楊文欽自描

自我介紹俗通知	人叫楊仔我就是	看我寫會較好記	傯傯笑談閣趣味
暑假作業要寫詩	阮笨笨來寫七字	雖然白話較粗鄙	誠意十足來表示

其二

若是講到作詩文	阮大氣就捎咧歡	想到頭殼欲必痕	一年三篇袂齊勻
按怎寫就鬥袂順	行來趨去若失魂	枉費老師佇教阮	笑我頂顛上界笨

其三

較早阮無愛讀書	講到上課就躊躇	有通迌加減跑	大字捌毋兩三句
雖然遮有好老師	可惜阮是笨閣愚	柱著作詩歹應付	只好投降來認輸

五、李秉昇

　　李秉昇 1951 年 10 月 20 日生，臺灣新竹人，大學畢業土木工程技師，與夫人錦雲女史伉儷情深夫唱婦隨。為人淡伯處世圓融，敏而好學敬事愛人；平素熱心社務，為本社第四屆理事長（2013.1～2017.1）。

百年國慶誌慶

四海歡騰瑞氣星	夜空璀璨照蓬瀛	百年雙十詩吟頌	願我台灣國運亨

天燈

幸福天燈瑞氣呈	心中默禱有真誠	騷朋話舊追風雅	願我台灣國運亨

中秋後草湖玉尊宮謁聖

會邀六縣盟騷客	節過中秋謁玉皇	人禱平安吾乞慧	生花筆詠好文章

觀霧

高山環抱絕纖塵　　觀霧蒼松翠入神　　仲夏登臨斯美景　　花香鳥語醉詩人

2012 年鹿港燈會

喜逢燈會屆龍年　　爆滿人潮十里延　　恰似春神迎遠客　　風華鹿港藻詩篇

新竹關帝廟鄉音班第 12 期結業

文風聖地鼓旗翻　　四載同窗勤學論　　滿溢書香關帝廟　　詩聲朗朗徹乾坤

其二

騷壇竹塹出良田　　培育詩苗一脈傳　　喜見人才多輩出　　昌興文化效先賢

抗爭

執政無能引抗爭　　傾中媚共國危生　　當權切記聽民意　　朝野磋商政治明

詩寫農都

雲林土沃譽名馳　　物產繁多好口碑　　最愛農都新景象　　端符彩筆喜題詩

絕食

執政無能不滿生　　溝通卻碰閉門羹　　齊來絕食張民意　　重視人權促達成

新希望

無能政府黑金回　　社會蕭條百姓哀　　改組財經新內閣　　樂觀迎接曙光來

桃李爭春

桃紅夾岸可成圖　　李白芳姿擁滿湖　　鳥語花香拋俗慮　　珠璣遍佈任搜鋪

詩友情

韓潮蘇海句同稱　　詩會交流笑語升　　點化毛蟲成彩蝶　　中流砥柱結良朋

嘉義文風

騷壇盛會盡名流　　筆陣珠璣滿腹投　　嘉義古來鄒魯地　　文風美雅不勝收

登鯉山龍鳳塔

塵詩人上鯉魚山　　彩筆生花豈等閒　　龍鳳塔中添錦繡　　優留青史莠宜刪

琵琶湖尋詩

琵琶湖景勝西湖　　綠水橋林一幅圖　　彩筆尋詩添錦繡　　東台風月寄情殊

遊新竹神社
攬勝登高百感生　莊嚴無復舊雕甍　晚霞風淡詩泉湧　古蹟長存永世情

東埔父子斷崖
詠歌深谷久回聲　峭壁奇岩步步驚　我欲飄飄騰霧去　斷崖飛過一身輕

桃米社區紀遊
桃米社區春色幽　農場濕地樂悠遊　養生蔬菓眞開胃　回反笑聲聽不休

賀愛女敏慈98年度大學入學考試音樂系主修（打擊樂）全國最高分
敏慈考試榜題名　擊樂才高冠眾英　他日樂團居首席　家人雀躍感光榮

春雨
半夜聲喧睡眼矇　只知潤物正時中　春霖究竟添多少　靜坐床前問碧穹

國道六號雜詠
新開國道曉長征　九九山峰結隊行　畫卷盡收埔里秀　煙雲作伴筆花生

梅峰農場雜詠
朝辭竹塹雨濛間　神祕梅峰一日還　景色清幽誇不住　農場北指合歡山

遊梅峰農場
梅峰錦繡萬重煙　秀麗農場瑞氣連　覓得桃花心暢快　詩朋競詠好春天

2008年感懷
金融海嘯遽親臨　失業攀升痛苦深　扭轉乾坤新氣象　亦祈宗教撫人心

日月潭一日遊
輪蹄破曉過蠻山　美似西湖映眼間　柳慍松聲籠四野　尋詩攬盛滿囊還

春遊向天湖
鳥語花香莫賦閒　偕妻訪勝笑開顏　向天湖畔如仙境　冬日邀朋再闖關

秋遊齋明寺
齋明古寺境如仙　鷗鷺同遊學少年　氣爽秋高聽暮鼓　發人深醒悟塵緣

南化采風
采風擷俗鷺鷗來　南化悠遊逸興催　最是巍峨修道院　騷章麗句共爭魁

騷壇新策

苔岑喜聚舊新移　　廣納群思擬準規　　引導騷壇明願景　　文風鼎盛里程碑

詩債

敲詩覓句債償艱　　夜夜思尋到曙間　　今日課題今日畢　　交差了事展歡顏

四媽祖遶境開春第一香路

紙傘清鑼報馬歌　　南巡謁祖喜心多　　朝香護駕虔誠奉　　四媽慈悲媲佛陀

詠桐花

桐花節祭憶當年　　雪白紛飛遍地妍　　凋謝綻開雖短暫　　輕飄片片憾心田

端陽雅集策安邦

端陽雅集斗南登　　獻策安邦各顯能　　社會沈淪先穩定　　財經發展要提昇
工商獎勵勤開拓　　科技領航甦起騰　　呼籲全民齊砥礪　　台灣奇蹟必重興

澹園期頤壽

獻頌期頤不老翁　　宗師德望眾尊崇　　縈根文化揚詩教　　播種鄉音佈雅風
著作騷章傳遠近　　提攜桃李遍西東　　吾欣國寶身心健　　鑠鑠精神氣貫虹

以文吟社創立90週年誌慶

以文會友吟旗立　　薪火傳承九十春　　衛道揚風功顯赫　　弘儒設帳運清新
詩聲不輟盟鷗鷺　　社運長亨出鳳麟　　我輩欽崇齊獻頌　　吳公懋績最堪珍

鹿港遷街350週年

遷街三百五零春　　盛會宏開響四鄰　　文化傳承勤不輟　　觀光發展喜能伸
追尋史蹟心懷古　　熱鬧商圈局創新　　原貌保留尤可貴　　風華再現孰堪倫

國家公園生態保育的重要性

景觀奇特美如圖　　濫墾森林此地無　　生態關懷心共契　　自然保育步同趨
山峰聳峙層層翠　　楓葉飄零點點朱　　物種綿延存遍野　　能教大地永回蘇

開林寺新雕佛像入火安座誌盛

開林古剎久名楊　　廟貌巍峨氣勢皇　　佛像開光隆祀點　　騷朋謁聖頌瑤章
靈昭湖水千年翠　　座擁蓮花九品香　　盛會恭參人共禱　　祈求國運永綿長

弘儒百載紀盛

育化堂登歷百春　　弘儒啓迪播經綸　　揚清激濁頹風挽　　履義行仁正氣伸
廣佈鷺音開矇路　　勤揮鳳藻渡迷津　　迓迎雙慶新生兆　　孔殿書香孰比倫

揚風鄰域

服務鄉親不畏辛　　勤推政務冠群倫　　凌雲壯志良基奠　　跨域雄心懋績伸
立業興邦真俊傑　　揚風扢雅屬才人　　榮膺區長詩文賀　　誠祝仕途氣象新

2009 年宜蘭燈會

宜蘭燈會月明時　　火樹銀花萬客痴　　龍鳳呈祥看射虎　　鶴龜同壽照探驪
鯨豚飛躍波千浪　　駿馬奔騰燭萬枝　　創意金牛新視覺　　迎春祝賀獻新詩

義美食品工廠參訪

義美名聲遠近隆　　經營實在始終同　　食材乾淨嚴挑選　　產品安全慎擴充
文化館區新意足　　觀光廠域主題攻　　堅持事業良心在　　立足台灣展大鴻

喜樂感恩心

庭訓詳回憶　　浮生似夢過年年須抉擇　　事事未蹉跎
勉學深憂減　　辛勤厚德多　　終知親教誨　　喜獻感恩歌

蘭博觀今古

生態蘭陽莫錯過　　吾遊博館值謳歌　　朦朧烏石春帆杳　　神祕龜山晚浪多
河海匯流仍變幻　　人文記錄物蹉跎　　再開新局空間大　　立足台灣萬世和

文化復興節寶桑雅集

寶桑諸友實非凡　　數十年來正氣攙　　會啓復興文化節　　道承至聖古風銜
岸吟東海龍翻浪　　勝著名山鯉化巖　　詞藻生花鴻印爪　　猶超青史米家帆

慈暉聖地護蒼生

四媽慈暉韻事悠　　耕耘結籽滙清流　　宮參龍德心香薦　　詩頌天妃筆力道
靈顯安瀾傳聖教　　民居樂業沐神床　　虔誠頂禮迷津醒　　法喜充盈福慧收

北埔攬勝

北埔景媚柳籠煙　　五指流連俗慮蠲　　今廣福中懷墾戶　　姜家脈衍育英賢
秀巒聯句情偏逸　　忠恕鏖詩思迥然　　鷗鷺盟遊歡笑語　　油桐舖滿詠詩篇

詠北埔

北埔美景攬春晴　　古樸客家特色明　　廣福茶坊香泗溢　　隆源薯餅熱相迎
金公館裡吟懷爽　　天水堂中詠興生　　眺望指山斜照外　　薰風一幅兆昇平

慶安詩社二十週年社慶

慶安社慶萃騷翁　　盛典宏開壯港宮　　二十星霜才輩出　　萬千鷗鷺句爭雄
吟聲撼落西江月　　正氣彌漫七股風　　吳老匡時揚國粹　　力懸馬帳啓群蒙

慶安鯉穴顯靈蹤

西港慶安宮　鍾靈瑞氣融　瘟王瘟疫靖　聖母聖恩蒙
鯉現神威壯　龍騰福澤隆　興邦宣聖道　萬世作怦懷

六、許錦雲

　　許錦雲，鄉土語文教師，1956 年 12 月 15 日生，臺灣臺中后里人，及長于歸新竹名門李家，善持家有條不紊，事翁姑鄉里稱揚。與夫婿秉昇詞長伉儷情深夫唱婦隨，亦為竹社神仙吟侶。（現任本社第五屆理事長 2017.1~）

詠北埔

北埔遊賞趁春陽　載筆尋詩覓句香　遍野油桐添雅興　珠璣錦繡滿瓊章

其二

曲徑繽紛畫意濃　欣聞鳥語豁心胸　悠遊漫步怡情逸　俗慮消除喜萬種

秋遊齋明寺

齋明遊賞趁秋天　信奉誠真禮佛緣　為啟靈犀開智慧　迷津指點靜參禪

南化風光

獼猴保育冠台灣　探得先民史蹟還　南化風光雙眼豁　群鷗彙筆訪仙寰

涼味

暑退涼生雪藕蒸　清涼味美佳餚稱　殘荷秋笛吹蕭瑟　獨愛沉思靜似僧

琵琶湖尋詩

騁懷賞景寶桑亭　我醉波光筆不停　覓得詩篇多妙句　琵琶湖攬靜心靈

台東鯉山登龍鳳塔

冬日鯉山龍鳳登　居高遠眺雅情增　莊嚴寶塔鯤溟鎮　借此來參悟上乘

詩壇新策

巨輪推動必有為　高標格局展雄姿　吾欽掌舵方針準　大雅揚風定可期

道院鐘聲

虔誠參謁奉天宮　赫濯神威瑞氣雄　響亮鐘聲深發醒　匡時濟世佑瀛東

中秋後草湖玉尊宮謁聖

節過中秋草嶺登　聯吟六縣聚鷗朋　玉皇宮闕人潮湧　謁聖恭修道上乘

劫貧濟富

窮人糧斷已無柴　　政策偏離道義埋　　寄望歪風能導正　　功昭社會得和諧

彭清海先生八十初度

不老漁翁清海師　　熱心公益遠名馳　　星霜八十添籌慶　　有待期頤盛典儀

嘉義之美

諸羅攬勝萃群英　　泛月聽鶯跨浪行　　十景風光揚寶島　　美哉詩頌永留名

焢窯樂

焢窯同樂逸情開　　堆疊成功燜烤催　　陣陣飄香涎欲滴　　欣期再約喜相陪

田園風光

麗日風光好友從　　花田粉蝶此留蹤　　逍遙市外眞舒暢　　滌盡煩憂樂滿胸

彩裳蜻蜓

仙女下凡著彩衣　　徐徐展翅繞花飛　　非蜂似蝶蜻蜓類　　欲覓行蹤待契機

龍年台灣燈會在鹿港之寄望

龍年鹿港兆祥瑞　　期待花燈璀燦看　　民俗發揚新穎蘊　　萬分精采眾同歡

天燈

千燈並起壯山城　　盞盞輝從十指生　　默禱心香償宿怨　　好風扶我放光明

東石蚵

浮棚交錯壯江邊　　肥美蚵甜品味鮮　　動我吟懷東石港　　生花妙筆賦詩篇

粗坑覓句

粗坑覓句萃奇才　　載筆生花麗藻恢　　勝境怡情欣有得　　留連酒醉月相陪

啖紅棗

中醫聖品在人寰　　紅棗甘甜惹客攀　　功效神奇能補血　　養肝排毒返童顏

正誼明道

為求利祿惡誼交　　道德仁心豈可抛　　若要良知添正念　　陽明學說定能包

心靈農業

勤讀勤耕樂有餘　　精神糧食滿倉儲　　板農轉業經營善　　改造心靈著手初

烏石港賞鯨

爲賞鯨豚舞	因緣際會逢	花紋留倩影	倏虎現行蹤
石港觀光季	龜山秀麗蹤	我來探八景	滿載鬪詞鋒

草屯──石川下埔仔

奕世流芳地	草屯開墾源	洪家傳俊秀	漢族守忠魂
劫後新宮建	承先古厝存	謳歌隆慶典	史蹟昭乾坤

員林采風員林鄒魯地鷺侶采風攀足履開林寺身探百果山

休閒多種類	運動有空間	勝景逍遙去	美哉詩賦頌

竹南海濱消暑

竹南海濱勝	消暑現遊蹤	溼地生機旺	紫斑到處逢
沙灘親子樂	滑板少年衝	我亦逍遙憩	吟哦興味濃

戀戀頭城

眷戀頭城麗	賞鯨雅興長	波光千萬里	古厝十三行
溼地來群鳥	休閒冠北方	依依留倩影	勝地實難忘

精釀高粱──愚公酒

細啜愚公酒	回甘齒頰香	釀純承古法	發醇出珍粱
欲覓天然味	鑽研獨特芳	萊嘉償夙願	豎指爾稱王

東方藝術殿堂──三峽

浮雕石柱遠馳名	三峽祖師廟貌閎	梅樹先生傳智慧	松林師傅鑒工精
東方藝術蔦山現	世界人文寶島迎	客慕悠遊推特選	流連忘返好心情

香茅

香茅質地可防蚊	入藥功能早耳聞	苗栗曩時高產量	銅鑼世代力耕耘
求新轉換商機握	懷舊重來提煉薰	吾羨葉家弓冶守	風華在現永飄芬

國家公園生態保育之重要性

子孫永續享資源	保育觀光可並存	腳健探奇尋蝶類	心懷逸趣覓蟲們
山川命脈常維護	鳥獸安全定殖繁	首重自然無破壞	災消物種滿公園

揚風鄰城（簡華祥先生榮任平溪區長）

簡君政績譽鄉鄰	厚德謙和性率眞	獲拔榮昇區長職	圓融處世士紳親
登臨貂嶺胸懷闊	建設平溪面貌新	藝苑馳名誰可比	吟詩祝賀再逢春

紗帽山桐花季

桐花綻放展姿容　　林下敲詩興味濃　　古道蜿蜒尋野色　　先行篳路寄行蹤
青山帶笑藏珍寶　　綠水含情潤柏松　　紗帽峯中多逸趣　　流提倩影勢騰龍

板農活力超市開業誌慶

板農超市貨成林　　優質經營造福深　　推廣天然環保念　　追求樂活健康心
眞情人物揮長處　　樸實鄉民得好音　　開業鴻猶圖大展　　物流興利點成今

文化復興節寶桑雅集

佳節寶桑勝會開　　苔岑薈萃志恢恢　　前賢墾土耕耘力　　後秀扶苗俊傑才
洄水源流卑水闊　　尼山脈接鯉山嵬　　復興文化期吾輩　　倒挽狂瀾振福平

慈暉聖地護蒼生

法門圓滿賜恩頻　　庇佑蒼生雨露勻　　龍德宮前開覺路　　天妃座下渡迷人
福田耘得心歡喜　　智慧開來體會臻　　感念慈暉敷海宇　　苔岑讚頌澤如春

七、陳千金

　　陳千金1946年5月3日生，臺灣新竹人，民國九十一年加入竹社。啓蒙於蔡瑤瓊老師及多位老師的教導，開始傳統詩寫作、吟唱、認識鄉音及學習台灣教羅拼音。並隨老師們南征北討，參加各地區擊缽詩會、澹竹蘆三社聯吟等。

劫貧濟富

困苦聲聞滿市街　　新增稅賦痛群懷　　財團已富何需助　　博愛才能社會諧

娘家

恩深父母教規嚴　　鞠育親情白髮添　　共守倫常當盡孝　　娘家倚靠永無嫌

失業潮

失業勞工歷苦鹹　　謀生不易淚長銜　　回甦盼望如潮水　　經濟繁榮再啓帆

救地球

冰山驟蝕陸消沉　　爲救家園眾費心　　減碳推行應綠化　　方舟便在此中尋

尊重女權

持家報國值尊崇　　倡導平權振士風　　三八溫馨佳節慶　　一樽共祝樂圓融

品春茗

烹茶品茗溢香羅　遠近朋來逸興多　款客春芽喉韻好　提神解渴衆謳歌

桃符

年終歲到迓春臨　展寫新符麗句尋　納福祈祥開泰運　生機蓬勃好光陰

精釀高粱──愚公酒

純糧精釀造　頂極不平凡　細緻包裝美　甘醇品管嚴
淺嚐神意足　適飲雅情咸　大智愚公酒　菜嘉盛譽嵌

人月共團圓

一年光正滿　皎潔照窗扉　丹桂香千里　銀蟾燦四圍
團圓家族聚　共賞月華輝　佇望親情敘　良宵樂忘歸

弘揚道統

弘文慈惠績　廟盛蔚書香　典範儒風振　經綸禮樂昌
恩波被信眾　社稷睦和祥　十五週年壯　功宣道統揚

愛河賞花燈

元宵節慶頌空前　燦爛輝煌萬盞懸　妝綵星橋光閃爍　銀花火樹映河邊
雄州美景招佳客　橫市愛河現畫船　十里通明開不夜　群民聚賞樂陶然

松山奉天宮風勵儒林

奉天宮慶聚書紳　喜賀昌詩九十春　淨化邪氛安社稷　匡扶聖道展經綸
宏揚國粹英才育　勵振文風正氣伸　不輟元音傳奕世　儒林一脈史彌新

國家公園生態保育之重要性

層巒疊翠景無邊　魯閣公園入畫篇　水土維持當務急　森林培植列為先
推行綠化生機盎　保護能源社稷綿　大地清新留奕代　全民共識固河川

田寮永貞宮聖母聖誕

巍峨壯麗永貞宮　浩蕩旌旗氣象雄　聖澤神庥靈顯赫　恩披蓬島感帲幪
扶危海域波瀾靜　濟惠民生物阜豐　壽祝千秋詩賦頌　虔誠頂禮薦馨隆

書香

儒風禮樂共追陪　善惜三餘志不灰　國粹飄芬馨墨浪　珠璣飽孕育人才
詩聲遍播書香溢　筆氣宏揚鉢韻催　當效先賢師孔孟　流芳奕世棟樑培

文化復興節寶桑雅集

東台毓秀好山川	戊子鷗盟效聖賢	雅集寶桑詩百首	歌謳鯉嶺賦千篇
復興文化藜薪繼	蔚起騷風道統延	鷺侶聯歡同紀節	再將荊楚植心田

禮孝興邦

推崇禮教願無違	華國文章道統依	敬老敦親遵古訓	宣仁闡義轉新機
民心淨化綱常振	聖德堅持正氣歸	處處儒風傳揖讓	齊家共濟壯邦畿

迎春曲

青皇駕到慶新元	雨露欣沾百物繁	煦暖東風臨萬戶	熙和淑氣滿千門
祥雲燦爛韶光麗	盛世昇平笑語喧	大眾高歌呈好調	迎春納福耀家園

閏月年表孝心

壬辰閏月記心田	父母深情若海天	願效羔羊當盡孝	承歡菽水侍堂前
蟠桃祝壽乾坤健	麵線添齡福祿綿	鞠育慈恩何以報	兒孫繞膝樂團圓

八、黃瓊

　　黃瓊 1956 年 1 月 12 日生，臺灣新竹，人民國九十年夏天入竹社，啓蒙於蘇子建老師，進步神速，爲竹社才女。

詠瓊花

八仙靈氣話傳神	遍值楊州屬異珍	獨愛瓊花開馥郁	更深綻放最迷人

雨夜思情

欲寄相思滿紙愁	夢廻雨夜淚雙流	終宵不寐情難訴	苦嘆天涯未盡頭

全球網路萬事通

閒來按鍵任聊天	滑鼠推移在眼前	視訊迎張堪告慰	鄉情連繫寄詩篇

桃符

欲逐年妖寄意深	人間惡運盡銷沉	祈求降福桃符貼	經濟回升瑞氣臨

海天一線

平灘浪湧鷺迴翔	竹塹風情任客徉	夕影東移波映日	漁歌晚唱韻歡揚

託筆寄情

精神永結九重天	互把丹誠表意虔	悵望雲山相阻隔	恨無雙翼到君前

來生約
結髮夫妻信守堅　晨昏舉案兩情虔　眞心一片同君約　再續前緣到萬年

秋宵憶夫君
千重思念萬重愁　翅斷萍飄付水流　未解何因緣份盡　更深孤雁叫無休

秋日感懷
重陽節過艷陽暉　三徑金風罩四圍　我與黃花同傲骨　不教異種亂芳微

以文會友
題襟興會莫相輕　知己談心感慨生　我也與君同苦詠　枯腸搜盡到三更

煙雨詩情
塵詩未盡意無窮　世若扁舟遇雨風　滿腹哀情何處訴　群黎苦陷水深中

月夜遊青草湖
悠遊結伴月明時　漫步青湖夜色宜　好友花前盟細語　同敲妙句譜新詞

竹社師生嘉義一日遊
嘉義風光遠近馳　板陶交趾眾皆知　園區賞藝情何逸　彷入桃源俗慮移

觀中日太鼓表演感懷
扶桑太鼓喜交流　撼動風城韻律悠　體育推行廣盛典　空前未有豁吟眸

讀洪玉良老師詩作感懷
竹社鷗朋性摯純　敦交雅契愛詩人　吟窗十載心相勉　不棄庸才倍感親

聽林鳳珠老師高雄吟唱會感懷
有幸重聆絕響鳴　詩吟雅曲慰平生　繞樑三日留餘韻　始識弦歌別有情

夏遊旗津
何辭酷暑賞旗津　擷俗尋詩夙願伸　拍岸濤聲敲韻急　吟情此處最堪珍

遊梓西玄空禪寺
結伴梓西登佛山　玄空寶剎景無邊　奇花異草環奇石　聖蹟清幽堪悟禪

詠梅
稱王稱后燦巖巔　吸引群賓賞雪研　玉骨冰魂高格調　人間孰敢與爭先

海天一線觀景區

| 平灘浪湧玉波揚 | 海岸風情佇足望 | 鉤月笑迎天一線 | 晚霞倦鳥伴歸航 |

春遊合歡山

| 聚首聯歡大雅儔 | 逍遙作賦學莊周 | 詩吟白雪存鴻爪 | 筆剪青峰繪枕頭 |
| 日麗花嬌風淡蕩 | 地靈人傑勝清幽 | 一山八景題材富 | 值得鷗群妙句留 |

風雨會故人

| 塹城風雨漲江濱 | 剪燭西窗會故人 | 互道離愁溫舊夢 | 重廣雅誼慰吟身 |
| 談心促膝終宵樂 | 縱酒舒懷徹夜親 | 百世修來同客舍 | 巴山一樣寫情眞 |

竹塹城隍遠境

| 城隍壽誕眾歡呼 | 鐘鼓齊鳴瑞氣敷 | 遠境消災隆俎豆 | 出巡化劫靖街衢 |
| 陰陽理察千秋繼 | 善惡褒懲四海趨 | 竹塹安民神顯赫 | 賡詩獻頌遍蓬壺 |

二林喜樂阿嬤

| 喜樂揚名志不灰 | 二林埔里兩徘徊 | 終生照顧貧和弱 | 畢世關懷病與孩 |
| 博愛施恩跨世界 | 慈悲濟困遍全台 | 奉承基督誰堪匹 | 德澤長存讚頌來 |

期母壽康寧

| 烏私反哺表微虔 | 兄妹同心志彌堅 | 母愛功高如聖佛 | 慈恩德大媲神仙 |
| 茹辛每仰情難抑 | 鞠養咸悲孝未全 | 但願娘親腰腳健 | 萱堂不姜壽長延 |

九、林明珠

　　林明珠 1947 年 2 月 10 日生，臺灣新竹人，民國九十二年加入「竹社」，師承蘇子建老師、蔡瑤瓊老師及多位優秀老師。平日認眞學習、虛心求教。民國 100 年參加教育部舉辦的閩南語資格認證，通過中高級檢定。101 年 7 月完成閩南語支援工作人員的研習，正式取得鄉土語言教師資格。9 月投入新竹市東門國小、陽光國小鄉音教學行列。

寶島采風

| 蓬萊四季百花香 | 赤崁安平古帝鄉 | 臺北首都新氣象 | 明潭阿里好徜徉 |

台閩詩人歲末聯吟

| 乙酉聯歡兩岸情 | 騷人墨客盡精英 | 不辭千里來相會 | 擊節同揚大漢聲 |

時序錯亂
桂月櫻花爛漫開　桑枝紅椹競追陪　天時甲子紛紛亂　暖化災情迭迭來

街頭財神陣
秋虎炎威似火燒　街頭鑼鼓徹雲霄　民間藝陣家家進　微薄賞金哈軟腰

春遊十八尖山
淡蕩春天彩繪妝　遊人如織賞花忙　鶯梭嫩柳添新景　十八尖山美故鄉

六號國道通車
長房縮地利通行　峻嶺橫穿萬馬征　順暢康莊無限好　道稱六號博佳評

拉風重機
重機豪邁蔚風潮　爭取路權車速飆　蹈矩循規能保命　漫長來日樂逍遙

老學生
孜孜不倦老頑童　李白文才我仰崇　飽讀勤耕詩與賦　韋編三絕日親躬

蝶
粉翅爭飛競逐枝　香鬚善呴採花飴　竊香之客人鍾愛　謝逸寄情鳳子詩

童言
髫年戲謔放煙華　原是嬰兒排便花　最美天眞無忘想　童心純潔永無邪

愛河街頭藝人秀
街頭藝術秀才華　糖粉拉成綿彩紗　雕刻諸形生栩栩　薪傳巧匠是名家

弄璋之喜
滿門佳氣現祥光　天賜麟兒涂府堂　洪亮新聲盈賀客　明成大器將才郎

十八尖山賞櫻
紫櫻尖嶺綻芳菲　絡繹人潮寒意微　小徑踏春除俗慮　神清氣爽樂心扉

退休感言
二七星霜日似梭　東門惠我雅情多　歸耕梓里餘生度　野鶴閒雲愜意歌

離職感言
六朝元老賦歸耕　一曲陽關離別情　香莽敬師心意表　依依不捨感難名

誰來晚餐單親媽

單親圓夢有良方　善用資源易物償　步步爲營精打算　冰心勁節值襃揚

外灣窯烤麵包

聞香下馬外灣窯　推廣有機風味標　揪住客人心口胃　以商契友樂陶陶

老人半票

半價初嚐五味陳　溫馨敬老省錢銀　何時已邁龍鍾態　慨嘆時光作弄人

九天鼓陣（橫渡撒哈拉沙漠）

青春活力九天團　民俗精神世界觀　紀錄台灣眞技藝　揚名國際立標竿

鳳飛飛

人生謝幕不能違　鳳去台空涕淚欷　美妙歌聲成絕響　長留倩影印心扉

坪林茶香

陸羽茶經青史名　坪林香茗好風評　盧仝七椀含禪意　雅趣悠閒喜自烹

介子推

綿山孝子不邀功　母子英魂抱柳終　寒食緬懷供足下　名留青史世尊崇

視障音樂人

玄黃作弄視茫茫　障礙摒除辛苦嘗　共挽知音齊戮力　一朝名就博佳評

閏月女兒孝親風俗

三年一閏俗相沿　豬腳孝親福祿連　麵線壽抽添歲數　感恩圖報是當然

參觀玻璃創作展

釉彩窯燒技法豐　玻璃創作越時空　登峰藝術人驚豔　三度精雕鬼斧工

支援教師研習

研習課程收穫多　紮根文化樂研磋　講師學理傾囊授　滿載而歸喜自歌

豐原夜市

豐原夜市湧人潮　貪嘴隊排一路遙　櫛比商場爭顧客　繁華景象競聲囂

埔心牧場風光

成功湖畔泛輕舟　禪意花園鳥語柔　麗景盈眸心自爽　牧場人畜樂悠悠

宣平宮喜樂感恩心

宣平揚教義	覺醒喜鑾音	社會祥和樂	黎民禮法諶
人人彌勒肚	處處佛陀心	飲水思源報	承恩感內深

金門行

昔時軍禁區	今日客相呼	大武山金固	擎天廳夜娛
銅刀名響亮	大麴味濃殊	結伴觀光趣	身心舒且愉

秋遊雲嘉南濱海區

萬丈霞光景色濃	金風送爽暢心胸	頂州置網蚵蝦現	濕地生靈鷺雁蹤
親水樂園人造浪	將軍澳港客從容	詩情畫意輞川境	遊興滿懷疏懶慵

十、武麗芳

　　武麗芳 1960 年 1 月 26 生於台灣省新竹市，臺灣省警察學校、靜宜大學中文系、玄奘大學中文研究所碩士畢業，博士候選人。先後結業於國立師範大學中等學校教師教育學分班、交通大學管理科學研究所、美國加州州立大學長隄分校（社會福利）研究。曾任新竹市東區區長、新竹市政府社會處處長。自幼及長熱愛古典文學、地方戲曲、詩詞吟唱。現為，竹關帝廟中巷學園鄉音班講師、竹塹社區大學雅韻薪傳講師、中華民國傳統詩學會理事、竹社總幹事。著有《日治時期塹城詩社淺探》、《崧嶺居吟稿》《風城柳絮詩文集》、《合作社場 GMP 研究》等。

戀戀頭城

頭城翰墨饒	戀戀樂虞韶	離歲茶盈嶺	歸來酒一瓢
波濤如有訴	煙雨最堪描	渭水汾陽媲	鄉情永不銷

過頭份庄

五月近端陽	山城集鳳凰	閒吟松竹嶺	信步臥龍崗
稻穗層層浪	詩花朵朵香	桃源今得見	頭份客家庄

心羨出遊

青山綠水勝春妍	雲淡風輕尚比肩	都道內灣古意好	人聲騰沸幾流連

年初二回娘家

海味山珍入腹來	減肥忌口莫疑猜	今朝聚會舒懷暢	手足相親眉眼開

竹塹幼鐸獎

幼兒教育人之初　雛鳳清鳴入學廬　綠柳千條風織就　鐸聲玉振樂琴書

天主教新竹社會服務中心 45 週年紀念特刊代序

春曉翠堤別有天　無私奉獻幾經年　窗前綠滿花園徑　送暖煦風遍大千

東洋遊

東洋遊歷樂逍遙　無慮無憂免折腰　待到歸來重入世　紅塵俗務又纏繞

貓空夕陽

貓空夕照觸秋心　霞彩漫飛次第尋　尋至天涯無盡處　商聲不斷醉花陰

秋

初秋時節景清幽　坐擁山林一望收　何以課堂心不靜　天風襲爾亂思謀

記事一

秋節奔走爲那章　只因世俗須臨場　繁華喧鬧紅塵處　明月何須笑我忙

註：秋節將至，各里、社區、社團，紛辦烤肉、晚會等康樂活動，民代紛紛
　　趕場參加；市府亦精銳盡出……

夜泊閩江

榕城一片月　激灩閩江融　遙望天邊處　伊人在夢中

遊閩古寺

古寺千年現世中　高僧舍利貴難逢　宏觀巨象春秋夢　未若一瓢弱水東

高列途中（福州——廈門）

新舊並陳閩式風　猶存屋瓦自爲雄　平疇綠野今還在　規劃城鄉算計中

閩江泛月

今朝泛月無須簑　夜曲低迴意若何　星斗漫天我獨看　閩江岸上伊人多

交流

載物利生遍地栽　風塵僕僕爲何來　交流兩岸平潭路　經貿人文一水開

迎曦門

竹塹光年赤子心　迎曦舊事夢中尋　中宵月冷無人應　萬點流星伴古今

※ 迎曦門爲新竹市唯一保留的舊城樓，古色古香，樸拙雅致。

潛園獅蹤

柳色青青一水新　雙獅獨立傲群倫　記憶潛園風華事　泥代明池幾度春

註：潛園雙獅幾經遷徙，目前坐落於新竹市議會前。而議會前原本有圓型水
　　池兩座左右對稱，池中金魚悠游自在，池上垂柳迎風搖曳，畫意詩情令
　　人駐足。但如今水池已被土填，空留外殼矣！唯一可記的，只賸童年的
　　回憶了。

傷心

厚重潛園二字蹤　那堪算計一重重　傷心最是詩人淚　絕世風華寄夢逢

註：報載潛園二字遺跡已為建商施工毀矣。

憶占梅臨別

保家衛國丈夫行　八角呢喃囑婦嬰　我若南征身不返　井中同爾共清明

遊後慈湖

水岸湖光入眼眸　青山隱隱自悠幽　人間至景何如是　只差樵歌和鷺鷗

我的李白白髮還真長（苦中作樂）

白髮三千丈古今　離愁似箇長登臨　不知明鏡裏誰是　何處惹秋霜客心

※ 浴雪鳳凰，千萬人吾往矣。保護同仁，前不見古人，後不見來者。是非，
　　導果為因。心雖寒，但無怨悔。

夜讀

最愛窗前夜讀書　天風送爽入吟廬　竹籬茅舍般般好　酒化詩腸意倍舒

其二

參天古木影扶疏　明月清風到我廬　偶有吟朋乘興至　論文把臂世誰如

呂前副總統來遊

踐約高朋莊野亭　斜風細雨草湖青　鳳凰橋畔于飛島　萬點飛花集百靈

其二

曾是童年夢幾經　今朝入眼乍初醒　漫誇青草湖邊色　有鳳來儀入畫屏

夏日

鎮日尋詩憶板橋　最難放下糊塗腰　蟬鳴樹杪聲聲噪　蒲扇搖情酒一瓢

其二

山居歲月最逍遙　無檢無拘免折腰　茅舍吟哦聲不輟　風吹天籟入雲霄

春筍

昨夜驚雷雨不休　今朝酒醒復登樓　殘花滿徑風初定　新竹綠芽入眼眸

其二

桐月塹城景最優　踏青寫意少年遊　後生可畏凌雲志　雨後紛紛競出頭

張老師國裕先生八秩榮慶

才華橫溢了無驕　擢拔菁英意倍饒　墨海波翻君子範　老成自在勝漁樵

記趣

天真散慢樂從軍　滿座天驕語正紛　東靠西斜沉睡眼　南躬北仰展舒筋
臺前官長諄諄誨　堂下阿哥愕愕聞　如此江山真足貴　保家衛國口中云

偶感

一紙公文處處誇　周遊列國始迴車　存查兩字千金重　陳閱連篇眾口嗟
身在公門更漏子　人浮宦海浣溪紗　為民服務無窮感　涓滴泉流惠萬家

蘭博觀今古

翰墨因緣氣運融　滄桑博館故情豐　人心不古有形外　世道衰微變態中
月映錦帆來遠浦　雲籠碧海接蒼穹　今朝詩酒蘭陽會　一作流觴曲水同

※ 蘭陽博物館經過多年努力終於完成；2010 年 10 月正式開館營運。

德林寺詩學研究會成立誌慶

作育英才運不窮　宏揚典範竟全功　道承孔孟千秋繼　志述天人六合中
言可興邦昭日月　詩能化俗沐春風　群儒今日吟旗舉　雅韻薪傳萬世崇

塹港富美宮通龕區神蹟紀事

虎觀談經安漢室　鯉城分派護鯤瀛　麒麟閣上名臣駐　光照千秋萬古旌
三府王爺蕭潘郭　奕世相傳義同盟　竹塹開基威靈顯　香火鼎盛萬民傾
通龕區額天庭映　桐月落塵點眾生　馨香燃引丹墀上　裊裊青煙說詳情
得緣翰墨者德助　齋戒淨身輸敬誠　富美沿革案頭供　內有三頁王尊榮
虔心默祝神祇贊　振筆欲書聞異聲　回眸定看書頁降　三王神照眼前橫
新毫揮墨潤猶在　丹管裂痕又晰清　聖蹟屢現心感悟　凝神秉氣總書成
梢楠古木難尋覓　王爺欽鎮似獻迎　梅月吉辰開斧日　細鑿工雕一品精
謹恭戒慎良期至　敬獻區額中門呈　眾人當識天之警　應惜福緣莫視輕
世道無常滄海變　人人頭上日月明　衷祈富美三王殿　庇佑黎民永太平

十一、吳身權

吳身權　1974年8月3日年生　筆名子衡，台灣省雲林縣人，2007年移居新竹，後加入竹社。現任職新竹市警察局第二分局警員，並擔任「網路古典詩詞雅集」版主。與詩友合著有「網川漱玉」、「網雅吟懷」兩本古典詩合集。

記夢
耕織晨昏妄語嬌　乍悲還喜夢通宵　誰憐日影迴窗入　盧擲人生又一朝

賦「新光之遊」，得新字
足濯清波已絕塵　鬱林經雨氣翻新　更登雲起山深處　始信桃源可避秦

飲酒歌
浮生本短莫蹉跎　得意醺來復縱歌　我是劉伶真病酒　還需再飲治沉痾

丁亥年春調任新竹
且效一冥鴻　飄然向紫穹　事繁心欲靜　運蹇志非窮
已別鵬城雨　來聽竹塹風　驚濤應共我　高唱大江東

新居落成有懷
宦遊十載志方舒　喜趁新春雅結廬　位處華街雖擾擾　心懷大隱自如如
公繁難得三餘趣　室小猶堆一架書　不減豪情仍故我　哦詩縱酒上華胥

夜聆歌曲「新不了情」有感
獨飲銷魂醉復醒　含悲是夜說曾經　三生不了隨緣盡　一曲何堪傍酒聽
彈指多年傷聚散　寄情無處怨飄零　水流花落依然故　忍付塵心入杳冥

讀「抱樸樓」戲贈維仁
高吟抱樸篇　舊事宛如前　偶現爭球勇　時誇窖酒全
邀杯每稱病　和句總拖年　只待相期日　同君一醉顛

戒酒
銜杯十餘載　忽覺太荒唐　寂寂孤燈冷　悠悠子夜長
空云憐愛恨　枉自斷肝腸　且醉今宵後　明朝絕酒觴

登獅頭山
拋卻紅塵試一遊　清風拂翠夏如秋　環山石礐奇巖峻　傍谷林添古剎悠
虔禮佛天臨佛地　漫登獅尾到獅頭　蟬鳴鳥韻皆天籟　此日陶然共忘憂

病中吟

無言進酒觴　帶雨醉秋涼　一夜悲催病　千聲咳斷腸
浮生應有夢　世事本無常　生死悠悠別　還思舊意長

詠日月潭鐵人三項

奮泳馳車邁步前　雲高水綠日中天　難消盛暑猶懷志　大逞豪情共比肩
三項鍛成人似鐵　一潭幽得景如煙　吟歸緩踏來時路　好拾風光賦錦篇

盆菊

疏條冷翠護葩霜　玉質高標入畫堂　共籬衰移傲骨　豈因盆窄減清香
枝承白露三秋晚　簇向西風一季涼　幸有蟾光惜君子　清姿搖影上迴牆

維仁兄攜酒訪寒舍有記

有客寒宵攜酒來　不辭風雨意悠哉　交遊十載情猶摯　縱飲千觴句始裁
夢付癡言難細數　心隨舊曲共低佪　迎曦莫笑誰先醉　已詠春晴勇奪魁

登自宅大樓頂有賦

閒來爲恐覓春遲　子夜登樓強訪之　幾陣零風撩袖冷　一鉤殘月照人癡
摒除詩酒原非我　枉費情愁不解伊　望眼千家燈火裡　醉中誰箇懂相思

網路間偶讀舊事

前塵悄逝本如煙　舊事無端又擾眠　鹿港街迴曾印爪　意樓窗隱復棲蟬
惜春霜愈催華髮　漸老人翻記少年　別後悲歡難細數　寸心多半入吟箋

遊鹿港文武廟

細砌重修築自然　古牆紅瓦早經年　院開華殿祠文武　客秉丹心謁聖賢
虎井難浮昔年水　泮池何漱舊時煙　飾平斑剝痕還在　無限幽情正蔓延

己丑年生辰有懷

荏苒時光又一年　微軀釀看物華遷　暫憑詩遁拋名利　欲寄觴飛飲石泉
舊契相交需載酒　塵心早卻好歸田　吟成未敢添杯慶　猶念蒼生暗禱天

聞母校文華廿週年校慶忽憶年少往事有懷

曩時清夢動愁腸　負手行吟夜未央　歲月無情摧鬢白　挑燈誰共話荒唐

其二

猶憶當年傲楚狂　詩題紅葉淚瀟湘　懷師思立程門雪　聚友時盛琥珀光
廿載風塵老廉頗　一朝仙夢誤劉郎　醺來細數眞如昨　對影中宵感慨長

註：台中文華高中於 2010 年 12 月舉辦創校 20 週年校慶，我為該校第二屆招
收的學生。

悼夜風樓主國樑詞丈

憶昔共初衷　知交詩酒中　神傷嗟有盡　夢斷恨無窮

鏤句懷高誼　銜杯醉夜風　陽關餘韻在　一曲黯然終

註：夜風樓主蔣國樑是相識多年的詩友，於 2010.04.14 辭世，著有夜風樓吟
草。

偶遇失聯 20 年的高中時期朋友

廿載韶華轉眼過　閒愁檢點記誰多　千言敘罷情猶切　一夢縈來志已磨

興起欲吟將進酒　詩酬不忘未央歌　中年本合沾泥絮　詎動漣漪復起波

庚寅生辰有懷

莫愁霜鬢染青絲　已逝韶華不復追　豈願隨波浮宦海　但能憑酒鑄新詞

廣酬老友情無限　醉酹中宵月一規　惜有塵寰生死別　銜杯吟罷意還悲

讀維仁兄「哭夢機師三首」有感以賦

依依欲訴本難詞　敬仰先生百世師　忽記當年濡雅處　何堪此夕讀君詩

雨零思緒盈胸次　淚點傷懷落酒巵　悽惻直須尋一醉　舉觴無語佇多時

敬弔張國裕社長

匡世勵儒深　文衡眾仰欽　高風澤天籟　勁筆寫胸襟

雅契聯三社　忘年秉一心　春江花月夜　不復共長吟

醉歸書齋復飲

扶歸詩興長　冷雨意瀟湘　倚案心初靜　臨屏夜未央

燭光搖醉影　酒氣雜書香　更寫相思句　斟吟復十觴

臺中文華高中校友會創立有懷

星離廿載故情深　契闊思將舊雨尋　創會劬勞同砥礪　兆基弘遠互規箴

笑談未忘青春事　戲語猶存赤子心　不輟初衷是吾輩　清狂還唱昔年吟

註：母校臺中文華高中於 1988 年創立，余於 1990 年入學為創校初期學生。
辛卯歲末，全國性社團法人文華高中校友會成立，並於 2012 年 01 月 15
日召開成立大會，有幸恭逢盛會，有感創會維艱有詩以誌。

十二、林哲生

　　林哲生，臺灣新竹市人，1941 年 8 月 4 日生，自小喜歡書法，緣成業餘的偏好。退休後，除研學堪輿外，加入竹社學詩作，哲生先生與其尊翁林炳南先生同是蘇子建老師的門生，父子同堂是竹社的一段佳話。又林炳南老先生漢學造詣極深，非常注重品格，常勉勵晚輩一定要心存善良，多做好事。這位福氣的長者 100 高齡時辭世。

晨步健身
漫步麗池空氣鮮　　東昇日現樹林肩　　清晨蝶鳥蟲花醒　　伴我強身樂若仙

加油感作
車輛油空進站加　　班員親切禮儀嘉　　言談舉止連聲謝　　服務堪稱第一家

逛販攤
伴妻共逛販攤場　　物價飆揚逼縮囊　　生計增難仍欲度　　當朝有過釀飢荒

浴佛節
常聞浴佛趣談多　　潑水穿梭灑網羅　　過節歡中誰得悟　　淨心濾垢滌心魔

掃地思慮
勤掃土埃莫染塵　　清除污垢物如新　　凡心穢性常誠洗　　世界婆娑絕惡民

純茗潤喉
滾水沖開綠葉心　　清香茗品鐵觀音　　摘芽蒸炒烘乾選　　樂飲喉甘發浩吟

鄉粽
四角三尖色綠晶　　糯填葉裏細腰縈　　鹹甜葷素隨人意　　串似天星粒粒情

聽抄簿記
老師講課筆隨揮　　滿板錦囊思解圍　　吾顧仰頭抄筆記　　複看不識字紛飛

郊外騎車
夫妻共踏兩輪車　　小徑穿梭運轉徐　　樹蔭微風涼忘累　　全程爽朗樂何如

保齡球
塑質葫蘆集立亭　　推它滾地擊衝星　　蛇行直闖球皆接　　老少歡欣玩不停

賞香蕉欉

檔瘦身高葉片寬　初生芎果戴花冠　莖長實綠連長串　成熟肥腴更壯觀

玩火車

長孫帶隊眾相隨　双手搭肩距保持　口學火車呼嘯過　交加快步緊跟追

痛失同窗

學畢分開各闊天　兄興事業慶綿延　相逢互勉身珍重　噩耗傳來涕失賢

接孫下課

黃昏學校接孫時　恰遇尖峰路亂危　稚氣天真逢事問　奇題問倒我愁眉

暑廚

暑月廚房燠熱宣　燒風火氣逼身煎　蒸炊煮炒烘同室　我敬拙荊任務肩

童玩組具

長方四角半斜圓　構樣多元體巧然　車屋船機禽鳥獸　大開智慧妙心禪

陽宅忌大缺角

宅求立體貌奇觀　凹凸多形壁屈繁　八卦欣方驚欠角　常人患病不知端

西北雨

晴空遠有黯來雲　瞬息雷聲震耳聞　密布烏陰遮烈日　涼風帶雨落紛紛

用餐宜適量

每日戀床懶早餐　午糧草率食挑單　眠前暴飲豐宵夜　損害肝腸不得安

賞彩雲

風透天飄朵朵雲　重重疊疊一群群　空中萬化多花樣　有若藝人舞彩裙

登山嶺

登嶺跟前白霧飄　朝曦照耀半山腰　林間遍植杉松竹　紫色牽牛撒萬嬌

竹

虛心幹勁應風搖　屹立山中葉舞宵　春夏雨滋萌竹筍　寒冬不畏任逍遙

梅花

冰心傲骨耐寒霜　任雪侵身不覺惶　氣節超凡人最愛　春陽送暖吐芬芳

蘭花
葉細莖高瓣綠黃　　一身秀氣吐芬芳　　含苞見日隨開放　　放置廳堂最吉祥

秋菊
翠葉鮮莖蕊綻繁　　迎秋簇擁展花冠　　芬芳紫白紅黃色　　隱士尤欣素菊看

牡丹花
杉林溪地氣溫寒　　藝傳專精植牡丹　　三月欣聞開艷蕊　　佳人名士賞花歡

十三、曾炳炎

　　曾炳炎1948年12月7日出生於新竹縣竹北市海邊小村莊；國立台北工專（台北科技大學前身）畢業，服務台灣電力公司40餘年。詩學啓蒙於洪玉良老師，嘗言一首詩作28字經老師修改26字。後續受教於蔡瑤瓊、武麗芳、林鴻生、林素娥、許錦雲等老師。現任竹社理事，假日並在新竹市辛志平校長故居擔任志工，爲訪客做導覽及解說。

觀音賞蓮
荷塘十里吐芳芬　　朵朵紅苞綴綠裙　　挺立淤泥心益潔　　花癡雅士最憐君

日全蝕
天星運轉有常規　　月影遮陽實嘆奇　　舉世爭觀全日蝕　　初虧食甚亦依時

南寮地中海觀划龍舟
飄香角黍慶端陽　　遙祭靈均古俗彰　　競渡龍舟身手捷　　同心協力奪標颺

曇花
翠葉經霜蓓蕾朱　　嬌羞潔白夜初舒　　清芳只顧依明月　　向曉香消留雅譽

竹南燈會
人潮百萬賞燈行　　擠爆站臺街路爭　　疏導交通成要務　　觀光大鎮可稱榮

賞花燈
東皇降福雪霜溶　　寺廟人群似巨龍　　婦女爲何燈下鑽　　麟兒望賜態誠恭

2011年6月16日（陰曆5月15日）月全蝕
丑刻欣觀月滿盈　　寅時只見眾星明　　偏尋玉兔無身影　　天狗來吞汝莫驚

秋遊東眼山

雲白天藍秋色馳　　柳杉濃陰鳥聲彌　　寒蟬猶噪蜂忙舞　　漫步林間心曠怡

花蓮慕谷慕魚步道

慕谷慕魚山色優　　羊腸小道徑通幽　　水雕奇石藍光映　　美景如臨九寨溝

日式茶道

木屋清幽草蓆新　　煎茶備果待佳賓　　身穿和服輕移步　　古例今依禮可珍

免費公車

開門萬事重交通　　購物遊街更熱衷　　免費公車稱德政　　為民服務跑西東

辛志平校長故居一週年慶

如沐春風古蹟遊　　辛公鐵律杏壇留　　志工有愛揚前聖　　服務人群福慧修

辛公館二週年慶

故居開放歷雙春　　訪客成群美譽陳　　木屋清幽猶念舊　　庭園亮麗可迎新
大師開講無虛席　　校友演歌鼓掌頻　　導覽義工勤解說　　辛公典範教今人

辛公館三週年慶

三年館慶故居情　　花藝芳茶貴客迎　　映日池蓮招蝶舞　　凌風庭樹引鶯鳴
懷恩有敬弦歌頌　　辦學無私品德盈　　為語東流橋下水　　出山要比在山清

碗公大會

關帝社區情誼饒　　碗公餐會熱誠邀　　山珍海味佳賓讚　　玉露瓊漿貴客陶
書法班呈陳墨寶　　鄉音團獻唱詩謠　　學園發展成模範　　淨化人心美譽昭

泉州木偶戲團新春期間來竹市公演九天

泉州戲藝實高超　　木偶懸絲數十條　　鑼鼓同鳴歌舞雅　　刀槍並舉武功驍
英雄虎態追風進　　淑女仙姿映月搖　　收放自如靈巧妙　　精優表演掌聲嘹

參觀台北花博展

冬陽送暖好心情　　姹紫嫣紅賞卉行　　車隊觀花如蟻聚　　人群獵艷似蜂爭
彩妝大地繽紛色　　巧飾廳堂燦爛英　　國際揚名誇寶島　　芬芳世界引佳評

詩人端午工程師節逢芒種 2011.06.06（陰曆 5 月 5 日）

稻穗風薰芒已萌　　佃農勤作望秋成　　提興產業工師志　　研發新科藍領精
角黍飄香詩興湧　　龍舟競速錦旗爭　　靈均夏禹人懷念　　四節同逢酒滿觥

林口賽德克巴萊拍片場址參訪

重建原村更逼眞　巴萊率眾護原民　殘良長銃凶如鬼　抗敵單刀勇似神
武德殿中軍紀峻　彩虹橋上祖靈親　參觀場址懷英烈　感慨悲情已化塵

淡水一滴水古宅參訪

移自東洋古宅春　無釘建造耐千鈞　迎風棧道花紅艷　映日庭園草綠茵
傍水依山多麗景　登堂入室少煩塵　清幽木屋婚紗攝　美滿良緣祝璧人

八里十三行博物館參訪

遺址臨於八里濱　十三行地住原民　燒陶煉鐵精良藝　獵鹿耕田勤壯身
寶物遭狹幾委土　專家搶救不蒙塵　義工詳說先前事　考古求知更探眞

內灣線鐵路復駛記

火車滿載內灣遊　花粽飄香野味留　綠樹招風尋鳥樂　清溪漱石賞魚悠
滄桑戲院人懷舊　搖曳吊橋童探幽　休憩觀光稱福地　好山好水谿吟眸

後慈湖之旅

仙居福地後慈湖　水色山光景似圖　桂秀松奇馨室雅　波平影映翠峰嶇
昔時備戰談兵處　近日尋幽探勝區　雁鴨悠游梅蕊傲　今人懷古辯贏輸

十四、蔡松根

　　蔡松根，臺灣新竹人 1959 年 1 月 20 日生，平日熱心公益服務鄉里，現任新竹市舊港里里長。因在偶然中，接觸到竹社武麗芳老師的雅韻薪傳竹塹風課程，遂與夫人秀華加入竹社就此浸淫於詩詞吟唱的文學之林。

里長抒懷

雄心萬丈梓鄉耕　不畏諍言正直行　建設藍圖心篤定　同圓願景接光明

大夫風範

蒼松弄月影清澂　勁節吟風傲骨增　塵世如煙心莫怯　堅懷志向往高登

秋景驚艷

聞聲撥翠對秋蟬　驚見蝸牛蔭底眠　峻嶺黃欒添麗景　金風染彩沁心田

秋

碧映泓溪白鷺閒　晨輝翠嶺綴雲間　欒花艷接金風意　勝景橫前大眾攀

慈濟少女日遊蓬萊溪

註：慈濟少女活潑可愛，是日有四少女同遊，芳名爲麗庭、宜清、婷儀、幼菡

| 亭亭玉立慈青女 | 日麗風和戲水邊 | 菡萏池環林竹翠 | 蓬萊清色碧連天 |

立冬

| 補冬風俗口流涎 | 美饌飄香滷味鮮 | 智慧成規農曆載 | 炎黃古禮萬方傳 |

錯拜神

| 不識娘娘司接代 | 虎中青少案前求 | 虔祈學業登金榜 | 殿上文昌笑不休 |

烏魚

| 烏金滿載炮聲喧 | 喜悦情懷已忘言 | 逐浪漁郎身勇壯 | 豐收俎豆答神恩 |

舊港取景

| 波澄映綠溪南岸 | 閃爍霓虹爍北空 | 環道河堤清境處 | 童兒逐戲樂歡融 |

慈裕宮祈福有感

| 龍光四海十方平 | 虎樂千山萬物盈 | 天后慈悲求必應 | 清香裊裊佑昌明 |

黃梔花

| 梔子迎風舞翠姿 | 花香欲賞已秋遲 | 每年暑熱方當道 | 且待來春立夏時 |

嚴建忠老師杖國壽誕誌賀

| 瑰寶嚴翁德望彰 | 遐齡七秩品高揚 | 深耕翰墨名聲著 | 鑽譯禪宗佛老詳 |
| 化育人才心篤定 | 勤培桃李志堅強 | 佳辰祝嘏青衿頌 | 壽比南山日月長 |

新竹車站百年慶

| 魯班茗煮會松崎 | 品賞風華竹驛施 | 高拱精雕迎客至 | 仰賢功載百年基 |

參加擊鉢吟

| 擊鉢詩題韻腳頌 | 書參筆落少人閒 | 忽看瓦雀枝頭鬧 | 靈湧文成露笑顏 |

法蓮廟五十週年建醮

| 三朝建醮啓慈航 | 雨順風調萬物芳 | 淨素虔誠參佛老 | 功成圓鑑兆禎祥 |

茶花

| 慈黃紅瓣白鑲邊 | 綻放英姿態萬千 | 三載暑寒初現豔 | 今朝茁壯願君憐 |

潛園感懷

潛園別業跡難尋　幸有詩傳意境參　竹社蘇師詳闡釋　方能照顯主人心

兒媳聚餐

嘉納煎黃美味增　鯃魚綴綠待清蒸　佳餚共享全家樂　兒媳今欣職位升

行水區法規有感

汛洪區法縛家園　規範嚴明不二言　理想藍圖雖滿腹　誰能助我創新元

賽夏族矮靈祭

小米新醅酒溢香　迎靈祭典眾歸鄉　通宵舞曲驚天籟　賽夏精神萬世長

十五、洪玉良

　　洪玉良，1939 年 6 月 12 日生世居新竹。平居熱愛登山、健行、網球、賞鳥、作詩等且樣樣皆精。國學常識豐富，對台語有很深入獨到的研究。十五音的反切音及僻澀難懂的台字，皆都瞭若指掌。建築業退休後，喜歡徜徉於山水之間，過悠遊自在的生活。一部摩托車跑遍全台灣，紀錄寶島美麗風情。目前致力於搜集失傳的「台語字」，編寫並闡釋原意，希望竭盡己能將所知的事物，彙整成書，俾便有興趣研究台灣文化的人參考。

荷池邊偶作

一池翠蓋白荷開　三五親朋齊集來　飲酒蒔花真愜意　舒身忘我樂添杯

五色鳥

五彩衣裳隱樹梢　欲親芳澤契知交　身藏葉海無尋處　硞硞聲傳木鐸敲

龜山晨曦

曉色朦朧放眼瞭　蒼溟屹立一孤嶠　有如贔屭陸東土　萬道金光映海潮

日月潭秋聲

搖舟明水動波星　船屋漁歌天籟聽　九月秋聲蒙蔽野　金風剪葉滿幽坰

麗池夏色

麗池初夏景清新　綠鴨悠遊戲躍鱗　九曲亭橋添古趣　濃陰消暑野薑茵

麗人

麗質天生窈窕身　溫文爾雅俏佳人　回眸一笑能傾國　碧玉年華氣色新

風情海岸一線天

五采魚旗旖旎邀　溟天一線水迢迢　紅輪垂掛金波漾　鐵馬騎遊氣勢驕

耕心園

播種靈池出玉蕖　污泥不染欲清除　平和常悟德行立　智慧花開善果儲

春耕圖

未見耕牛倒步夫　轟轟翻土去青蕪　引來群鳥紛爭食　春野農機換舊圖

舊泰安車站懷思

群峰拱翠泰安鄉　坐看穿梭山燕忙　鐵道繁榮今不再　空留寂靜感懷涼

香山車站頌

八十星霜鐵道航　日風木造築工良　香山驛站今珍貴　冠首全台古色香

重遊蘭嶼

飛船破浪海嶠馳　島上層巒翠色披　走馬看花巡禮作　重遊蘭嶼失新奇

巴陵棲蘭

一溪大漢隔山巒　路險斷崖不敢看　蒼翠明池多俊俏　楓丹伴我出棲蘭

國寶魚

保育櫻花國寶魚　七家碧帶水寒渠　平台數處供觀賞　寧靜安詳晚照舒

環島遊記

環島一週快樂遊　西濱八里不停留　觀音山屹稻江岸　淡水新興盡大樓

其二

東北晚風迎面吹　三貂角轉北關馳　頭城旗插中元祭　盛況搶孤定可期

其三

鯉魚潭上畫舫移　靜眺飛艇鼓浪馳　縱谷山川收眼底　北迴歸線測天儀

春日即景

春雪初融大地滋　微開柳眼吐新絲　良田萬頃農機代　水利千渠灌溉馳
五指嶂風籠翠色　双溪環帶漾瑝漪　笙歌處處昇平世　寶島悠遊四季宜

登龜山島

開放觀光已數年　龜山神密揭紗先　險崖巉壁飛鷹現　島上蒲葵生態全
步道環湖贏靜美　普陀岩內獻心虔　回航外繞窺風貌　難得良機有此緣

懷古茶亭

| 永和水庫一茶亭 | 供給晨操過客停 | 右灶火升煎玉液 | 左泉水冷瀹陶瓶 |
| 熱腸古道舊庄稼 | 世態炎涼今典型 | 懷古奉茶情再現 | 一甌香茗感溫馨 |

碗公會

| 乙酉年終臘鼓鼕 | 碗公敦誼盛肴供 | 盤盤巧藝心思用 | 樣樣工夫情意濃 |
| 漢學同礤三載歷 | 鄉音共唱一班從 | 芸窗弄月緣珍惜 | 祈望春來化鳳龍 |

十六、王盛臣

　　王盛臣 1940 年 6 月 25 日生，臺灣新竹人。溫文儒雅擅運動、長跑、爬山、打球、練功、書法、做詩，是最不像做生意的生意人。曾任：雙龍食品（股份）公司董事長、新竹市醫類商業公會理事長、台省醫類商業聯合會常務理事、全國醫類工業公會常務理事、新竹市中國香功協會理事長。

教化英才

| 永貞媽祖百多年 | 聖德慈暉庇眾賢 | 輩出達人頻貢獻 | 鄉閭建設創新篇 |

升官有道

| 官場權大好修行 | 道德清廉品象營 | 無恥貪污當足戒 | 東窗事發毀名聲 |

竹塹颱風季有感

| 塹城十月鼓秋風 | 更遇梅姬共伴中 | 八級颶颱行樹毀 | 蒔花號誌倒西東 |

四媽祖遶境開春第一香路

| 感恩祈福進香團 | 聖母慈暉遶境歡 | 鑾轎孟春鴻澤露 | 千秋萬世闔家安 |

廢死刑有感

| 慈悲寬恕化和諧 | 惡貫之徒儘釋懷 | 國法荒唐天理喪 | 文明社會是非乖 |

健保費調漲

| 肩擔部長業專門 | 精算平衡漲率繁 | 政治圖謀傷健保 | 經營永續治根源 |

萬善同歸

| 萬善同歸廟塚堆 | 口湖水禍往生哀 | 朝廷勅賜封名號 | 祭祀恤憐千古廻 |

龍年台灣燈會在鹿港展望

| 人潮洶湧兔年燈 | 鹿港壬辰主辦承 | 薪火相傳揚特色 | 台灣優點必持矜 |

秋日雲嘉南風景區旅遊

金風送爽拂嘉南　　濱海由來濕地涵　　外傘頂洲隔撲浪　　鯤鯓代府飾雕龕
將軍布袋觀漁獲　　七股鹽田賞景酣　　環保抬頭遊覽熱　　兼容並蓄靜中參

人心惡化

名媒粗口惡行填　　譁眾謠言道義顛　　傳統彝倫真拗扭　　現今謾罵偏矜憐
是非毋論人心壞　　黑白無分社教偏　　易俗移風匡亂政　　理明投票絕難纏

竹林復育生生不息

幽篁再現滿山坡　　世上凡人又奈何　　復育今朝防水患　　盤根他日固山河
龍孫沐雨滋成長　　勁節颱風耐折磨　　雅士高賢林下會　　吟聲萬里報笙歌

八八水災

莫颱重創南台日　　雨冠全年頃刻隨　　轉瞬天災人禍至　　須臾水漫土流馳
生靈塗炭號無淚　　田舍淹沒責究誰　　生態平時多愛護　　推行環保難驅離

安定

國家民主宇寰宣　　經貿繁榮置首先　　尚德敦風開景運　　思源念本展佳篇
身強體健康寧卜　　食足衣豐盛世綿　　樂頌欣榮安定現　　山川壯麗福同駢

270週年慶謁龍山寺

泉州三邑北台居　　安海神靈派令譽　　美寺龍山迎信仰　　華城艋舺富琴書
人文薈萃千祥駢　　佛道兼修百福餘　　詩教宏儒傳國粹　　觀光發達有誰如

龍吟新聲

非凡帝相同　　見首尾迷濛　　雅韻吟旗動　　蒼生沐澤中
鐘磬聲無盡　　信眾福填充　　艋舺超騰達　　龍祠默化功

蘇老師新春賀年和韻

暖冬臘鼓樂翻天　　童叟同歡過好年　　霜降遠離迎麗景　　露滋邁近錄佳篇
鷺鷗樂祝身康泰　　翰墨欣題句接聯　　鶯笑梅開多熱鬧　　願師福壽永雙全

松山慈惠堂四十週年慶謁瑤池金母

巍峨聳峙獸山叢　　廟貌堂皇慈惠融　　懋業宏觀欣永續　　瑤池正德盼興隆
聖恩濟世千秋盛　　道統傳人萬古昌　　卌載慶儀金母謁　　催詩敲句臉通紅

永靖恩烈祠重建落成誌慶

十三義士德恩長　　祠立彰城永靖鄉　　地主昔時層剝削　　佃農竟日訴無方
純因感激非求報　　自發懷思義行揚　　古蹟重翻經卌載　　落成鷗鷺獻瓊章

國家公園生態保育之重要性

時空變幻景今非　萬物留存保育依　蘊遞自然沿命脈　綿延後代重生機
公園生態人人護　社稷平安歲歲祈　世紀潮流趨勢熱　文明復古望來歸

風勵儒林

騷壇天籟盛名宣　樂熟師門戮力編　風勵儒林省府賜　雅揚文化勵心傳
詩聲奕世哲人授　文化傳薪碩彥延　安座奉天三十慶　耄年祝賀鷺鷗聯

弘儒百載紀盛

昭平創廟百年中　慶典欣逢建國同　儒教弘揚仁愛物　人文培植義盈衷
文武雙聖同排座　德澤諸賢化育功　道冠古今輝映頌　傳承漢學繼良風

十七、戴錫銘

戴錫銘　1952 年 7 月 7 日生臺灣新竹人。

選舉

全民大選拼誰雄　到處聞聲造勢中　步步爭贏良策獻　群黎才是主人翁

香港行

薈萃人文舉世揚　山川麗色個中藏　川流不息商機勃　亞陸明珠是此鄉

其二

相遊出國去香江　美景浮前形影雙　心曠神怡消塊壘　詩篇滿載樂盈腔

元宵

張燈結綵慶元宵　爆竹聲中福氣招　國運家亨同順遂　祥龍獻瑞百行饒

迎親

今朝喜氣滿廳堂　禮車迎親隊伍長　炮竹聲音沿路響　歡心接得美嬌娘

娶媳

張燈結綵娶新娘　戴薛聯姻喜氣揚　美滿鴛鴦天作合　傳宗接代福綿長

春花

三春吐卉展新容　桃李杏櫻見芳踪　屋後村前爭秀麗　和風送暖綠何濃

五月思母

溫馨五月倍思親　養育恩情何足珍　感念慈萱容不見　唯存幻境探虛真

十八尖山

竹塹名山十八巒	賞花運動兩相歡	心閒氣定精神爽	健體強身指日觀

桐花

桐花五月白輕描	好似山前雪片飄	綠野仙蹤新境界	心清氣爽樂逍遙

新竹都城隍

竹塹城隍鎮八方	公平審判理陰陽	黎民莫作虧心事	必得神麻保健康

新竹玻工館

竹塹聞名玻藝馳	館藏展示眾爭窺	人人參訪皆稱讚	件件精良簇錦奇

新竹關帝廟

竹塹關公座南城	巍峨美廟瑞光盈	輝煌神蹟流傳遠	參加黎民絡繹行

十八、張秋男

　　張秋男 1943 年 9 月 26 日生，臺灣新竹人，自幼鍾情書畫，涉獵廣泛。生平好動，參加社團甚多。從事廣告看板業歷經四十餘載，因銀雪女史的鼓勵而參與竹社學詩。曾擔任竹溪翰墨協會的理事長，新竹市廣告公會理事長。

懷憂

安禪淡定近人群	相互關懷重氣氛	將相懷才空有志	憂家憂國唸經文

釣魚

退職窮思海釣遊	攜竿揹籠入溪溝	遠觀汐往分河界	近看潮來急緩流
誘餌依形分大小	狂風辨浪避沙丘	喜去空回常有事	數尾寥寥未滿簍

學詩

啟蒙蘇老力全傾	絕律韻音傳統聲	學淺仍然懷傲骨	年高偏欲棄賢評
未知所謂吟詩樂	有感難來把筆停	獨自居家常習作	偶而佳作比書生

資源回收

門前突現路行舟	疊雜無人竟自游	夜靜翻箱尋古物	更深倒櫃覓絲稠
艱難境遇經年苦	撿獲資源一半偷	弱勢貧民增數倍	生存費用靠回收

排隊潮

突見沿途擠滿人	原因到底不單純	爭先對折分牌號	恐後售完搶黑輪
擴大開張常廣告	犧牲截止靜鋪陳	新興點子宜家樂	反應時機也睦鄰

市場

日計之晨怯運遲　　微光擺設位攤移　　山珍筍荬長生果　　海味蓡鮑昆布絲
北貨菇茸裝滿庫　　南商鱔鱉放清池　　喧嘩熱鬧人聲沸　　採買齊全免受飢

失學不失志

失學毛頭恰屆齡　　渾沌費日未甦醒　　童年頑固持偏見　　長輩溝通拒靜聽
遇挫屢煩終果報　　成功始識定心經　　無師練就人稱頌　　鑑石鑲嵌座右銘

知友道親情

事業巔峰視野登　　慈悲喜拾道親稱　　晨研佛學傾全力　　暮頌經文晉半僧
堂貌外剛充壯志　　謙懷內斂立嚴明　　堅心放下持齋過　　發願攜囊世界行

後山情懷

日出東邊照靜庵　　雲開霧散見晨嵐　　椰林爽蔭輸涼意　　佛果香醇引酒酣
結伴誼商繁寵犬　　塗鴉撿石畫桑蠶　　村人敬重能知事　　有志難伸一老男

山居歲月

齡輕亡想養天年　　老退離居闢野田　　稼作忙餘酸背骨　　秧禾播後痛手肩
蛙吟嘓嘓鳴園地　　蟋叫吱吱不夜眠　　暑末迎風恬靜謐　　梵聲震耳是秋蟬

憶兒時

觸景心揪憶幼時　　三餐難繼使人悲　　童兒育哺逢糧缺　　弱老窮慌染病萎
轆轆空腸撐苦餓　　沈沈黑夜忍疲飢　　今朝倖得能溫飽　　反饋施貧切莫遲

當兵

當兵粹鍊斷迷糊　　教戰偏難較特殊　　鼓舞搖旗行正道　　歡欣吶喊送營區
研磨戰術新方略　　蛻變雄才大丈夫　　訓育更生人嚮往　　如醫濟世亦懸壺

種西瓜

節氣逢時冒嫩花　　心期五月產西瓜　　清晨鋤作圍膠布　　暮色苗栽置雨遮
水浸憂爛需除濕　　藤繁礙長要疏芽　　農間稼事雖辛苦　　最喜收成甜又沙

青草湖

風光秀麗景奇殊　　翠谷森林樹萬株　　曲道蜿蜒騎鐵馬　　沿途暢快賞名姝
環山綠帶橫舟靜　　跨水弓橋証島孤　　漫步求康居首指　　十方賓客讚青湖

晨遊

翠谷風微柳絮搖　　村前草徑見垂蕉　　鷺絲專注肥蟲嚥　　麻雀偏尋落穀挑
屋後鳴蟬騷睏客　　園前野鴿逗家貓　　時宜節氣秋高爽　　最適吟詩在早朝

憶昔時市集

日據台灣缺物年	貧農碌苦靠耕田	少東驕傲裝阿舍	佃主虛僑學半仙
何痛悲民亡國恨	猶如敗士竊家眠	流連市集紛行賭	代價區區寶島煙

流水席

民初物缺望佳筵	積穀儲禽敬眾仙	廟會沿街攬食客	餐堂排路請隨緣
若輸數次乾紅露	欲飲三瓶靠划拳	供醉純爲撐面子	長年陋習毋相傳

廟埕一角（小時聽父親講述）

元年遍境出人魁	烈孔朱顏貌怪胎	食必餐餐均啖肉	書吟口口像貪杯
閑觀攬砲江湖漢	巧遇飛簷術士才	舉起檳榔煙重賞	郎中也被拆擂台

十九、李枝樺

　　李枝樺　1948 年 8 月 20 日生　曾任竹市元極舞理事長 、安親班老師，因一紙「關帝廟鄉音班」的招生海報，想探個究竟，就這樣進入了竹社，自此沉浸於詩林墨海與文共舞。

春風

雲清日暖賞芳叢	蛺蝶翩翩原野中	廟宇吟詩詞藻富	心情喜悅滿春風

春筍

風和日麗暖春時	綠竹扶疏筍出陂	有客過茅來話舊	佳肴美酒暢詩脾

夏日情懷

夏日荷花展舞姿	銀塘綠葉煥風吹	蝸廬酷熱難高臥	信筆寫來皆好詩

朋友之間

眞誠信用並相躋	益友良朋事共提	義重情深和氣結	長長久久手同攜

春雪

春寒料峭雪飄飄	刺骨嚴霜大地凋	但願東皇能送暖	晴光駘蕩百花嬌

中秋

月桂清香馣馤時	中秋萬里一輪垂	嫦娥顧影孤芳賞	方悔仙丹不可爲

柑

柑園萬樹果垂陳	金瓣微酸入口脣	枕畔多時香不去	齒邊餘韻味甘津

冬陽

風陽冬暖大家期　滿圃香芹展媚姿　晚稻豐登農感樂　喜收共享國興時

餞菊

老圃金英漸落枝　稀疏暗淡任風吹　東籬殘敗臨揮別　吾欲留花奈已遲

破曉聲

雞啼破曉曙光穿　朝氣方開瑞氣傳　萬戶祥和迎富貴　喈喈叫遍太平天

蓮塘垂釣

乍暖蓮花競綻苞　朱華舟舟映村郊　垂綸忽憶濂溪句　滿腹詩章等我敲

海邊觀日出有感

茫茫大海靜無煙　無際蒼穹遠處連　忽見紅光芒四射　金輪炳耀日沖天

二十、廖淑眞

廖淑眞　1956 年 5 月 27 日生，世居新竹市南門街，目前是新竹市鄉土教學閩南語的支援教師，已從事閩南語鄉音教學多年。

香囊

撲鼻鳥沈繡袋中　袪邪避毒巧鍼工　端陽節屆胸前佩　挂虎懸龍樂眾童

焢窯

野趣炊煙拂北風　田窯炙熱味無窮　親朋同樂身心爽　鷄粟煨炰樂稚童

九份金瓜石懷舊

採礦淘金天下知　古城春夢剩餘悲　何時重返輝煌日　再現繁榮燦爛時

尖石行

尖山鉄嶺翠連天　浴舞其中興致填　偷得清閒遊半日　歸來猶憶醋魚鮮

嘉義之美

諸羅十勝畫圖中　阿里山間檜陣香　市蕊杜鵑多綺麗　由來毓秀美無窮

大夫風範

年週八五廣邀朋　古幹迎風耐勁增　十丈長青君子樹　凌霜傲骨世人稱

塹城春暖

春臨竹塹鴨浮池　漁港乘風醉馬騎　冠鶴金湖來做客　全台賞鳥正逢時

春遊尖嶺

十八尖山著錦裳　春光艷麗吐芬芳　高峰坐把風城覽　美不勝收攝影忙

春容

豁眼櫻梅展艷容　枝頭醉鳥韻加濃　我欣春色無邊麗　珍惜芳時探野蹤

夏日情懷

夏曉清風好唸詩　情懷無處不相宜　烏雲籠罩商羊舞　紫電催雷脆響時

冬陽

楓葉十林滿樹紅　威偏羊角賀融風　野人獻曝南檐日　一抹斜陽染碧空

筍

夏裁鮮筍趁時炊　細嚼貓頭嫩肉絲　曉宴冷盤留犢角　笑開饞足兩腮知

母親節

百善須知孝首先　時時思念掛心絃　双週五月娘親節　母在身邊福萬年

廿一、古自立

　　古自立 1967 年生，臺灣苗栗縣人，大學畢業於會計系並從事業界。雖自小性喜詩詞，但卻無真正拜師學習。自 1999 年網路暢行後，意外發現喜愛古典詩詞者甚多，遂於 2002 年加入網路古典詩詞雅集，藉此學習與磨練；且將所寫之詩詞在 PCHOME 個人新聞台存放與交流。2002 年加入苗栗縣國學會，又因緣際會，成為瀛社立案發起人之一。後搬至新竹，並於 2013 年正式加入竹社，嘗言：「詩詞不言恨，為人貴於誠。」有關詩壇前輩張國裕老師「詩懺」一說，對其影響至深。

野芳

離群一野芳，不語對斜陽。零落無須葬，紅塵自有香。

隱藏【閒情】

芳草園中曳，浮雲嶺外斜。悠悠春日暮，罷筆飲流霞。

【題賴添雲老師所贈〔璧月濤聲〕書法】

詩如璧月當空照，韻似濤聲入耳清。墨底人間千古事，一揮而就自分明。

【輕舟盪漾】

且向長天借陣風，張帆盪漾綠江中。管他逝水流何處，自有青山共夕紅。

【此夜】

情多方著墨，露重豈無因？抱影觀明月，烹茶佐暮春。
文章千古事，歲月一回神。冷暖皆嚐盡，無心辯僞眞。

【2015 年最後一個滿月】

嬋娟淨又圓，靜靜掛天邊。不與誰爭艷，唯期夜更妍。
清輝陪過客，晶亮待新年。檢點平生事，聊將賦一篇。

【梅】

瑞雪紛飛起，朦朧立潔身。素顏含笑意，傲骨道精神。
一樹幽香送，滿園疏影陳。何勞爭國色，魂魄自清眞。

【賦曲盼同觴】

向晚意初涼，霞紅映路長。枝頭傳鳥語，池上送荷香。
笛弄殘陽落，人期好景常。悠悠風又起，賦曲盼同觴 。

【雨後】

天涯何處不逢才，憤世人人自惹埃。明鏡非台猶在側，誠心是岸若如來。
曾經兩字爲何物，歷史千篇可解哀。把酒溫書添快意，群芳雨後向君開。

【嵩山少林寺之行】

少林寺外日初斜，身在嵩山遠世譁。但見僧徒來又去，頻傳鐘鼓近還遐。
提心細問前塵事，放意閒聊故道花。萬念皆空盤腿坐，禪機寂寞卻無邪。

【油桐花落】

籬前尚見蕊初妍，風雨無情竟折仙。常念芬芳初綻放，歸來秀麗已難全。
沾衣豈只香氣馥，落地還隨世路延。拾起零花三兩朵，輕輕繫在髮絲邊。

【山苑清流】

冬陽暖照翠臨空，淑景如詩帶古風。藝苑含薰名士佇，山門載道世人崇。
清流疊疊分明在，浩氣湯湯本自同。麈筆爭鋒皆快意，浮沉不必記心中。

【花香】

迷濛煙雨晚初涼，思緒隨風寫就章。擾攘俗塵雖可畏，崢嶸歲月總留芳。
情深難捨終須捨，人老易忘何不忘？ 最惜林花能解語，桑田蒼海蕊中香。

【鷓鴣天】偶感

花落江中處處家，荒丘雁過盡殘霞。丹心未竟波頻起，高志難酬道已斜。
觀日月，理桑麻，桑麻日月本無瑕。徒留滿腹凌雲句，變色山河舞亂鴉。

【慶宣和】含笑花

香氣清新態似裙，巧緻如雲。朵朵含羞意何云？疼愛！疼愛！

【慶宣和】茉莉花

青葉盈盈護枝椏，蕊白如紗。品茗何需爾入茶？相騙！相騙！

【一半兒】眞假

對花不飲是癡人，惜葉紛飛知有春。且看青山千載身。
逐風塵，一半兒糊塗一半兒眞！

【南歌子】眞心

筆把新詞寫，琴將舊韻彈。風吹葉落自盤桓，案上花香盈袖雨初乾。
//
倦讀紅樓夢，閒栽白玉蘭。多情薄倖不相干，留得眞心一縷細加餐。

【望海潮】讀史有感

更闌燈下，茶香繚繞，悠遊史冊神傷。古道不存，世風漸敗，堪說雜亂無章。
節氣似星霜，道義何曾顧，倍感荒唐。短暫人生，怎堪虛度背玄黃。
//
才高未必流芳，學疏勤能補，廣效賢良。自古至今，千般論著，多歸以德
爲揚。
縱有讀書堂，若無親善舉，畢竟難昌。罷卷心仍溫漾，賦予自思量。

附錄五：新竹地區傳統詩壇編年紀事

干支	年號	公元	詩壇記事	備註（相關記事）
辛未	康熙 30	1691	《御批通鑑綱目全書》校刻出版，康熙帝制序文。	王世傑率子侄及同安人一八〇餘名來竹塹著手開墾。（漢人居台灣者計卅萬餘人）
丁丑	康熙 36	1697	郁永河作「裨海紀遊」。	郁永河採硫磺經過竹塹。
戊寅	康熙 37	1698		諸羅縣政令漸及竹塹地方。
己卯	康熙 38	1699		康熙皇帝第三次南巡。
庚辰	康熙 39	1700		
辛巳	康熙 40	1701		
壬午	康熙 41	1702		康熙皇帝第四次南巡。
癸未	康熙 42	1703		
甲申	康熙 43	1704	禦制詩集賜廷臣。	
乙酉	康熙 44	1705	江寧織造曹寅校刊《全唐詩》成。	康熙皇帝第五次南巡。
丙戌	康熙 45	1706		多饑（連續三年）
丁亥	康熙 46	1707		康熙皇帝第六次南巡。多饑。
戊子	康熙 47	1708		多饑
己丑	康熙 48	1709		
庚寅	康熙 49	1710		編纂《康熙字典》。
辛卯	康熙 50	1711		江南科場案。
壬辰	康熙 51	1712		
癸巳	康熙 52	1713		康熙皇帝六旬萬壽節，舉行千叟宴，此為千叟宴之創始。
甲午	康熙 53	1714	周鍾瑄作「北行紀」詩，提及「竹塹」。	《明史列傳》二百八十卷，命付史館。諸羅知縣周鍾瑄巡視塹北各番。
乙未	康熙 54	1715	阮蔡文詠「竹塹」作七古詩。	北路營參將阮蔡文巡竹塹並撫番。
丙申	康熙 55	1716		校刊《康熙字典》，康熙帝自為序。
丁酉	康熙 56	1717		朝廷頒令禁赴南洋貿易，赴東洋者照舊。諸羅縣誌成。
戊戌	康熙 57	1718		竹塹地方未設官署，政令只及半線(彰化)
己亥	康熙 58	1719		
庚子	康熙 59	1720		台灣縣誌成。
辛丑	康熙 60	1721		朱一貴起義，藍廷珍平之。竹塹地方漢民、土番立石為界，互禁踰越。
壬寅	康熙 61	1722	正月 舉行千叟宴，康熙帝賦詩，諸臣屬和，題曰《千叟宴詩》。	藍鼎元作「紀竹塹埔」。

癸卯	雍正 1	1723		竹塹置淡水廳，廳署暫設彰化。 同知在彰化履任。
甲辰	雍正 2	1724		
乙巳	雍正 3	1725		
丙午	雍正 4	1726		
丁未	雍正 5	1727		
戊申	雍正 6	1728	巡台御史兼學政夏之芳刊行「海天玉尺」，著「台灣雜詠百韻」。	
己酉	雍正 7	1729		
戊	雍正 8	1730		
辛亥	雍正 9	1731		大甲溪以北刑名錢穀劃歸淡水廳自理。 設竹塹巡檢署准台灣居民帶眷入台。
壬子	雍正 10	1732	藍鼎元「東征集」成。	
癸丑	雍正 11	1733		同知徐治民於竹塹環植刺竹爲城。
甲寅	雍正 12	1734		
乙卯	雍正 13	1735		
丙辰	乾隆 1	1736		
丁巳	乾隆 2	1737		
戊午	乾隆 3	1738		
己未	乾隆 4	1739		
庚申	乾隆 5	1740		
辛酉	乾隆 6	1741	錢塘張湄御史巡台著「瀛壖百詠」	重修台灣府志成。
壬戌	乾隆 7	1742		建長和宮於北門外（外媽祖）。
癸亥	乾隆 8	1743		
甲子	乾隆 9	1744		
乙丑	乾隆 10	1745		范咸巡台御史著「婆沙洋集」。
丙寅	乾隆 11	1746		
丁卯	乾隆 12	1747		
戊辰	乾隆 13	1748		建城隍廟、天后宮（內媽祖）。
己巳	乾隆 14	1749		舊社竹塹社番因迭遭頭前溪水害，遷新社。
庚午	乾隆 15	1750		
辛未	乾隆 16	1751		
壬申	乾隆 17	1752		王世傑卒？
癸酉	乾隆 18	1753		
甲戌	乾隆 19	1754		
乙亥	乾隆 20	1755		
丙子	乾隆 21	1756	鄭崇和生。	淡水廳署自彰化移建于竹塹城內西門太爺街。同知王錫縉移駐竹塹。

丁丑	乾隆 22	1757		
戊寅	乾隆 23	1758		
己卯	乾隆 24	1759		同知楊愚添植刺竹增設城門並置砲台。
庚辰	乾隆 25	1760		准漢民攜眷來台。
辛巳	乾隆 26	1761		
壬午	乾隆 27	1762	周士超生。	
癸未	乾隆 28	1763	。	胡焯猷捐創義學明志書院於興直堡新莊山腳
甲申	乾隆 29	1764		
乙酉	乾隆 30	1765		同知李俊原議在塹城南門內建書院。
丙戌	乾隆 31	1766		
丁亥	乾隆 32	1767		
戊子	乾隆 33	1768		
己丑	乾隆 34	1769		
庚寅	乾隆 35	1770		
辛卯	乾隆 36	1771		
壬辰	乾隆 37	1772		
癸巳	乾隆 38	1773		
甲午	乾隆 39	1774		
乙未	乾隆 40	1775		
丙申	乾隆 41	1776		同知王右弼建關帝廟（武廟）于南門。
丁酉	乾隆 42	1777		
戊戌	乾隆 43	1778		
己亥	乾隆 44	1779		
庚子	乾隆 45	1780	郭成金生。	
辛丑	乾隆 46	1781		同知員履泰移建明志書院於西門內。
壬寅	乾隆 47	1782		
癸卯	乾隆 48	1783		諸羅縣漳泉械鬥。
甲辰	乾隆 49	1784		
乙巳	乾隆 50	1785		閩粵械鬥。
丙午	乾隆 51	1786	李錫金生。周士超中武舉人。	天地會林爽文反清。巡檢被殺，竹塹城淪陷。
丁未	乾隆 52	1787		
戊申	乾隆 53	1788	鄭用錫生。	林爽文被捕死於京師。
己酉	乾隆 54	1789	鄭用鑑生。	
庚戌	乾隆 55	1790	林璽舉恩貢生（彰化縣學）為竹塹最早的生員取進。	
辛亥	乾隆 56	1791		
壬子	乾隆 57	1792		

癸丑	乾隆 58	1793	周士超高中武探花。	
甲寅	乾隆 59	1794		
乙卯	乾隆 60	1795		
丙辰	嘉慶 1	1796		
丁巳	嘉慶 2	1797		
戊午	嘉慶 3	1798		
己未	嘉慶 4	1799		
庚申	嘉慶 5	1800		
辛酉	嘉慶 6	1801		
壬戌	嘉慶 7	1802		
癸亥	嘉慶 8	1803	查少白生于福建。	蔡牽（海盜）犯台，入鹿耳門，李長庚大破蔡牽。
甲子	嘉慶 9	1804		
乙丑	嘉慶 10	1805		蔡牽犯淡水，侵掠沿海。
丙寅	嘉慶 11	1806		鄭崇和募鄉勇防守，同知胡應魁督民眾築土城。
丁卯	嘉慶 12	1807		
戊辰	嘉慶 13	1808		
己巳	嘉慶 14	1809		
庚午	嘉慶 15	1810	鄭用錫中秀才。	置噶瑪蘭廳。
辛未	嘉慶 16	1811		
壬申	嘉慶 17	1812		楊林福移植柑橘於新埔。
癸酉	嘉慶 18	1813		同知查廷華就竹塹城加高。 重植刺竹，竹外開溝。
甲戌	嘉慶 19	1814		
乙亥	嘉慶 20	1815		九月大地震，十二月下雪結冰。
丙子	嘉慶 21	1816	鄭如松生。	查照保甲門牌，核實民戶。
丁丑	嘉慶 22	1817		創立淡水廳儒學，建學宮。
戊寅	嘉慶 23	1818	鄭用錫中舉人	淡水廳儒學開考。
己卯	嘉慶 24	1819	郭成金中舉人。	
庚辰	嘉慶 25	1820		
辛巳	道光 1	1821	林占梅生。林超英淡水廳開科恩貢生。	
壬午	道光 2	1822		
癸未	道光 3	1823	鄭如梁生	鄭用錫舉進士（開台黃甲）。
甲申	道光 4	1824		分類械鬥之風漸起，禁止惠州、嘉應州籍調補知縣。
乙酉	道光 5	1825		
丙戌	道光 6	1826		改用磚石建竹塹城。
丁亥	道光 7	1827	鄭崇和卒。	

戊子	道光 8	1828		
己丑	道光 9	1829	黃驤雲舉進士會魁。	八月竹塹築城告竣。
庚寅	道光 10	1830		
辛卯	道光 11	1831		
壬辰	道光 12	1832		秋八月大風雨，田園流失，人口淹沒。
癸巳	道光 13	1833		
甲午	道光 14	1834	林汝梅生。鄭用錫進京供職。	姜、周兩氏組織「金廣福」墾號。
乙未	道光 15	1835	鄭如蘭生。	
丙申	道光 16	1836	郭成金卒（五七歲）。	
丁酉	道光 17	1837	鄭用錫辭官還鄉（五○歲）。	
戊戌	道光 18	1838		
己亥	道光 19	1839		
庚子	道光 20	1840		鴉片戰爭開始。
辛丑	道光 21	1841		英艦進犯基隆。
壬寅	道光 22	1842		英艦侵擾淡水廳轄大安港。
癸卯	道光 23	1843		修築淡水廳城。
甲辰	道光 24	1844		
乙巳	道光 25	1845		
丙午	道光 26	1846	許超英、鄭如松中舉人。	五品軍功職銜姜秀鑾卒。
丁未	道光 27	1847		金廣福墾首竹塹城總理周邦正卒。
戊申	道光 28	1848		
己酉	道光 29	1849	海內外名士於潛園吟詠。	林占梅建潛園於西門。
庚戌	道光 30	1850	查少白、林奕圖渡台寄寓潛園。	太平天國洪秀全起義
辛亥	咸豐 1	1851	海內外名士於北郭園吟詠	鄭用錫建北郭園於北門外。
壬子	咸豐 2	1852		
癸丑	咸豐 3	1853	曾吉甫生。	五月鄭用錫作勸和論。
甲寅	咸豐 4	1854		淡水廳塹北（新社、六張犁、斗崙、紅毛港、湖口、楊梅、中壢）分類械鬥。
乙卯	咸豐 5	1855		
丙辰	咸豐 6	1856		
丁巳	咸豐 7	1857	斯盛社成立，由用錫主盟。	
戊午	咸豐 8	1858	鄭用錫卒。	
己未	咸豐 9	1859		
庚申	咸豐 10	1860	鄭如松卒。鄭擎甫生。	香山港口禁止外洋船出入貿易。
辛酉	咸豐 11	1861		
壬戌	同治 1	1862	蔡啟運、魏紹吳出生。林豪渡台。	戴潮春之亂，林占梅傾家紓難，攻克彰化城。
癸亥	同治 2	1863	竹社、梅杜先後成立。 曾爾雲卒（占梅之師與友）。	
甲子	同治 3	1864	陳錫茲設帳授徒。	林占梅加布政銜。

乙丑	同治 4	1865	李錫金卒。陳濬芝生。	
丙寅	同治 5	1866	王友竹生。徐樹人卒（福建巡撫）。	同知嚴金清編淡水廳志未刊。
丁卯	同治 6	1867	鄭用鑑卒。	
戊辰	同治 7	1868	七月十六日午時鄭家珍出生於竹塹東勢庄。林占梅卒。	西門外大火。南門義倉竣工。
己巳	同治 8	1869		
庚午	同治 9	1870	《北郭園集刻成。》	同知陳培桂纂《淡水廳志》及增設西門外、北門外，義塾兩所兼教孰蕃。
辛未	同治 10	1871	林豪著「淡水廳志訂謬」成。	《淡水廳志十六卷》正式刊行。
壬申	同治 11	1872	竹社鄭養齋出生。，新埔秀才藍華峰出生。	鄭用錫奉准入祀鄉賢祠。
癸酉	同治 12	1873	鄭十洲出生。鄭維藩中舉人。	
甲戌	同治 13	1874	劉廷璧入泮。羅百祿生出。	中日雙方就「牡丹社事件」簽約和解。
乙亥	光緒 1	1875	姜紹祖、李濟臣、鄭蘊石出生。	淡新分治，增設台北府。 台北府治暫設於竹塹。 11 月 14 日丁日昌任福建巡撫。
丙子	光緒 2	1876	葉文樞生。	鄭用鑑入祀鄉賢祠。8 月 24 日基隆煤礦開始以機器採煤。
丁丑	光緒 3	1877	王石鵬生。鄭兆璜入新竹縣學，旋食廩餼。	
戊寅	光緒 4	1878	樹林頭林鵬霄補廩膳生。	淡水廳儒學改名新竹縣儒學。
己卯	光緒 5	1879	曾逢辰入新竹縣學。吳祿生。	淡水、新竹正式分治。 基督教長老教會在新竹布教。
庚辰	光緒 6	1880	鄭虛一生。鄭神寶生。	
辛巳	光緒 7	1881	陳朝龍進縣學。	九月初四浙江仁和人，徐錫祉到任新竹知縣。
壬午	光緒 8	1882	陳溶之中舉，林鵬霄舉歲貢。 周維新出生。	馬偕博士於淡水創辦「牛津學堂」從事新式教育。
癸未	光緒 9	1883	王松迎娶陳素娘。	3 月 24 日鵝鑾鼻燈塔落成啓用。12 月 12 日淡水女學堂落成，首屆學生 34 人全都是宜蘭的平埔族。
甲申	光緒 10	1884	劉篁村生。	7 月 15 日，清廷緊急派直隸提督劉銘傳赴台駐守，督辦台灣軍務。中法戰爭，基隆失陷。法艦砲擊紅毛港、舊港都未爆發。
乙酉	光緒 11	1885	魏清德生。	劉銘傳任臺灣巡撫。 7 月 22 日，法軍撤出澎湖。
丙戌	光緒 12	1886	竹社、梅社合併爲竹梅吟杜，蔡啓運主盟。	劉銘傳創設西學堂於大稻埕，除授漢學外，另聘外籍人士教英語。 新竹城北鼓樓大火。
丁亥	光緒 13	1887	鄭家珍設帳於東村別墅，時 20 歲。	劃中港溪、南條溪以南爲苗栗縣，新竹、苗栗分治。

戊子	光緒 14	1888	鄭家珍以府案第一人入泮。 鄭養齋入台北府學。張純甫生。陳湖古生。	
己丑	光緒 15	1889	鄭家珍應歲試獲補廩食餘。 劉壯肅（銘傳）討撫大料嵌番作「遊古奇峰垂釣寒溪」詩。	唐景崧「斐亭吟會」成立。
庚寅	光緒 16	1890		彰化蔡德輝成立「荔譜吟社」。
辛卯	光緒 17	1891	蔡啓運入泮。陳濬芝舉恩貢。 鄭香圃、曾秋濤出生。	唐景崧成立「牡丹詩社」。
壬辰	光緒 18	1892	張純甫嗣父張金聲，主講明志書院。 藍華峰入泮。	知縣葉意琛聘陳朝龍、鄭鵬雲編新竹縣志（采訪冊）。
癸巳	光緒 19	1893	鄭家珍好友黃平之去世。	台北、新竹間鐵路完成。
甲午	光緒 20	1894	李師曾中舉人。陳濬芝會試及格。鄭家珍中舉人。吳靜閣、謝載道出生。 林豪內渡。林汝梅卒。	中日甲午戰爭開始。 興中會成立於檀香山。 台北海東吟社成立。
乙未	光緒 21	1895	林奕圖卒。姜紹祖戰死。駱香林生。 鄭家珍挈眷內渡泉州。 王松內渡，遇盜筴空，	馬關條約簽訂。日軍攻台。六月十七日，日軍於台北城舉行始政儀式。6 月 22 日上午 11 點 45 分新竹城陷。
丙申	光緒 22	1896	劉篁村入學傳習所。張麟書設熟於家。 王松返台。 純甫嗣父應試不第，病後攜純甫返台。	明志書院改設日語傳習所。嘉義「茗香吟社」成立日本政府公布「六三法」賦予總督集行政，立法大權於一身。
丁酉	光緒 23	1897	竹社恢復原名。 張麟書、曾吉甫受聘公校。	新竹縣知事櫻井勉到任，聘鄭鵬雲、曾逢辰共修縣志（志乘）。 日軍公佈戒嚴令。依馬關條約兩年之內，台人可自由遷往內地規定，國籍選擇日期。
戊戌	光緒 24	1898	魏清德入學第一公學（今新竹國小）。	新竹國語傳習所改爲新竹公學設立於明志書院舊址。。 日人成立「玉山吟社」。日本總督府頒布「書房義塾會」，同時規定書房義塾，須受地方官廳監督，並加入日語、算術課程。
己亥	光緒 25	1899		兒玉總督在台南開「慶饗老典」收拾民心。10 月 2 日台北師範學校開校。
庚子	光緒 26	1900	陳竹峯出生。王石鵬著「台灣三字經」。	日人在台北舉行「揚文會」。
辛丑	光緒 27	1901	鄭養齋撰《拾翠園稿》梓行。	北門街金德美大火延燒北門城。 1 月 27 日「台灣文庫」成立於台北「淡水館」。
壬寅	光緒 28	1902	曾吉甫預修新竹廳志。	台中「櫟社」成立。7月 6日爆發「南庄事件」。
癸卯	光緒 29	1903	陳朝龍（36 歲）卒。 鄭鵬雲刊「師友風義錄」	
甲辰	光緒 30	1904	林鵬霄卒（56 歲）。	台南成立「浪吟吟社」。鹿津詩人許夢青卒，得年 35 歲。 2 月 10 日「日俄戰爭」爆發。

乙巳	光緒 31	1905	竹社曾石閣生。王松「台陽詩話」付梓。	清廷廢科舉興學校。 台灣全島第一次戶口普查。
丙午	光緒 32	1906		遷新竹公學校於孔子廟（中興百貨現址）。 9 月 1 日清廷下詔預備立憲。
丁未	光緒 33	1907	竹社張奎五、黃祉齋、鄭指薪生。 5 月 12 日前知事兒山櫻井勉因公渡台暫寓新竹風雅賦詩。	11 月 5 日新竹發生北埔事件。 4 月中《新竹廳志》編輯完成出版。
戊申	光緒 34	1908		原台南「浪吟吟社」改組為南社。3 月 18 日縱貫鐵路全線通車
己酉	宣統 1	1909	5 月，王瑤京於古奇峰大觀山館，發起組織「奇峰吟社」，與會人士二十多人。社員有李逸樵、張純甫、李逸濤、王瑤京、汪式金、王石鵬等。新竹縣知事櫻井勉常參與唱和。	新竹街道路拓寬完成。 台北「瀛社」成立。嘉義「羅山吟社」成立。
庚戌	宣統 2	1910	新竹「奇峰吟社」改組併入「竹社」，蔡啟運為社長。	
辛亥	宣統 3	1911	鄭如蘭卒（77 歲）。蔡啟運卒（50 歲）。郭茂松生。「竹社」吟朋聚會彰化醫館，戴還浦獲推舉為社長，鄭毓臣為副社長。	桃園「桃園吟社」成立。 梁啟超來台，客於萊園。
壬子	民國 1	1912	4 月前知事兒山櫻井勉重蒞新竹「竹社」，詩人曾寬裕設宴招待，並與竹社同人開擊鉢吟會。	設立新竹電燈會社。 3 月 23 日「林圯埔」事件發生。
癸丑	民國 2	1913	洪曉峰生。 年 8 月舉人家珍應新竹鄭拱辰之聘，回竹為其父鄭如蘭看風水，竹社同人為其舉辦歡迎吟會。	新竹火車站落成。開始供電。 11 月 20 日「苗栗事件」發生， 12 月 18 日羅福星被補。
甲寅	民國 3	1914	「張麟書文稿」完成，鄭家珍作序。 鄭如蘭所撰《偏遠堂吟草》刊行。	12 月 20 日「台灣同化會」成立，10 月 5 日顏雲年邀瀛社、淡社、桃社、竹社、櫟社、南社於其新築「環鏡樓」吟友 110 人，大啟吟宴。 新竹郵局落成。
乙卯	民國 4	1915	7 月初鄭神寶特邀竹社同人，吟友於北郭園大開詩宴，以歡迎兒山櫻井勉等人。	8 月 9 日總督府圖書館正式開館 8 月 2 日台南發生「西來庵」事件。
丙辰	民國 5	1916	10 月 19 日竹社大會於北門鄭家宗祠舉行，鄭養齋、曾吉甫繼任竹社社長、副社長。戴還浦、王瑤京卒。王石鵬遷台中。	張麟書，卸新竹公學演文教職設私塾於家。
丁巳	民國 6	1917	魏紹吳卒（五六歲）。	台北研社同人倡議改組為「星社」。
戊午	民國 7	1918	新竹公學成立「亂彈會」（公學校教師之詩文研究會）。李文樵卒。	瀛社詩人陳潤生卒，基隆詩人沈相其卒。第一次世界大戰結束。潛園之爽吟閣遷至崧嶺神社內。
己未	民國 8	1919	竹社詩人鄭樹南卒，得年 46 歲。 鄭家珍應鄭肇基聘，避地渡台，寓居新竹凡八載，以就當地詩社之聘每歲一歸省親。時 52 歲。	全台暴風雨成災，頭前溪鐵橋流失。 1 月 4 日「台灣教育令」公布 10 月 29 日田健治郎出任第一位文官總督，以「內地延長主義」為政策。

庚申	民國 9	1920	王友竹「如此江山樓詩集」完成。 張純甫請鄭家珍舉人爲其嗣父張金聲作墓誌。	7 月 27 日新竹改置爲州。市區道路規劃，城門及城垣被拆除。 連橫刊行《臺灣通史》上冊及中冊。 6 月 20 日基隆顏雲年刊行〈〈環鏡樓唱和集〉〉
辛酉	民國 10	1921	陳濬芝、鄭兆璜（67 歲）卒。	10 月 17 日台灣文化協會成立。11 月 12 連雅堂完成《台灣通史》 1 月「星社」正式宣布成立。
壬戌	民國 11	1922	葉文游四十歲。 鄭家珍設帳於水田吳厝耕心齋。	新竹中學開校。 4 月 1 日，台灣開始實施日台「共學制」（修正之台灣教育令） 台北「淡北吟社」成立。
癸亥	民國 2	1923	鄭家珍設耕心吟社。鄭擎甫卒（64 歲）。 高懋卿卒。曾吉甫卒（74 歲）。	日本皇儲裕仁巡台參拜崧嶺神社，台灣民報創刊。黃朝琴發表〈漢文改革論〉 中壢「以文吟社」成立。
甲子	民國 3	1924		新竹女子中學開校。 4 月 21 日張我軍發表〈致台灣青年的一封信〉抨擊舊文學，引起全島的新舊文學論戰，台灣詩薈創刊，全島詩社聯吟大會於，台北江山樓旗亭舉行。
乙丑	民國 14	1925	鄭家珍寄寓新竹北門外水田街紫霞堂。 鄭香圃結青蓮吟社。 鄭虛一詩集印行。	8 月 31 日新竹州立圖書館成立。 新竹自來水工事開工典禮。 王松刊行《滄海遺民賸稿》2 月 7 日，全台詩社第二回聯吟大會於台南公會堂舉行。 9 月 1 日「板橋吟社」成立。
丙寅	民國 15	1926	12 月鄭家珍代鄭肇基撰〈重修新竹州城隍碑記〉又撰該廟慶成醮典之〈牒文〉 葉文游（44 歲）卒。	本年有全島詩人大會。重建新竹城隍廟落成。
丁卯	民國 16	1927	葉文樞回泉州渡假。 鄭家珍歸省。	3 月 20.21.22 日全島聯吟於台北市蓬萊閣。連雅堂自大陸歸台。 台灣蓮草會社成立。
戊辰	民國 17	1928	鄭家珍卒（61 歲）。 來儀吟社成立。 曾吉甫卒（76 歲）。	陳金水作鄉土飛行。十八尖山劃爲森林公園。 9 月 2 日，日人伊能嘉矩的《台灣文化志》出版。 2 月 11.12 日令島詩社聯吟大會，開於高雄市湊町婦人會館。
己巳	民國 18	1929	讀我書社成立。葉文樞秀才主盟	4 月 1 日台北帝國大學改制。
庚午	民國 19	1930	黃潛淵創立「切磋吟社」。 鄭虛一卒（51 歲）。王友竹卒（64 歲）。	改新竹街爲新竹市，置市役所。，台南〈三六九小報〉發行。 霧社事件發生。
辛未	民國 20	1931	3 月 21.22 日全島詩人大會，開於新竹公會堂：「竹社」主辦（鄭養齋、鄭神寶） 謝森鴻等創立竹林吟社。漁寮吟社成立。	4 月桃園吟稿合刊詩報社出刊《詩報》發行人周石輝。

壬申	民國21	1932	鄭十洲卒（60歲）。 張純甫先生舉家遷回新竹。 4月18。19日南總督巡是新竹竹社詩人賦詩歡迎。	中國東北「滿州國」成立。 台中「櫟社」三十週年紀念會，3月20日全島詩人大會開始於台北大龍峒孔廟，出席者約260人，21日復於蓬萊閣開招待會。
癸酉	民國22	1933	2月5日純甫正式遷入，所購之後車路自宅，並取名日「堅白屋」以節昭志。 張麟書卒（77歲）。 李濟臣序雪蕉山館詩集。 葉文樞由宜蘭重回新竹開館授徒。 10月29日竹社例會。	2月11.12日全島聯吟大會於屏東公會堂舉行。 新竹市「有樂館」落成，即今新竹市區中正路的「影象博物館」。
甲戌	民國23	1934	7月22日竹社例會，社長鄭養齋提倡創刊《藝風詩報》擬由葉文樞、張純甫、曾秋濤、林篁堂、李傳興謝景雲、許炯軒為籌備委員。	3月1日滿州國改政體稱「滿州帝國」。 新竹曾笑雲編《東寧擊鉢吟集》發於臺北行。4月7.8全島聯吟由台南州主催並於嘉義公會堂舉行。
乙亥	民國24	1935	5月29日竹社於法蓮寺，為赴日本參加儒道大會，歸來的社長鄭養齋開洗塵吟宴。張純甫創柏社。	新竹大地震發生。（關刀山大地震）
丙子	民國25	1936	3月21.22兩日，竹社主辦全省五州聯吟詩會。（全島詩人聯吟大會開於新竹）。	本年4月27日南社社長趙雲石卒，享年74歲。6月28日連雅堂逝於上海，享年58歲。
丁丑	民國26	1937	徐錫玄創聚星詩學研究會。 李濟臣卒（63歲）。	蘆溝橋事變，抗戰開始。報漢文版被禁，台北州開始推行「國語家庭」各地紛紛仿效。
戊寅	民國27	1938		日本總督府召集各地方官會議，授權各地方政府，開始整頓寺廟。
己卯	民國28	1939	鄭養齋卒。竹社採總幹事制。 葉文樞得盧瓚祥協助返回大陸（五月廿五日）。	十月二日「櫟社」林幼春去世。
庚辰	民國29	1940	洪曉峰創柏社同意吟會。	
辛巳	民國30	1941	張純甫卒（五四歲）。 讀我書社，社員蔡希顏卒年31歲。	日軍偷襲珍珠港。台灣總督頒廢除私塾令。 四月十九日皇民奉公會成立。
壬午	民國31	1942	新竹竹風吟社，新竹朔望吟會成立。 王石鵬卒。	2月15日日軍攻佔新加坡。
癸未	民國32	1943	高華袞卒（70歲）。 鄭雨軒卒（61歲）。	日本總督府正式公布「廢止私塾令」。
甲申	民國33	1944	葉文樞卒於福建（六九歲）。 吳蔭培卒。	
乙酉	民國34	1945	羅啓源印行鄭十洲遺稿。 新竹市聯吟會成立（各社聯合）	5月吳濁流撰成《亞細的孤兒》 第二次世界大戰結束，日本戰敗，八月日本無條件投降，臺灣光復。
丙戌	民國35	1946	。	新竹州分設新竹市及新竹縣

丁亥	民國 36	1947		改制新竹市轄香山、竹東、寶山及東、西、南、北區。
戊子	民國 37	1948		幣制改革四萬舊台幣換一元新台幣。
己丑	民國 38	1949	竹社羅百祿卒（71 歲）。	
庚寅	民國 39	1950		新竹縣市改分為桃、竹、苗三縣。
辛卯	民國 40	1951	同意吟社成立。	新竹市縮編淪為縣轄市。實施地方自治、縣長選舉。
壬辰	民國 41	1952	陳湖古卒（65 歲）。	
癸巳	民國 42	1953	劉篁村（克明）七十歲。	實施「耕者有其田」。
甲午	民國 43	1954		
乙未	民國 44	1955		石門水庫開工。
丙申	民國 45	1956		
丁酉	民國 46	1957		
戊戌	民國 47	1958		江肖梅著質軒文摘紀念還曆。
己亥	民國 48	1959		
庚子	民國 49	1960		橫貫公路正式通車。
辛丑	民國 50	1961	張品三卒。竹社謝森鴻卒（66 歲）。	
壬寅	民國 51	1962	魏清德為母校（新竹校）題碑持年七十八。	
癸卯	民國 52	1963	鄭香圃卒（73 歲）。	
甲辰	民國 53	1964		通過都市平均地權條例。
乙巳	民國 54	1965		
丙午	民國 55	1966		
丁未	民國 56	1967	羅啟源印行鄭十洲、羅炯南遺稿。	
戊申	民國 57	1968		實施九年國民教育。
己酉	民國 58	1969	竹社前社長謝景雲卒（71 歲）。	
庚戌	民國 59	1970	新竹詩經研究會舉辦詩人大會於社教館。竹社前社長洪曉峰卒（59 歲）。	
辛亥	民國 60	1971		第一座原子爐開始運轉。
壬子	民國 61	1972		
癸丑	民國 62	1973		
甲寅	民國 63	1974		
乙卯	民國 64	1975	竹社蕭獻三「扶桑鴻爪集」印行。	阿里山闢為國家公園。
丙辰	民國 65	1976	竹社許逞年（壽考）卒。	
丁巳	民國 66	1977	竹社駱香林卒花蓮。	
戊午	民國 67	1978	竹社前社長許炯軒卒（78 歲）。	

己未	民國 68	1979	竹社舉辦全國詩人聯吟大會於民富國小禮堂（三月中旬）。吳靜閣卒。	
庚申	民國 69	1980	竹社郭茂松「有斐樓偶存稿」付梓祝七秩。	
辛酉	民國 70	1981		桃竹苗三縣豪雨成災。
壬戌	民國 71	1982	竹社與詩人聯吟會開全國詩會於新竹國小禮（五月上旬）。	新竹市升格，恢復為省轄市。
癸亥	民國 72	1983	竹社 120 周年慶舉辦全國詩人大會於靈隱寺。	林麗生印贈其業師鄭家珍「雪蕉山館詩集」。
甲子	民國 73	1984		
乙丑	民國 74	1985		
丙寅	民國 75	1986		
丁卯	民國 76	1987	竹社張奎五卒。	
戊辰	民國 77	1988	竹社陳竹峰米壽（時居花蓮）。「寄園吟草」三集付梓。	省立美術館開館於台中。
己巳	民國 78	1989	竹社黃祉齋卒。	
庚午	民國 79	1990	竹社許涵卿（水金）卒。	
辛未	民國 80	1991	竹社謝麟騏卒。竹社鄭指薪「指薪吟草」印行。竹社蘇子建《雅懷詩興》印行。	王世傑開拓竹塹三百週年。
壬申	民國 81	1992	竹社曾石閣（宗渠）卒。竹社郭茂松（子雲）卒；時以移居臺中。	
癸酉	民國 82	1993	竹社范根燦「元暉吟草」印行。	竹塹開拓三百年慶典。
甲戌	民國 83	1994	竹社蘇子建詞長《塹城詩薈》上下冊付梓 竹社主辦澹竹蘆三社聯吟（10 月）	新竹市立文化中心出版刊行
乙亥	民國 84	1995	竹社主辦澹竹蘆三社聯吟（12 月）	
丙子	民國 85	1996	竹社主辦澹竹蘆三社聯吟（4 月） 竹社主辦澹竹蘆栗四社聯吟（11 月）	
丁丑	民國 86	1997	竹社主辦澹竹蘆三社聯吟（5 月）	
戊寅	民國 87	1998	竹社主辦澹竹蘆三社聯吟（5 月）	
己卯	民國 88	1999	竹社主辦澹竹蘆三社聯吟（4 月） 竹社主辦澹竹蘆三社聯吟（11 月） 竹社向新竹市政府申請重新立案 11 月鄉詩俚諺采風情（歲時篇）出版	
庚辰	民國 89	2000	4 月 16 日澹竹蘆聯吟會竹社主辦 竹社重新立案 5 月 13 日召開成立大會暨第一屆第一次社員大會 10 月 29 日澹竹蘆三社聯吟擊鉢錄竹社主辦 鄉詩俚諺采風情（鄉音篇）出版 風城柳絮詩文集出版	蘇子建詞長當選竹社第屆理事長，並聘武麗芳女史為總幹事（任其 4 年） 於新竹市興南里集會所辦理閩南語漢詩、讀經研習班。

辛巳	民國 90	2001	召開竹社第一屆第二次社員大會 10 月澹竹蘆三社聯吟擊鉢錄竹社主辦	竹社與新竹市政府共同辦理辛巳年塹城詩會慶端陽（6 月 23 日） 竹社鄉音讀書班成立」每周五晚上 7～9 時研習。
壬午	民國 91	2002	召開竹社第一屆第三次社員大會 3 月 9 日澹竹蘆三社聯吟竹社主辦 8 月 31 日澹竹蘆三社聯吟竹社主辦	於新竹關帝廟開設「閩南語漢文鄉音班」每周三晚上 7～9 時研習。
癸未	民國 92	2003	8 月 15 日召開竹社第一屆第四次社員大會 2 月 22 日澹竹蘆三社聯吟竹社主辦 9 月 21 日澹竹蘆三社聯吟竹社主辦 松筠集第一集出版	竹社鄉音讀書班每周五晚上 7～9 時研習。（興南里集會所） 竹社閩南語漢文鄉音班每周三晚上 7～9 時研習（關帝廟）
甲申	民國 93	2004	8 月 20 日召開竹社第二屆第一次社員大會 2 月 29 日澹竹蘆三社聯吟竹社主辦 8 月 29 日澹竹蘆三社聯吟竹社主辦	林鴻生詞長當選竹社第二屆理事長，並聘李秉昇為總幹事（任其 4 年）
乙酉	民國 94	2005	召開竹社第二屆第臨時社員大會 3 月 20 日澹竹蘆三社聯吟竹社主辦 8 月 14 日澹竹蘆三社聯吟竹社主辦	竹社鄉音讀書班每周五晚上 7～9 時研習。（興南里集會所） 竹社閩南語漢文鄉音班每周三晚上 7～9 時研習（關帝廟）
丙戌	民國 95	2006	召開竹社第二屆第二次社員大會 3 月 5 日澹竹蘆三社聯吟竹社主辦 9 月 3 日澹竹蘆三社聯吟竹社主辦	竹社鄉音讀書班每周五晚上 7～9 時研習。（興南里集會所） 竹社閩南語漢文鄉音班每周三晚上 7～9 時研習（關帝廟）
丁亥	民國 96	2007	召開竹社第二屆第三次社員大會 3 月 11 日澹竹蘆三社聯吟竹社主辦 9 月 2 日澹竹蘆三社聯吟竹社主辦 相詩俚諺采風情（漫筆篇）出版	竹社鄉音讀書班每周五晚上 7～9 時研習。（興南里集會所） 竹社閩南語漢文鄉音班每周三晚上 7～9 時研習（關帝廟）
戊子	民國 97	2008	召開竹社第二屆第四次社員大會 2 月 24 日澹竹蘆三社聯吟竹社主辦 8 月 17 日澹竹蘆三社聯吟竹社主辦 桃李春風（賀蘇子建老師八十初度）出版	竹社鄉音讀書班每周五晚上 7～9 時研習。（興南里集會所） 竹社閩南語漢文鄉音班每周三晚上 7～9 時研習（關帝廟）
己丑	民國 98	2009	元月 7 日召開竹社第三屆第一次社員大會 2 月 15 日澹竹蘆三社聯吟竹社主辦 8 月 23 日澹竹蘆三社聯吟竹社主辦	蔡瑤瓊女史當選竹社第三屆理事長，並聘李秉昇辭長為總幹事（任其 4 年）
庚寅	民國 99	2010	元月 6 日召開竹社第三屆第二次社員大會 3 月 14 日澹竹蘆三社聯吟竹社主辦 8 月 29 日澹竹蘆三社聯吟竹社主辦	竹社鄉音讀書班每周五晚上 7～9 時研習。（興南里集會所） 竹社閩南語漢文鄉音班每周三晚上 7～9 時研習（關帝廟）
辛卯	民國 100	2011	元月 19 日召開竹社第三屆第三次社員大會 2 月 26 日澹竹蘆三社聯吟竹社主辦 9 月 4 日澹竹蘆三社聯吟竹社主辦	竹社鄉音讀書班每周五晚上 7～9 時研習。（興南里集會所） 竹社閩南語漢文鄉音班每周三晚上 7～9 時研習（關帝廟）

壬辰	民國 101	2012	元月 4 日召開竹社第三屆第四次社員大會 2月12日澹竹蘆三社聯吟竹社主辦 8月19日澹竹蘆三社聯吟竹社主辦	12月16日新竹市政府委請「竹社」辦理全國徵詩活動： 詩題：「世博風華在新竹」
癸巳	民國 102	2013	元月16日召開竹社第四屆第一次社員大會 3月2日澹竹蘆三社聯吟竹社主辦 8月25日澹竹蘆三社聯吟竹社主辦 竹社150周年慶全國徵詩 松筠集第二集出版	11月9日新竹市政府委請「竹社」辦理全國徵詩活動： 詩題：「國慶焰 火綻風城」 李秉昇詞長當選竹社第四屆理事長，並聘武麗芳女史爲總幹事（任期4年） 竹社參與新竹教育大學主辦之第一屆臺灣「竹塹學」國際學術研討會。
甲午	民國 103	2014	元月22日召開竹社第四屆第二次社員大會 2月23日澹竹蘆三社聯吟竹社主辦 8月31日澹竹蘆三社聯吟竹社主辦 古雅寄鄉詩（松筠集第三集）出版	9月13日新竹市政府委請「竹社」辦理全國徵詩秋采綻風城活動： 詩題：詠十八尖山公園九十歲、竹塹迎曦門185周年慶
乙未	民國 104	2015	元月28日召開竹社第四屆第三次社員大會 3月8日澹竹蘆三社聯吟竹社主辦 8月16日澹竹蘆三社聯吟竹社主辦	竹社參與新竹教育大學主辦之第二屆臺灣「竹塹學」國際學術研討會。 竹社鄉音讀書班每周五晚上7～9時研習。（興南里集會所） 竹社閩南語漢文鄉音班每周三晚上7～9時研習（關帝廟）
丙申	民國 105	2016	元月20日召開竹社第四屆第四次社員大會 3月5日澹竹蘆三社聯吟竹社主辦	竹社同人合力編纂地方文史《蘇子建全集》。 竹社鄉音讀書班每周五晚上7～9時研習。（興南里集會所） 竹社閩南語漢文鄉音班每周三晚上7～9時研習（關帝廟）
丁酉	民國 106	2017	元月18日召開竹社第五屆第一次社員大會 3月5日澹竹蘆三社聯吟竹社主辦	許錦雲詞長當選竹社第五屆理事長，並聘武麗芳女史爲總幹事。 竹社閩南語漢文鄉音班每周三晚上7～9時研習（關帝廟） 竹社鄉音讀書班每周五晚上7～9時研習。（興南里集會所）

附錄六　新竹傳統詩壇吟集出版概覽

書　名	作　者		年　代	說　明
北郭園全集	鄭用錫	祉亭	1870印行	楊浚編其文鈔、詩鈔共成十卷。北郭園詩鈔為其中五卷。鄭如梁校稿。
潛園琴餘草	林占梅	鶴山	1964出版	著有潛園琴餘草，現存遺稿抄本分訂八冊，台銀經濟研究室編印簡編。
偏遠堂吟草	鄭如蘭	香谷	1914印行	王友竹及鄭擎甫將其遺稿刊行由星洲邱菽園等作序。
友竹詩集	王松	友竹	1925印行 1933	合「滄海遺民賸稿」（如此江山樓詩存、四香樓少作附存）、「友竹行窩遺稿」為一集。邱菽園、鄭家珍等作序。
臺海擊鉢吟集	蔡汝修	柳洲	1908印行	蔡啓運搜輯竹梅吟社同人詩稿共得七言絕句四百餘首，並作序紀之，汝修付印後分贈吟侶。
鄭十洲先生遺稿	鄭登瀛	十洲	1967印行	九一八事變後，十洲恐以文字賈禍子孫，焚燬部份詩稿。女婿羅啓源刊其殘稿。何漢津作序。
盧一詩集	鄭秋涵	盧一	1925印行 1927	合「成趣園詩鈔」四集、「山色外陽樓吟草」為一冊。由王松等作序。
雪蕉山館詩集	鄭家珍	伯璵	1983.6印行	門徒鄭蕊珠存稿，林麗生印贈，傳統詩學會林錫牙、莊幼岳、周植夫等編訂。李濟臣作序。
寄園吟草	陳堅志	竹峰	1973印行 1980 1988印行	自行編印，共分三集。分三次出版。(遷居花蓮)
有斐樓偶存稿	郭茂松	子雲	1979印行	自行編印，共分兩集。分兩次出版。(遷居台中)
駱香林全集	駱榮基	香林	1980印行	花蓮縣文獻委員會編行。合詩集、文集共文卷。(遷居花蓮)
潤菴詩草	魏清德	潤庵	日據時期 台灣光復後	潤庵生於一八八五年，為新竹北門塾師魏篤生之子，幼受乃父教讀，又經張麟書薰陶，卅五歲上北，曾任瀛社社長。
扶桑鴻爪集	蕭文賢	獻三	1975印行	乙卯仲春獻三應旅日僑領黃氏之邀訪日，徧遊名山勝蹟，紀遊成集。由游象新作序，瀛社印行。
指薪吟草	鄭火傳	指薪	1990.10印行	自行編印。莊幼岳作序。(遷居大溪)
雅懷清興	蘇子建	鶴亭	1991.7印行	自行編印。紀念服務教育四十周年。
元暉詩草	范根燦	元暉	1993.12印行	自行編印。莊幼岳作序。
潛園琴餘草彙編平裝 1、2、3冊	林占梅	鶴山	1994.6出版	新竹市立文化中心出版　徐慧鈺等校勘編著
梅鶴齋吟草	林鍾英	毓川	1998.6初版	新竹市立文化中心出版　編輯：詹雅能 黃美娥
張純甫全集	張津梁	純甫	1998.6出版	新竹市立文化中心出版　編輯：詹雅能 黃美娥
鄉詩俚諺采風情 （歲時篇）	蘇子建	鶴亭	1999.11初版	新竹市立文化中心出版

鄉詩俚諺采風情（鄉音篇）	蘇子建	鶴亭	2000.11 初版	新竹市政府出版　編校：詹雅能
風城柳絮詩文集	武麗芳		2000.元月	自行編印。李超哉、廖醒群作序。
靜遠堂詩文鈔	鄭用鑑	藻亭	2001.12 初版	新竹市政府出版
松筠集第一集	黃國津等十八人		2003.12 初版	竹社鄉音班出版　主編：蔡瑤瓊、柯銀雪。
聽見林頭的詩歌聲	謝森鴻 謝麟驥 合集		2004.10 初版	新竹市文化局　編校：詹雅能 黃美娥
桃李春風（賀蘇子建老師八十初度）	主編 李秉昇		2008.11 初版	新竹詩社（竹社）出版
鄉詩俚諺采風情（漫筆篇）	蘇子建	鶴亭	2007.9 初版	新竹市文化局出版
塹城詩社淺探	武麗芳		2010.6 初版	萬卷樓圖書股份有限公司出版
松筠集第二集	總策劃 蔡瑤瓊		2013.4 初版	新竹詩社（竹社）.萬卷樓股份圖書有限公司出版。
古雅寄鄉詩（松筠集第三集）	總編輯 李秉昇		2014.9 初版	新竹市政府.新竹詩社（竹社）出版
鶴亭全集——教育園丁	總策劃 蔡瑤瓊		2016.11	新竹詩社（竹社）出版

附錄七：社員吟踪與活動紀事（民國九十八年到一○一年）

一、竹社民國九十八年（2009）社員吟踪與記事

日　期	時　間	地　點	記　事	參加人員、備註
98.01.07（三）	19：00〜21：00	關帝廟圖書館	召開第三屆第一次社員大會，選舉新的理事長、理事及監事	蔡瑤瓊當選為竹社第三任理事長
98.02.14（六）	12：30〜23：00	羅東及宜蘭	1. 參加康濟時老師祖父康豔泉先生百年文物展 2. 參觀 2009 宜蘭燈會	蔡瑤瓊 陳千金 林明珠 林素娥 柯銀雪 李秉昇 許錦雲 黃　瓊
98.02.15（日）	09：30〜15：00	關帝廟圖書館	竹社辦理三社聯吟 詩題：春花　韻：十二文 左詞宗：張國裕 右詞宗：吳身權 左元：黃宜婷 右元：林素娥	洪玉良 王盛臣 武麗芳 林鴻生 李旭昇 李秉昇 許錦雲 蔡瑤瓊 林明珠 陳千金 莊肇嘉 林素娥 柯銀雪 黃　瓊 連玩珠 曾炳炎 黃宜婷 吳身權 林益申 林柏丞 劉馨儒
98.03.04（三）	19：00〜21：00	關帝廟圖書館	中巷學園鄉音班開學並正式上課	課程詳如課表
98.03.06（五）	19：00〜21：00	興南里集會所一樓	竹社鄉音班讀書會開學並聚餐	1. 與會人員： 蘇子建 王盛臣 武麗芳 林鴻生 李旭昇 李秉昇 許錦雲 蔡瑤瓊 林明珠 陳千金 莊肇嘉 林素娥 柯銀雪 黃　瓊 連玩珠 2. 課程：詩經、四書、笠翁對韻
98.03.08（日）	09：00〜19：00	台北市政府沈葆禎廳	參加瀛社百週年社慶	洪玉良 王盛臣 陳千金 林明珠 蔡瑤瓊 黃　瓊
98.04.12（日）	09：30〜15：00	桃園蘆竹德林寺	蘆社舉辦三社聯吟 詩題：春筍　韻：十一尤 左詞宗：吳子健 右詞宗：武麗芳 左元：柯銀雪 右元：黃　瓊	本社參加人員 武麗芳 林明珠 李旭昇 李秉昇 莊肇嘉 林素娥 蔡瑤瓊 許錦雲 黃　瓊 柯銀雪 陳千金
98.05.01（日）	19：00〜21：00	興南里集會所一樓	召開理監事會議	1. 通過 101 年 12 月出版松筠集第二集 2. 出席理監事： 林素娥 李旭昇 李秉昇 許錦雲 林明珠 黃　瓊 陳千金 洪玉良 王盛臣 連玩珠 柯銀雪 林哲生 林益申 吳湘汝 廖淑眞 蔡瑤瓊 李枝樺
98.05.02（日）	09：30〜15：00	苗栗縣公館鄉行修寺	推廣苗栗縣香茅產業特色暨紀念佛誕 2632 年	王盛臣 洪玉良 林明珠 陳千金 黃　瓊 李旭昇 許錦雲 李秉昇 林素娥　蔡瑤瓊

98.05.23（六）	10：00 〜 16：00	南投石川社區	參加南投縣石川社區舉辦第一屆社區全國詩人大會創作及吟詩比賽	李秉昇　許錦雲　柯銀雪　黃　瓊 林明珠　廖淑眞　李旭昇　蔡瑤瓊
98.05.28（四）	10：00 〜 19：00	員林興賢書院	參加慶祝員林成街二百八十年暨彰化國學會揚風廿五年全國詩人聯吟大會 首唱：慶祝員林成街280年 特唱：彰化國學會揚風廿五年 次唱：員林采風	李秉昇　許錦雲　李旭昇　蔡瑤瓊 柯銀雪　陳千金　林明珠　黃　瓊 林素娥 ◎ 林素娥榮獲98年度優秀詩人獎，接受大會表揚
98.05.31（日）	09.00 〜 17.00	陳連金詞長女婿家（東眼山）	瀛濘蘆東眼山聯誼	陳連金　洪淑珍　陳保琳　楊東慶 田蘭玉　洪玉良　陳千金　林素娥 柯銀雪　許錦雲　李秉昇　黃　瓊 蔡瑤瓊（眷1）　李旭昇（眷1） 林明珠（眷1）
98.06.07（日）	10：00 〜 15：00	台北吉祥樓	瀛社舉辦三社聯吟 詩題：夏日詩情　韻：二蕭 左詞宗：鍾常遂 右詞宗：武麗芳 左元：張國裕 右元：許錦雲	武麗芳　黃宜婷　蔡瑤瓊　柯銀雪 林素娥　張崇學　黃　瓊　吳身權 林明珠　李秉昇　許錦雲
98.06.21（日）	06：30 〜 22：00	宜蘭	竹社自強活動——宜蘭之旅	王盛臣（眷1）　林素娥（眷1） 蔡瑤瓊（眷3）　陳千金（眷1） 武麗芳（眷5）　林明珠（眷5） 曾炳炎（眷1）　許錦雲（眷1） 廖淑眞　吳湘汝　李旭昇　黃　瓊 李秉昇　鄭欽銘　王宥清　柯銀雪 林益申　林柏丞　鄭月中　連玩珠 莊肇嘉　吳春梅　鄭碧霞　張秋男 張崇學
98.08.01（六）	09：30 〜 17：00	竹南李科永圖書館	參加詩詠山城詩人節全國詩人聯吟大會 首唱：1. 好山好水好人文 　　　2. 愚公酒 　　　3. 好山好水好人文 　　　　（臨江仙調） 次唱：竹南海濱消暑	洪玉良　王盛臣　李旭昇　陳千金 林明珠　蔡瑤瓊　柯銀雪　李秉昇 許錦雲　黃　瓊　鍾奇昇
98.08.14（五）	09：30 〜 14：00	象山玉衡宮	參加苗栗學會舉辦象山玉衡宮關聖帝君聖誕暨台灣詩社聯吟活動 詩題：武聖精神	李旭昇　陳千金　蔡瑤瓊　林素娥 黃　瓊
98.08.22（六）	09：30 〜 15：00	齋明寺	參加以文吟社例會 詩題：秋遊齋明寺	洪玉良　莊肇嘉　林明珠　蔡瑤瓊 廖淑眞　林素娥　李秉昇　許錦雲
98.08.23（日）	09：30 〜 15：00	新竹關帝廟圖書館	竹社舉辦三社聯吟 詩題：酒　　韻：六魚 左詞宗：張國裕 右詞宗：許錦雲 左元：莫月娥 右元：蔡瑤瓊	洪玉良　王盛臣　林鴻生　林哲生 李旭昇　武麗芳　林明珠　蔡瑤瓊 陳千金　莊肇嘉　林素娥　曾炳炎 柯銀雪　林柏丞　李旭昇　許錦雲 黃　瓊　張崇學。

98.08.30（日）	09：30〜19：00	南陽聖堂修道院	參加南陽聖堂堂慶 首唱：謁南陽聖堂修院 次唱：南化采風	林明珠　陳千金　李秉昇　林素娥 許錦雲　黃　瓊
98.11.08（日）	09：30〜15：00	蘆竹德林寺	蘆社舉辦三社聯吟 詩題：餞秋迎冬　韻：一東 左詞宗：莫月娥 右詞宗：蔡瑤瓊 左右元：吳子健	武麗芳　陳千金　李旭昇　林明珠 蔡瑤瓊　柯銀雪　林素娥　李秉昇 許錦雲
98.11.15（日）	09：30〜19：00	南鯤鯓代天府	參加98年歲次丑鯤瀛全國人聯吟大會 首唱：平安鹽祭 次唱：台南縣市合併升格展望	王盛臣　蔡瑤瓊　柯銀雪　林素娥 李秉昇　許錦雲　李旭昇（眷1） 林明珠（眷2）
98.12.06（日）	09：30〜15：00	台北吉祥樓	澹社舉辦三社聯吟 詩題：平明　韻：十一尤 左詞宗：鍾常遂 右詞宗：武麗芳 左元：黃冠人　右元：林明珠	武麗芳　王盛臣　陳千金　林明珠 蔡瑤瓊　柯銀雪　林素娥　李秉昇 許錦雲　郭淑珠
98.12.12（六）	09：30〜20：00	中壢首華飯店	參加傳統詩學會主辦全國詩人聯吟大會　（以文吟社協辦）首唱：安定 次唱：騷壇新策	武麗芳　王盛臣　陳千金　李旭昇 林明珠　蔡瑤瓊　柯銀雪　林素娥 李秉昇　許錦雲　黃　瓊　莊肇嘉
98.12.27（日）	09：30〜20：00	龍山寺	參加龍山寺270週年慶 首唱：龍山寺270週年慶 特唱：龍吟新聲 次唱：救地球	陳千金　許錦雲　李秉昇　黃　瓊

二、竹社民國九十九年（2010）社員吟踪與記事

日　　期	時　　間	地　　點	記　　事	參加人員、備註
99.01.06（三）	19：00〜21：00	關帝廟圖書館	召開第三屆第二次社員大會	蘇子建　林鴻生　武麗芳　柯銀雪 林素娥　陳千金　黃　瓊　李秉昇 許錦雲　李旭昇　莊肇嘉　陳憲章 李春生　吳春梅　黃郭錠　姚文卿 廖淑眞　曾炳炎　林哲生　蔡松根 林秀華　陳建興　鄭月中　林玉英 楊文欽　李枝樺　王盛臣　郭淑珠 鄭欽銘　張崇學　林明珠　連玩珠 王麗娟　吳身權　蔡瑤瓊　鄭碧霞
99.01.09（六）	14：30〜16：00	站前廣場	參加婦女大學雅韻薪傳表演	武麗芳　蔡瑤瓊　陳千金　林明珠 林素娥　柯銀雪　李秉昇　許錦雲 廖淑眞　陳建興　莊肇嘉　李旭昇 （另加婦女社大何忠立　陳襄霞 侯斐媛　許偉隆　顏錦葉五名同學）
99.01.17（日）	08：00〜7：00	陳建興詞長家〔白地街田園〕	焢窯樂	廖淑眞　莊肇嘉　柯銀雪　李枝樺 林益申　楊文欽　曾炳炎　鄭碧霞 蔡松根　林秀華　許錦雲　黃　瓊 陳千金（眷2）林明珠（眷1） 李秉昇（眷5）蔡瑤瓊（眷4） 黃郭錠（眷1）郭淑珠（眷2） 姚淑卿（眷1）

99.01.18（一）	08：00〜17：00	五指山	到五指山遊賞	許錦雲 李秉昇（眷二） 李旭昇 陳建興 廖淑眞 柯銀雪 莊肇嘉 林素娥 林明珠（眷1） 蔡瑤瓊
99.03.1（一）	10：00	新竹殯儀館	參加李秉昇總幹事尊翁國樑老先生告別式（九十歲辭世）	武麗芳 王盛臣 黃　瓊 陳千金 柯銀雪 林素娥 李旭昇 張萬福 吳孟謙　蔡瑤瓊
99.03.14（日）	09：30〜15：00	關帝廟圖書館	竹社辦理澹竹蘆三社聯吟 詩題：春耕　韻：十二侵 左詞宗：梁秋東 右詞宗：林鴻生 左元：鍾常豪　右元：蔡瑤瓊	武麗芳 林鴻生 陳千金 林明珠 蔡瑤瓊 柯銀雪 廖淑眞 莊肇嘉 李旭昇 曾炳炎 林柏丞 黃　瓊 王盛臣 連玩珠 吳身權 張崇學 鄭碧霞
99.03.14（日）	08：30〜16：00	辛志平校長紀念館等	塹城古蹟導覽（塹城古蹟的故事、辛志平校長的三大鐵律五育並重、關帝廟五文昌、竹城遺址巡禮、竹塹開拓史、六星級電影院、新竹之心解說、南方的木棉花。）	講師：曾炳炎、祈康怡、陳錦榕、尤桂遵、汪秀卿。參加人員： 柯銀雪 林素娥 楊文欽 姚文卿 郭淑珠 鄭碧霞 廖淑眞 李枝樺 蔡瑤瓊 黃郭錠（眷2） 曾炳炎（眷1）及外界嘉賓五人
99.04.10（日）	09：30〜19：30	台北松山慈惠堂	中華道統慈惠協會主辦 承辦：龍山吟社 首唱：松山慈惠堂四十週年慶謁瑤池金母 次唱：弘揚道統	王盛臣 莊肇嘉 陳千金 林明珠 李旭昇 蔡瑤瓊
99.05.01（六）	09：30〜15：00	蘆竹德林寺	蘆社辦理澹竹蘆三社聯吟 詩題：勞工頌　韻：五歌 左詞宗：鍾常遂 右詞宗：蔡瑤瓊 左元：邱創祿 右元：陳俊儒	王盛臣 莊肇嘉 陳千金 林明珠 李秉昇 蔡瑤瓊 柯銀雪 黃　瓊 許錦雲 林柏丞 林素娥
99.06.19（六）	09：30〜17：00	宜蘭縣蘭陽博物館	中華民國傳統詩學會舉辦 首唱：蘭博觀今古 次唱：戀戀頭城	武麗芳 林明珠 許錦雲 李秉昇 李旭昇 黃　瓊 林素娥 柯銀雪 陳千金 蔡瑤瓊
99.06.25（六）	09：00〜11：00	后里喪宅	參加許錦雲老師母林春美女士告別式（享齡九四）	林素娥 柯銀雪 陳千金 楊文欽 蔡瑤瓊
99.07.03（六）	19：30〜21：30	新竹演藝廳	參加潛園主人林占梅先生190歲紀念會吟唱表演 指導老師：武麗芳	王盛臣 莊肇嘉 陳千金 林明珠 李秉昇 蔡瑤瓊 柯銀雪 黃　瓊 許錦雲 林素娥 陳建興 李旭昇 曾炳炎 林哲生 郭淑珠 鄭碧霞 楊文欽 連玩珠 廖淑眞 吳湘汝 鄭玉桃 黃郭錠 李枝樺 戴錫銘 鄭月中 何忠立 陳襄霞 侯斐媛 許偉隆　顏錦葉
99.7.10（日）	06：30〜23：20	台北縣雙溪鄉	與貂山吟社做社際交流	林哲生 柯銀雪 王盛臣 林素娥 楊文欽 陳千金 鄭碧霞 廖淑眞 陳建興 連玩珠 鄭月中 蔡松根 林秀華（眷1）　許錦雲 李秉昇（眷3）　蔡瑤瓊（眷3） 郭淑珠（眷1） 李旭昇（眷3）林明珠（眷1）

99.7.14（三）	18：30 ～ 21：00	南寮雲水一方	暑期聯誼	林鴻生 楊文欽 李旭昇 林明珠 陳千金 柯銀雪 林哲生 王盛臣 林素娥 許錦雲 李秉昇 莊肇嘉 連玩珠 廖淑眞 蔡松根 林秀華 蔡瑤瓊
99.8.7（六）	14：00 ～ 16：00	辛志平校長紀念館	與大師有約——發現傳統詩之美 主講：蔡瑤瓊	陳建興 楊文欽 張崇學 鄭月中 郭淑珠 李枝樺 曾炳炎 林鳳玉 鄭玉桃 林素娥 許錦雲 李季昇 柯銀雪 廖淑眞 侯斐緩 黃　瓊 王宥清 林明珠 柯寶琴 吳孟謙 蔡雅雅 蔡貞貞及外賓共 59 人
99.8.29（日）	9：30 ～ 15：30	新竹關帝廟圖書館	竹社辦理澹竹蘆三社聯吟 詩題：祖父母節　韻：十一眞 左詞宗：鍾常遂 右詞宗：陳俊儒 左元：陳俊儒 右元：張緯能	曾炳炎 王盛臣 李秉昇 武麗芳 林鴻生 李旭昇 許錦雲 林明珠 蔡瑤瓊 柯銀雪 陳千金 郭淑珠 林素娥 莊肇嘉
99.9.27（一）	14：00 ～ 16：00	以文吟社	接受省府優良詩社表揚	蘇子建 蔡瑤瓊 李秉昇 林素娥 邱課長
99.9.12（日）	9：30 ～ 15：30	台北吉祥樓	澹社辦理三社聯吟 詩題：秋遊　韻：八庚 左詞宗：林鎭峇 右詞宗：林素娥 左元：陳保琳 右元：莫月娥	武麗芳 林素娥 林明珠 陳千金 蔡瑤瓊 吳身權
99.10.10（日）	10：00 ～ 19：00	南鯤鯓代天府槺榔山莊二樓會議廳	慶祝中華民國99年國慶迎接南鯤鯓廟平安鹽祭 首唱：秋遊雲嘉南濱海風景區 次唱：双十國慶迎平安鹽祭	李秉昇 許錦雲 陳千金 林明珠 蔡瑤瓊
99.10.17（日）	10：00 ～ 19：00	白河商工	白河玉山吟社辦理全國詩人大會 首唱：愛好文化的議員——張世賢 次唱：祝白河商工創校八十週年慶	王盛臣 蔡松根 林秀華 許錦雲 李秉昇 陳千金 柯銀雪 黃　瓊 楊文欽 姜海麗 李旭昇 陳建興 林翠華 郭淑珠 黃郭錠 廖淑眞 林明珠 蔡瑤瓊
99.10.31（日）	13：00 ～ 19：00	台北奉天宮	天籟吟社 90 週年慶 首唱：風勵儒林 次唱：道院鐘聲	王盛臣 許錦雲 李秉昇 陳千金 柯銀雪 黃　瓊 林明珠 蔡瑤瓊 林素娥
99.11.05（五）	19：00 ～ 21：00	興南里社區中心	召開理監事會議	王盛臣 許錦雲 李秉昇 陳千金 柯銀雪 黃　瓊 林明珠 蔡瑤瓊 林素娥 洪玉良 楊文欽 廖淑眞 曾炳炎 李旭昇 鍾奇昇 連玩珠 林哲生 李枝樺
99.11.06（六）	10：00 ～ 19：00	花蓮	洄瀾詩社辦理全國詩人大會 首唱：國家公園生態保育之重要性 次唱：蘇花高的期待	李秉昇 許錦雲 林素娥 陳千金 黃　瓊
99.11.13（六）	09：00 ～ 12：00	蘆竹德林寺	蘆竹德林詩學會舉行申請立案大典	林素娥 蔡瑤瓊

99.11.20（六）	10：00 ～ 11：00	彭文杏家前	彭文杏社員夫告別式（享齡六三）	林素娥 許錦雲 李秉昇 黃　瓊 莊肇嘉 蔡瑤瓊
99.12.05（日）	9：30 ～ 15：30	蘆竹德林寺	蘆社舉辦三社聯吟 詩題：藝苑新聲 韻：十五刪 左詞宗：莫月娥 右詞宗：陳保琳 左元：徐桂菊 右元：陳連金	李秉昇 許錦雲 黃　瓊 陳千金 林素娥 林明珠
99.12.06（一）	10：30 ～ 12：30	台北市立第二殯儀館	天籟吟社一代宗師張國裕大老告別式	李旭昇 李秉昇 武麗芳 林素娥 黃　瓊 陳千金 蔡瑤瓊
99.12.11（六）	06：30 ～ 20：30	南庄	本社辦理南庄向天湖之旅	李秉昇 許錦雲 黃郭錠 黃鄭碧霞 黃　瓊 連玩珠 莊肇嘉 楊文欽 蔡松根 林秀華 林翠華 柯銀雪 陳千金 廖淑眞 陳建興 曾炳炎 林明珠 洪玉良 李旭昇 王盛臣 李枝樺 蔡瑤瓊 晚宴增四人參加： 蘇子建老師 李春生老師 蘇有田前里長 林鴻生老師
99/12.26（日）	10：00 ～ 19：30	雲林縣斗南國小	中華民國傳統詩學會召開第十二屆第二次社員大會 首唱：人心惡化 次唱：劫貧濟富	王盛臣 陳千金 黃　瓊 林明珠 莊肇嘉 李旭昇 李秉昇 蔡瑤瓊

三、竹社民國一百年（2011）社員吟踪與記事

日　期	時　間	地　點	記　事	參加人員、備註
100.01.01（日）	12：00 ～ 14：30	經國路家欣樓餐廳	常務理事林素娥老師長女佳韻小姐文訂	蘇子建 李春生 蔡瑤瓊 林鴻生 王盛臣 武麗芳 洪玉良 黃　瓊 林明珠 李枝樺 陳千金 連玩珠 廖淑眞 曾炳炎 楊文欽
100.01.02（日）	09：030 ～ 14：00	南寮雲水一方餐廳	1.元旦聯誼 2.竹社紀錄片拍攝	蘇子建 林鴻生 武麗芳 林素娥 許錦雲 廖淑眞 李秉昇 李旭昇 林哲生 陳建興 楊文欽 莊肇嘉 曾炳炎 鄭碧霞 洪玉良 王盛臣 柯銀雪 陳千金 黃　瓊 連玩珠 黃郭錠 林明珠 蔡瑤瓊 攝影：張癸鑾 葉滿霞
100.01.09（日）	09：30 ～ 15：30	台北吉祥樓	瀹社舉辦三社聯吟 詩題：好年多 韻：九佳 左詞宗：鍾常遂 右詞宗：陳俊儒 左元：陳俊儒 右元：李宗波	李旭昇 李秉昇 許錦雲 林明珠 柯銀雪 林素娥 黃　瓊 廖淑眞 蔡瑤瓊
100.01.19（三）	19：00 ～ 21：00	關帝廟圖書館	召開第三屆第三次社員大會	蘇子建 李春生 蔡瑤瓊 林鴻生 王盛臣 林素娥 許錦雲 柯銀雪 武麗芳 黃　瓊 林明珠 李旭昇 李秉昇 李枝樺 陳千金 連玩珠 廖淑眞 林哲生 曾炳炎 莊肇嘉 陳建興 黃郭錠 蔡松根 林秀華 戴錫銘 張癸鑾 楊文欽 周有敏 曾文欽 姚美玉 鄭月中 吳身權 張秋男 張崇學 王麗娟 黃鄭碧霞

日期	時間	地點	活動	參加社員
100.01.21（五）	18：00 〜 21：00	新竹家欣樓	竹社忘年會	蘇子建　李春生　蔡瑤瓊　林鴻生　王盛臣　洪玉良　林素娥　許錦雲　柯銀雪　武麗芳　黃　瓊　林明珠　李旭昇　李秉昇　陳千金　連玩珠　廖淑眞　曾炳炎　莊肇嘉　陳建興　黃郭錠　蔡松根　林秀華　楊文欽　張崇學
100.02.17（三）	13：00 〜 14：00	后里	參加苗栗國學會（前身栗社）胡東海老社長 101 歲告別式	李旭昇　陳千金　蔡瑤瓊　林素娥　黃　瓊
100.02.26（六）	09：30 〜 14：30	關帝廟圖書館	竹社舉辦三社聯吟　詩題：春容　韻：二冬　左詞宗：莫月娥　右詞宗：陳俊儒　左元：陳俊儒　右元：許錦雲	王盛臣　李旭昇　陳千金　林明珠　蔡瑤瓊　柯銀雪　曾炳炎　莊肇嘉　林鴻生　許錦雲　武麗芳　黃　瓊　李秉昇　廖淑眞　蔡松根　林秀華　楊文欽　張崇學　吳身權
100.03.05（六）	09：30 〜 10：30	新竹市生命紀念館	社員郭淑珠夫告別式（享齡六四）	李秉昇　黃　瓊　林明珠　蔡瑤瓊　柯銀雪　林素娥
100.03.13（日）	10：00 〜 18：30	板橋海生樓餐廳	貂山吟社召開第二屆第一次社員大會並選舉新理事長及理監事	蔡瑤瓊　黃　瓊
100.05.01（日）	09：30 〜 18：00	頭份永貞宮	建國百年賀媽祖聖誕	王盛臣　李旭昇　陳千金　林明珠　蔡瑤瓊　柯銀雪　莊肇嘉　林鴻生　黃　瓊　廖淑眞　林素娥　楊文欽
100.05.06（日）	18：30 〜 21：00	新竹金輝餐廳	蘇子建老師回請八十大壽時寫祝壽詩社員	王盛臣　李旭昇　陳千金　林明珠　蔡瑤瓊　柯銀雪　莊肇嘉　林鴻生　許錦雲　黃　瓊　林素娥　楊文欽　蔡松根　林秀華　曾炳炎　張秋男　連玩珠　李秉昇
100.05.15（日）	10：00 〜 15：00	蘆竹德林寺	蘆社舉辦三社聯吟　詩題：甘霖　韻：十四寒　左詞宗：陳俊儒　右詞宗：許錦雲　左元：黃周戊　右元：蔡瑤瓊	王盛臣　陳千金　林明珠　武麗芳　柯銀雪　許錦雲　黃　瓊　李秉昇　蔡瑤瓊
100.06.05（日）	10：00 〜 20：00	頭份鎮公所中山堂	2011 年中華民國建國 100 週年慶	王盛臣　李旭昇　陳千金　林明珠　柯銀雪　莊肇嘉　林鴻生　武麗芳　許錦雲　黃　瓊　林素娥　楊文欽　廖淑眞　連玩珠　李秉昇　李枝樺　黃郭錠　蔡瑤瓊　鍾奇昇
100.06.06（一）	10：00 〜 20：00	鹿港文開書院	鹿港遷街 350 年慶	王盛臣　陳千金　林明珠　柯銀雪　許錦雲　黃　瓊　李秉昇　蔡瑤瓊
100.06.14（二）	18：30 〜 21：00	楊廚師餐廳	社員王盛臣書法進階九段，社員賀喜，王兄設宴請客。	王盛臣暨夫人　蘇子建　李春生　蘇有田　李旭昇　陳千金　林明珠　柯銀雪　許錦雲　黃　瓊　林素娥　蔡松根　林秀華　楊文欽　連玩珠　李秉昇　蔡瑤瓊　林哲生　洪玉良

100.06.19（日）	10：00 ～ 15：30	台北吉祥樓	瀛社舉辦三社聯吟 詩題：夏荷 韻： 左詞宗：林鑨烃 右詞宗：蔡瑤瓊 左元：武麗芳 右元：柯銀雪	王盛臣 武麗芳 陳千金 林明珠 柯銀雪 許錦雲 黃 瓊 林素娥 蔡松根 林秀華 楊文欽 李秉昇 蔡瑤瓊 廖淑眞
100.08.21（日）	09：00 ～ 20：00	嘉義城隍廟	參加城隍聖誕	陳千金 林明珠 許錦雲 黃 瓊 李秉昇 廖淑眞 蔡瑤瓊
100.09.04（日）	09：30 ～ 15：00	新竹關帝廟圖書館	瀛竹蘆三社聯吟（竹社主辦） 詩題：秋 韻：六麻 左詞宗：柯銀雪 右詞宗：武麗芳 左元：蔡瑤瓊 右元：林素娥	王盛臣 陳千金 林明珠 柯銀雪 許錦雲 黃 瓊 林素娥 蔡松根 林秀華 楊文欽 李秉昇 林柏丞 林鴻生 武麗芳 吳身權 曾炳炎 廖淑眞 蔡瑤瓊
100.09.18（日）	09：30 ～ 14：00	南投登瀛書院	參加登瀛獎頒獎典禮	陳千金 林明珠 柯銀雪 許錦雲 黃 瓊 李秉昇 蔡瑤瓊
100.09.23（五）	18：30 ～ 21：30	新陶芳餐廳	慶祝教師節宴請蘇子建老師	王盛臣 莊肇嘉 陳千金 林明珠 柯銀雪 許錦雲 黃 瓊 林素娥 蔡松根 林秀華 楊文欽 李秉昇 李旭昇 曾炳炎 洪玉良 廖淑眞 周雪玉 戴錫銘 彭桂連 連玩珠 蔡瑤瓊
100.09.24（六）	08：30 ～ 12：00	台南孔廟	參加台南孔廟文化節	李旭昇 林素娥 蔡瑤瓊
100.09.25（日）	09：30 ～ 19：30	桃園平鎮新勢國小	參加以文吟社90週年社慶	王盛臣 李旭昇 陳千金 李秉昇 林明珠 柯銀雪 許錦雲 黃 瓊 林素娥 周雪玉 蔡瑤瓊
100.10.09（日）	09：30 ～ 15：00	彰化文化中心	參加中部五縣市秋季詩人聯吟	許錦雲 李秉昇 林明珠 黃 瓊 蔡瑤瓊
100.10.16（日）	09：30 ～ 20：00	龍潭生生圓餐廳	參加游金華詞長百歲壽誕	王盛臣 林明珠 陳千金 楊文欽 柯銀雪 李秉昇 許錦雲 黃 瓊 林素娥 蔡松根 李旭昇 廖淑眞 蔡有義 彭桂連 連玩珠 蔡塡玉 黃郭錠 蔡瑤瓊 李敏慈
100.10.20（四）	18：30 ～ 21：30	二布院火鍋店	本社社員林柏丞從軍，歡樂送行。	林明珠 陳千金 柯銀雪 李秉昇 許錦雲 黃 瓊 林素娥 蔡松根 李旭昇 蔡瑤瓊 鍾一誠
100.10.22（六）	19：30 ～ 21：30	中興新村省政資料館	藍田書院詩歌吟唱表演會	黃 瓊 陳千金 柯銀雪 蔡瑤瓊 吳孟謙
100.10.30（日）	09：30 ～ 15：00	蘆竹德林寺	瀛竹蘆三社聯吟（蘆社主辦） 詩題：暮秋雅集 韻：十四寒 左詞宗：鍾常遂 右詞宗：蔡瑤瓊 左元：蔡瑤瓊 右元：陳千金	王盛臣 林明珠 陳千金 柯銀雪 李秉昇 許錦雲 黃 瓊 蔡瑤瓊
100.11.19（六）	09：30 ～ 19：00	嘉義東石福靈宮	福靈宮基金會十八周年慶	林明珠 陳千金 李秉昇 許錦雲 黃 瓊 蔡瑤瓊

100.11.24（四）	13：30 ～ 16：00	省政府資料館	參加省府優秀詩人表揚	王盛臣 李秉昇 許錦雲 蔡瑤瓊 柯銀雪
100.11.27（日）	09：30 ～ 19：00	員林鎮開林寺	參加諸佛入火安座慶祝大會	王盛臣 李秉昇 許錦雲 蔡瑤瓊 陳千金 黃　瓊 林明珠 范德意 （竹縣詩人）
100.12.04（日）	09：30 ～ 19：00	南投昭平宮	南投昭平宮孔子廟 100 週年慶徵詩頒獎典禮	陳千金 李秉昇 許錦雲 蔡瑤瓊 黃　瓊 林明珠 陳連金（以文吟社社員）
100.12.09（五）	19：00 ～ 21：00	興南里活動中心	召開第三屆第三次理監事會	洪玉良 王盛臣 林明珠 陳千金 楊文欽 柯銀雪 李秉昇 許錦雲 黃　瓊 林素娥 李旭昇 廖淑眞 連玩珠 蔡瑤瓊 林哲生 曾炳炎 鍾奇昇 莊肇嘉
100.12.11（日）	09：30 ～ 13：00	苗栗象山孔廟	象山孔廟巡禮徵詩頒獎典禮	陳千金 黃　瓊 李旭昇 林素娥 蔡瑤瓊
100.12.25（日）	09：30 ～ 19：00	雲林斗六市公所禮堂	中華民國傳統詩學會召開第十二屆第三次社員大會 首唱：問心無愧莫問天 次唱：詩寫農都	王盛臣 林明珠 陳千金 楊文欽 柯銀雪 李秉昇 許錦雲 黃　瓊 蔡松根 林素娥 李旭昇（眷1） 范德意 蔡瑤瓊

四、竹社民國一○一年（2012）社員吟踪與記事

日　期	時　間	地　點	記　事	參加人員、備註
01.01.04（三）	19：00 ～ 21：00	新竹關帝廟圖書館	召開第三屆第四次社員大會	蘇子建 李春生 蔡瑤瓊 林鴻生 王盛臣 林素娥 洪玉良 許錦雲 柯銀雪 武麗芳 黃　瓊 林明珠 李旭昇 李秉昇 李枝樺 陳千金 連玩珠 廖淑眞 林哲生 曾炳炎 莊肇嘉 黃郭錠 蔡松根 林秀華 戴錫銘 楊文欽 姚美玉 郭淑珠 吳身權 陳獻章 范德意 蔡塤玉 蔡有義 彭桂蓮 周雪玉 張崇學 林玉英 彭文杏 柯意如 林家弘
101.01.06（五）	18：30 ～ 21：00	陳廚師工作坊	竹社忘年會	蘇子建 蔡瑤瓊 林素娥 洪玉良 許錦雲 柯銀雪 黃　瓊 林明珠 李旭昇 李秉昇 陳千金 黃郭錠 楊文欽 周雪玉 彭文杏 王盛臣 張癸鑾 周有敏 葉滿霞
101.02.12（日）	09：30 ～ 15：00	新竹關帝廟圖書館	竹社舉辦澹竹蘆三社聯吟 詩題：龍年獻瑞　韻：五微 左詞宗：鍾常遂 右詞宗：林鴻生 左元：陳連金　右元：呂秋蘭	林素娥 許錦雲 柯銀雪 黃　瓊 林明珠 李旭昇 李秉昇 陳千金 楊文欽 王盛臣 連玩珠 吳身權 莊肇嘉 蔡瑤瓊 林鴻生 范德意 曾炳炎 澹社：莫月娥 洪淑珍… 蘆社：陳連金 賴文雄 李江龍 　　　林鎮堃 呂秋蘭 鍾常遂 　　　陳保琳 苗栗：陳俊儒 張緯能… 中壢：蔡飛燕

日期	時間	地點	活動	參加人員
101.02.11（六）	13：30〜16：30	台北巴赫廳	參加天籟吟社網路徵詩頒獎典禮	黃　瓊　蔡瑤瓊
101.02.12（日）	15：30〜16：30	蘇有田里長家	到蘇里長家拜年及致謝	柯銀雪　林素娥　許錦雲　黃　瓊　楊文欽　林明珠　李旭昇　李秉昇　陳千金　蔡瑤瓊
101.02.19（日）	10：00〜14：30	台北吉祥樓餐廳	澹社舉辦澹竹蘆三社聯吟詩題：豪小子　韻：七陽左詞宗：林鎮岳右詞宗：蔡瑤瓊左元：李秉昇　右元：陳連金	王盛臣　黃　瓊　蔡瑤瓊　林素娥　許錦雲　柯銀雪　林明珠　李秉昇
101.02.19（日）	15：00〜16：00	瑞芳楊阿本詞長府	弔唁楊阿本詞長	王盛臣　黃　瓊　蔡瑤瓊　林素娥　許錦雲　柯銀雪　林明珠　李秉昇
101.02.28（二）	19：00〜21：00	新竹關帝廟圖書館	三立電視台拍攝及訪問關帝廟教育文化事業—中巷學園鄉音班上課情形（吟唱指導老師：新竹市府社會處長武麗芳）	王盛臣　黃　瓊　林素娥　許錦雲　柯銀雪　林明珠　李秉昇　陳千金　廖淑眞　曾炳炎　莊肇嘉　黃郭錠　李旭昇　蔡松根　林秀華　戴錫銘　彭桂連　楊文欽　曾文欽　姚美玉　范德意　蔡塡玉　蔡有義　柯意如　陳錦蓮　蔡瑤瓊　另加本社社員眷屬、婦女社大同學及關帝廟讀經班學員共40人
101.03.21（三）	10：00〜12：00	新竹市信義教堂	參加武麗芳老師母告別式	王盛臣　楊文欽　林素娥　黃　瓊　柯銀雪　李旭昇　林明珠　陳千金　蔡瑤瓊外社參加人員：謝清淵　林鎮岳
101.04.06（五）	10：00〜12：00	龍潭	參加游金華詞長102歲告別式	林素娥　黃　瓊　許錦雲　李秉昇　林明珠　陳千金　蔡瑤瓊
101.04.07（六）	10：00〜12：00	辛志平紀念館	參加婦女社大吟唱表演	林素娥　許錦雲　李秉昇　林明珠　柯銀雪　李旭昇
101.04.29（日）	10：00〜15：00	桃園縣蘆竹鄉德林寺	蘆社舉辦澹竹蘆三社聯吟詩題：生花筆　韻：十五刪左詞宗：鍾常遂右詞宗：李秉昇左元：莫月娥　右元：田蘭玉	黃　瓊　林素娥　許錦雲　李秉昇　林明珠　陳千金　蔡瑤瓊
101.06.09（日）	09：00〜12：00	舊港	蔡松根詞長成立競選服務處	王盛臣　楊文欽　陳千金　黃　瓊　廖淑眞　李秉昇　許錦雲　林明珠（眷1）　蔡瑤瓊
101.06.16（六）	17：00	北市	參加張萬福詞長66歲告別式	黃　瓊　林素娥　許錦雲　李秉昇　林明珠　陳千金　蔡瑤瓊
101.06.16（六）	18：30〜19：00	舊港	恭賀蔡松根詞長當選舊港里補選里長	黃　瓊　林素娥　許錦雲　李秉昇　林明珠　陳千金　蔡瑤瓊
101.06.17（日）	10：00〜15：00	台北吉祥樓	澹社舉辦澹竹蘆三社聯吟詩題：豪雨　韻：七陽左詞宗：鍾常遂右詞宗：武麗芳左元：楊維仁　右元：林明珠	李秉昇　許錦雲　黃　瓊　林明珠　陳千金　武麗芳　莊肇嘉　王盛臣　蔡瑤瓊

101.06.23（六）	09：00 〜 14：00	斗南群星大餐廳	參加 101 年度詩人表揚大會	王盛臣　李秉昇　許錦雲　林明珠　李旭昇　林素娥　陳千金　蔡瑤瓊 ◎ 陳千金接受優秀詩人表揚
101.06.30（六）	18：00 〜 22：00	港南育樂中心	參加蔡松根詞長次子結婚	林素娥　楊文欽　陳千金　黃　瓊　王盛臣　林明珠　許錦雲　李秉昇　莊肇嘉　蔡瑤瓊　另眷屬 7 人
101.07.08（日）	06：30 〜 21：00	嘉義	竹社自強活動—嘉義知性之旅 1. 新港香藝文化園區 2. 板陶窯交趾剪黏工藝園區 3. 旭嶺農場—木耳採摘 4. 大村葡萄園—親採新鮮葡萄	林鴻生　武麗芳　李旭昇　黃郭錠　林明珠　林素娥　李秉昇　許錦雲　黃　瓊　楊文欽　戴錫銘　曾炳炎　周雪玉　蔡墳玉　陳千金　王盛臣　范德意　曾文欽　姚美玉　林益申　莊肇嘉　李枝樺　連玩珠　廖淑眞　蔡松根　林秀華　蔡瑤瓊　彭桂連　彭文杏　洪先生呂小姐　眷屬及外賓合計 83 名
101.07.14（六）	08：00 〜 18：00	苗栗	1. 蓬萊溪健行 2. 向天湖遊賞 3. 三灣探、買水梨	林明珠　林秀華　蔡松根　李秉昇　許錦雲　楊文欽　林益申　林柏承　陳千金　黃　瓊　黃郭錠　連玩珠　李枝樺　周雪玉　莊肇嘉　林素娥　蔡瑤瓊　眷屬 9 人共 26 人
101.08.04（六）	10：00 〜 14：30	華麗雅緻餐廳	參加呂前副總統提倡「拯救地球 儲蓄未來」 響應素食運動	曾炳炎　楊文欽　王盛臣　李秉昇　許錦雲　林明珠　蔡瑤瓊（眷 1）　陳千金
101.08.19（日）	10：00 〜 15：00	新竹關帝廟圖書館	竹社舉辦澹竹蘆三社聯吟 詩題：銀河會　韻：十三覃 左詞宗：武麗芳 右詞宗：楊維仁 左元：陳俊儒　右元：黃增忠	林明珠　柯銀雪　蔡瑤瓊　曾炳炎　陳千金　莊嘉肇　黃　瓊　武麗芳　黃宜婷　許錦雲　李秉昇　王盛臣　蔡松根　林秀華　李旭昇　吳身權
101.09.09（日）	10：00 〜 14：00	蘆竹龍德宮	參加龍德宮徵詩頒獎典禮	李秉昇　許錦雲　廖淑眞　陳千金　黃　瓊　蔡松根　林秀華（眷 1）　林明珠　蔡瑤瓊
101.09.19（三）	20：00 〜 21：00	新竹關帝廟圖書館	居家救護研習：1 哈姆立克急救法、2 黃金三分鐘	林明珠　楊文欽　柯銀雪　陳千金　黃　瓊　彭桂連　許錦雲　李秉昇　林素娥　黃郭錠　廖淑眞　周雪玉　蔡墳玉　林秀華　蔡瑤瓊（眷 2）　及外賓 6 人
101.09.29（六）	10：00 〜 15：00	蘆竹德林寺	蘆社舉辦澹竹蘆三社聯吟 詩題：秋涼 韻：一先、十二侵 左詞宗：王　前 右詞宗：李秉昇 左元：黃周天　右元：陳千金	王盛臣　范德意　陳千金　黃　瓊　林素娥　柯銀雪　李秉昇　許錦雲　蔡松根　林明珠　林秀華　蔡瑤瓊
101.09.29（六）	13：30 〜 16：00	省政府	參加優秀詩人表揚大會	林明珠　黃　瓊　蔡瑤瓊
101.10.05（五）	18：30 〜 21：00	經國路家欣樓	謝師宴：貴賓蘇子建老師	許錦雲　李秉昇　林素娥　林明珠　蔡松根　林秀華　黃　瓊　陳千金　莊肇嘉　王盛臣　楊文欽　柯銀雪　李旭昇　蔡瑤瓊

101.10.7（日）	13：00〜20：00	台北吉祥樓餐廳	參加松社85週年慶	許錦雲　李秉昇　林明珠　蔡松根 林秀華　黃　瓊　陳千金　柯銀雪 蔡瑤瓊
101.10.10（三）	07：30〜09：00	市政府前面	101年國慶升旗典禮及健行活動	楊文欽　彭桂連　李秉昇　許錦雲 蔡塡玉　陳千金（眷一）黃　瓊 林明珠　廖淑眞　曾炳炎　黃郭錠 蔡瑤瓊
101.10.13（六）	07：30〜13：00	雲林斗南	參加全國傳統詩學會理監事會議	李秉昇　許錦雲　蔡瑤瓊 會中決定12月16在新竹舉開全國詩人大會
101.10.27（六）	10：00〜13：00	警察學校	接受警專傑出校友表揚	武麗芳
101.11.11（日）	10：00〜19：00	南鯤鯓棟榔山莊	參加鯤瀛詩社主辦全國詩人大會 首唱：南鯤身廟凌霄寶殿入火安座誌盛 　　　冬日謁鯤海古廟 次唱：雲嘉南濱海夕照	許錦雲　李秉昇　林明珠　陳千金 蔡瑤瓊
101.11.18（日）	10：00〜16：00	台北吉祥樓餐廳	澹社舉辦澹竹蘆三社聯吟 詩題：樂天　韻：十一尤 左詞宗：陳俊儒 右詞宗：武麗芳 左元：李完波　右元：林素娥	武麗芳　蔡松根　林秀華　許錦雲 李秉昇　林素娥　林明珠　黃　瓊 陳千金　王盛臣　楊文欽　柯銀雪 蔡瑤瓊
101.11.18（日）	10：00〜16：00	新竹文化中心演藝廳國際會議廳	觀賞雅韻歌劇坊表演折子戲	林玉英　彭桂連　彭文杏　蔡瑤瓊
101.11.23（日）	09：00〜14：00	象山玉衡宮	參加全國書院聯誼會	林素娥　陳千金　李旭昇　黃　瓊 蔡瑤瓊
101.12.04（二）	09：00〜15：00	新竹市政府	參加新竹市社團領袖會議	蔡瑤瓊
101.12.09（日）	09：00〜18：00	板橋文化廣場	參加龍山吟社臘八吟 首唱：台灣各地美食 次唱：緬懷詩聖	許錦雲　李秉昇　林素娥　林明珠 黃　瓊　陳千金　蔡瑤瓊
101.12.16（日）	09：00〜20：00	新竹華麗雅緻國際廳	本社承辦全國詩人大會 主辦單位：中華民國傳統詩學會新竹市政府 詩題：1.世博風華在新竹 　　　2.新竹車頭慶百年	林鴻生　王盛臣　武麗芳　蔡瑤瓊 林素娥　洪玉良　許錦雲　柯銀雪 黃　瓊　林明珠　李旭昇　李秉昇 李枝樺　陳千金　連玩珠　廖淑眞 曾炳炎　莊肇嘉　黃郭錠　蔡松根 林秀華　楊文欽　曾文欽　姚美玉 郭淑珠　吳身權　鍾奇昇　范德意 蔡塡玉　蔡有義　彭桂連　彭文杏 王麗娟　李光聲　侯斐媛　鄭玉桃 林翠華　林淑芳　曾敏雄　曾柏豪 吳孟謙　葉滿霞 婦女社大： 許偉隆　陳襄霞　郭素琴　許麗華 余淑貞　邱秀春　謝慧綺　陳淑眞 彭美惠